관계에서 밀리지 않는 힘
삼국지 권력술

관계에서 밀리지 않는 힘, 삼국지 권력술

초판 1쇄 발행 2014년 4월 18일 초판 3쇄 발행 2015년 8월 14일

지은이 오치규 펴낸이 연준혁

출판 2분사 분사장 이부연
1부서 편집장 김남철
편집 이지은

펴낸곳 (주)위즈덤하우스 출판등록 2000년 5월 23일 제13-1071호
주소 경기도 고양시 일산동구 정발산로 43-20 센트럴프라자 6층
전화 031)936-4000 팩스 031)903-3893 홈페이지 www.wisdomhouse.co.kr

값 18,000원 ⓒ 오치규, 2014
SIBN 978-89-6086-661-4 13320

* 잘못된 책은 바꿔드립니다.
* 이 책의 전부 또는 일부 내용을 재사용하려면
  사전에 저작권자와 (주)위즈덤하우스의 동의를 받아야 합니다.

```
국립중앙도서관 출판시도서목록(CIP)

관계에서 밀리지 않는 힘, 삼국지 권력술 : 승자에게만 허락된 비
정함과 냉철함의 지혜
  / 지은이: 오치규. -- 고양 : 위즈덤하우스, 2014
    p. ;   cm

SIBN 978-89-6086-661-4 13320 : ₩18000

권력[權力]
정치 철학[政治哲學]

340.1-KDC5
320.01-DDC21                    CIP2014008218
```

관계에서 밀리지 않는 힘
삼국지 권력술

오치규 지음

위즈덤하우스

일러두기

- 본문에서 언급하는 《삼국지三國志》는 나관중羅貫中의 소설인 《삼국지연의三國志演義》를 말한다. 진수陳壽의 《삼국지》는 '정사正史 《삼국지》'로 표기했다.
- 본문에 인용된 《삼국지》는 《원본 삼국지》(황벽국 옮김, 1984, 범우사)를 참고했다.
- 각 꼭지의 시작 부분마다 언급된 글들은 《삼국지》와 《삼국지연의》에서 발췌·번역한 것이다. 단, 《삼국지》와 《삼국지연의》에서 인용하지 않은 내용은 따로 밝혔다.
- 인명을 포함한 외국어표기는 국립국어원 외국어표기법과 용례에 따라 표기했으며 최초 1회 병기를 원칙으로 했다. 단, 본문의 이해를 돕기 위해 필요한 경우 다시 병기했다.
- 본문에 전집이나 총서, 단행본 등은 《 》로, 개별 작품이나 편명 등은 〈 〉로 표기했다.

■ 들어가는 말 ■

 이 책은 나관중의 소설《삼국지》를 권력權力(power)이라는 측면에서 재조명해보려는 시도입니다. 진수의 정사《삼국지》를 기초로 한 소설《삼국지》는 그 전체 내용을 치열한 권력투쟁이라 요약할 수 있습니다.

 《삼국지》는 한漢나라가 서서히 붕괴되고 조조曹操 · 유비劉備 · 손권孫權의 위魏 · 촉蜀 · 오吳 삼국이 거대한 대륙을 차지하기 위해 치열한 전쟁을 벌인 시대를 담고 있습니다. 원제인《삼국지통속연의三國志通俗演義》가 밝히고 있는 그대로 보통 사람들이 재미있게 읽을 수 있도록 정사의 내용을 보충하고 각색했습니다. 이는 정사《삼국지》의 무미건조한 사실들을 박진감 있게 재구성한 인류의 고전입니다. 이 책의 모든 인물은 권력과 연관이 있습니다.《삼국지》는 권력을 잡으려 하는 자들, 잡은 권력을 지키려 하는 자들, 권력을 비판하는 자들, 권력에 얽혀 들어간 자들, 권력을 멀리한 자들, 권력을 멀리해야 했던 자들, 권력에서 비참하게 끌려 내려온 자들, 초연하게 권력에서 내려온 자들에 대한 이야기로 가득합니다.《삼국지》는 재미있는 소설이지만 그저 단순한 여흥으로 읽고 넘어가기에는 너무나도 대단한 권력에 대한 통찰을 담고 있습니다. 이러한 통찰을 하나둘 정리하다보니 한 권의 책이 되었습니다.

두 사람 이상이 모여 지속적인 상호작용을 하는 곳에는 어디든 권력현상이 나타납니다. 그래서 권력에 대한 이해가 없다면 공동체에서 적절하게 처신하기 힘이 듭니다. 가장 치열하게 권력을 다툰 시대를 가장 풍부하고 정확하고 재미있게 기록한 《삼국지》의 세계로 들어가보는 것은 권력에 대한 이해를 심화시키기 위해 아주 의미 있는 일이라 생각됩니다.

저는 정치학을 전공했습니다. 제가 정치학을 전공하게 된 직접적인 계기는 고등학교 시절, 아버지의 서재에 꽂혀 있던 두툼한 아홉 권의 《정계야화》라는 책이었습니다. 이 책은 실제 정치에 참여했던 사람들의 육성 증언을 바탕으로 제1공화국의 정치사를 재구성한 방송 원고였는데 너무 재미있어 틈날 때마다 읽고 또 읽었습니다. 당시 권력을 둘러싼 다툼이 이처럼 박진감 있게 역사를 만들어나가는 것이라면 공부할 가치가 있지 않을까 생각했고 그래서 정치학과에 진학했습니다.

하지만 대학의 정치학과는 재미있는 정치를 가르쳐주지 않았습니다. 대학의 강의실에 '정치학'은 있었지만 '정치'는 없었습니다. 친구들은 거리로 뛰어나가 독재 정치와 싸우거나 고시공부를 했지만 정치학에 마음을 붙이지 못한 저는 인문대학에서 주로 문학과 철학, 종교학, 역사학 등의 과목을 듣고 도서관에서 책에 파묻혀 학창시절을 보냈습니다. 김홍우 선생의 정치철학 강의 외의 다른 정치학 과목들에는 별다른 흥미를 느끼지 못한 채 대학을 졸업했습니다.

대학을 졸업한 후 20년 넘게 학생들과 함께 공부를 하면서도 틈틈이 정치에 대한 관심의 끈을 놓지 않았는데 어린 시절 읽었던 《정계야화》에 대한 강한 충격이 여전히 마음속 깊이 자리 잡고 있었기 때문이 아닌가 합니다. 취미 삼아 하던 공부를 확대하게 된 계기는 2009년 정부의 '사교육과의 전쟁'이었습니다. 정부의 잘못된 교육정책에 분노했던 저는 학생들을 가르친 경험을 정리해《오치규 선생의 성적역전 몸공부법》, 잘못된 교육정책과 그 대안을 정리해《다시, 개천에서 용나게 하라》두 권의 책을 내게 되었습니다. 이 작업을 통해 결국 우리 삶이 정치나 권력을 떠날 수 없다는 것을 절감했습니다.

정치와 권력은 우리의 삶을 규정하는 테두리의 역할을 합니다. 앨런 블룸Allan Bloom은 "인간의 미덕과 악덕은 주로 정치적인 용어로써 정의된다"고 했습니다. 문명사회와 그 사회의 법률은 무엇이 좋고 무엇이 나쁜가를 정의하고 그 사회의 교육은 시민들의 인격을 형성하기 때문입니다. 삶의 성격은 인간이 살아가는 정치 체제의 성격에 결정적으로 영향을 받고 인간들이 그들의 인간적 잠재력을 개발시키는 것은 그들의 공동의 삶 속에서라는 점을 새삼 절감하게 되었고 권력과 정치의 문제에 대해 더 깊이 생각하게 되었습니다.1

그러던 중에 우연히 모본毛本《삼국지》를 구해 읽게 되었습니다. 모본이란 나관중이 집필하고 청나라의 모종강毛宗崗이 편수한 판본을 지칭합니다. 시중에 범람하는 유명 필자들의《삼국지》는 모본을 재구성한 평역본들인데, 모본《삼국지》에는 그러한 평역본들에서 보지 못한 권력투쟁의 생생한 현장이 고스란히 담겨 있었습니다. 저는 밤을 새워 읽었고 읽은 내용들을 정리해 페이스북에 연재했습니다.

《삼국지》가 살아 있는 정치와 권력의 생생한 기록이 될 수 있었던 것은 청나라의 역사가 장학성章學誠이 말한 대로 칠실삼허七實三虛이기 때문이라 할 수 있습니다. 즉,《삼국지》는 비록 30퍼센트 정도의 허구로 이루어진 소설이지만 진수의 정사《삼국지》의 70퍼센트 사실을 바탕으로 하고 있어 충분한 사실성과 개연성을 지닌 권력에 대한 성공적인 드라마가 될 수 있었던 것입니다.

최근《삼국지》의 허구성을 문제 삼고 비난하는 책들도 많이 등장했지만 그보다 시급한 것은 인류의 자산인《삼국지》에 담긴 권력과 정치에 대한 깊은 지혜를 발굴해 정리하는 작업이라 생각합니다. 정치현상학자 김홍우는 "일상적 생활세계와 역사 속에서 인간이 일구어낸 무수한 정치적 성취물들 가운데 담겨 있는 숨은 의미들을 드러내는 작업"이라고 정치현상학political phenomenology을 정의했습니다.[2] 저의 책도 이런 작업의 일환으로 여겨졌으면 하는 바람입니다.

역사소설로서《삼국지》는 사실에 기초해 권력과 정치에 대한 깊은 진리를 밝혀주고 있습니다.《삼국지》는 2,000년 전 남의 나라 중국의 이야기로만 간주되어서는 안 됩니다.《삼국지》의 시대는 그 자체로 고통스러운 혼란과 갈등, 전쟁의 시대였지만 그러한 시대를 극복하려는 인간들의 영웅적인 노력이 결집된 소중한 경험의 시대였습니다. 앨런 블룸은 "인간들이 그들의 최고의 능력을 행사하는 것은 통치하고 통치받는 상황, 전쟁과 평화에 관해 결정하는 상황 속에서이다. 정치는 인간적인 모든 것이 스스로 발전하는 틀을 제공하고, 가장 흥미로운 열정 속에 가장 흥미로운 인간들을 끌어들인다. 또한 가장 극단적인 상황 속에 우리를 노출시켜, 무엇이 본질적으로 인간적인지 보다 잘 이해할 수 있게 해준다"[3]고 정의내렸습니다. 정치가 이런 것이라면《삼국지》야말로 바로 그러한 점을 보여주는 완벽한 실례가 아닐까 생각합니다.

권력을 둘러싼 갈등과 투쟁은 인간이 모인 어디에나 존재하는 보편적인 현상입니다. 그래서 본서는 지도자로서, 혹은 구성원으로서 조직생활을 하는 모두에게 권력에 대한 이해를 심화시켜 적절히 처신하는 방법을 알려주는 지침이 될 수 있으리라 생각합니다.

저는 이 책의 초고를 '삼국지 정치철학'이라는 제목으로 페이스북에 연재했고 많은 친구들이 소중한 비판과 격려를 해주었습니다. 부족한 글을 읽어주고 비평해준 친구들이 없었다면 이 책은 나올 수 없었을 것입니다. 이 자리를 빌려 그분들에게 감사의 말씀을 전합니다. 그리고 출간을 통해 제가 가진 콤플렉스를 극복할 계기를 마련해주고 많은 비판과 격려로 이끌어주신 위즈덤하우스의 연준혁 사장님께 진심으로 감사의 말씀을 드리고 싶습니다.

저는 이 책을 쓰는 동안 경험해보지 못한 깊은 행복을 맛보았습니다. 독자들에게도 이런 행복한 마음이 조금이라도 전해지기를 빌며 많은 비판과 격려를 기다리겠습니다.

2014년 4월
오치규

■ 차례 ■

들어가는 말 005

제1장. 권력 이해하기: 권력투쟁은 인정투쟁이다

권력의 문을 여는 열쇠, 권력의지 015 | 토사구팽은 권력의 속성이다 021 | 권력의 세상은 늑대들의 천하다 027 | 권력은 문필보다 무략이다 032 | 아첨꾼과 간신배를 경계하라 036 | 철학을 논할 순 있지만 강요할 순 없다 042 | 권력투쟁은 인정투쟁이다 048 | 적이든 친구든 '타자'는 배제할 수 없다 054 | 목적이 수단을 정당화한다 059 | 논쟁과 비판은 숙명이다 066 | 권력은 천운보다 인사다 072 | 권력의 열매는 거둘 시기가 따로 있다 077 | 정치에도 타협의 미학이 필요하다 085

제2장. 권력에 오르기: 느리지만 안전한 만전지계

인재의 두 조건, 명분과 실력 093 | 좋은 보좌진은 좋은 갑옷과 같다 102 | 권력의 왕은 토론의 왕이다 106 | 늑대들에게는 계교를 사용하라 112 | 이성으로 열정과 의지를 통제하라 119 | 정확한 판단에 근거해 행동한다 126 | 어지러운 세상에서는 어리석은 사람처럼 행동한다 131 | 실속 없이 말만 앞서면 문제가 생긴다 136 | 큰 그림과 큰 흐름을 놓치지 말라 141 | 공간을 파악해야 전략이 창출된다 145 | 느리지만 안전한 만전지계 151 | 지피지기 전략으로 승리를 차지한다 159 | 어진 신하는 주군을 가려 섬긴다 164 | 민첩성을 길러야 한다 169 | 상대에 따라 전략을 달리하면 설득은 성공한다 175 | 기회는 삶이 바닥을 쳤을 때 온다 181

제3장. 권력 지키기: 격의 없이 대화하며 역린마저 숨긴다

신뢰의 타이밍, 불신의 타이밍 189 | 배신은 기본이며 신의는 덤이다 193 | 부드럽게 차지하고 엄격하게 통치한다 198 | 잔인하다는 비난에 마음이 흔들려서는 안 된다 206 | 사나움은 관용으로 보완한다 212 | 거대한 댐은 작은 구멍 때문에 무너진다 217 | 두꺼운 얼굴과 검은 마음으로 무장한다 222 | 외면을 무시하면 내면에 도달할 수 없다 228 | 최전단에서 활약할 전령, 헤르메스 234 | 신중하게 방어하고 대담하게 공격한다 240 | 물러나 있되 눈길은 거두지 않는다 244 | 격의 없이 대화하며 역린마저 숨긴다 248 | 모두가 반대하면 한 걸음 물러선다 253

제4장. 권력 사용하기: 싸움은 신중하게, 협상은 어느 때라도

조심스럽게 상황을 예의 주시하라 259 | 보고에 만족하지 않고 현장을 점검한다 270 | 어떤 희생이든 반드시 보상한다 276 | 전쟁은 신중하게, 협상은 어느 때라도 285 | 성급하지 않게 조화를 이루며 일을 처리하는 법 289 | 의리로 타이르고 너그럽게 부린다 295 | 포용과 소통의 리더십 300 | 주는 것이 곧 받는 길이다 305 | 사심에서 벗어나 공심으로 나아간다 310 | 부귀영화는 권력의 덤이다 314

제5장. 권력으로부터 멀어지기: 오만한 자는 대업을 이루지 못한다

경험을 판단의 밑천으로 삼는다 321 | 한 여인의 사랑으로 만족한다면 영웅이 될 수 없다 327 | 어설픈 필력은 자랑하지 않는다 333 | 군자는 왕관의 무게를 견디기 어렵다 340 | 너무 다른 입장은 가까워지기 어렵다 346 | 가족이 애처로운 자는 권력을 멀리하라 352 | 오만한 자는 대업을 이루지 못한다 359 | 신화를 존중하되 사실과 구분한다 363 | 주색을 잡는 자는 권력을 잡지 못한다 369 | 복수가 두렵거든 권력에 발을 들이지 말라 374

제6장. 권력에서 내려오기: 천하를 버려야 천하를 얻는다

먼저 자신에게 묻고, 마지막으로 하늘에 묻는다 381 | 꿈의 전언을 무시하지 않는다 386 | 반대자는 오히려 가까이 둔다 390 | 소명을 다한 권력은 떠난다 397 | 시대의 사표, 제갈량과 이순신 402 | 열복과 청복을 구분하다 407 | 천하를 버려야 천하를 얻는다 411 | 의연히 죽음을 수용한 영웅들 415 | 권력을 멋지게 사용하고 초연히 내려온다 420

미주 426
찾아보기 437

제1장

권력 이해하기

권력투쟁은 인정투쟁이다

권력의 문을 여는 열쇠, 권력의지

> 나는 욕심이 많고 비정한 사람이다. 나는 아버지를 추방하고 아들을 죽였다. 나는 천하를 지배하기 위해서라면 무슨 짓이라도 할 것이다. 〈카게무샤影武者〉

사업이든 정치든 어떤 일을 하기 위해서는 힘이 있어야 합니다. 사람을 움직이고 일을 성사시키는 힘을 우리는 '권력'이라 합니다. 권력은 멋진 것입니다. 권력을 가진 자는 세상의 중심이 되고 존경을 받습니다. 원하는 방향으로 사람들을 움직일 수 있고 하고자 하는 바를 이룰 수 있습니다. 그래서 모두 권력을 가지려 합니다. 하지만 권력은 제한되어 있고 상대적인 것이어서 우리의 삶 어디든 치열한 권력투쟁이 존재합니다.

한나라가 서서히 무너져가는 혼란기에 조조와 유비, 손권 등이 영웅들을 모아 천하의 패자가 되려고 싸움을 벌인 《삼국지》의 시대는 치열한 권력투쟁이 전면적으로 벌어진 시대였습니다. 그 권력투쟁에 참여한 자들은 무서운 '권력의지'를 가진 자들이었습니다. 그들은 목숨을 걸고 권력을 추구했고 권력을 얻기 위해서라면 어떤 싸움도 마다하지 않았습니다.

명분을 세우고 사람을 모은 조조, 부드러운 포용력과 인내심을 무기로 맨손으로 일어선 유비, 훌륭한 신하들에게 전권을 맡기고 예의 주시하며 관리한 손권 등은 모두 다른 방식으로 권력을 추구했습니다. 조조는 권력을 위해서는 어떤 모략도 서슴지 않았고 자신을 막아서는 자들을 가차 없이 베었습니다. 유비는 권력을 위해서라면 어디서든 누구에게든 눈물을 흘리며 매달렸고 위선자라는 오명조차 두려워하지 않았습니다. 손권은 권력을 지키기 위해 어떠한 굴욕도 다 참아냈습니다. 그들은 여러 번 목숨을 잃을 뻔했고 가족들이 죽는 비참함을 경험하기도 했지만 결코 권력의지만은 잃지 않았습니다. 권력은 결국 이런 자들이 차지하고 맙니다.

권력은 가장 가까운 가족조차 주저 없이 희생시킬 각오가 된 자들만이 차지할 수 있습니다. 최고의 군주라 칭송받는 당태종唐太宗 이세민李世民도 군사 쿠데타를 일으켜 형인 태자 이건성李建成과 아우인 제왕 이원길李元吉을 제거하고 아버지인 고조高祖 이연李淵을 대신해 황제로 즉위했습니다. 당唐나라를 번영의 길로 이끈 그의 정관지치貞觀之治는 피로 얼룩진 현무문의 난을 통해 이루어진 것이었습니다.1 그가 아버지와 형제들에 대한 정 때문에 주저했다면 권력을 잡을 수도 없었을 것이며 자신의 정치를 할 수도 없었을 것입니다.

가족과의 싸움도 주저하지 않는 것은 권력의 보편적인 현상입니다. 그리스의 신 크로노스Cronos는 권력을 유지하기 위해 태어나는 아들들을 모두 잡아먹었고 제우스Zeus는 아버지 크로노스를 물리치고 나서야 신들의 왕이 됩니다. 고려의 충렬왕忠烈王과 충선왕忠宣王은 부자지간이었지만 왕위를 둘러싸고 파란만장한 갈등을 벌였고, 조선의 태종太宗 이방원李芳遠도 아버지를 물리치고 형제들을 죽인 뒤 스스로 왕이 되었습니다. 세조世祖는 어린 조카를 죽였고, 영조英祖는 아들 사도세자思悼世子를 죽게 했고, 흥선대원군興宣大院君은 아들 고종高宗, 며느리 명성황후明成皇后와 치열한 권력투쟁을 벌이기도 했습니다.

조조의 아들 조비曹丕도 그러한 자들 가운데 하나였습니다. 그는 권력을 위해 아버지 조조를 속였고 형제를 죽였습니다. 조조가 출정할 때 조조가 더 사랑한 동생 조식曹植은 화려한 문장으로 아버지의 공덕을 찬양했지만 조비는 아무 말 없이 눈물만 뚝뚝 흘렸고 모두 감동했습니다. 책사 가후賈詡가 시킨 '쇼'였습니다. 조비가 오질吳質이라는 신하를 비단 자루로 위장해 집으로 들여 권력을 논했는데 동생 조식과 그의 측근 양수楊修가 이를 조조에게 고했습니다. 조비는 진짜 비단을 보여줘 그들을 곤경에 빠뜨렸습니다. 아버지 조조도 자신을 미워하는 삼촌 앞에서 일부러 미친 척했다가 아버지가 오자 멀쩡하게 행동해 삼촌을 곤경에 빠뜨렸던 적이 있습니다.

한번은 조조가 아들들을 시험해 대궐문을 나가라는 지시를 하고 관리에게는 아무도 내보내지 말라는 영을 내렸는데 조비는 그냥 돌아오지만 조식은 왕명이라며 관리를 죽이고 나갑니다. 양수楊脩의 충고에 따른 것이었고 이를 누군가 조조에게 고했고 이에 조조는 조식과 양수를 모두 미워하게 되었습니다. 이를 통해 가장 큰 이익을 본 자는 조비였으니 고자질은 분명 조비의 짓이었을 것입니다.

조비는 아버지 조조처럼 강한 권력욕과 그것을 이룰 간지奸智가 있었습니다. 조비는 황제의 조서를 위조해 왕위에 올랐고, 군사력을 쥔 동생 조창曹彰을 외지로 내보내고 막냇동생 조웅曹熊이 목매어 죽도록 명했습니다. 조식마저 죽이려다 재주가 아까워 유배를 보냈습니다. 조비는 강한 권력의지를 가지고 권좌에 올랐고 형제들을 정리해 후환거리를 미

제1장 • 권력 이해하기　**017**

리 없애버렸습니다. 제환공齊桓公이 여색을 좋아하자 수조豎刁는 스스로 거세해 내시가 되었고, 맛있는 음식을 좋아하자 역아易牙는 장남을 삶아 바쳐 측근이 됩니다. 권력은 이런 자들에게 비로소 그 문을 엽니다.

조비가 그러한 모략을 저지르지 않았다면, 형제들을 그렇게 정리하지 않았다면 그는 왕이 될 수도 없었을 터이고, 새로운 왕조를 열고 관리선발제도를 정비하고, 환관과 외척의 발호를 막는 정책을 시행하고, 사사로운 형벌과 보복을 금지해 사회질서를 바로잡은 그의 정치는 세상에 빛을 보지 못했을 것입니다. 무섭고 강한 권력의지가 없다면 결국 어떤 좋은 일도 이루어낼 수 없습니다.

《삼국지》에서 강한 권력의지로 나라를 지켜낸 인물은 동오東吳의 지도자 손권이었습니다. 진수는 이렇게 총평합니다.

> 손권은 몸을 굽혀 치욕을 참으면서 재능 있는 자를 임용하고, 지혜로운 자를 받들었으며, 구천句踐과 같은 비범한 재능이 있었으니 영웅 중에서 매우 뛰어난 인물이었다. 그렇기에 그는 혼자 강남 땅을 차지하여 삼국정립의 세력을 이룰 수 있었다.[2]

구천은 춘추시대 월越나라의 왕으로 오나라 왕 부차夫差에게 패해 종이 되었다가 재기해 원한을 갚은 와신상담臥薪嘗膽이라는 고사의 주인공입니다. 손권은 구천처럼 치욕을 참으면서 권력을 지켜냈습니다.

손권은 유비와 연합해 조조에게 대항했고 적벽에서 조조의 대군을 물리쳤지만 형주 문제로 유비와 다투었습니다. 결국 손권은 형주를 수비하던 관우關羽를 죽이고 형주를 차지했습니다. 황제가 된 유비는 대군을 이끌고 동오로 진격했습니다. 다급해진 손권은 조조의 아들 조비에게 항복했고 조비의 사자가 당도합니다. 손권은 굴욕을 무릅쓰고 멀리까지 나가 예로써 맞이했습니다. 손권의 신하 고옹顧雍은 치욕을 참지 못하고, "위나라 황제라 자칭하는 조비로부터 작위를 받는 것은 부당한 일입니다"라고 간했지만 손권은, "예전에 패공沛公도 항우項羽에게서 벼슬을 받은 일이 있다. 다 때를 봐서 하는 일이니 걱정하지 말라"고 달랩니다.3 유방劉邦이 잠시 목숨을 부지하기 위해 항우에게 굴복한 것처럼 봐달라며 치욕을 스스로 참아냈습니다.

위나라에서 온 사신 형정은 방자하게 수레에서 내리지 않고 거드름을 피웠습니다. 이때 장소張昭가 나서며, "우리 강남에 네놈의 목을 칠 칼이 없는 줄 아느냐?"고 소리쳐 사신은 수레에서 내리지만 손권은 먼저 인사를 했고 나란히 성안으로 들어갔습니다. 적벽에서 아버지 조조를 혼쭐낸 손권이 그 아들 조비의 사신에게 이처럼 굴욕을 당했지만 권력을 유지하기 위해 참아냈습니다. 손권의 용장 서성徐盛은 대성통곡을 했습니다. 하지만 손권은 태연히 사신으로부터 작위를 받았고 값진 보물을 조비에게 보내 조비의 신하가 되었습니다.

굴욕을 참은 대가로 손권은 유비의 침략을 막을 수 있었고 나라를 지킬 수 있었습니다. 서성은 울었지만 손권은 울지 않았습니다. 서성은 싸움을 하는 장수였지만 손권은 한 나라를 책임진 지도자였기 때문입니다. 고옹이나 장소, 서성과 같은 자들이 손권의 자리에 있었다면 권력과 나라를 잃고 말았을 것입니다.

권력을 얻고 지켜내기 위해서는 감정을 억누르고 기꺼이 무릎을 꿇을 수 있어야 합니다. 억지웃음을 지을 수 있어야 하고 하기 싫은 말도 할 수 있어야 합니다. 사랑하는 사람을 멀리에 두고 오히려 적을 가까이에 둘 수도 있어야 합니다. 그리고 때로는 더러운 싸움도 마다하지 않아야 합니다. 한말에 호조판서·경기감사 등을 지낸 김보현金輔鉉은, "우리 선친의 아명은 개(狗子)와 다름없는데, 혹시라도 대원군에게 이 말을 하지 말게. 이분은 남에게 욕을 잘하니 나도 욕을 얻어먹을까 두렵네"라고 대원군의 측근에게 말했습니다. 해학을 즐기는 대원군은 오히려 상여 앞에 와 개 짖는 소리를 냈고 김보현이 기뻐하며 조객록에 "모일대원군입곡某日大院君入哭"이라 적어 사람들이 포복절도했던 적이 있습니다.4

김보현은 권력자의 문상을 받기 위해 아버지를 판 더러운 자였습니다. 하지만 그는 결국 권력자의 문상을 받아냈고 세상 사람들에게 자신의 위세를 한껏 자랑했습니다. 그는 사람들의 비웃음과 비난 따위에 아랑곳하지 않았습니다. 권력은 이전투구泥田鬪狗를 마다하는 자들에게 몸 둘 공간을 허용하지 않습니다. 비굴함을 견디지 못하고 '더러운 진흙탕 개 싸움'을 하고 싶지 않은 고매한 자는 그래서 권력 가까이에 가기 힘들고 좋은 뜻을 실현한 기회조차 얻지 못할 수 있습니다.

진흙탕 개 싸움은 피하고 싶지만 아름다운 연꽃을 피우기 위해서 우선 진흙탕에 들어가야 하는 것이라면 고민스럽습니다. 좋은 왕이 되기 위해 우선 권력을 잡아야 하고 권력을 얻기 위한 싸움은 대체로 거칠고 더러운 것입니다. 그러므로 권력을 잡으려 한다면 스스로 권력의지를 가지고 있는지 돌아볼 일입니다.

토사구팽은
권력의 속성이다

> 내가 천하를 버릴지언정, 천하가 나를 버리게 하지는 않겠다.

토사구팽兎死狗烹은 '토끼 사냥이 끝나면 사냥개를 삶아 먹는다'는 뜻으로 《사기史記》에 등장합니다. 월왕 구천이 오왕 부차를 꺾고 춘추오패春秋五覇의 하나가 되도록 도운 범려范蠡는 구천이 고난을 함께할 수 있지만 영화를 함께 누릴 수는 없는 인물이라 판단한 후 동료 문종文種에게 이와 같이 말한 뒤 떠났습니다.

"새 사냥이 끝나면 좋은 활은 감추어지고, 교활한 토끼를 잡고 나면 사냥개를 삶아 먹는다〔蜚鳥盡, 良弓藏, 狡兎死, 走狗烹〕."

하지만 문종은 떠나기를 주저했고 결국 반역으로 몰려 죽임을 당했습니다.

토사구팽은 한고조 유방을 도운 한신韓信 때에도 등장합니다. 한신의 책사 괴통蒯通은 유방을 돕지 말고 천하를 삼분해 차지하라고 한신에게 권했습니다.

제1장 • 권력 이해하기　　021

"이제 두 군주(항우와 유방)의 운명은 당신에게 달렸습니다. 당신이 한을 편들면 한이 이기고, 초를 편들면 초가 이깁니다. 그래서 신은 마음을 열고 몸을 바쳐 어리석은 계책 하나를 올릴까 합니다. 당신이 받아들일지 어떨지 모르지만, 진실로 신의 계책을 받아들인다면, 한과 초 양쪽 모두를 이롭게 하고, 두 사람을 계속 존재하게 해 천하를 셋으로 나누어 솥의 세 발처럼 서 있게 할 것입니다."5

천하를 삼분해 왕이 되라는 괴통의 제안에 한신은 주저했고 천하를 통일한 유방은 한신의 세력을 약화시켜 초왕으로 봉했다가 모반 혐의를 씌워 회음후淮陰侯로 강등합니다. 이때 한신은, "과연 사람들의 말과 같구나. 교활한 토끼를 잡고 나면 사냥개를 삶아 먹고, 새 사냥이 끝나면 좋은 활도 구석에 처박아두고, 적국을 무찌르면 모략을 낸 신하도 망하는구나. 천하가 이미 평정되니 나도 역시 팽당하는구나"라며 원망합니다. 한신은 5년 동안 실의에 빠져 지내다 이전에 부하였던 진희秦豨가 난을 일으켰을 때 반란의 혐의로 죽임을 당하고 삼족이 멸하는 화를 입습니다.

구천과 유방만이 아닙니다. 송태조宋太祖·명태조明太祖도 적을 멸하고 나라를 세운 후 공신들을 죽였습니다. 조선의 태종도 개국공신들과 형제들의 목을 날렸으니 토사구팽은 시공을 초월한 보편적인 현상이라 할 수 있습니다. 그것은 권력의 당연한 속성 가운데 하나입니다. 그것은 권력을 잡은 자와 도운 자가 다른 입장과 생각을 하고 있기 때문에 나타나는 현상입니다.

공신들은 일반적으로 자신의 공을 극대화하고 논공행상에 불만을 표시합니다. 구천이 오나라를 멸한 뒤 베푼 연회에서 신하 문종은, "선조의 영이 우리를 인도하여 일을 성사하시니 폐하께서 신하를 잊지 않으신다면 폐하를 위해 그 능력을 다하리라"는 축시를 바쳤습니다. 왕은 아무런 반응이 없었습니다. 문종은 다시, "인자하고 현명한 폐하께서 덕과 진리로써 원수를 멸하고 오나라를 무너뜨렸다. 상 주기를 아끼지 않으니 따르는 무리가 많도다"라고 축하했습니다. 이번에도 왕은 기뻐하지 않았습니다. 이에 범려는 떠났습니다.6

문종은 "신하를 잊지 않으신다면 상 주기를 아끼지 않으니"라고 말하며 이제 막 권력을 잡은 시점에서 상을 달라고 떼를 썼던 것입니다. 왕의 입장에서 이런 자는 오히려 미래 권력에 위협이 될 수 있습니다. "뒷간에 갈 적 마음 다르고 올 적 마음 다르다[如廁二心]"는 옛말은 정확히 이러한 상황을 묘사하는 말입니다. 권력을 잡은 자가 이제 용도가 없는 자들을 곁에 둘 이유가 없습니다. 조조도 옛 친구 공융孔融·허유許攸·누규婁圭를 죽였는데, 옛 관계에 의지해 불손한 태도로 대했다가 처형되었다고 진수는 평합니다.7

이처럼 토사구팽은 보편적인 권력현상들 가운데 하나인데 사마천은 토사구팽의 책임을 한신에게 돌렸습니다.

> 만일 한신이 도를 배워 겸양을 지키며, 자기의 공적을 자랑하거나 재능을 내세우는 일이 없었던들, 한나라 왕조에 대한 그의 공훈은 저 주공周公과 소공召公, 태공망太公望(강태공姜太公)에 비교될 수 있는 것이어서, 국가의 원훈으로서 뒷세상에 길이 사당의 제사를 받을 수 있었을 것이다.8

하지만 한신은 이미 도를 배워 겸양할 수 있는 자가 아니었습니다. 그는 주머니 속 송곳[囊中之錐]과 같은 자였고 유방도 그것을 잘 알고 있었습니다. 한신은 천하를 통일하는 데에 꼭 필요한 자였지만 이제 그 용도를 다했고 오히려 권력에 위협이 되는 자였으므로 폐기되어야 마땅했습니다. 한신은 이전에도 영을 거역한 적이 있었으니 말입니다. 한신이 살고자 했다면 다른 용도를 찾아 주군에게 필요한 존재가 되거나, 범려나 장량張良처럼 권력의 정점에서 표표히 내려오거나, 괴통의 주장대로 유방과 권력을 다투어야 했습니다. 토사구팽은 자연스러운 순서이며 권력의 본질입니다. 이를 제대로 알지 못한 한신은 남을 원망하며 죽어갔습니다.

대단한 권력의 화신들은 토사구팽을 미리 대비하고 결코 팽당하지 않습니다. 《삼국지》의 조조나 사마의司馬懿 중달仲達, 사마의의 아들 사마사司馬師 같은 자들이 그들입니다. 조조의 도움을 받은 헌제獻帝는 조조를 팽하려 했고, 조조와 조비, 조예曹叡를 잘 보필한 사마의를 조상曹爽은 팽하려 했으며, 조방曹芳은 사마사를 팽하려 했지만 오히려 자신이 팽당하고 맙니다.

한나라 헌제는 동탁董卓에게 수모를 당하고 이각李傕과 곽범郭氾에게 쫓겨 거지처럼 떠돌았습니다. 조조는 그를 보살펴주고 황위를 유지시켰습니다. 조조에게는 명분이 필요했기 때문입니다. 하지만 여유가 생기자 헌제는 자신이 단순히 명분에 불과하다는 사실을 망각하고 실권이 되려 했습니다. 헌제는, "조조가 사직을 바로잡을 신하라 생각했는데, 뜻밖에 전권을 휘둘러 나라를 자기 손안에서 주무르며 위세를 떨치고 있소"라고 불평했습니다. 헌제는 장인 거기장군 동승董承에게 조조를 처단하라는 밀서를 내렸고, 동승은 태의太醫 길평吉平을 통해 독약으로 조조를 죽이려 합니다. 하지만 일은 발각되었고 길평은 모진 고문을 당하다 자결합니다. 조조는 동승은 물론 연관된 모든 사람을 참형에 처했고 아이를 잉태한 동귀비董貴妃까지 처참하게 죽여버립니다.

조조의 후손 3대 황제 조방 역시 비슷한 일을 당합니다. 조조의 손자 조예는 죽기 직전, 어린 조방을 조상과 사마의에게 의탁했습니다. 하지만 조상은 조조와 조비, 조예를 보필해 여러 차례 제갈량諸葛亮의 공격을 잘 막아낸 공신 사마의를 팽하려 했습니다. 사마의는 칭병하며 은인자중隱忍自重했고 결정적인 기회를 기다려 조상 일당을 제거하고 위나라의 실권을 장악했습니다.

사마의의 아들 사마사 역시 권력의 화신이었습니다. 그는 칼을 차고 황제의 전에 올랐고, 황제에 올리는 상소를 찢어버리기도 했으며, 수천의 인마人馬로 자신을 호위하게 해 위세를 보였습니다. 황제 조방은 헌제가 동승에게 밀서를 내려 조조를 죽이려 했듯이, "사마사는 짐을 어린애 취급하고 대신들을 지푸라기같이 여기니 사직은 머지않아 그의 손으로 넘어가고 말 것이오. 충의지심을 발휘하여 역적들을 토멸하고 사직을 바로잡도록 하라"는 밀서를 내렸습니다. 하지만 사마사는 조방이 자신을 어떻게 생각하는지 잘 알고 있었고, 언제든 팽할 기회를 노리고 있다는 것도 알고 있었으며, 이들의 모의 내용도 훤히 다 알고 있었습니다. 사마사는 관련된 모든 사람의 삼족을 멸하고 연루된 장황후張皇后를 끌어내어 흰 비단으로 목매어 죽여버렸습니다.

헌제는 조조를, 조방은 사마사를 우습게 보았습니다. 조조나 사마의, 사마사는 왕의 시혜를 간절히 바란 문종이나 한신처럼 어리석은 자들이 아니었습니다. 조조는 이미, "내가 천하를 버릴지언정, 천하가 나를 버리게 하지는 않겠다"는 말로 결코 팽당하지 않으리라 천명했던 바가 있습니다. 그들은 팽당할 것을 미리 예측했고 오히려 자신이 팽할 기회를 찾았고 기회가 오지 않으면 기회를 만들어서라도 팽했습니다. 그들은 팽하는 것이 보편적인 권력의 법칙임을 잘 알고 있었기에 양심의 거리낌은 조금도 없었습니다. 죽느냐 죽이느냐의 권력투쟁에서 양심이 끼어들 여지는 없습니다.

　한신과 더불어 한나라의 최대 건국 공신인 장량은 모두가 권력을 논할 때 속세를 벗어나 신선이 되겠다며 표표히 떠났습니다. 권력 주변에서 시혜를 기대하는 자가 있다면 속히 장량을 본받아 신선의 길로 떠나기를 권합니다.

권력의 세상은
늑대들의 천하다

> 조당에는 삭정이 같은 무리들이 관직에 있었고 황제 가까이에는 금수 같은 무리들과 이리처럼 간교한 무리들, 늑대처럼 행동하는 무리들이 모여 정치를 좌지우지하고, 종과 머슴들의 무리가 정치에 끼어들었도다.

예수는 "거짓 선지자들을 삼가라. 양의 옷을 입고 너희에게 나아오나 속에는 노략질하는 이리〔豺狼〕다"고 했는데, 동양이든 서양이든 이리·늑대는 간악함, 악함의 대명사입니다. 자연상태에서 "인간은 인간에 대해 늑대"라고 천명한 사람은 영국 철학자 홉스Thomas Hobbes였습니다.

> 자연상태에서 인간은 만인에 대한 만인의 투쟁상태로 살아갈 수밖에 없으며, 특히 폭력적인 죽음에 대한 공포를 지속적으로 안고 살아가야만 하는 존재다. 인간은 인간에 대해 늑대와 같다. 이런 상태에서 인간의 삶은 고독하고, 비참하고, 괴롭고, 잔인하며 그리고 짧다.9

《삼국지》에서도 늑대는 여러 번 등장합니다. 여포呂布는 초선貂蟬을 돌려주지 않는 의부 동탁에게 "그 늙은 늑대가 지금까지 혼자만 재미를 보

제1장 • 권력 이해하기   **027**

왔다오"라고 욕을 퍼부었습니다. 진등陳登은 조조에게 "여포는 원래가 늑대 같은 놈이라, 비록 용맹함은 뛰어났다고 하나 앞뒤를 분간하지 못하는 위인이며 사람이 경거망동합니다"라고 욕했고, 조조도 "여포의 그 늑대 같은 마음을 내 모르는 바 아니오"라고 말했습니다. 조조 자신도 "이 양의 가죽을 뒤집어쓴 늑대놈아"라는 욕을 먹었던 적이 있습니다.

죽고 죽이는 전쟁터에서 승리하기 위해 어떤 계략도 가리지 않는 《삼국지》의 모사들에게 세상은 그야말로 '늑대천하'였습니다. 《삼국지》가 비열한 권모술수를 가르치는 책이라고 비난하는 사람들은 이러한 점을 간과하고 있습니다. 늑대들이 가득한 세상에서 양으로 살아갈 수는 없습니다. 늑대는 늑대로서 대적해야 합니다. 이것이 《삼국지》가 우리에게 주는 중요한 교훈들 가운데 하나입니다.

문제는 《삼국지》와 같은 전쟁의 시대에만 늑대가 출몰하는 것이 아니라는 데에 있습니다. 세상은 항상 늑대로 가득한 전쟁상태입니다. 홉스는 경쟁심, 자기 확신의 결핍에 따른 안전의 확보, 영광에 대한 욕구 때문에 분쟁은 끊이지 않고 모든 사람을 떨게 만드는 공통의 힘common power이 없는 동안 사람들은 '만인에 대한 만인의 투쟁' 같은 전쟁상태에서 살 수밖에 없다고 주장합니다. 이런 늑대천하에서 불의한 것은 아무것도 없고 옳고 그름, 정의와 부정의 같은 개념들은 전쟁상태에서는 설 자리가 없으며 법도 없고 부정의도 없고 내 것과 당신 것의 구분도 없다고 말합니다.[10]

제갈량 역시 스스로 선비인 체했지만 비열하기 그지없는 속임수들을 마구 사용한 늑대들 가운데 하나였습니다. 제갈량이 위나라에 대한 북벌을 단행할 때 위나라의 사도 왕랑王朗은 "공께서는 이미 하늘의 운수를 알고 시무에 밝은 몸이신데 어이하여 명분 없이 군사를 일으켰소?"

라며 도의적인 명분으로 제갈량을 점잖게 꾸짖었습니다. 하지만 제갈량은 착하고 늙은 선비 왕랑에게 논리적인 대응을 하지 않고, "이리처럼 간교한 무리들, 늑대처럼 행동하는 무리들", "머리가 허옇게 센 필부이며 푸른 수염의 늙은 도적이여!"라며 막말과 욕설을 퍼부었고 흥분한 왕랑은 가슴이 답답하고 담이 끓어올라 크게 외마디 소리를 지르며 말에서 떨어져 죽고 말았습니다.

제갈량은 위나라 선봉장이자 부마인 하후무夏候楙를 이기고 강유姜維를 얻을 때에도 온갖 사기적인 방법을 다 동원했습니다. 가짜 전령으로 적을 속여 성을 비우게 하고, 적장을 일부러 놓아주어 공격을 유도하고, 위장 항복한 적들을 모두 주살해버렸습니다. 속이고 속이는 늑대들의 싸움터에서 제갈량은 한 수 위의 간교한 늑대였습니다.

하지만 이런 제갈량의 계교를 위의 장수 강유는 훤히 꿰뚫었고 제갈량은 그에게 패배했습니다. 심지어 조자룡趙子龍마저 무공으로 강유를 이기지 못했습니다. 제갈량은 그를 얻을 욕심이 생겼습니다. 제갈량은 복잡다단한 계교로 강유를 얻었습니다. 요약해보면 다음과 같습니다.

먼저 강유의 모친이 사는 기현과 천수, 상규를 동시에 공격했습니다. 기현을 구하러 간 강유가 성안으로 들어가게 두고 제갈량의 군사들은 거짓으로 패한 척 도망쳤습니다. 강유를 투항시키는 조건으로 적장 하후무를 기현으로 보냈습니다. 기현으로 가는 하후무에게 사람들은 강유가 이미 투항했다는 거짓 정보를 알려주었습니다. 이에 하후무는 천수로 가 강유가 배반했다고 알렸습니다. 제갈량은 가짜 강유를 천수로 보내 왜 촉에 항복하지 않는지 따지게 합니다. 제갈량은 진짜 강유가 있는 기현을 공격하고 강유는 천수성으로 도망쳤지만 배반자라 여겨 공격당합니다. 이후 상규로 갔지만 그곳에서도 아군의 공격을 받았습니다. 제갈량은 갈 곳이 없어진 강유를 설득해 투항시켰습니다.

제갈량은 이처럼 여러 차례 속임수를 사용해 적을 교란하고 강유를 얻었습니다. 제갈량은 강유를 만나자 황급히 수레에서 내리며 손을 잡고, "내가 나의 초가에서 나온 이래, 평생 동안 익힌 학문을 전할 만한 어진 선비를 찾았으나 아직 구하지 못하여 한이 되었소. 이제 그대를 만났으니 내 소원을 풀게 되었소"라는 따뜻한 말을 전하며 늑대가 아닌 선한 양 행세를 했습니다.

착하고 어진 유비도 늑대였습니다. 관우는 유비의 두 부인을 지키기 위해 조조에게 잠시 투항했는데 이때 유비는 원소袁紹의 진영에 있었습니다. 관우가 조조의 은혜를 갚기 위해 원소의 부하들을 연이어 죽이자 유비는 관우에게 편지를 썼습니다.

> 나는 공과 함께 일찍이 도원에서 결의를 맺어 생사를 같이하기로 맹세했소. 그러나 중도에 헤어지게 되어 은혜는 흩어지고 의가 끊겼소. 공은 명예와 공리公利를 취해 부귀를 누리려 하는데 그렇다면 나의 머리를 바쳐 공을 세우기 바라오.

유비는 동생 관우를 남처럼 '공'이라 칭했고 "명예와 공리를 취해 부귀를 누리라"며 관우의 자존심을 건드리는 비열한 편지를 씁니다. 순진한 관우는 충격을 받았고, "만에 하나라도 제가 두 마음을 품었다면 사람은 물론 천지신명까지도 저를 죽이려 할 것"이라며 간과 쓸개를 후벼내는 아픔을 전하는 답장을 썼습니다. 유비가 순한 양이었다면 동생의 안부와 그간의 사정을 물었을 것입니다. 하지만 유비는 동생의 가장 큰 약점을 파고들며 그가 돌아올 수밖에 없도록 재촉했던 것입니다.

조조나 유비, 제갈량과 같은 지도자들은 권력세상에서 양과 늑대를 구분해 양에게는 선한 목자로, 늑대에게는 더 간악한 늑대로 대응할 줄 알았습니다. "악인에게 맞서지 마라. 오히려 누가 네 오른뺨을 치거든 다른 뺨마저 돌려대라"라고 한 분도 "보라, 내가 너희를 보냄이 양을 이리 가운데로 보냄과 같도다. 그러므로 너희는 뱀같이 지혜롭고 비둘기같이 순결하라"고 말씀하셨습니다. 초월적인 종교와 달리 세상의 권력 싸움에 전념한 《삼국지》의 책략가들은 뱀같이 지혜롭게 악인에게 맞서는 모범을 우리에게 보여주었습니다.

늑대들이 우글거리는 무서운 권력투쟁의 세계에 들어가지 않는 것이 안전할 수 있지만 어쩔 수 없이 들어갔다면 간교한 늑대가 되든지, 대단한 늑대에게 의탁하는 길밖에 없는 것 같습니다.

권력은
문필보다 무략이다

▌ 붓을 들어 나불거리는 놈은 반드시 무략으로 본때를 보여야 한다. ▌

"삼국지는 한마디로 말하면 '저질'입니다. 이간질과 스파이전 등으로 넘쳐나죠. 현대인들에게 필독서나 처세술서로 읽히기에는 위험한 책입니다"라는 어느 교수의 《삼국지》 비판을 읽고 상당히 놀란 적이 있습니다. 물론 《삼국지》에는 그러한 '저질'도 많지만 감동적인 장면들도 많이 등장합니다. 그리고 《삼국지》는 전쟁의 시대를 배경으로 합니다. 죽느냐 사느냐의 길목에서 저질인지 고상한지를 따지는 것은 한가한 일입니다. 그리고 우리가 사는 세상에도 저질이 적지 않아 그러한 사례들을 봐두는 것도 큰 도움이 될 것입니다.

《삼국지》의 시대는 조조의 말을 빌리면 '무략武略의 시대'였습니다. 무략은 군사적인 책략을 말합니다. 군사적인 책략이란 힘을 바탕으로 전략을 수립해 적을 무찌르는 것을 말합니다. 조조가 원소와 싸움을 할 때, 진림陳琳은 원소의 격문에서, "조조는 이러한 더러운 집안의 피를 물려받아 본래 덕망이 없는데다가 교활하고 협잡이 심하고 난을 일으키고 화를 부르기를 좋아하는 간신"이며 "말 잘하는 선비를 초개와 같이 죽이고, 임금을 협박하고 있다"고 욕을 퍼부었습니다. 조조는 진림이 쓴 격문을 보고 병상에서 벌떡 일어나 이렇게 중얼거렸습니다.

"붓을 들어 나불거리는 놈은 반드시 무략으로 본때를 보여야 한다〔有文事者, 必須以武略濟之〕."

문사자文事者란 학문과 예술 등 문文에 종사하는 자를 말합니다. 이는 무인武人에 반대되는 자를 일컫는 말이고 조조는 무력武力과 책략策略을 알지 못하고 입 또는 글로만 이야기하는 자는 뜨거운 칼맛을 봐야 한다는 의미로 이 말을 했습니다.

무략은 문文과 다릅니다. 문은 설명하고 설득하지만 무武는 설명도 설득도 하지 않고 무서운 칼날을 휘둘러버립니다. 무략의 비정함을 가감 없이 보여주는 구로사와 아키라黒澤明 감독의 걸작 〈카게무샤〉 첫 장면에서 전국시대의 다이묘大名 신겐武田信玄은, "나는 욕심 많고 비정한 사람이다. 나는 아버지를 추방했고 아들을 죽였다. 나는 천하를 지배하기 위해서라면 무슨 짓이라도 할 것이다. 지금은 난세다. 누군가 천하를 통일하지 않는 한 피의 강물은 멈추지 않고 주검의 산만 높아질 뿐……"이라고 중얼거립니다.

《삼국지》의 시대는 난세였습니다. 난세에 윤리나 도덕은 힘이 받쳐주지 않을 때 설 자리가 없습니다. 《삼국지》를 저질이라고 생각한다면 너무 고상해서 현실을 제대로 알지 못하는 사람입니다. 조조는 무략이 기본이라 생각했지만 조조 자신도 시인이었고 조비 · 조식과 더불어 삼조三曹라 불리며 이른바 건안문학建安文學의 융성을 가져온 문인이었습니다. 진림의 문장을 보고 벌떡 일어난 것도 문장을 아는 조조였기에 가능한 일이었습니다.

조조는 원소의 격문을 읽고 누가 썼는지 물었습니다. 진림의 문장이라고 하자 조조는 껄껄 웃었습니다. 그러고는 "비록 진림의 문장은 뛰어나지만 원소의 무략은 별것이 아니지 않느냐?"는 말을 덧붙였습니다. 조조는 진림의 격문에 감탄했지만 그 문장을 뒷받침하는 칼이 없을 때 그것은 큰 의미가 없다는 것을 잘 알고 있었습니다.

조조는 원소를 격파한 후 진림을 사로잡았습니다. 조조는 진림에게, "너는 전날 원소를 위하여 격문을 썼을 때 응당 내 죄상만을 밝혀야 했다. 그러나 내 조부까지 욕한 것은 웬 까닭이었느냐?"라고 문죄했습니다. 진림은, "화살은 시위에 걸지 않으면 쏠 수 없는 것입니다"라고 답했습니다. 진림은 조조를 공격할 수밖에 없는 위치에 있었고, 공격하게 된 이상 조조는 물론 그의 부친과 조부까지 욕을 했던 것입니다. 조조는 진림을 죽이지 않았습니다. 오히려 그의 재주를 아껴 종사從事의 벼슬을 내리고 자신의 수하로 삼고 국정에 관한 문서나 격문을 맡겼습니다. 진림의 문장은 조조의 무략과 결합되어 더 큰 힘을 발휘하게 되었던 것입니다.

문치주의文治主義 조선에서 율곡栗谷 이이李珥 선생은 임금에게 문덕文德과 무략을 동시에 갖추어야 한다고 말했습니다.

> 전하께서 요순堯舜의 문덕의 정신을 본받고 탕왕湯王과 무왕武王의 무략의 정신을 사용하여, 도덕은 인륜의 표준이 되고, 하늘의 명령에 따라서 군사를 움직이신다면, 문무가 조화롭게 이루어질 것입니다.11

율곡은 문이 정치의 근본이며 무략은 정치의 말단이라 했습니다.

문이란 교화를 밝혀 풍속을 진작시키는 것이고, 무는 나라의 근본을 굳게 하여 외침을 방어하는 것이니, 문무를 병용하여 각각의 도를 다한다면 나라가 잘 다스려질 것입니다. ……그러나 모든 일에는 근본과 말단이 있으니, 도덕과 교화로 인도하는 것은 정치의 근본이고, 방패와 성으로 방위하는 것은 정치의 말단입니다.[12]

율곡은 성리학자답게 조조에 이를 정도로 무략을 중요시하지는 않았습니다. 조선에서 문무병용을 주장하는 것도 쉬운 일은 아니었을 것입니다. 율곡의 주장만큼도 무략에 배려하지 않았던 조선은 무략의 나라 일본의 침략에 온 나라가 폐허가 되었고 그 교훈을 되새기지 못해 후일 결국 식민지가 되고 말았습니다.

조조나 신겐은 말 많은 자들에게, "좋아! 멋대로 지껄여봐라"고 외쳤습니다. 그들은 말만 앞세우지 않았고 힘을 추구했고 그래서 권력투쟁에서 승리를 차지할 수가 있었습니다. 그들은 무략을 중심으로 문을 병용한 자들이었습니다. 논리와 명분에 치중한 자들은 무서운 칼맛을 보게 되지 않을지 염려할 일입니다.

아첨꾼과 간신배를
경계하라

▎천하의 주인이 궐 안에만 머문다면 어디 이로운 점이 있겠는가? **조광윤趙匡胤**▎

진시황秦始皇은 죽기 직전, 태자 부소扶蘇에게 "함양에 돌아가 있다가 내 장례를 주관하라"는 유서를 남겼습니다. 후계자로 임명했던 것입니다. 하지만 북방 몽염蒙恬 장군에게 가 있는 부소에게 유서를 전달할 사신이 오기 직전에 진시황은 숨을 거두고 유서는 환관 조고趙高의 손에 들어갔습니다. 조고는 시황제의 죽음을 비밀에 부치고 비린내 나는 생선으로 시신이 썩는 냄새를 감추었습니다. 그는 승상 이사李斯를 설득해 부소와 몽염에게 자결을 명하는 가짜 유서를 만들고 자기가 조종할 수 있는 어린 호해胡亥를 황제로 옹립했습니다. 그는 실권을 주무르다 위기에 처하자 호해를 살해하고 자영子嬰을 등극시켰다가 자영의 손에 죽임을 당합니다. 천하를 통일한 진나라는 20년도 가지 못해 망하고 말았습니다.13

진시황의 유서가 부소에게 전해졌고 부소가 몽염과 함께 진나라를 안정시켰다면 진을 이어 천하를 통일한 한나라도 없었을 것이고 한나라

말기 삼국의 대립을 그린 《삼국지》도 없었을 것입니다. 역사는 이처럼 짧은 순간 예상치 않게 흘러갑니다.

여기에 주목할 것은 '권력의 대기실vorraum'이 존재하며 그 대기실이 권력을 좌지우지하고 역사까지 바꿀 수 있다는 사실입니다. 권력의 대기실이 얼마나 중요한지 강조한 사람은 독일의 법학자 카를 슈미트Carl Schmitt였습니다. 직접적인 권력이 자리하는 모든 공간 앞에는 간접적인 영향력과 위력을 지닌 대기실이 형성되는데, 이는 권력자에게 이르는 통로, 권력자의 심중으로 통하는 복도입니다. 이러한 대기실과 통로 없이는 인간의 권력이란 존재하지 않고 아무리 현명한 제도라 해도 또한 아무리 머리를 짜내 만든 조직이라고 해도 대기실 자체를 완전히 뿌리 뽑을 수는 없습니다. 이른바 권력의 대기실은 권력이 모이는 곳이며 고해신부와 시의, 부관이나 여비서, 그리고 정부情婦들도 이런 역할을 할 수 있습니다. 이곳에서 권력자에게로의 접근 문제가 첨예화되고, 통로를 통제하는 사람들 사이에서의 암투가 치열해지며, 그 암투 속에서 인간 권력의 내적인 변증법이 생겨난다는 것이 슈미트의 주장입니다.14

중국과 우리나라에서 권력의 대기실의 역할을 한 것은 내시 혹은 환관들이었습니다. 그들은 황제와 후궁의 측근에서 신변의 모든 일들을 관리했고 그에 따른 권력을 행사했습니다. 심지어 스스로 내시가 된 자들도 있었는데 이들은 자궁子宮이라고 합니다. 내시의 세력이 큰 경우 정상적인 정치가 이루어지기 힘들었습니다.

《삼국지》의 배경인 한말의 혼란도 영제靈帝 때의 열 명의 환관인 십상시十常侍 때문이었습니다. 그들은 권력을 틀어쥐고 황제의 눈과 귀를 막고 매관매직으로 나라를 어지럽게 했습니다. 조조는 단칼에 십상시의 우두머리만 제거하면 문제가 해결된다고 했지만 대장군 하진何進은 듣지 않았고 외방의 동탁을 끌어들여 문제를 해결하려다가 죽임을 당하고 세상을 더욱 어지럽게 만들었습니다.

권력의 대기실을 제대로 관리하지 못해 패망한 또 한 사람은 유비의 아들 후주後主 유선劉禪이었습니다. 유선은 내시 황호黃皓의 말만 믿었고 주색에 빠져 조정의 일을 돌보지 않았습니다. 유선은 대신 유염劉琰의 처 호씨와 사통하고 유염을 참형에 처해 많은 선비들이 등을 돌리기도 했습니다. 내시 황호는 우장군 염우閻宇에게 뇌물을 받고 제갈량에 이어 북벌을 단행하는 강유를 염우로 교체하려고도 했습니다. 강유는 황호를 죽이려 했지만 실패하고 오히려 낙향하고 말았습니다. 유선은 매일 내시 황호와 함께 궁중에서 술과 여자에 둘러싸여 연회를 즐겼고 심지어 점쟁이 노파를 용상에 앉히고 나라의 미래를 점치기도 했습니다. 강유가 여러 차례 경고의 표문을 올렸지만 번번이 황호가 가로채 폐기해버렸습니다. 결국 위나라의 장수 등애鄧艾의 군사가 쳐들어와 나라가 망하게 되었지만 황호는 그것은 헛소문이라며 거짓을 아뢰었고 황호는 나라가 망한 후 뇌물로 목숨을 연명하다가 위나라 지도자 사마소司馬昭에게 능지처참을 당했습니다.

권력의 대기실은 이처럼 권력자와 현장을 가로막는 차단벽이 됩니다. 이러한 차단벽은 곳곳에 존재합니다. 지방관은 군주와 백성을 가로막고, 아전(서리·이서)들은 지방관과 백성을 가로막습니다. 퇴계退溪 이황李滉 선생의 시에는 이런 구절이 등장합니다.

> 고을 아전들이 오지 않으니
> 마을의 삽살개도 조용하고.[15]

아전들의 행패는 마을의 삽살개도 다 알고 있을 정도입니다. 아전들은 하급관리로서 대민업무를 담당합니다. 권력자는 그들을 통해 백성과 접촉하는데 그들은 권력을 자주 농단합니다. 다산 정약용丁若鏞은 아전들이 "한 가지 직책을 맡아 익숙해져 있고, 관리를 마치 여관에 손님처럼 여기며, 몸을 굽실대고 등을 굽히고 공손하게 대하지만 낮은 소리로 소곤대며 관가를 기롱한다"고 서술했습니다.16 지방관은 오히려 손님이며 아전이 주인처럼 모든 것을 다 주도하고 있다는 말입니다.

조조는 이런 차단벽이 직접적인 정치를 어렵게 한다는 점을 누구보다 잘 알고 있었습니다. 그는 30세에 제남국濟南國의 상相이 되었을 때 장리長吏들의 노회함에 휘둘리기 전에 그들을 단번에 혁파해버렸습니다. 조조가 뇌물을 받고 직책을 파는 일을 자행하던 열 명의 장리 가운데 여덟 명을 파직하고 음사淫祀(관청의 비준을 받지 않는 제사)를 엄금하니, 간사하고 사악한 자들이 달아나 자취를 감춰 제남국의 질서가 바로 안정되었습니다.17

그들은 중앙에서 온 조조를 우습게 보았을 것입니다. 조조는 장리들이 자신과 백성 사이를 가로막을 수 있다는 것을 잘 알고 영을 내릴 때마다 특별히 언급하곤 했습니다.

> 전사자가 있는 집 가운데 기본적인 일거리가 부족해 스스로 살아갈 수 없는 자가 있으면 현의 관리는 창고를 열어 나누어주는 일을 그치지 말라. 장리는 그들을 구휼하고 위로하여 나의 뜻에 맞게 하라.18

《한비자韓非子》는 군주의 판단을 어지럽히는 여덟 가지 간사한 행동인 팔간八姦을 언급했는데 첫째인 동상同床과 둘째인 재방在傍이 바로 권력의 대기실에 대한 것입니다. 동상은 귀부인·애첩·미소년 등 군주와 침실을 같이하는 자들입니다. 신하들은 이들에게 뇌물을 바치고 몰래 섬깁니다. 재방은 배우·광대·기생·내시 등인데 이들은 군주의 얼굴빛을 살펴 군주의 뜻을 먼저 알아차리고 무리를 이루어 함께 행동하면서 군주의 마음까지 바꾸고 속일 수 있는 자들입니다.[19]

무려 57년간 제齊나라를 이끈 명재상 안영晏嬰도 권력의 대기실에 농락당한 적이 있습니다. 그가 동아 지역을 잘 다스렸지만 경공景公은 비난을 했습니다. 안영이 가혹한 세금을 물리고 엄벌을 내렸더니 오히려 경공은 칭찬하고 상을 내립니다. 안영이 상을 거절하고 임금의 눈과 귀가 측근 간신배들에게 차단당해 있는 자초지종을 설명하고 나서야 경공은 안영을 신뢰하게 되었습니다.[20]

권력의 대기실을 뛰어넘은 정치인은 송태조 조광윤이었는데, 그는 황제가 된 후에도 날이 어두워지면 미복으로 궁을 나서 현자를 만나거나 민심을 둘러보았습니다. 위험하다고 아뢰자 조광윤은 다음과 같이 말했습니다.

"나는 천명을 타고난 사람이다. 후주의 세종은 신하 가운데 귀가 크고 제왕의 상을 가진 자는 모두 죽였다. 그러나 나는 큰 귀를 가졌음에도 그는 나를 죽이기는커녕 늘 가까이 두었다. 이런 내가 지금은 천하의 주인이 되었으니 그 누구도 나를 해칠 수 없다. 천하의 주인이 궐 안에만 머문다면 어디 이로운 점이 있겠는가?"

조광윤은 더욱 자주 외출했고 공신의 집을 찾아 국사를 논하곤 했습니다. 신하들은 그가 언제 찾아올지 몰라 옷을 갈아입을 수도 없었습니다. 폭설이 내린 어느 날 황제가 절대로 오지 않을 것이라고 생각한 신하 조보趙普가 예복을 벗고 편히 쉬고 있는데 문밖에서 기척이 들렸습니다다. 황급히 나가보니 황제가 홀로 눈을 맞고 서 있었습니다. 황제와 신하는 함께 화롯불에 둘러앉아 고기를 구워 먹으며 천하를 넓힐 계책을 논의했습니다.[21]

"천하의 주인이 궐 안에만 머문다면 어디 이로운 점이 있겠는가?"라는 말은 권력을 쥔 자들이 언제나 명심하고 있어야 할 말입니다. 그리고 송태조처럼 권력의 대기실을 뛰어넘으려 끊임없이 노력해야 합니다.

철학을 논할 순 있지만
강요할 순 없다

> 유비는 제갈량의 표를 읽어보고 땅에 던지며 말했다.
> "짐은 이미 뜻을 정했으니 두 번 다시 이를 간하여도 소용이 없다!"

역사적으로 철학자들은 권력자를 가르쳐 철학자로 만들려 노력했지만 대부분 실패하고 말았습니다. 플라톤Plato의 철인정치론哲人政治論이나 정암靜庵 조광조趙光祖의 도학정치론道學政治論이 그 대표적인 사례입니다.

  플라톤은 현실 정치에 관심이 많았고 좋은 정치 체제가 무엇인지에 대해서도 깊이 고민했던 사람입니다. 플라톤은 두 번이나 시칠리아에 가서 군주를 가르쳐 철학자로 만들려 하지만 감금당하기도 했고 추방당해 노예로 팔려가기도 했습니다. 시칠리아의 지배자들은 철학자 플라톤을 좋아하지 않았습니다.

  일찍이 플라톤의 스승 소크라테스Socrates는 청년들을 타락시키고 국가가 인정하지 않는 신을 믿는다는 죄목으로 민주적인 투표를 통해 사형을 당하게 되었고 플라톤의 제자 아리스토텔레스Aristoteles도 현실 정치에서 별다른 역할을 하지 못했으며 그의 제자 알렉산더Alexander 대왕 사후, 처형당할 위기에 처하자 아테네에서 도주했습니다. 이후에도 몇몇 철학자가 권력에 관여했지만 큰 성과를 얻지 못했습니다. 마르쿠스 아우렐리우스Marcus Aurelius는 철인통치자의 모습을 보여주었고 보에티우스Boethius는 철인정치가로서 다양한 역할을 했지만 결국 반역죄로 처형되고 말았습니다.22

이런 이유는 철학의 기본적인 태도 때문이 아닌가 합니다. 소크라테스는 이렇게 말했습니다.

> 만약 철학자들이 여러 나라에서 왕이 되든가 또는 우리가 오늘날 왕이나 통치자라고 부르는 사람들이 진심으로 그리고 충분히 철학을 하든가 해서, 이것들, 즉 정치적 권력과 철학이 한 군데서 만나지 않는다면, 그리고 또 현재로서는 그 둘 중의 어느 하나를 따로 떼어서 추구하고 있는 숱한 사람들이 그렇게 하기를 억지로라도 금지당하지 않는다면…… 여보게 글라우콘, 내가 생각하기엔 여러 국가들이나 인류에게도 재앙이 그치지 않을 걸세.23

소크라테스와 플라톤은 철학자만이 참된 앎을 소유하므로 권력을 잘 사용할 수 있다고 믿었습니다. 그것은 마치 조타술을 잘 아는 선장이 배를 잘 항해할 수 있는 것과 같은 일입니다. 조타술을 모르는 선원이나 일반인에게 배를 맡겨서는 안 되듯이, 권력의 본질을 제대로 알지 못하는 무식한 왕은 잘 가르쳐 철학자로 만들거나 철학자로 대체해야 합니다.

우리의 역사에서 이런 일을 실제로 하려고 했던 사람이 조광조였습니다. 조광조는 중중과 사림士林들의 지지로 훈구勳舊 대신들과 대립하며 급격한 개혁을 추진했습니다. 그는 《대학大學》의 도에 바탕한 정체를 세우고 군자와 소인을 구별해 교화를 행하는 철인군주론을 주장했고, 향약과 현량과賢良科를 통해 사림이 실권을 잡도록 했으며, 성리학적 의례를 앞세워 도교 신앙 기관인 소격서昭格署를 폐지하고, 중종반정의 공신록에서 훈구대신들을 삭제하는 급격한 개혁을 추구하다 훈구대신들의 반발을 받아들인 중종에 의해 죽임을 당하고 말았습니다.

플라톤이나 조광조는 군자君子가 군주君主가 되는 것이 불가능한 일임을 잘 알고 있었습니다. 그래서 그들은 군주를 군자로 바꾸려 노력했지만 결국 실패하고 맙니다. 그들은 이상주의자였습니다. 《삼국지》의 현실주의자들은 그러한 노력을 하지 않습니다. 제갈량·가후 등 최고의 책사들은 권력이 결코 철학이 될 수 없다는 사실을 잘 알고 있었기에 이런 일을 벌이지 않았습니다. 플라톤과 조광조는 '극단적으로 최선을 추구한 자들'이었지만 제갈량과 가후는 '차선에 만족할 줄 아는 자들'이었습니다.

관우가 죽자 유비는 "짐은 비록 나라가 기우는 위기를 맞더라도 군사를 일으켜 동오를 공격하고 역적을 사로잡아 가슴에 맺힌 한을 풀고 말겠다"라고 단호하게 선언했습니다. 조자룡이 "공과 사를 구분해야 한다"며 간곡히 간했고 제갈량도 여러 차례 반대했지만 유비는 고집을 꺾지 않았고 학사 진복秦宓이 다시 간하자 목을 베려 했습니다. 제갈량이 백관들과 더불어 군사훈련장까지 찾아가 간해 유비의 마음이 조금 흔들리지만 장비가 나타나 울고불고하는 바람에 설득은 무산되고 말았습니다. 이런 상황에서 제갈량은 더는 유비의 마음을 돌리려 애쓰지 않았습니다. 제갈량은 유비의 결정을 있는 그대로 인정하고 후방을 지키며 차후 상황의 대비책을 마련했습니다.

이런 일은 유비와 대립하고 있던 위나라에서도 벌어졌습니다. 유비가 결국 동오의 육손陸遜에게 대패하자 조조의 아들 조비는 성급하게 유비의 촉이나 손권의 동오를 취하려 했습니다. 조비는 책사 가후를 불러 촉과 동오 가운데 어디를 공격해야 하는지 물었습니다. 가후가 좀 기다려야 한다고 말하자 조비는, "짐은 이미 대병을 3로로 보내어 동오를 정벌하도록 했다. 그런데 승리하지 못할 까닭이 어디 있느냐?"고 말했습니다. 모든 결정은 이미 나 있었고 출병에 대한 의논은 형식적이었습니다. 주변에서 말리자 조비는, "짐은 이미 결단을 내렸으니 더는 중언부언하지 말라!"고 못을 박아버립니다. 가후 역시 제갈량처럼 더는 막아서지 않습니다. 결국 무리한 공격은 패배로 이어졌고 조비는, "짐이 가후와 유엽劉曄의 말을 듣지 않아 결국 패하고 말았구나!"라며 후회합니다.

권력의 세계는 이렇습니다. 권력이 행해지는 장소가 항상 진리가 실천되는 장소는 아닙니다. 옳은 길을 알고 있더라도 힘을 가진 자가 하고 싶어 하지 않으면 어쩔 수 없습니다. 익주의 유장劉璋이 유비의 세력을 끌어들이려 할 때 황권黃權, 이회李恢, 왕루王累 등의 부하들은 목숨을 걸고 유장의 앞길을 막아섭니다. 영국의 성인 토머스 모어Thomas More는 신념대로 왕 헨리 8세Henry VIII의 이혼과 수장령에 반대하며 고결한 양심, 불멸의 영혼을 지키기 위해 목을 내놓았습니다.[24] 그들은 진리를 지키기 위해 목숨을 걸었지만 그들의 주군은 진리를 받아들이지 않았습니다. 권력의 이런 속성을 잘 아는 제갈량과 가후 등 최고의 책사들은 목숨을 걸지 않았습니다. 세상에 목숨을 걸 만한 일은 그렇게 많지 않고, 돌아가는 길도 있다는 것을 그들은 잘 알고 있었습니다.

플라톤은 "언제나 똑같은 방식으로 한결같은 상태에 있는 것인 존재ousia에 대한 앎을 추구하며, 일체의 존재를 사랑하고 관상하는 사람"을 철학자라 했지만 현실의 권력자들은 변덕스럽고 앎보다는 재물과 욕망을 추구하는 자들입니다. 그들은 일체의 존재를 사랑하고 관상하기보다 아름다운 것이 있으며 만지고 꺾어 차지하려는 자들입니다.25 이런 군주들에게 잠시 철학을 논할 수는 있지만 그 실천을 강요할 수는 없는 노릇입니다.

철학과 권력의 배반을 잘 아는 인물은 퇴계 이황이었습니다. 율곡이 반대했지만 퇴계는 조정을 떠났습니다. 퇴계는 조광조가 "학문이 충실하고 덕기德器가 이루어진 다음에 세상에 나가서 일을 담당하였더라면 그 성공은 쉽게 헤아릴 수 없었을 것이다"라며 아쉬워하기도 했고,26 서울을 떠나며, "아직도 종남산終南山에 미련이 있어 위수渭水가를 떠나면서 머리 돌리네"라는 시를 남기기도 했습니다.27 위수는 일흔이 넘은 강태공이 주문왕周文王을 만나 정치적 야심을 펴게 된 장소입니다. 퇴계도 강태공이 되고 싶은 미련이 있었던 것이 아닌가 합니다. 하지만 조정에는 하는 일이 없이 세월만 보내면서 이록利祿만 탐내는 자들로 들끓어 그는 한 가지 시책도 이룰 수 없었습니다.28 퇴계 선생이 그곳에 머물렀다면 조광조처럼 되고 말았을 것입니다.

정치철학자 한나 아렌트Hannah Arendt는 철학자들이, 현실을 무시하고 현실에서 벗어난 사유에서 어떤 원리를 획득하여 그것을 현실에 부과하려는 태도인 '철인왕 콤플렉스'가 있다고 지적했습니다. 현실에 충실하게 살 때, 현실 속의 사람들과 공동체 감각sensus communis 또는 상식the common sense을 공유하게 되는데 철학자들은 그러한 감각과 상식을 결여한 사람들입니다. 그래서 그들은 공동체 감각을 상실한 채 현실 정치의 원리를 제시하고 참여를 독려하는 오류에 빠져 결국 실패하고 맙니다.29

공자孔子의 제자 자공子貢은 스승을 헐뜯는 자들에게 스승은 "해와 달과 같아서 넘을 수가 없고, 선생님을 따라가기가 어려운 것은 마치 하늘에 사다리를 놓고 오를 수가 없는 것과 같소"라고 말합니다. 그리고 "나의 담은 높이가 어깨에 미칠 정도여서 집안의 좋은 것들을 들여다볼 수 있지만, 선생님의 담은 높이가 몇 길이나 되어서 그 문을 찾아 들어가지 못하면 종묘의 아름다움과 백관의 많음을 볼 수가 없는 것과 같다"고 말하기도 했습니다.30

해와 달, 하늘도 땅에 내려오지 않는 한 권력을 잡을 수 없습니다. 높은 담을 쳐두고 사람들과 소통할 수는 없습니다. 자공이 현실에서 성과를 낼 수 있었던 것도 높이가 어깨에 미칠 정도의 담을 가지고 있었기 때문입니다. 담을 낮추거나 헐어버리지 않고 권력에 다가갈 수는 없습니다. 조조는 항상 편안한 옷을 입고 편안하게 사람들을 맞아 허심탄회하게 이야기를 주고받았습니다. 그가 높은 담에 둘러싸여 있었다면 그 많은 계책들을 얻을 수 없었을 것입니다.

"처음부터 선생은 깊이 자신을 감추었고 학문으로써 남에게 함부로 말하지 않았기에 그 당시에는 그를 잘 아는 사람이 많지 않았다"고 퇴계의 제자는 증언했습니다.31 그는 철학과 학문으로 세상의 왕을 설득할 수 없다는 사실을 잘 알고 있었습니다. '사유의 왕'이었던 그는 '권력의 왕'에게 부담이 되기를 원하지 않았기에 깊은 산으로 숨어들었습니다. 헌제를 협박해 황위를 빼앗아 조비에게 넘긴 화흠華歆은, 일찍이 관녕管寧과 공부하다 고관대작의 수레가 지나가자 바라보았던 적이 있습니다. 이에 관녕은 방석을 갈라 절교했습니다. 화흠은 권력 속으로 걸어 들어가 이름을 더럽혔지만 관녕은 끝내 권력을 멀리하며 깨끗한 이름을 지킵니다. 관녕할석管寧割席의 교훈은 순수하고 이상적인 철학을 지닌 자라면 깊이 마음에 새겨야 할 교훈이 아닐까 합니다.

권력투쟁은
인정투쟁이다

> 사나이는 자기를 알아주는 이를 위해 죽고, 여자는 자기를 기쁘게 하는 자를 위해 꾸민다. 《사기》

《사기》〈자객열전〉에 나오는 예양豫讓은 진晉나라 사람이었는데, 주군 지백智伯이 죽자 주군을 죽인 조양자趙襄子에게 여러 차례 복수하려 했습니다. 궁궐 변소에 숨어들기도 하고 몸에 기름을 바르고 나환자처럼 가장한 다음 뜨거운 숯을 삼켜 성대를 끊어버리고 다리 밑에서 조양자를 죽이기 위해 기다리기도 했지만 실패합니다. 도저한 복수심에 의아한 조양자가 묻자 지백은 이렇게 말했습니다.

"나는 범씨와 중행씨를 섬긴 일이 있으나 그 두 사람은 다 나를 범상한 사람으로 대했소. 그러므로 나도 범상한 사람으로 그들을 대했을 뿐이오. 그러나 지백은 나를 국사로 대했소. 그러므로 나는 국사로서 보답하려는 것이오."[32]

예양은 "사나이는 자기를 알아주는 이를 위해서 죽고, 여자는 자기를 기쁘게 하는 자를 위해서 꾸민다"는 말을 중얼거리며 복수를 다짐했고 실천했던 것입니다.33 목숨을 건 예양의 복수는 '인정認定'에 대한 대가였습니다.

우리는 남에게 무시를 당할 때 가장 기분이 나쁘고 인정을 받을 때 가장 기쁩니다. 권력을 추구하는 인간은 누구보다 인정욕구가 강합니다. 한신은 항우에게 무시당하고 유방에게 인정받아 항우를 파멸시키는 데에 앞장섰습니다. 항우가 한신을 인정했더라면 역사는 달라졌을 것입니다.

인정은 인간의 가장 본원적인 동기이며, 자기의식은 생사를 건 인정투쟁struggle for recognition을 통해 정립되며, 인정받은 자와 인정한 자는 결국 주인과 노예의 관계가 된다고 철학자 헤겔Georg Hegel은 '인정의 철학'을 펼쳤습니다. 사실 인정투쟁은 삶의 모든 영역에서 나타날 수 있지만 권력의 장에서는 어떤 가치를 둘러싸고 그야말로 피비린내 나도록 벌어집니다.

《삼국지》에도 아름다운 인정의 순간들이 등장합니다. 유비와 조조는 아무것도 가진 것이 없을 때 상인들과 부호의 인정을 받아 대의大義를 위한 첫 발걸음을 내딛었습니다.

유비는 도원결의를 맺은 후 대의를 내세우며 전쟁에 나섰습니다. 당시 비록 무기는 준비되었지만 군마軍馬조차 없는 상태였습니다. 이때 유비는 장세평張世平과 소쌍蘇雙이라는 상인들의 도움을 받았습니다. 그들은 북방에 말을 팔러 가는데 황건적黃巾賊의 난으로 길이 막혀 돌아오는 중이었습니다. 유비는 "그러므로 무엇이든지 남에게 대접을 받고자 하는 대로 너희도 남을 대접하라"는 서양의 황금률을 충실히 지켜 먼저 그들을 후하게 대접했습니다. 그리고 대의명분을 이야기했고 그들은 쾌히 말 50필과 금은 500냥, 빈철 1,000근을 선뜻 내놓았습니다. 유비는 먼저 그들을 인정했고 그들도 유비를 인정했습니다. 상호인정이 었습니다.

조조도 비슷한 경험을 했습니다. 여백사呂伯奢의 비극이 있은 후 조조는 아버지 조숭曹嵩을 찾아가 그간의 일을 설명하고 가재를 팔아 의병을 모집하려는 뜻을 전했습니다. 조숭은 조조에게 위홍衛弘을 소개했습니다. 조조 역시 먼저 잔치를 베풀어 위홍을 대접하고 사직을 구하고자 하는 자신의 대의를 말했습니다. 위홍은 조조를 '큰 뜻을 품을 젊은이'라 인정하고 선뜻 가산을 다 팔아 도왔습니다.

이문을 남기는 일을 주로 하는 상인들과 가진 것이 많은 부호들이 이런 투자를 하는 것은 쉽지 않은 일입니다. 그들은 조조와 유비의 떡잎을 알아보았고 멀리 보는 큰 투자를 해 성공을 거두었습니다. 그들의 인정이 없었더라면 조조와 유비는 대업의 길을 시작하기 힘들었을 것입니다.

친구란 상호인정을 통해 이루어집니다. 서로가 서로를 인정할 때 진정한 친구가 될 수 있습니다. 한쪽에서만 인정할 때에는 친구가 될 수 없는데, 손책孫策과 원술袁術의 관계가 그랬습니다. 손책은 아버지 손견孫堅이 죽은 후 원술의 휘하에 있었고 원술은 "나에게 손책과 같은 친아들이 있다면 죽어도 여한이 없을 터인데"라고 했지만 그를 진정한 동반자로 여기지는 않았습니다. 손책은 원술이 자신을 애송이 취급을 한다고 분개했고 결국 아버지에게 받은 옥새를 넘기고 군사와 정보程普, 황개黃蓋, 한당韓當 등 아버지의 명장들을 얻어 원술을 떠나 더 넓은 세상으로 날아갑니다.

《삼국지》에는 또한 인정해야 할 자를 인정하지 못하고 치열하게 대립하다가 결국 패배해 죽음에 이르게 되는 사나이가 나오는데 그는 동오의 공근公瑾 주유周瑜였습니다. 주유는 마지막에 이런 말을 남겼습니다.

"하늘이 주유를 세상에 나게 하고 어찌 또 제갈량을 나게 했단 말인가(旣生瑜 何生亮)?"

맹자孟子는 "천하에 도가 있으면 소덕이 대덕에게 부림을 받고, 소현이 대현에게 부림을 받는다"라고 이야기했는데, 소덕 주유는 대덕 제갈량을 인정하지 못해 패배를 당하고 비참한 최후를 맞았습니다.34

주유는 손견과 손책, 손권을 보좌해 강동을 든든히 지킨 명신이었습니다. 그는 동오와 위나라가 천하를 이분해야 한다는 '천하이분지계'의 원대한 대세관을 지닌 영웅이었습니다. 그는 제갈량의 뛰어난 지략을 시기해 여러 차례 죽이려 했고, 제갈량을 상대로 형주를 두고 다툴 때에는 길을 빌리는 척하다 공격을 하는 이른바 가도멸괵假途滅虢의 계교를 부리기도 했습니다. 그는 성격이 급했고 동오와 유비가 함께 강자인 조조를 막아야 한다는 제갈량의 대세관에 동의하지 않았습니다.

주유는 제갈량이라는 큰 벽을 만나 결국 좌절했고 하늘을 원망하며 죽어갔습니다. 그는 제갈량과 싸움만 하려 했지 진정으로 대화해보려고 노력하지는 않았습니다. 그는 하늘이 자신과 제갈량을 동시에 낸 것을 원망했지만 그 이유를 심각하게 물어보지는 않았습니다. 주유와 제갈량이 협력해 조조의 세력을 막았다면 삼국은 좀더 길게 세력 균형을 이어갈 수 있었을 것입니다. 결국 그는 뜻을 이루지 못하고 요절하고 말았습니다.

주유와 달리 조조는 영웅을 알아보고 인정하고 보호했습니다. 조조는 자신의 군사들을 마구 해치는 조자룡을 죽이지 못하게 했습니다. 전군에 영을 내려 조자룡에게는 활을 쏘지 못하도록 했고 자신의 호의를 거절하고 냉정하게 떠나는 관우 또한 죽이지 않았습니다. 조조는 이미 상당한 명성을 얻어 자신에게 큰 위협이 되고 있던 유비도 죽이지 않고 살려두었습니다.

조조가 여포로부터 유비를 구한 후 허창으로 데리고 왔을 때 유비와 매실주를 마시며 영웅에 대해 논했습니다. 조조는 유비에게 "가슴에 웅지雄志를 품어야 하고, 뱃속에는 지모가 가득하여 우주의 기를 비장하고 천지의 지를 내뱉을 만한 인물, 천하의 영웅은 오직 공과 나뿐이오"라고 말합니다. 그 순간 유비는 수저를 떨어뜨렸고 천둥에 놀란 듯이 행동해 조조의 의심을 피했습니다. 하지만 조조는 어리숙하게 행동하는 유비의 가슴에 웅지가 숨어 있음을 잘 알고 있었습니다.

조조는 유비를 느슨하게 풀어둔 상태였습니다. 심지어 이때 관우와 장비는 유비에게 변고가 있을까 싶어 칼을 뽑아들고 술자리에 나타나기까지 했습니다. 칼춤을 추기 위해 왔다고 그들이 변명하자 조조는 "이곳은 초나라와 한나라가 회합을 연 홍문회 자리가 아니므로 패공을 죽일 칼춤을 추어야 할 항장도 필요 없고, 이를 막을 항백도 필요 없소"라며 "두 번쾌樊噲에게 가득 술을 부어주라"는 여유와 관용을 보였습니다. 조조는 유비의 영웅됨을 인정했고 두 동생들 또한 번쾌로 인정했습니다. 조조의 측근들은 이때 유비를 죽여야 한다고 여러 차례 간했습니다. 이때 조조가 유비를 죽였다면 그는 진정한 영웅으로 남을 수 없었을 것입니다. 가장 멋진 인정투쟁은 정면승부라는 것을 조조는 잘 알고 있었습니다.

이런 멋진 인정투쟁을 그리스 신화에서도 볼 수 있습니다. 트로이 전쟁에서 아킬레우스Achilleus가 그리스 연합군 사령관 아가멤논Agamemnon과의 갈등으로 출정하지 않자 친구인 파트로클로스Patroclus는 아킬레우스의 옷을 입고 출전해 그리스군의 사기를 높였습니다. 트로이의 왕자

헥토르Hector는 그가 아킬레우스인 줄 알고 이륜 전차로 돌진했습니다. 파트로클로스는 돌을 던졌고 마부가 맞았습니다. 헥토르는 마부를 구하기 위해 전차에서 뛰어내렸고 파트로클로스 역시, 공평한 승부를 겨루어 완전한 승리를 이루고자 마차에서 뛰어내렸습니다.35 결국 파트로클로스는 헥토르의 창에 찔려 죽었습니다. 마부를 구하기 위해 뛰어내린 헥토르도, 공평한 승부를 위해 전차에서 뛰어내린 파트로클로스도 진정한 영웅이었습니다.

늑대들의 간교한 싸움터에서도 이와 같은 멋진 장면은 간혹 있습니다. 황충黃忠은 활로 관우를 명중시키지 않았고 관우는 말에서 떨어진 황충을 죽이지 않습니다. 늑대의 간교함은 권력을 얻지만 사자의 정면승부는 명예를 남기는 법입니다.

적이든 친구든
'타자'는 배제할 수 없다

> 현덕은, 비록 적장이지만 장임張任의 충성스러운 마음에 감탄하여 그의 시신을 잘 거두어 금안교 옆에 장사 지내고 그의 충성심을 비문에 남겼다.

독일의 법학자 카를 슈미트Carl Schmitt는 "정치적인 행동이나 동기의 원인으로 여겨지는 특정한 정치적 구별이란 적과 동지의 구별이다"라고 말했습니다.36 그리고 "적과 동지의 구별이 사라지면, 정치 생활도 없어진다"라고 했습니다.37 갈등과 권력투쟁이 첨예한 곳에서 우리 앞에 존재하는 타자는 적 아니면 동지입니다. 이를 구분하는 일은 가장 일차적인 것입니다. 친구라면 함께 의논해야 하며 적이라면 방비를 해야 합니다.

타자를 긍정적으로 해석한 철학자는 레비나스Emmanuel Levinas였습니다. 레비나스는 "타자는 우리와 맞서 있는, 그래서 우리를 위협하거나 또는 우리를 차지하고자 하는 존재가 아니다"라고 말했습니다. 타자는 우리 것이 되는, 또는 우리 자신이 되는 그러한 대상이 아니어서 내가 차지할 수 있는 존재가 아니며, 타자는 약한 사람, 가난한 사람, 과부와 고아의 모습으로 나타나며, 이런 타자의 얼굴에 직면할 때 나는 그곳에서 모든 사람들을 만날 뿐 아니라, 나의 재산과 기득권을 버림으로써 타자와 동등한 사람이 되며 인간의 보편적 결속과 평등의 차원에 들어갈 수 있다고 레비나스는 말합니다.38 레비나스는 타자를 통해 우리 자신을 돌아보고 자기중심적인 삶을 반성해 이해와 수용의 더 넓은 윤리적 세계로 나아갈 수 있다는 긍정적인 타자 철학을 제시해주었습니다.

하지만 목숨이 왔다 갔다 하는 권력투쟁의 현장에서는 다가오는 타자를 우선은 적으로 간주하고 의심과 시기심, 잔인함과 각박함의 눈으로 보는 것이 더 안전할 수 있습니다. 이러한 타자관을 가진 대표적인 자는 바로 조조였습니다. 조조는 적마저 동지로 만들기 위해 노력했고 정치적 반대자들에 대한 강한 포용력을 보여주기도 했지만 권력투쟁에서 반대자들을 무자비하게 짓밟고 죽였습니다. 조조는 '반란자는 때려죽여도 무방하다'는 잔인한 정책을 시행했고 원수라면 그 후손까지 보복하려 했습니다.

그는 공자의 후손 공융과 선비 예형禰衡, 양수를 죽였고 최염崔琰에게 반역혐의로 자살하도록 했고 모개毛玠가 최염의 무죄를 주장하자 모질게 고문하기도 했습니다. 최측근이었지만 자신이 위왕이 되는 것을 반대했다고 순욱荀彧을 제거했고 사위 제안을 거절한 주불의周不疑도 자객을 보내 죽였습니다. 길평과 경기耿紀, 위풍魏諷의 반란 때에도 많은 사람들을 죽였고 아버지의 원수를 갚는다는 명목으로 서주에서 학살을 벌이기도 했습니다. 선비 유양劉陽이 자신을 비판하자 그 아들에게 보복하려 하기도 했고, 자신을 인정하지 않고 비난한 변양邊讓과 원충袁忠, 환소桓邵 또한 냉정하게 죽였습니다. 오랜 세월 함께한 친구 누규가 자신의 가족을 비판하자 죽였고 또한 공을 세운 친구 허유가 죽도록 내버려두었습니다. 잠결에 칼을 휘두르는 버릇이 있다며 무고한 시종을 베어 버리기도 했고 일찍 깨우지 않았다며 첩을 죽이기도 했습니다. 심지어 군량미에 대한 불만을 잠재우기 위해 무고한 담당자에게 죄를 뒤집어 씌워 죽였던 적도 있습니다.

《삼국지》에는 조조의 관용과 미덕의 모습이 많이 등장하지만 이런 모습을 보고 있노라면 레비나스의 긍정적인 타자관을 받아들이고 싶지 않은 마음이 듭니다. 정치적 반대자들을 용납하지 않고 가혹하게 다룬 것은 위나라를 위기에서 구한 사마의도 마찬가지였습니다. 사마의는 권력에서 자신을 배제하려 한 조상을 진압한 후 조상의 삼형제를 비롯해 그의 일당 1,000여 명의 목을 시장바닥에서 잘라버렸습니다. 그리고 그들의 삼족을 다 멸하고 모든 재산을 빼앗아버렸습니다.

이런 면을 보면 권력투쟁의 장에서는 레비나스의 긍정적인 타자관보다 사르트르Jean Paul Sartre의 타자관이 더 현실적이지 않나 생각됩니다. 사르트르에 따르면 나와 타자는 서로를 객체로 사로잡으려는 '시선의 투쟁'을 벌입니다. 그러므로 나와 타자의 근본적인 관계는 갈등입니다. 나와 타자는 근본적으로 분리되어 있고 처음부터 협력하기를 거절합니다. 나와 타자는 만나자마자 찢겨져 서로가 서로에게 자기의 시선을 통해 존재론적 힘을 과시하고 뽐내는 투쟁의 관계로 돌입합니다. 그래서 인간 존재들 사이의 관계는 비극적입니다. 이 비극적인 관계는 "타자는 나의 지옥이다"라는 한마디로 요약될 수 있습니다. 나에게 타자는 '나의 존재를 훔쳐가는 자'입니다.[39]

권력투쟁의 상황에서 타자는 분명 사르트르적인 타자입니다. 조조와 사마의와 같은 권력의 화신들은 타자에 대한 이러한 윤리에 기초하고 있었고 그들은 타자와의 투쟁에서 승리해 타자를 사로잡아 주인이 된 자들이었습니다. 하지만 비록 그들이 권력추구에 걸림돌이 되는 자들을 철저히 짓밟았지만 언제나 시선의 투쟁에서 승자로 남지는 못했습니다. 그들은 항상 타자들을 의식했고 타자들의 오해에 서운해했고 변명하며 바로잡으려 노력했습니다.

조조는 자신이 왕이 되려는 생각을 품고 있지 않으며 단지 죽임을 당할 것을 염려해 병권을 쥐고 있다고 여러 차례 변명했고, 사마의도 병세가 악화되자 두 아들을 불러 "사람들이 모두 내가 딴 생각을 품고 있다고 생각하기에 나는 항상 두려움 속에서 지내야만 했다. 내가 죽은 후에라도 너희 두 형제는 힘을 합하여 국정을 보살피면서 부디 신중히 처리하도록 하라"고 당부했습니다. 그들은 적대적인 타자들의 의심의 눈길과 평생 싸움을 벌여야 했고 그 때문에 많은 스트레스를 받았습니다. 그 누구도 타자와의 싸움에서 완전한 승자가 될 수는 없는 법입니다. 조조나 사마의같이 얼굴이 두껍고 대단한 자들도 구구한 변명을 늘여놓고 있으니 말입니다.

조조는 사람을 죽인 후 여러 차례 후회하고 사과했습니다. 순욱과 원소의 부하 저수沮授를 죽게 했을 때에도, (비록 각색된 대목이지만) 동오의 계략에 빠져 채모蔡瑁와 장윤張允을 죽였을 때에도, 술에 취해 유복劉馥을 창으로 찔러 죽였을 때에도 그랬습니다. 또한 자신이 죽인 양수의 시신을 거두어 장례를 치렀고 화타華佗를 죽인 후에는 큰 사당을 세우려 했지만 세간의 웃음거리가 될 것을 염려해 무덤 앞 숲 속에 작은 사당을 세우고 남몰래 죽은 이에게 오랫동안 빌기도 했습니다.[40]

우리는 언제나 타자를 벗어나 살 수 없습니다. 철학자 하이데거Martin Heidegger는 "현존재의 존재에는 타자와의 공동존재가 속해 있으며, 현실적 현존재가 타자들을 고려하지 않고, 그들을 불필요하다고 생각하거나 그들 없이 지낸다 하더라도, 그는 공동존재의 방식으로 있다"며 '타자의 불가피성'을 말해주었습니다.[41] 권력은 타자와 다투는 것입니다. 그러므로 타자는 무시할 대상이 아니라 존중할 대상입니다. 권력투쟁의 장에서 '타자의 악마화'는 불가피할 수도 있지만 타자를 존중해야 그를 알 수 있고 제대로 된 싸움을 할 수 있습니다. 관우는 안량顏良을 "깃발을 세우고 달려오고 있으나, 나에게는 돼지머리를 파는 백정놈으로밖에 보이지 않습니다"라고 무시했고, 육손이 동오의 대도독이 되었을 때에는 "손중모(손권)가 견식이 짧아 이런 부족한 자(孺子)를 장수로 삼았구나!"라며 손권과 육손을 함께 무시합니다. 심지어는 "범 같은 내 딸을 어찌 개 같은 놈의 자식에게 시집보내겠소!"라며 동오의 지도자 손권마저 짓밟습니다. 관우는 결국 "머리에 피도 마르지 않은 푸른 눈의 어린 놈"이라 욕했던 손권에게 붙잡혀 목이 날아가고 맙니다. '타자에 대한 존중'이 없어 죽임을 당하고 나라를 기울게 한 관우의 일에서 깊은 교훈을 얻을 일입니다.

목적이 수단을 정당화한다

> 물론 너에게는 죄가 없다. 그러나 너를 살려둔다면 군사들이 반란을 일으킬 것이다. 네가 나를 위하여 죽어준다면 너의 처자식은 책임지고 잘 돌봐주겠다. 조금도 걱정하지 말아라.

《삼국지》에서 마키아벨리가 가장 좋아할 만한 인물을 꼽으라면 단연 조조가 아닐까 합니다. 악행에 대한 마키아벨리의 다음 언급을 보면 그 이유를 쉽게 알 수 있습니다.

> 군주는 적어도 자기 나라를 빼앗기는 악덕의 오명을 피하기 위해서는 매우 신중해야 한다. 그러나 어쩔 수 없는 일이라면 그러한 악행을 저지르는 것에 대해 부담을 갖지 않을 수도 있다. 여하튼 그러한 악덕이 없이 그의 권력을 유지하기 어려울 때는 그러한 악덕의 오명을 쓰는 것에 주저하지 말아야 한다.

마키아벨리는 권력을 유지하기 위해 어떤 악행도 저지를 수 있어야 한다고 말합니다. 전반적인 문제를 잘 생각해보면 미덕처럼 보이는 것도 그것을 행하는 도중에 자기의 파멸을 가져오는 수가 있고, 반면에 악

덕으로 보이는 것도 그것을 따름으로써 안정과 번영이 보장되는 경우가 있기 때문입니다.42

이 말에 유비는 반대하겠지만 조조는 완전히 동의할 것입니다. 조조는 권력을 지키기 위해 어떤 악덕도 마다하지 않았고 모든 상황을 자기에게 유리하게 정당화한 '마키아벨리즘'의 선구자였습니다. 조조가 적벽대전赤壁大戰 당시 부하 유복을 죽이던 상황을 살펴보면 잘 알 수 있습니다.

조조는 적벽대전 직전 승리를 예감하며 주연을 벌였습니다. 이 자리에서 조조는 흥에 겨워 〈단가행短歌行〉이라는 아름다운 시를 지었습니다. 술·노래·그대·사슴·친구·풍악·달·옛정·별빛 등의 서정이 등장하고, "주공이 어짊 알고 천하 인심 다 모였네"라는 웅지까지 드러내는 멋진 시였습니다. 조조를 싫어한 주희朱熹는 "조조는 시를 지을 때 항상 주공을 이야기한다", "그는 도적이 되어 정권을 훔쳤을 뿐 아니라 성인의 법까지 훔쳤다"며 극언을 내뱉었지만 말입니다.43

모두가 조조의 시에 감탄하고 탄성을 지르고 기뻐할 때 부하 유복이 홀로, "달은 밝고 별빛 사라지니 까마귀 울며 남으로 날아가, 나무를 세 바퀴나 돌아도 의지할 가지 없어라"는 대목이 불길하다고 문제를 제기했습니다. 술에 취한 조조는 "네놈이 왜 감히 흥을 깨려 드느냐?"며 손에 든 긴 창으로 유복을 찔러 죽였고 술좌석은 난장판이 됩니다. 유복은 합비에서 몸을 일으켜 난리 통에 달아나는 백성들을 모아 학교를 세우고 둔전을 마련해 돌보며 오랫동안 조조를 도와 많은 공을 세운 훌륭한 인물이었습니다. 그러한 사람을 자신의 흥을 깬다고 죽여버렸던 것입니다.

조조는 술에 깬 뒤 크게 후회했습니다. 그리고 울며 유복의 아들 유희劉熙에게, "어제 너무 취하여 너의 부친을 죽였구나. 뉘우친들 무슨 소용이 있겠느냐. 삼공의 예를 갖추어 후히 장사지내도록 하라"고 말했습니다. 그리고 급히 군사를 내주어 영구를 호송하게 하여 당일로 장사를 지낼 일을 시급히 마무리했습니다. 조조의 방식은 이렇습니다.

승리감에 도취한 조조는 불길한 말을 피하고 싶었던 것 같습니다. 그리고 상황을 가리지 않고 말한 유복의 잘못도 있었습니다. 하지만 사람을 죽여놓고도 조조는 심한 자책에 빠지지도, 직접적인 사과 한마디도 하지 않고 그 일을 되돌릴 수 없는 것으로 규정해버립니다. 이처럼 그는 당장 눈앞에 다가온 전투를 위해 아끼는 부하를 죽여버린 일조차도 대범하게 넘겨버릴 수 있는 인물이었습니다. 그 일이 앞으로의 정치에 영향을 미치는 것이라면 조조는 철저하게 따지고 논란을 벌였을 것입니다. 조조는 어떤 일의 영향과 결과를 더 중시한 인물이었습니다.

여백사 사건에서 조조의 이런 면모는 극단적으로 드러납니다. 《삼국지》에 실린 여백사의 사건이 실재했는지 여부는 상당한 논란거리이지만 이 사건은 조조의 진면목과 권력의 속성을 여실히 보여주는 중요한 장면입니다.

조조는 동탁을 죽이려다 실패해 쫓기다가 진궁陳宮에게 체포되었지만 진궁은 조조를 풀어주고 함께 도망을 갔습니다. 조조는 부친과 결의형제한 여백사의 집으로 피신을 했습니다. 조조를 환대해준 여백사는 마침 집에 술이 떨어져 혼자 술을 사러 갔습니다. 초조하게 기다리던 조조와 진궁은 뒤꼍에서 바쁘게 칼 가는 소리가 들리자 불안해졌습니다. 이윽고 "묶어서 죽여버리는 것이 어떨까?"라는 대화를 듣게 되고 먼저 선수를 써서 남녀를 가리지 않고 닥치는 대로 죽였습니다. 그 후 부엌으로 가보니 그곳에 커다란 돼지 한 마리가 묶여 있었습니다. 그들은 돼지를 잡기 위해 칼을 갈고 있었던 것입니다.

조조는, 술과 안주를 사서 태연히 나귀를 타고 돌아오는 여백사를 만났습니다. 여백사는 떠나는 조조에게 "내가 나오면서 집안사람들에게 돼지 한 마리를 잡으라고 했다"며 아쉬워합니다. 그러한 여백사를 조조는 칼로 내리칩니다. 진궁이 크게 노해 조조를 꾸짖자 조조는, "여백사가 집에 돌아가서 식구가 다 죽은 것을 보면 우리를 그냥 놔두겠소? 사람들을 풀어 우리를 뒤쫓을 것이니 그렇게 된다면 꼼짝없이 큰 화를 당할 것이오. 그래서 그를 죽인 것뿐이오"라며 담담하게 말합니다.

진궁이 죄 없는 사람을 죽이는 것은 의에서 크게 벗어난다고 하자, 조조는 "차라리 내 편에서 천하 사람을 버릴지언정 천하 사람이 나를 버리게 할 수는 없소"라는 유명한 말을 남깁니다. 진궁은 말문이 막힙니다.

이때의 조조의 행동방식을 보면 그가 얼마나 범인凡人을 초월한 사람인지 알 수 있습니다. 무고한 사람들을 죽인 후 진궁은, "맹덕, 우리가 너무 소심해서 생사람을 잡았구려"라며 괴로워했지만 조조는 아무 말도 하지 않았습니다. 그리고 자신이 화를 당하지 않기 위해서 고의로 여백사의 목을 뱁니다. 윤리와 도덕의 측면에서 본다면 조조는 뻔뻔한 철면피이며 용서받을 수 없는 살인마입니다.

이런 조조의 행동방식은 《삼국지》의 여러 대목에서 보입니다. 조조는 원술과 싸울 때 한 달도 못 되어 군량미가 바닥나 군사들의 불만이 대단하자 군수 담당관 왕후王垕를 부릅니다. 조조는, "물론 너에게는 죄가 없다. 그러나 너를 그냥 살려둔다면 군사들이 반란을 일으킬 것이다. 네가 나를 위하여 죽어준다면 너의 처자식은 내가 책임지고 잘 돌봐주겠다. 조금도 걱정하지 말아라" 하며 망나니들을 불러 단칼에 왕후의 목을 베고 그가 군량미를 도둑질했다고 거짓 방을 붙였습니다. 이렇게 군사들의 원성을 가라앉힌 조조는 사흘 내에 성을 부수고 적을 섬멸하라는 영을 내렸고 전투에서 승리했습니다.

이처럼 조조는 결과만 좋다면 어떤 악행이라도 능히 해낼 수 있는 극단적인 마키아벨리즘의 선구자였습니다. 그는 스스로 자신의 이런 점을 자랑하기도 했습니다. 조조는 허창에서 유비를 데리고 있을 때 매실주를 앞에 놓고 이러한 일화를 이야기합니다.

"싱싱한 매실이 다닥다닥 열린 것을 보니, 지난해에 장수張繡를 치러 나갔을 때 물이 떨어져 모두 고생하던 생각이 났소. 그때 우연한 생각이 번쩍 떠올라, 내가 아무 곳이나 가리키면서 '조금만 더 가면 매실이 숲을 이룬 곳이 있다'고 하자, 군사들이 침을 흘리게 되어 갈증을 면할 수 있었던 일 말이오."

조조는 군사들의 행군을 독려하기 위해 매실 숲이 있다고 거짓말을 했고 그것은 결국 좋은 결과를 낳았습니다. 좋은 결과를 낳기 위해서는 거짓말을 하는 것도, 사람을 죽이는 것도 조조는 주저하지 않았습니다. 그는 자신의 삶이 대의를 이루는 한 과정이라 생각했고 난을 종식시키고 권력의 기반을 다진 주문왕 혹은 주공의 삶이라 스스로 여겼기에 어떤 수단도 정당화된다고 생각했습니다.

하지만 조조도 인간이었습니다. 그는 죽기 전 자신이 죽인 복황후伏皇后, 동귀인董貴人, 두 황자, 복완伏完, 동승 등의 악몽에 시달렸고, "하늘에 죄를 진 사람은 빌어도 소용이 없다"고 말하기도 했습니다. 더구나 그의 아들 조비가 황제가 되었으니, 황제를 모시고 난을 종식시키고 나라를 안정시켜 백성을 도탄에서 구하겠다는 그의 대의명분도 무색해지고 말았습니다. 그의 명분도 사실은 불완전한 것이었습니다. 좋게 말하더라도 그는 어린 조카 성왕을 도와 주周나라의 기반을 다졌지만 끝내 권좌를 넘보지 않은 주공이 아니라, 아들 주무왕이 나라를 세우도록 기반을 다진 주문왕에 그치고 말았습니다.

조조에 대한 평가는 극단적으로 갈리는데, 남송의 사학자 홍매洪邁는 조조를 긍정적으로 평가했고 마오쩌둥毛澤東도 그의 평가에 동의했다고 합니다. 홍매에 따르면 조조는, 사람들에게 적절히 임무를 맡기고 시키는 것을 잘했고, 군대와 나라가 배불리 먹고 넉넉해져 마침내 여러 영웅들을 없앨 수 있었습니다. 또한 하동과 병주를 평정해 국경 지역이 안정되고 깨끗해졌으며, 양주 지역을 유복에게 맡겨 조정의 은혜로운 교화가 크게 시행되었으며, 풍익군 지역을 정혼鄭渾에게 맡기니 백성은 안정되고 도둑 떼가 사라졌다고 합니다. 한중 지역을 얻어 백성이 절로 즐거워하면서 제가 살던 곳에서 나와, 낙양과 업성으로 이사한 자가 8만여 호구에 이르렀고 가족을 거느리고 투항해 조조가 있는 동쪽으로 옮겨 온 사람이 2만여 호구나 되었다고 합니다. "조조가 나라와 백성을 위해 만들어낸 이익이 어찌 크지 않으리오!"라고 감탄할 만합니다.44

여백사나 왕후를 죽이지 않아 조조가 실패했다면 더 많은 사람들이 비참한 삶을 살거나 목숨을 잃어야 했을 것입니다. 양곡 관리인 한 명의 목숨과 수많은 병사들과 백성들의 목숨 사이에서 선택해야 하는 긴박한 순간에 처하게 될 때 고민하게 될 사람들은 적지 않을 것입니다.

결과론적인 윤리관은 실제 권력을 행사하는 현장에서 많은 고민을 안겨줍니다. 미국은 1945년 3월 동경을 폭격해 10만 명에 가까운 사람을 죽였고, 제2차 세계대전을 종식시키기 위해 원자탄을 사용해 15만 명에 가까운 사람을 희생시켰습니다. 원자탄을 사용하지 않았다면 더 많은 사람이 희생되었을 것이라는 상대주의적이고 결과론적인 판단에 따라 이루어진 행위였습니다. 이런 일은 지금도 행해지고 있습니다.

조조와 같은 결과론자들과 달리 칸트Immanuel Kant는, "너 자신과 다른 모든 사람의 인격을 언제나 동시에 목적으로 대우하도록 행위하라"는 무조건적인 정언명령定言命令을 제시했습니다. 그리고 "생각하면 생각할수록 점점 더 커지는 놀라움과 두려움에 휩싸이게 하는 두 가지가 있다. 밤하늘에 빛나는 별과 내 마음속의 도덕률이 그것이다"라는 말을 저세상까지 가지고 갔습니다.45

칸트는 밤하늘의 빛나는 별과 같이 분명하게 반짝이는 확고한 마음속의 도덕률을 따라야 한다고 했지만 복잡한 현실은 그렇지 않습니다. 어디로 가야 할지 암흑 속을 헤매는 것과 같고 도덕을 따라야 할지 아니면 당장 많은 사람들을 구해야 할지 혼란스러운 경우가 많습니다. 그래서 실천가들은 과정의 정당성과 좋은 결과 사이에서 깊이 고뇌합니다. 하지만 고뇌와 갈등 속에서 양자가 모두 만족되는 좋은 도덕적인 판단을 하려 주저하는 사이에 조조와 같이 검고 두꺼운 얼굴과 털이 난 심장을 가진 야수들은 그러한 고민을 하지 않고 재빨리 권력을 차지해버린다는 것이 문제입니다.

논쟁과 비판은
숙명이다

> 내가 재상이라는 무거운 자리에 앉았으니, 이에 만족치 않고 다른 생각을 품지나 않을까 의심하는 사람도 있을 것이나 그것은 잘못 생각이오. 나는 항상 공자께서 말씀하신 문왕지덕文王之德을 가슴에 새기고 있소.

루소Jean-Jacques Rousseau는 교육소설 《에밀Emile》에서 "개인의 가치는 사회라는 전체와의 관계에 의해 정해지므로 시민은 분모에 의해 가치가 결정되는 분자에 지나지 않는다"고 말했습니다. 그래서 사람들은 자신을 하나의 개체적 존재로 생각하지 않고 공동체의 일부분으로 생각해 공공의 생활만을 의식하게 됩니다.[46] 그래서 사람들이 타인의 눈으로 사물을 볼 수밖에 없게 되면, 타인의 의지에 따라 일을 해야 하는 존재가 되어, 결국 다른 사람이 원하는 것을 행하게 될 운명에 처합니다.[47]

그래서 루소는 진정으로 자유로운 인간은 자신이 할 수 있는 일만을 원하며 자신의 마음에 드는 일만을 하는 존재이며, 이것이야말로 자신의 근본적인 준칙이라고 선언합니다.[48] 하지만 루소 자신도 그것을 '준칙'이라 했지 '현실'이라고 하지는 않았습니다. 현실적인 삶에서 인간은 타자의 시선과 비판에서 자유로울 수 없습니다. 그리고 권력을 두고 다투는 공적인 삶을 사는 경우에는 더욱 그러합니다.

조조나 유비처럼 강한 의지와 명분을 가지고 무쏘의 뿔처럼 홀로 나아간 자들도 타인의 시선을 무시할 수 없었습니다. 그들은 타인들의 평가가 자신 스스로 생각하는 바와 다를 때에는 고통을 받았고 변명하려 노력했습니다.

조조는 청년이 되었을 때 자기가 누군지를 이곳저곳에 묻고 다녔습니다. 강직한 정치가였던 교현橋玄은, "장차 천하가 어지러울 때에는 하늘이 내린 재주를 갖지 않으면 이를 능히 구해낼 수 없네. 이를 구해낼 사람은 오직 자네뿐일세"라고 평가했습니다. 그리고 남양의 하옹何顒은, "한나라가 망하고 어지러울 때, 천하를 다스릴 자는 오직 이 사람뿐이로다"라고 칭송했습니다.

조조는 이런 평가에 만족하지 않았습니다. 조조는 사람을 보는 안목이 뛰어난 여남 땅의 허소許劭를 찾아갔습니다. 허소는 매월 한 번씩 인물들을 골라 평했고 그것을 사람들은 '여남의 월단평月旦評'이라고 했습니다. 허소는 한동안 조조의 얼굴을 바라보고는 아무 말 없이 입을 다물어버렸습니다. 조조가 재삼 간청해 묻자 허소는, "그대는 태평성세에는 능한 신하가 되겠고, 어지러운 세상에는 간계奸計가 뛰어난 영웅이 되겠네〔子治世之能臣, 亂世之奸雄也〕"라고 평했습니다.

허소의 이 말이 《후한서後漢書》에는 "태평한 시대라면 간적, 혼란한 시대라면 영웅", 《세설신어世說新語》에는, "난세의 영웅, 치세의 간적"으로 나옵니다.49 태평한 시대에는 능신能臣 혹은 간적으로 의견이 갈리지만 난세에는 영웅이라는 점에는 모두 일치합니다. 허소는 다른 사람들과 달리 조조가 처한 상황을 우선 염두에 두고 말을 했습니다. 허소는 조조의 뛰어난 간계를 알아보았고 난세라는 면죄부 때문에 조조가 그것을 마음대로 사용할 수 있을 것이니 영웅이 될 것이라 예측했습니다. 이에 조조는 기뻐했습니다.

조조의 부하 곽가郭嘉는 조조가, 자연의 도에 순응하고, 순리에 따라 의롭고, 용맹함으로 다스리고, 외유내강하며, 인물로 사람을 기용하고, 결단력 있게 실행하고, 모략이 있으며, 덕과 인이 있고, 아첨을 가리는 총명함이 있고, 법도에 따라 일을 처리하고, 문文을 알고, 무武 역시 겸비한 인물이라 극찬했습니다. 조조 자신은 곽가의 평가에, "공의 말은 너무 과분하다"라고 계면쩍어합니다. 조조의 부하인 가후 역시, "패권을 쥘 큰 뜻이 있으니 사사로운 원한을 대수롭지 않게 생각하여 밝은 덕이 사해에 떨쳐질 것"이라고 조조를 평가했습니다.

곽가나 가후는 조조에 대해 최상의 평가를 하고 있지만 사실 조조는 많은 비판을 받았습니다. 조조는 난을 종식시켜 천하를 안정시키려는 의로운 목적으로 일어났다고 주장했지만 사람들은 그렇게 믿어주지 않았습니다. 조조는 동작대를 건설하고 나서 자신은 결코 왕천하王天下에 뜻이 없다고 변명합니다.

"이제 재상의 자리에 올라 여러 신하들의 극진한 예우를 받으니 내가 더 무엇을 바라겠소. 나마저 없었다면 별별 사람이 다 스스로 왕이라고 칭하고 나섰을 것이오. 내가 재상이라는 무거운 자리에 앉았으니, 이에 만족치 않고 다른 생각을 품지나 않을까 의심하는 사람도 있을 것이나 그것은 잘못된 생각이오. 나는 항상 공자께서 말씀하신 문왕지덕을 가슴에 새기고 있소. 내가 병권을 위임하지 않음은 나라를 평정하고자 함 이외엔 다른 뜻이 없소. 병권을 내놓으면 나는 죽임을 당할 것이며, 내가 죽으면 나라는 위태로운 지경에 이를 것이므로 명목뿐인 병권을 쥐고 있는 것이오. 여러분은 나의 깊은 뜻을 모를 것이오."

조조는 항상 다른 생각을 품고 있다는 사람들의 비판에 시달렸고 그것을 변명하려 노력했습니다. 심지어 "여러분은 나의 깊은 뜻을 모를 것"이라며 측근들에게까지 서운함을 표시했습니다. 하지만 이로부터 6년이 지난 후 조조는 62세의 나이로 위왕魏王에 올랐습니다. 그나마 황제에 오르지 않은 것이 다행이었습니다.

　또한 조조가 '별별 사람들 가운데 하나'라 생각한 유비도 결국 59세의 나이로 한중왕漢中王이 되었습니다. 왕이 된 유비는, 조조는 정직을 미워하고 정대함을 더럽히는 실로 번잡한 무리들로 속으로는 환난을 일으킬 마음만 품고서 왕위를 찬탈하려는 의도가 있기 때문에 자신이 왕이 되었다는 표를 천자에게 올려 스스로를 변명했습니다. 이 소식을 듣자 조조는, "돗자리 짜던 애송이가 감히 그따위 짓을 하다니 당장 죽여 없애리라!"며 흥분했습니다. 자신을 욕하며 왕이 된 것을 변명하는 유비가 미웠기 때문입니다. 각기 다른 방식으로 세력을 확대해 기반을 다진 두 사람은 왕천하가 목적이 아니라고 수없이 변명했지만 스스로 왕에 올라 그들의 변명은 무색해졌습니다.

　권력을 추구하는 자들은 한결같이 사리사욕 때문이 아니라 변명합니다. 손견 또한 마찬가지였습니다. 손견은 낙양에서 우연히 옥새를 얻는데 부하들은 이를 가지고 동오로 가서 천자에 오르라 권했습니다. 손견이 몸이 아파 돌아가겠다고 하자 원소는, "내 생각에는 공이 국가에 전해오는 옥쇄를 얻었기 때문에 병이 생긴 듯하오"라며 비웃었습니다.

　손견은 정치가답게 "나는 그러한 것을 가져본 일이 없습니다. 왜 생사람을 잡으려 하십니까?"라고 딱 잡아뗐습니다. 원소가 옥쇄를 내놓으라고 겁박하자, "내가 만일 그러한 귀한 것을 얻어 이를 사사로이 지니고 있다면 다음날 칼이나 화살을 맞아 불명예스럽게 죽었을 것입니다"

라고 과격한 맹세를 했고 결국 자신이 맹세한 방식대로 죽고 말았습니다. 손견이 정말 사사로이 옥새를 지닌 것이 아니라 혼란을 종식시키기 위해 공적으로 옥새를 가졌다고 생각했을 수도 있습니다. 하지만 "옥새란 그것을 소유해야 할 사람이 아닌 자가 지니면, 그것은 무용지물과 같은 것이고 오히려 화를 부르는 화근이 되는 것이다. 손견은 그만 수렁에 빠진 몸이 되고 말았다"라고 《삼국지》는 손견을 비판합니다.

228년, 제갈량은 또다시 전쟁을 일으켜 기산 부근 세군의 위나라 군사들을 항복시키고 뛰어난 장수 강유를 얻었습니다. 부하들이 축하하자 "하늘 아래 한나라 백성이 아닌 이가 없거늘, 통일된 국가의 위엄이 서지 않아 백성들로 하여금 승냥이와 늑대와 같은 무리의 위협 속에 고생하게 하였도다"라고 말했습니다.50 제갈량은 조조의 세력을 "승냥이와 늑대와 같은 무리"라고 폄하했고 통일된 국가를 위해 투쟁한다고 주장했지만 위나라에서는 그것이 변명에 불과하며 단순한 지배욕과 영토에 대한 야욕 때문에 침공한 공연한 전쟁이라 비난했습니다.

권력이나 돈 등의 제한된 가치를 두고 투쟁하는 경우 항상 명분을 내세우게 되고 이는 늘 비판의 대상이 됩니다. 명분이 진실이라 하더라도 세상은 그것을 순수하게 받아들이지 않습니다. 조조와 유비는 긴 세월 동안 힘겨운 싸움을 했고 여러 번 목숨이 위태로운 지경에까지 이르렀고 가족이 희생되는 아픔을 겪기도 했습니다. 사실 그들이 왕이 된 것은 오랜 시간의 힘겨운 투쟁 후의 일이며 왕이 된 지 고작 5년도 채 못 되어 세상을 떠나고 말았습니다. 고난은 길었고 영광의 순간은 짧았습니다.

조조와 유비는 이런 점을 참작해 왕천하가 목적이 아니었음을 누누이 변명했지만 사람들은 의심을 거두지 않았고 지금도 그렇고 앞으로도 그럴 것입니다. 권력의 세계는 그 누구도 마음을 열어 진심을 보여줄 수 없는 외면적인 세계이며 그 누구도 최종적인 판단을 내릴 수 없는 논쟁과 비판의 세계이기 때문입니다. 조조나 유비와 같이 강한 자들도 세인들의 비판에 초연할 수 없었다는 사실을 생각해본다면 공적인 세계에서 좋은 일을 하지만 부당한 오해와 비판에 고통을 받는 사람에게 큰 위로를 줄 수 있으리라 생각합니다.

권력은
천운보다 인사다

> 무릇 장군으로서 도리는 반드시 하늘에 순응하고 때를 기다려 사람의 힘에 의지하여 승리하는 것이다.

조선 초에 한양 천도 문제로 격렬한 논쟁이 벌어졌을 때 중추원 학사 이직李稷은 이렇게 주장합니다.

"대저 터를 잡아서 도읍을 옮기는 것은 지극히 중요한 일로서 한두 사람의 소견으로 정할 것이 아니며, 반드시 천명에 순응하고 인심을 따른 뒤에 할 수 있는 것입니다."51

중요한 일은 하늘의 뜻과 하늘이 정한 시기인 천시天時에 맞게 해야 한다는 천명사상天命思想은 동양의 오랜 사상이었고 《삼국지》에도 깊게 투영되어 있습니다. 그래서 《삼국지》에는 천명·천운·천리天理·천시 등의 말들이 자주 등장합니다. 인간들끼리 부대끼며 권력을 차지하기 위해 싸움을 하지만 하늘은 중요한 역할을 합니다.

《삼국지》 말미에 "천하의 대세는 오랫동안 합해져 있으면 나뉘게 마련이고, 오랫동안 나뉘어 있으면 반드시 합해진다는 것이 하늘의 이치

〔合久必分 分久必合〕"라는 말이 등장하는데, 이 역사관 역시 천명사상이라 할 수 있습니다. 여기에서 중요한 말은 '반드시〔必〕'입니다. 많은 사람들이 한나라의 멸망을 막으려 했지만 어쩔 수 없이 나뉘었고, 삼국이 자국을 유지하려 필사의 노력을 했지만 결국 합쳐지는 것은 천명입니다. 그래서 제갈량의 친구 최주평崔州平은 인간이 역사에 참여해 하늘의 뜻에 개입하는 것은 괜히 정력만 소비하는 격이라고 유비에게 말했습니다.

숙명론은 삼국지 곳곳에서 나타납니다. 위나라가 진나라로 대체될 때, "위는 한실을 삼키고 진은 조씨를 삼켰으니, 하늘의 돌아가는 운수 도망갈 길 없구나〔天運循環不可逃〕"라고 했고, 제갈량은, "내 명은 하늘에 달려 있거늘 어찌 주유가 나를 죽일 수 있겠소"라고 말하기도 합니다. 주유가 죽었을 때 제갈량은, "오래 살고 못 사는 것이 하늘에 달렸다지만 어찌 슬프지 않으리오!"라며 조상합니다. 조인曹仁이 관우에게 패했을 때 조조는, "그것은 하늘의 운수이지 네 죄가 아니다"라 했고, 사마의는, "너는 남양에서 밭을 갈던 일개 촌부의 신분으로 하늘의 운수도 모르고 침략을 일삼고 있으니, 멸망할 것은 자명한 일이다"라고 제갈량을 꾸짖었습니다. 상방곡에서 화공으로 위나라 병사들을 거의 죽였지만 갑자기 소나기가 내리자 제갈량은, "모사는 사람이 꾸미지만 성공 여부는 하늘에 달렸구나. 어쩔 수 없는 일이다〔謀事在人成事在天〕"라는 유명한 말을 남기기도 했습니다. 죽음에 임박해 제갈량은, "다시는 진지에 나서서 적을 토벌하지 못하겠구나! 오, 푸른 하늘이여, 왜 이다지도 매정하단 말인가!"라며 하늘의 운명에 한탄했습니다.

그래서 《삼국지》의 인물들은 천명을 알기 위해 많은 노력을 했습니다. 천문天文을 살피기도 하고 천재지변이나 징조는 천명을 예고하는 것이라 여겼습니다. 원소의 부하 신비辛毗는 흉년과 천재지변이 연이어 나타나자, "이것은 하늘이 원씨를 망하게 하는 때임을 알리는 것"이라 해석합니다. 유비는 동오에서 칼로 바위를 내리치며 "이 유현덕劉玄德을 형주로 돌아가 패업을 이루게 하시려면 이 칼로 저 바위를 두 쪽 내도록 하소서"라고 천명을 묻기도 했고 손권 역시 "동오를 흥왕하게 하시려면 이 바위를 가를 힘을 주소서"라며 바위를 내리쳤고 바위는 두 동강 납니다.

또한 대세를 천명이라 하기도 했습니다. 공명孔明 제갈량은 융중대책隆中對策에서, "장군께서 패업을 이룩하실 생각이라면 북은 조조에게 양보하여 천시를 얻도록 내버려두고, 남은 손권에게 양보하여 지리地利를 차지하도록 하고, 장군께서는 인화人和를 얻으십시오"라고 권했습니다. 조조는 이미 대세를 장악해 천시를 가졌던 것입니다. 유비는, "몸을 굽히고 분수를 지키는 것은 천시, 즉 때를 기다리는 것이며, 천명과 다투어서는 아니 되는 것이네"라며 여포에게 항복하는 것에 불만스러워하는 관우와 장비를 달랜 바 있습니다.

기대하지 못한 좋은 일이 나타났을 때 '하늘의 도움'이라 생각하기도 했습니다. 조조는 추씨부인鄒氏夫人을 만나 "오늘 저녁에 부인을 만나게 된 것은 하늘의 뜻인가 하오. 오늘 밤 그대와 잠자리를 같이하고자 하오"라고 속삭이며 유혹합니다. 적로마的盧馬가 유비를 살렸을 때, "이는 필시 하늘이 그를 도운 것이다"라며 감사했고, 봉추鳳雛의 연환계連環計에 속은 조조는, "만일 하늘의 도움이 없었다면 내가 어찌 봉추의 계책을 얻을 수 있었겠느냐?"라며 기뻐했습니다. 봉추 역시 서천의 신하들이 유비를 돕자, "이는 하늘이 주신 절호의 기회입니다"라며 기뻐했습니다.

하늘은 때때로 인간을 돕지 않았습니다. 조조가 유비를 치려 하자 공융은, "어질지 못한 자가 어진 자를 치니 어찌 패하지 않으리오!"라며 하늘을 우러러 탄식했습니다. 서천의 군사들과 싸울 때 위기에 몰린 유비는, "앞에는 복병이 숨어 있고 뒤에는 적이 추격해오니 하늘이 나를 버리는구나!"라고 탄식했고, 제갈량을 이어 위나라를 치려 한 강유는 실패한 후, "내 계획이 성공하지 못함은 천명이로구나!"라며 칼을 뽑아 자결했습니다.

《삼국지》의 인물들이 천명에 순응하고 기다리기만 한 것은 아닙니다. 조조가 원소와 싸울 때 허유는 답답한 마음에, "승상께서는 이처럼 가만히 앉아 지키고만 계시면서 하늘이 벼락을 내려 두 원씨를 멸망시키는 것을 기다리렵니까?"라고 묻습니다. 이때 조조는 빙그레 웃으며, "나도 이미 계획이 짜여 있다"라고 말합니다. 조조는 "승리를 거둔 것은 하늘이 도운 것이오"라고 자주 말했지만 손을 놓고 하늘의 운을 기다리기만 한 사람이 결코 아니었습니다. 《삼국지》의 인물들은 하늘의 도움이 없더라도 스스로 운명을 개척해나간 사람들이었습니다. 진의 위대한 정치가 양호羊祜는 동오를 칠 때 표문에서, "운수는 하늘이 준다고 하지만 공은 반드시 사람이 세우는 것입니다〔夫期運雖天所授, 而功業必因人而成〕"라고 했습니다. 제갈량 역시 "무릇 장군으로서 도리는 반드시 하늘에 순응하고 때를 기다려 사람의 힘에 의지하여 승리하는 것이다"라고 했습니다.52

나폴레옹Napoleon Bonaparte은 1808년 예순의 괴테Johann Wolfgang von Goethe를 만납니다. 나폴레옹은 운명극들destiny plays을 언급하며 괴테에게, "왜 요즘도 계속 운명 타령을 하고 있나요? 운명이란 없습니다. 단지 정치만이 있을 따름입니다"라는 대단한 말을 전합니다.53 이미 황제가 되었고, 비록 넬슨Horatio Nelson에게 패해 영국에 상륙하지는 못했지만, 오스

트리아와 러시아를 꺾어 유럽을 제압한 그의 안중에 '운명의 여신'이란 없었나봅니다. 이듬해에 러시아 원정에 실패하고 워털루에서 대패해 세인트헬레나로 유배를 가면서도 그가 오직 정치를 통해 자신의 운명을 개척할 수 있다고 생각했을지는 의문입니다. 나폴레옹처럼 오만하게 운명을 무시하지 않았고, 그렇다고 운명에 주눅 들지 않았던 《삼국지》의 인물들은 제갈량의 말대로 '인간적인 노력을 다하고 하늘의 명을 기다린(修人事待天命)' 조화로운 인물들이었습니다. 나폴레옹이 《삼국지》의 인물들에게서 배웠다면 어땠을까 합니다.

권력의 열매는
거둘 시기가 따로 있다

> 지혜로운 이는 하늘을 거스르지 않고, 때를 거스르지 않으며, 사람도 거스르지 않는다.

지혜의 왕 솔로몬Solomon은 "모든 일에 기한이 있고, 천하만사가 다 때가 있다"는 진리를 아름답게 노래했습니다.

> 범사에 기한이 있고 천하만사가 다 때가 있나니, 날 때가 있고 죽을 때가 있으며, 심을 때가 있고 심은 것을 뽑을 때가 있으며, 죽일 때가 있고 치료할 때가 있으며, 헐 때가 있고 세울 때가 있으며, 울 때가 있고 웃을 때가 있으며, 슬퍼할 때가 있고 춤출 때가 있으며…….

모든 일에는 때가 있습니다. 성급하게 서둘러서 될 일이 있고 안 될 일이 있습니다. 일을 서두르다 망치는 경우가 오히려 더 많습니다. 대단한 인내심으로 때가 무르익기를 기다려 권력을 쟁취한 자는 유비였습니다. 관우가 유비보다 나이가 더 많았지만 유비가 형이 된 것도 이런 이유 때문이 아닌가 합니다. 성급한 관우나 장비와 달리 유비는 침착하게 때를 기다릴 줄 알았고 그래서 형의 자격이 있었습니다.

유비의 무서운 인내력을 보여주는 일화가 《삼국지》에 두 편 실려 있습니다. 조조는 허전의 사냥터에서 황제인 헌제에게 무례하게 행동했습니다. 황제가 토끼를 보고 연속해서 세 발을 쏘았으나 맞추지 못했고, 조조는 황제의 보궁과 금속 화살을 받아 사슴을 맞혔습니다. 이에 신하들은 황제가 쏜 것으로 알고 "황제 폐하 만세!"를 외쳤지만 조조가 말을 달려 황제의 앞을 가로막고 문무백관의 환호성을 받았습니다. 문무백관들은 모두 아연실색했고 관우는 봉鳳과 같은 눈을 부릅뜨더니 조조의 목을 치려 청룡도에 손을 댔습니다. 이에 유비는 손을 저으며 눈짓을 해 관우를 달랬습니다.

"'쥐를 잡으려다 독을 깰까 걱정'이라는 말이 있네. 조조와 황제께서는 겨우 말 머리 하나의 거리에 바짝 붙어 있을 뿐 아니라 그의 심복들이 빙 둘러서 있지 않았나. 아우가 일시의 분함을 참지 못하여 경거망동하다가 잘못 실수라도 했다면 천자께서 해를 입으셨을 뿐 아니라, 오히려 우리가 죄를 뒤집어썼을 것일세."

관우는 옳은 일을 위해 물불을 가리지 않는 성품이었지만 유비는 때를 기다릴 줄 아는 자였습니다.

때를 기다리는 유비의 모습은 때로 냉정하게 보이기까지 합니다. 유비는 스승 노식盧植이 환관들에게 뇌물을 바치지 않아 무고하게 잡혀갈 때에도 놀라운 인내심을 발휘했습니다. 잡혀가는 노식의 모습을 보고 장비는 금방 얼굴이 불덩이같이 시뻘개졌습니다. 노식은 유비의 스승이었지 장비의 스승이 아니었는데도 그는 당장 칼을 뽑아 수레를 호송하는 병사들을 죽이고 노식을 구하려 했습니다. 이때에도 유비는 급히 나서서, "조정에 공정히 일을 처리하는 인물이 전혀 없지는 않을 걸세. 너무 조급히 굴지 말게!"라며 장비를 말렸습니다. 장비가 분함을 참지 못해 부르르 떨고 있을 때 병사들은 벌써 노식을 태운 수레를 끌고 달아나 버렸습니다. 이처럼 유비는 스승이 자칫 죽음에 이를 수도 있는 누명을 써 잡혀가는 상황에서 무력으로 구할 수도 있었지만 아직 때가 이르지 않았다고 생각하며 무던히 참아냈던 무서운 인물입니다.

유비에 대해 최명 선생은 《소설이 아닌 삼국지》에서 '쪼다'라며 맹비난을 퍼붓습니다. 쪼다란 '제 구실을 못하는 덜 떨어진 등신이란 뜻의 변말'이라는 사전적인 의미를 제시하며 유비야말로 쪼다의 대명사였다고 합니다.54 최명 선생은 쪼다론에서 유비가 쪼다인 여러 근거들을 샅샅이 제시하고 있습니다. 아무런 잘못도 없는, 그것도 자고 있는 어린 아들 유선을 내던진 것, 외계인의 생김새와 크게 다르지 않은 외모, 스스로의 운명을 개척할 능력이 없는 것, 소심하고 진취력이 부족한 것, 남이 알아주는 것만 좋아하는 것, 아녀자와 같은 인의仁義를 내세워 항상 손해를 보는 것, 욕심이 없는 군자인 체하면서도 욕심이 많았던 것 등으로 미루어 유비는 완전한 쪼다였다는 것이 최명 선생의 결론입니다. 하지만 인화에 성공했고 제갈량을 얻은 것이 재수가 좋아 제왕에 올랐다고 합니다.

특히 최명 선생은 유비가 "우유부단하여 결정을 제대로 하지 못하는 자"였다고 했는데, 저는 이러한 비판에 동의하지 않습니다. 유비가 그와 같이 행동할 수밖에 없었던 것은 서두르지 않고 때가 무르익기를 기다리는 유비의 방식 때문이었습니다. 이는 안전하면서도 성숙한 방식으로 볼 수도 있습니다. 저는 유비의 이런 스타일을 시숙時熟의 정치, 때가 무르익기를 기다리는 정치라고 이름을 붙였습니다.

유비는 서주와 형주에서 시숙의 정치의 진면목을 보여줍니다. 최명 선생은 "주는 것이 취하는 것이 되는 것을 아는 것, 이것이 정치의 비결이다"는 관자管子의 말을 언급하며 정치는 주고받는 관계를 잘 활용하는 것인데 유비는 한두 번 사양한 끝에 받지 않고 지나치게 외곬으로 행동해서 일을 복잡하게 만들었다고 합니다.55 기반이 없는 유비로서도 서주와 형주는 간절히 가지고 싶은 근거지였습니다. 하지만 유비는 아직 때가 무르익지 않았다고 판단했습니다. 그래서 유비는 상황이 유리하게 전개되고 때가 무르익기까지 참을성 있게 기다렸습니다.

　도겸이 조조의 공격을 받아 유비에게 원병을 청하러 왔을 때 유비는 사실 가진 것이 아무것도 없었습니다. 성을 차지하는 것도 힘이 있어야 할 수 있습니다. 어느 곳에든 기득권층이 분명 존재하기 때문입니다. 유비는 "변명이 아니라 실은 휘하에 군사가 얼마 안 되어 경거망동할 수가 없습니다"라고 했고 그것은 사실이었습니다. 자신의 병사 3,000명과 공손찬公孫瓚에게 빌린 군사 2,000명이 유비가 가진 전부였습니다.

　도겸이 여러 차례 권했지만 유비는 서주를 거부하고 가까운 소패에 주둔하고 있었습니다. 도겸이 중병에 걸려 유비를 불렀을 때 유비는 관운장 장비와 함께 기마병 수십 명을 거느리고 달려갔습니다. 안전을 도모한 것이고 여차하면 단칼에 서주를 차지할 흑심도 있었다는 것을 엿볼 수 있습니다. 도겸은 "공께서 서주를 다스려주셔야 제가 죽어도 눈을 감을 것입니다"라고 간곡히 애걸하지만 유비는, "공께서 자제분이 둘이나 있는데 왜 하필 저에게 맡기려 하십니까?"라고 묻습니다. 두 자제가 문제였던 것입니다. 도겸은 "물론 큰아들 상商과 작은아들 응應이 있기는 하지만 중임을 맡을 만한 그릇이 아니지요. 제가 죽은 후라도 공께서는 제 아이들을 보살펴주시기는 하되, 절대로 서주의 통치를 맡겨서는 안 됩니다"라고 합니다. 유비는 "제 한 몸으로 어찌 그러한 대임을 맡겠습니까?"라고 재차 확인을 합니다. 권력이양에 대한 보증이 필요했던 것입니다. 도겸은 뛰어난 인재인 북해 사람 손건孫乾을 추천하고 미축麋竺에게도 잘 섬기도록 부탁했습니다. 유비는 후계 문제에 대해 충분한 보장을 받아 더는 거절할 수 없어서 서주를 맡아 다스릴 것을 승낙하고 도겸은 죽음을 맞이했습니다.

하지만 이것이 끝이 아닙니다. 모든 서주성 사람들이 도겸의 죽음을 애도하며 현덕에게 패인을 바쳤지만 유비는 한사코 거절했습니다. 다음날 서주의 온 백성들은 서주 부청 앞에 엎드려, "만일 유공께서 이 고을을 거느리시지 않으면 저희는 편히 살 수가 없을 것입니다"라고 울면서 간청했습니다. 이제야 유비는 할 수 없다는 듯이 서주 목사의 책임을 맡았습니다. 유비는 이처럼 유연하게 서주를 차지하고 말았던 것입니다.

유비가 서주를 차지하기 위해 때를 기다리고 있었다는 것은 그 다음의 신속한 대책을 보더라도 알 수 있습니다. 유비는 일사천리로 일을 진행했습니다. 손건과 미축을 보좌관으로, 진등을 막관幕官에 앉히고 소패에 주둔한 병마를 서주성으로 이동시키고, 곳곳에 방을 붙여 백성들을 안심시키는 한편 도겸의 장례를 성대히 치렀습니다. 도겸의 장례 때에는 지위의 고하를 막론하고 모든 군사들에게 상복을 입도록 하고, 제단을 크게 차린 다음 도겸의 유해를 황하의 한편에 장사 지내고 도겸이 임종 시에 쓴 유표劉表를 조정에 올렸습니다.

조조는 유비가 서주를 차지한 소식을 듣고 감탄합니다.

"내가 아직 원수도 갚기 전에 가만히 앉아서 서주 땅을 손아귀에 넣다니······."

조조는 이때야 비로소 유비가 권력을 차지하는 방식, 즉 시숙의 정치가 무엇을 의미하는지 이해하게 되었습니다.

유비는 유표가 지배하고 있었던 형주에서도 비슷하게 행동합니다. 형주는 서주보다 상황이 더 어려웠습니다. 이때에도 유비는 조조에게 패해 1,000명도 못 되는 패잔병을 거느리고 승냥이 떼처럼 쫓기는 꼴이었습니다. 그리고 형주는 유표의 후처인 채부인과 동생 채모 장군을 비롯한 채씨들이 군사권을 잡고 있었습니다. 유표조차 전처의 몸에서 난 큰아들 유기劉琦를 후사로 세우고 싶었지만 그러지 못하는 상황이었습니다. 후처 채씨 소생의 작은아들 유종劉琮이 있었고 채씨 문중에서 전 군권을 장악하고 있었기 때문에 난이 일어날 것이 뻔한 상황이라는 것은 바로 유표 자신의 말입니다. 주는 것을 냅다 받으려 했다가는 목이 댕강 날아갈 수 있는 상황이었습니다.

더구나 유비는 큰아들을 후사로 세우라고 조언했다가 채씨 부인의 미움을 받아 두 번씩이나 죽을 고비를 맞은 바 있습니다. 사실 유비는 형주가 얼마나 중요한 곳인지 공명을 통해 알고 있었습니다. 공명은 융중에서 유비를 처음 만나 형주는 자원이 풍부한 교통의 요지로 "무사로서 이름을 한번 떨칠 만한 곳"이라고 말한 바 있습니다. 마음은 간절했지만 그럴 상황이 아니었습니다. 유표가 유비를 죽이려 한 처남 채모에 대해 사과하자 유비는 "채 장군의 죄라고도 할 수 없는 일입니다. 그거야 아랫사람들의 소행이 아니겠습니까!"라고 말합니다. 그만큼 유비를 꺼려 하는 분위기가 아래에까지 팽배해 있었다는 말입니다. 유표가 "내가 죽은 후에도 아우가 형주를 다스려주게"라고 말했지만 유비는 거절했고 공명에게, "그가 저를 지극한 예로 대하는데, 제가 어찌 그가 위태로운 틈을 타서 형주를 차지할 수 있겠습니까?"라고 말합니다. 공명은 "참으로 주공은 어진 분입니다"라며 칭찬을 아끼지 않습니다. 최명 선생은 '참으로 쪼다네!'라고 공명이 말했을 것이라고 했지만, 제갈량은 참고 기다릴 줄 아는 유비의 안목에 감탄한 것이라 생각합니다. 그렇지 않았다면 제갈량 자신이 다른 꾀를 냈을 것이니 말입니다.

　유표가 죽을 때 유비는 또 관우·장비를 대동했고 "제 힘이 미치는 한 조카를 보살피겠습니다. 제가 어찌 감히 딴생각을 하겠습니까?"라며 강하게 형주를 거부했습니다. 그리고 조조가 쳐들어온다는 말에 깜짝 놀라 유표에게 작별을 고하고 그날 밤 안으로 신야로 돌아갔습니다. 유비는 형주 안에도 적이 있고 밖에도 적이 있다는 사실을 잘 알고 있었습니다. 유표는 장자 유기에게 형주를 넘기지만 채부인은 유종이 뒤를 잇게 하고 성문을 걸어 잠갔습니다. 유비가 형주를 맡겠다고 했다면 목이 댕강 날아갈 상황이었습니다.

　유비는 때를 기다리는 자였지 우유부단한 자가 아니었습니다. 조조가 북정길에 올라 북쪽을 치고 있을 때 유비는 유표에게 "지금 조조는 북정길에 올라 있습니다. 허창이 비어 있는 틈을 타서 형주와 양주의 군사로 허창을 기습한다면 대사를 이룰 수 있을 것입니다"라고 건의했습니다. 하지만 유표는, "9주州를 점거하고 있는 것으로도 만족하는데 다시 일을 도모할 것이 무엇이 있나?"라고 거부했고, 곧 조조가 쳐들어오자 유비의 말을 듣지 않은 것을 후회했습니다.

　유비는 성급하게 서두르지 않았고 항상 때를 기다렸습니다. 황소걸음처럼 한 걸음씩 앞으로 나아가며 조금씩 세를 불려 권력을 차지했습니다. 익주를 차지할 때에도 그랬습니다. 유비는 익주의 유장과 우선 친해졌고 야심이 없음을 눈물로써 알렸습니다. 방통龐統을 비롯한 책사들이 유장을 죽이고 무력으로 익주를 차지하자고 조급하게 간할 때마다 유비는 제동을 걸었고 때가 무르익기를 기다렸습니다. 그리고 때가 되자 무자비한 공격으로 동족同族인 유장을 쳤습니다.

유비의 시숙의 정치는 가장 배우기 힘들고 따르기 힘든 권력추구의 방식들 가운데 하나가 아닌가 합니다. 유비는 쪼다가 아니라 때를 기다리는 인내가 무엇인지 참으로 아는 자였습니다. 제갈량도 "지혜로운 이는 하늘을 거스르지 않고, 때를 거스르지 않으며, 사람도 거스르지 않는다〔智者不逆天 不逆時 不亦人也〕"라며 때를 거스르지 말아야 한다고 했습니다. 제갈량이 유비와 함께 무리 없이 일할 수 있었던 것도 이런 점을 서로 잘 이해하고 있었기 때문입니다.

사실 일을 이루기 위해 때를 기다리는 것은 참 힘들고 어려운 일입니다. 강태공은 위수에서 낚싯대를 드리우고 기다린 지 10년 만에 주문왕을 만나게 되었고 그때 그의 나이는 이미 일흔이 넘었습니다. 기다리는 것도 힘이 들지만 누가 자신의 뜻을 펼칠 수 있도록 도울 사람인지, 지금이 오랜 시간 동안 기다린 권력의 열매를 딸 바로 그때인지를 구별하는 것도 힘든 일입니다. 그리고 때가 왔을 때에는 유비가 그랬듯이 주저하지 않고 과감하게 달려들어 열매를 따야 합니다. 그래서 시숙의 방식으로 권력을 차지하는 것은 인내심과 날카로운 판단력이 요구되는 가장 어려운 방식이라 할 수 있습니다.

정치에도
타협의 미학이 필요하다

> 강유는 장익張翼과 하후패夏侯霸를 각각 불러 은밀히 계책을 내렸다. 두 장수가 영을 받고 나가자 강유는 친히 대군을 거느리고 조수를 등에 지고 진을 쳤다.

"시바세계가 고해苦海"라는 불교의 진리는 종합병원을 가보면 언제든 확인할 수 있습니다. 몸이 아픈 사람, 마음이 아픈 사람, 세상은 고통으로 가득 차 있습니다. 《불교입문》에는 유명한 비유가 실려 있습니다.

어떤 사람이 벌판을 걷다가 성난 코끼리를 만났는데 피할 곳이 없이 칡넝쿨을 타고 작은 우물로 들어갔습니다. 우물 바닥에는 무서운 독사들이 혀를 날름거리고 있었습니다. 코끼리는 우물 밖을 지키고 서 있고 칡넝쿨을 타고 올라가려니 흰 쥐와 검은 쥐가 칡넝쿨을 갉아먹고 우물 중간에는 작은 뱀들이 나타나 괴롭힙니다. 그때 벌 다섯 마리가 칡넝쿨에 지어놓은 벌집에서 꿀이 한 방울씩 떨어졌는데 그는 그 꿀맛에 취해 위급한 상황을 잊어버립니다.

우리는 무상하게 흘러가는 세월(코끼리)을 피해 벗어날 수 없는 우물로 도피할 수밖에 없고, 밤과 낮(흰 쥐, 검은 쥐)은 번갈아 왔다 가며 우리의 수

명을 단축시키고 점점 죽음의 나락(독사)으로 우리를 밀어 넣습니다. 삶 도처에 널린 고통들(작은 뱀)도 수시로 우리를 괴롭힙니다. 우리는 그 고통을 피하기 위해 벌 다섯 마리가 주는 꿀맛에 도취합니다. 우리는 그 오욕락五欲樂, 즉 재물욕·색욕·식욕·명예욕·수면욕에 빠져 고통과 운명을 잊으려 애써보지만 우리의 생명줄은 조금씩 끊어집니다.56

불교는 아픈 상황에서 벗어나는 해탈을 가르치지만 《삼국지》는 그러한 열린 세계가 아니라 닫힌 세계를 그리고 있다고 할 수 있습니다. 해탈과 초월의 기미도 보이지만 《삼국지》의 인물들은, 재물욕·색욕·식욕·명예욕·수면욕 등에 얽매여 권력을 추구하는 현세의 인물들이었으니 말입니다.

《삼국지》의 관우는 죽어서까지 세상에 미련을 버리지 못하고 옥천산에 나타나, "내 머리를 찾으러 왔다"며 떠돕니다. 이때 관우를 도운 적이 있는 보정普淨 스님은 관우를 나무랍니다.

"지난날의 시시비비는 가릴 것이 없습니다. 또한 원인과 결과를 따져본들 소용없는 일입니다. 지금 장군께서 여몽呂蒙으로부터 해를 입고 '내 머리를 돌려달라'고 하시는데 그렇다면 안량과 문추文醜 등 5관 6장의 머리를 장군께서는 어떻게 돌려주시겠소?"

관우는 그제야 깨닫고 불법에 귀의해 사라집니다. 적군의 머리를 마구 벨 때 승리감과 명예심, 피의 광기에 도취되어 그것이 어떤 업보를 만들어내는지 관우는 몰랐을 것입니다. 죽고 나서야 그는 그것을 깨닫게 됩니다. 결국 《삼국지》의 이야기는 내세가 아닌 현세의 이야기이며 우리의 삶도 그렇습니다. 권력투쟁은 닫힌 이 세상의 이야기이고 그 인물들은 어떤 종교적인 초월로 권력투쟁에서 벗어났다고 주장하는 사람들에 대해 의심의 눈길을 보냅니다.

하지만 닫힌 세계에서도 열린 가능성을 추구하는 것이 권력이기도 합니다. 우물 안에서 어떻게 뱀들로부터 사람들을 보호할까, 떨어지는 꿀을 어떻게 공평하게 나누어 먹을까 하는 문제로 권력투쟁이 나타납니다. 갈등이 심화되어 막다른 길에서 서로 마주보며 전쟁을 벌일 때에도 타협을 위한 노력은 계속됩니다. 한국전쟁이 한창일 때에도 개성에서는 정전협상이 2년 넘게 지속되었고 158차례의 본회담 후 어렵게 협상이 마무리된 바 있습니다. 출구가 없는 것 같은 대치 상황에서도 새로운 가능성과 돌파구는 나타납니다.

종종 이런 열린 가능성을 무시하는 자들이 있습니다. 가장 대표적인 전략이 바로 배수진背水陣입니다. 배수진은, '물을 등지고 진을 친다'는 뜻으로 다른 가능성이 없는 상황에서 결사적으로 싸우는 진영을 의미합니다. 한신이 조趙나라를 칠 때 사용한 배수진이 원조이고 임진왜란 당시 신립申砬 장군의 배수진도 유명합니다. 《삼국지》에서 강유도 배수진을 사용해 대승을 거두었습니다.

배수진은 결사항전을 의미하지만 한신과 강유의 배수진은 닫힌 배수진이 아니었고 신립 장군의 배수진은 다른 가능성을 열어두지 않는 닫힌 배수진이었습니다. 《재조번방지再造藩邦志》에는 신립의 배수진이 다음과 같이 그려져 있습니다.

> 이미 적이 사면에서 들이닥쳤다. 그곳은 마을 거리가 좁고 좌우에 논이 많아서 수초가 엉켜 말이 달리기에 불편했다. 우물쭈물하는 사이에 적이 우리 군의 좌우를 포위해오는데 그 세가 풍우와 같았다. ……모든 군사가 강물에 뛰어들었는데 흐르는 시체가 강을 덮어 내려갔다.

신립은 2만에 달하는 신병神兵과 같은 정예군을 8,000명의 서투른 군사들로 배수진을 치고 대적했다가 전원이 몰살당했습니다. 여러 사람들이 "우리는 훈련도 받지 못한 백성으로 대항할 수 없는 적을 맞게 된 것이며 왜군은 큰 병력이고 우리는 적기 때문에 정면으로 적과 싸우기는 어렵다", "조령의 천험天險을 이용하여 굳게 지키자"고 말했지만 신립은 끝내 듣지 않고 고집을 부렸습니다.

  한신과 강유의 배수진은 달랐습니다. 이 가운데 한신의 배수진은 고도의 전략이었습니다. 한신은 수만의 병사로 조나라의 20만 대군과 전쟁을 하게 되었는데, 우선 기병 2,000명을 조나라 성채 바로 뒤에 매복시켰습니다. 그리고 군사 1만으로 배수진을 쳤습니다. 이에 조나라 군사들은 "크게 웃었다(大笑)"고 합니다. 적이 성을 나와 공격하자 한신은 거짓으로 배수진까지 후퇴했고 곧 우군을 합류시켜 조나라 군사들을 당황하게 했습니다. 그리고 매복한 군사들은 조나라 성채를 점령했습니다. 삼면에서 공격당한 조나라 군사들은 당황했고 한신은 승리를 차지합니다. 한신의 배수진은 모략이며 고도의 전략이었습니다.

  강유의 배수진도 마찬가지입니다. 강유는 위나라 대군을 맞아 장익과 하후패에게 적 뒤쪽에 매복하게 하고 조수를 등지고 진을 쳤고 건성으로 싸우다가 후퇴합니다. 조수 지척에서 강유는 "일이 급하게 되었는데 무엇 하고 있는 게냐!"며 갑자기 군사를 돌렸고 대기하던 장익과 하후패의 군사들이 후미를 칩니다. 포위된 적은 서로 밟고 밟히고 조수 속에 빠져 죽은 군사도 많아 시체는 산을 이루었습니다.

  강유는 한신의 배수진을 그대로 모방해 승리를 차지했습니다. 한신이나 강유는 무모하게 결사항전을 할 의사義士가 아니었습니다. 그들은 현실적인 승리를 추구하는 전략가들이었습니다. 그러한 그들이 모든 가능성을 닫아둔 배수진을 칠 리가 없습니다. 닫힌 배수진은 결코 해서는 안 될 전략입니다. 산악을 근거로 적에게 작은 타격을 줄 수도 있고 한양으로 가서 우군과 합류할 수도 있었지만 신립은 무모한 배수진을 쳤습니다. 그것은 가능성을 닫아두는 행위이며 많은 사람의 목숨을 책임진 자가 해서는 안 될 일입니다.

권력투쟁을 주로 하는 정치가 닫힌 것이 아니라 열린 가능성의 예술이라고 말한 사람은 독일의 작가 토마스 만Thomas Mann이었습니다. 그는 정치가 "엄격하고 필연적인 것, 비도덕적이거나 훨씬 더 편의적인 것, 물질주의적이며 지나치게 인간적인 성향, 저속한 속성을 내포하고 있지만, 예술과 마찬가지로 정신과 삶, 이념과 현실, 소망과 필연성, 양심과 행위, 도덕성과 힘 사이에서 창조적 중개 역할을 수행하는 경우에는 예술의 영역"이라고까지 말했습니다. 그는 비정치적인 독일인들에게는 정치가 위선으로 나타나지만, 정치가 "타협에 근거한 삶의 완성"이라고 했습니다.57 이는 주어진 현실을 바탕으로 최선을 다하는 것이 삶의 완성이라는 말이며 세속에서 주어진 것에 허덕이며 노력하는 우리에게 큰 위로를 주는 말이라 할 수 있습니다.

지금 벼랑 끝에서 마지막 배수진을 준비하고 있다면 그것이 어떤 배수진인지 다시 한 번 따져보기 바랍니다. 이길 가능성이 없다면 다른 길은 없을지 타협의 길을 모색해보는 것도 괜찮을 것 같습니다.

제2장

권력에 오르기

느리지만 안전한 만전지계

인재의 두 조건, 명분과 실력

> 품행이 바른 인물이라 해서 반드시 진취적인 것이 아니고, 진취적인 인물이라 해서 반드시 품행이 바른 것은 아니다. 한 선비에게 치우침이나 단점이 있다고 해서 어찌 등용하지 않겠는가?

권력을 쟁취하기 위해 가장 필요한 두 가지는 명분과 사람입니다. 뚜렷한 명분이 있고 그것을 이룰 사람이 있다면 못할 일이 없습니다. 《삼국지》의 지도자들은 이를 잘 알고 있었고 명분을 세우고 인재를 얻으려 무던히 노력했습니다. 조조는 천자를 모셔 명분을 얻었고 오로지 실력 위주로 사람을 모았습니다. 유비는 황숙皇叔으로서 한나라를 재건하겠다는 명분을 앞세워 따뜻한 인정으로 사람들을 모았습니다. 손권은 동오라는 공동체를 지켜야 한다는 명분을 세우고 빈관賓館까지 건립해 인재를 모았습니다. 그들이 성공할 수 있었던 것은 명분과 사람을 모두 중시했기 때문입니다. 조조가 원소와 나눈 대화를 보면 그가 얼마나 일찍부터 이를 잘 인식하고 있었는지 알 수 있습니다.

"지난 날 내가 원소와 함께 군사를 일으킬 때 그가 나에게 이렇게 물은 적이 있다. '만약에 일이 잘못되면 어디에 거점을 두겠는가?' 그래서 내가 그에게 반문했다. '그대는 어쩌겠는가?' 그러자 그는 "남쪽으로 하북에 웅거하여 연燕과 대代를 막고 사막의 무리들을 제어하고 남쪽으로 향하여 천하를 겨룬다면 능히 다스릴 수 있지 않겠느냐?"라고 했다. 그래서 나는 다음과 같이 말했다. '천하의 지혜 있는 선비와 용맹한 장수들을 모아 도리로써 이끈다면 안 될 일이 없을 것이다.' 이런 이야기를 나눈 지가 엊그제 같은데 이미 그는 죽어 고인이 되었으니 어찌 내가 슬프지 않겠느냐!"

원소는 새로운 거점을 찾겠다고 했지만 조조는 "천하의 지혜 있는 선비와 용맹한 장수를 모아 도리로써 이끈다"고 말했습니다. 조조는 사람과 도리(명분)를 함께 이야기해 권력획득의 요체를 정확히 인식하고 있다는 것을 보여줍니다. 원소는 옥새를 들어 조조에게 자랑한 적이 있었는데, 조조는 이 일로 겉으로는 웃었지만 속으로는 원소를 증오하게 되었습니다.[1] 사람이 아니라 옥새를 자랑한 원소는 결국 패배하고 말았습니다.

손책 또한 조조처럼 사람의 중요성을 잘 알고 있었습니다. 손책이 원술에게 독립해 떠날 때 유난히 풍채가 뛰어나고 용모 또한 수려한 장수를 만나게 되는데 그는 주유였습니다. 손책은 기쁨을 감추지 못하고, "내가 자네를 만났으니 일은 이미 성사된 것이나 다름이 없네"라고 말했습니다. 주유가 피를 토하며 죽을 때까지 강동을 위해 헌신한 것은 이 한마디 말 때문이 아니었을까 합니다.

유비 또한 사람의 중요성을 잘 알고 있었습니다. 유비는 관우와 장비를 만나 형제의 연을 맺고 평생 고락을 함께하며 의리를 지켰습니다. 유비는 장비를 만나 적극적으로 자신을 소개했습니다.

"소생은 본래 한나라 왕실의 후예로, 이름은 유비라 하오. 소생은 황건적이 멋대로 날뛰어도 그들을 쳐부술 만한 힘이 없는 것을 슬퍼하고 탄식하던 중이오."

또한 관우를 만났을 때에도 먼저 다가가 말을 걸어 형제의 의를 맺게 되었습니다. 민간에서 내려오는 이야기에 따르면, 장비는 천하호걸과 교제하기 위해 천근의 돌로 우물을 덮어놓고 "이 덮개를 여는 사람은 속에 있는 고기를 가져도 좋다. 돈은 필요 없다"라고 적어놓았다고 합니다. 이를 관우가 가져가자 가서 싸움을 걸었고 둘 사이를 말려 형제가 되도록 한 사람은 유비였다고 합니다. 이 이야기는 "한 마리의 용이 두 마리의 호랑이를 갈라놓다"라는 말로 전하고 있습니다.[2]

유비는 적극적으로 사람을 얻으려 했습니다. 스무 살 어린 제갈량을 얻기 위해서도 세 번이나 찾아가 머리를 조아리며 애걸했으며 급기야 온몸이 다 젖을 만큼 대성통곡을 해 제갈량의 마음을 얻었습니다. 조자룡을 얻을 때에도 마찬가지입니다. 공손찬公孫瓚을 따르던 조자룡에게 유비는, "우선은 그의 뜻을 따르도록 하시오. 언젠가 다시 만날 날이 있을 것이오"라며 따뜻하게 위로했고 눈물까지 글썽였습니다. 다시 조자룡을 만나게 되었을 때 유비는, "나는 처음 그대를 보고 놓치고 싶지 않은 인물이라 생각하며 항상 연연한 정을 느끼고 있었소. 이번에 다시 서로 만나게 되었으니 천만다행이오"라며 기뻐했습니다.

유비가 인간적으로 호소해 인재들을 모았다면 조조는 도미노식으로 인재를 등용했습니다. 조조가 연주에 있으면서 널리 현사들을 모집하자 순욱과 순유荀攸가 찾아왔습니다. 조조는 기쁨을 감추지 못하고 그들을 맞이했고, 순욱에게는 "그대는 나에게 한고조 유방을 도운 장자방張子房(장량)과 같은 분이오"라고 감탄해 행군사마의 벼슬을 주었습니다. 순욱은 정욱程昱을 추천했고 가까스로 정욱의 처소를 찾아낸 조조는 더없이 기뻐합니다. 정욱은 다시 곽가를 추천했고, 곽가는 광무제光武帝의 적손으로 화남 성덕에 사는 유엽을 천거했습니다. 유엽은 백령伯寧과 여건呂虔 두 사람을 천거했고 그들은 또 모개毛玠를 천거했습니다. 곧 태산의 거평 사람 우금于禁이라는 장수는 수백 명의 휘하 군사를 거느리고 조조에게 투항했고 하후돈夏侯惇은 진류 사람 전위典韋를 천거했습니다.

형 손책이 요절하고 채 스물이 되기도 전에 대권을 이어받은 손권이 가장 먼저 한 일은 선비들이 기거할 수 있는 빈관賓館을 설치하고 널리 훌륭한 선비들을 초빙한 일이었습니다. 이에 각처에서 구름 떼처럼 실력자들이 모여들었고 손권은 이들을 후대했습니다. 결국 손권이 사람을 가장 많이 얻었다는 소문까지 퍼지게 되었습니다. 동오가 장강長江으로 분리되어 방어에 유리했지만 그의 이런 노력으로 긴 세월 동안 동오를 지킬 수 있었습니다. 어린 손권이 가장 중요한 일을 했던 것입니다.

조조는 205년 50세가 되어 원소를 제거한 후 다음과 같은 영을 내렸습니다.

"내가 의로운 군대를 일으켜 포악한 반란군을 정벌한 지 19년이 되었는데, 정벌할 때마다 반드시 승리한 것이 어찌 나 한 사람의 공로이겠는가? 이는 곧 현명한 사대부들의 힘이 있어서 얻은 결과다. 그러나 천하가 아직 완전하게 평정되지 않았으므로 나는 현명한 사대부들과 함께 평정해야 할 것이다. 그런데 그 공로의 대가를 나 한 사람이 누린다면, 어찌 내 마음이 편하겠는가? 시급히 의논하여 공로를 정하고 상을 내려라."[3]

조조는 승리의 원인을 자신이 아닌 현명한 사대부들에게 돌리고 공로의 대가를 나누겠다고 했습니다. 사람을 모으고 상벌을 정확히 하는 것은 모든 성공한 지도자의 기본적인 태도입니다.

율곡 이이가 군주를 위해 쓴 조선의 《군주론》이라고 할 수 있는 《성학집요聖學輯要》의 4편은 〈위정爲政〉편인데, 총론에 이어 가장 먼저 "어진 사람을 등용하라"는 〈용현用賢〉편이 나옵니다. 율곡은, "정치는 인재를 얻는 데 달려 있다. 어진 사람을 등용하지 않고 정치를 잘할 수 있는 사람은 없다"는 공자의 말을 인용합니다.4

하지만 《삼국지》의 지도자들은 '어진 사람'을 등용한 것이 아니라 '실력 있는 사람'을 등용했습니다. 진수는 〈무제기武帝紀〉의 조조에 대한 총평에서 이를 잘 지적합니다.

> 태조는 책략을 이용할 계획을 세워 천하를 편달하고, 신부해와 상앙의 치국 방법을 받아들이고, 한신과 백기의 기발한 책략을 사용하여 재능 있는 자에게 관직을 주고, 사람마다 가진 재능을 잘 살려 자기의 감정을 자제하고 냉정하게 계획에 따랐다. 옛날의 악행을 염두에 두지 않았기에, 마침내 국가의 큰 일을 완전히 장악하고 대사업을 완성시킬 수 있었으니, 이는 오직 그의 명석한 책략이 가장 우수했던 덕분이다. 따라서 그는 비범한 인물이며 시대를 초월한 영웅이라 할 수 있다.5

진수는 조조가 사람마다 가진 재능을 잘 살려 등용했고, 옛날의 악행을 염두에 두지 않았다고 명확히 지적합니다. 제갈량도, "조조는 원소에 비하면 명성도 낮고 군대도 적었으나 그를 이기고 약자에서 강자로 변하였으니 이는 천명뿐 아니라 인재들의 책략에 의한 것입니다"라고 평가했습니다.6 조조는 정치를 함에 있어서 '실력 있는 인재'가 가장 중요하다는 것을 알고 널리 인재를 모았고 특히 품행에 얽매이지 않고 실력이 있는 자의 재능을 기준으로 사람을 선발했습니다.

만일 반드시 청렴한 선비가 있어야 기용할 수 있다면 제나라 환공은 어떻게 천하를 재패할 수 있었는가! 지금 천하에 남루한 옷을 걸치고 진정한 학식이 있는데도 여상처럼 위수의 물가에서 낚시질을 일삼는 자가 어찌 없겠는가? 또 형수와 사통하고 뇌물을 받았다는 누명을 쓰는 바람에 위무지魏無知의 추천을 받지 못한 진평陳平과 같은 자가 어찌 없겠는가? 여러분은 나를 도와 낮은 지위에 있는 사람들을 살펴 추천하라. 오직 재능만이 추천의 기준이다. 나는 재능 있는 사람을 기용할 것이다.7

조조가 사람을 보는 기준은 오로지 '재능'이었습니다. 조조는 누구든 실력이 있으면 품행이나 과거를 묻지 않고 등용했습니다. 그러므로 형수와 사통하고 뇌물을 받은 진평과 같은 자도 등용하겠다고 말합니다. 조조는, "품행이 바른 인물이라고 해서 반드시 진취적인 것이 아니고, 진취적인 인물이라고 해서 반드시 품행이 바른 것은 아니다"라며 품행이 나빴던 "진평은 한나라 황제들의 사업을 정리했으며, 소진은 약소국이었던 연나라를 구했으므로 한 선비에게 치우침이나 단점이 있다고 하여 어찌 등용하지 않겠는가?"라고 말합니다.8

조조는 197년 원성의 전투에서 첫째 아들 조앙曹昻과 조카, 호위무사였던 전위까지 적장 장수張繡에게 잃었지만 가후의 설득으로 결국 장수를 받아들였습니다. 조조는 복수하지 않았고 심지어 자신의 아들과 장수의 딸을 혼인시키고 장수를 양무장군에 임명하기까지 했습니다. 장수는 후일 조조의 북방통일에 지대한 공을 세우게 됩니다. 또한 여포의 부장이었던 장요張遼를 받아들였습니다. 장요는 관우의 투항을 설득했고 조조의 곁을 지키며 많은 공을 세웠습니다. 그는 손권과의 합비대전에서 7,000명의 병사로 10만 명을 대적해 대단한 공적을 세우기도 했습니다.

　조조는 또한 관우를 얻으려고 눈물겨운 노력을 했습니다. 조조는 유비와 관우를 갈라놓기 위해 유비의 두 부인과 관우가 한 방에 자도록 한 적도 있었고, 값진 비단과 금은을 보내기도 했고, 사흘마다 작은 연회를, 닷새마다 큰 연회를 베풀고 젊고 아름다운 미녀 열 명을 보내기도 했습니다. 여포가 타던 적토마를 주기도 했지만 관우는 오히려 형님 유비가 계신 곳으로 하루 만에 달려갈 수 있겠다며 좋아합니다.

　결국 관우는 안량과 문추의 목을 벤 것으로 조조의 은혜를 갚았다 여기고 그의 곁을 떠났습니다. 관우는 "신은新恩이 비록 두텁다고는 하지만 옛날의 의리를 저버릴 수는 없는 일"이라 했고 "다 갚지 못한 은혜는 뒷날에 갚기로 하겠습니다"라고 했습니다. 이는 훗날 화용도에서 조조를 살려주는 빌미가 됩니다. 조조는 "옛 주인을 잊지 않고 돌아간 것이 분명하니 참으로 장부로다. 너희도 마땅히 본받도록 하라"며 죽이지 말라 명합니다.

　조자룡의 목숨을 살린 것도 조조였습니다. 조조는 한 장수가 동에 번쩍 서에 번쩍하는 것을 보고 누군지 물었습니다. 상산의 조자룡이라는 말을 듣자 조조는 "과연 범 같은 장수로구나 내가 생포하고 말겠다"라며 각처의 장수들에게 전령을 보내 조자룡을 생포하라고 명합니다. 조자룡이 유선을 구해 살아서 갈 수 있었던 것은 조조의 이런 인재사랑 때문이었습니다. 조조는 비록 적이라도 언젠가는 내 편으로 만들 수 있다는 강한 자신감과 포용력이 있던 배포가 큰 지도자였습니다.

　조조는 자신을 배반한 자이더라도 필요한 사람은 버리지 않고 썼습니다. 필심畢諶과 위종魏種이 그 대표적인 사례입니다. 조조가 연주 자사로 있을 때 동평東平 사람 필심을 별가로 임명했는데, 장막張邈이 모반을 일으켜 필심의 가족을 데리고 위협합니다. 조조는 필심에게 늙은 어머니가 저쪽으로 가도 좋다고 말합니다. 그때 필심은 머리를 조아려 절하며 다른 마음이 없음을 보였습니다. 조조는 필심을 칭찬하고 감격해 눈물을 흘렸습니다. 하지만 필심은 조조에게 도망쳐 장막에게 갑니다. 나중에 여포가 패했을 때 필심도 생포됩니다. 사람들은 모두 필심을 걱정했지만 조조는 그의 배신이 효도 때문이었음을 알고 그를 용서합니다.

"부모에게 효도하는 사람이 어찌 자기 임금에게 충성하지 않겠는가? 그는 바로 내가 찾고 있는 그러한 사람이다."9

그리고 필심을 노국 재상으로 임명했습니다.

위종의 이야기는 다음과 같습니다. 조조는 위종을 효렴으로 천거하기도 했고, 하내 태수로 임명해 황하 이북의 일을 맡기기도 했습니다. 연주에서 반란이 일어났을 때 조조는, "위종만은 나를 모반하지 않을 것이다"라고 자신했지만 위종은 조조를 배신합니다. 조조는 분개합니다.

"위종! 남쪽의 월로 달아나거나 북쪽의 호胡로 달아나지 않는 한, 나는 결코 너를 가만두지 않을 것이다!"

결국 조조는 곧 위종을 사로잡았지만 위종의 포박을 풀어주고는 "오직 그의 재주를 살 뿐이다"라며 그를 다시 기용했습니다.10

조조는 진정으로 인재를 사랑했습니다. 조조가 장수에게 다시 패해 패잔병을 이끌고 행군하여 육수에 이르렀을 때 대성통곡을 했습니다.

"작년에 이곳 싸움에서 대장 전위를 잃었던 생각이 나서 이렇게 우는 것이다!"

그는 그 자리에 크게 제단을 만들어 전위의 죽은 넋을 위로하는 제사를 올렸습니다. 조조는 이어 조카와 아들, 무명용사, 자기를 지켜준 대완마大宛馬를 위해서 제사를 지냅니다. 조조는 아들보다 부하를 더 앞세운 사람이었습니다.

조조는 책사 곽가가 죽었을 때에도 곽가의 시신 앞에서 제사를 올리고 대성통곡을 했습니다.

"봉효가 죽다니, 하늘이 날 버리는구나! 내가 뒷일을 그에게 부탁하려 했는데, 중년에 이렇게 요절하리라고는 생각지도 못했으니 심장과 창자가 찢어지는 듯하구나!"

조조는 자신의 후계자로 조비를 지목했지만 실제 정사를 친족도 아닌 곽가에게 맡기려 했습니다. 곽가는 품행이 방정한 자도 아니었습니다. 조조의 참모 진군陳羣은 여러 차례 곽가의 품행을 문제 삼아 조조에게 탄핵했지만 조조는 개의치 않았습니다. 조조는 곽가의 재능을 높이 평가하고 사랑했지만 그를 비판한 진군까지도 여전히 곁에 두었습니다.

명분과 인재가 있고 인재를 적재적소에 활용할 능력이 있다면 권력은 얻은 것이나 다름이 없습니다. 사람의 모든 면을 샅샅이 들추어 조금이라도 흠이 있으면 낙마시키는 우리의 풍조는 적재적소에 따른 인재 운용에 도움이 되지 않는 방식일 수도 있습니다. 모든 것에 완벽한 사람은 없기 때문입니다. 인재를 사랑하고 그들의 능력을 정확히 파악하고 그들을 필요한 곳에 두기만 해도 지도자의 몫을 다한 것이라 할 수 있을 듯합니다.

좋은 보좌진은
좋은 갑옷과 같다

> 그대는 가히 어느 곳에 사신으로 나가더라도 군후를 욕되게 하지 않을 인물이로다.

좋은 사람들의 보좌를 받을 수 있는 것은 지도자의 가장 큰 복입니다. 제갈량의 보좌를 받지 않았다면 유비는 황제가 될 수 없었고, 주유와 노숙魯肅, 여몽과 육손의 보좌를 받지 않았다면 손권은 동오를 지킬 수 없었습니다. 많은 보좌진들을 주변에 두고 항상 그들과 대화한 조조 역시 복 많은 지도자였습니다. 주나라 무왕은 "자기에게는 열 명의 신하가 있다"고 자랑한 적이 있고 이 말을 들은 공자는 "인재를 얻기는 참 어려운 일인데 열 명이나 되는 훌륭한 신하를 둔 무왕은 요임금의 나라(唐)와 순임금의 나라(虞) 이래 가장 많은 좋은 신하를 두었다"고 토를 달았습니다.[11]

사실 조조의 승리도 좋은 보좌 덕이었습니다. 조조는 헌제를 옹립하고 허창을 근거지로 해 원소와 일대 결전을 벌였습니다. 이 전쟁을 관도전투官渡戰鬪라고 합니다. 조조는 약세였지만 이 전쟁을 승리로 이끌어 실력자 원소를 제거하고 하북의 지배를 확립하게 되었습니다. 이 전쟁에서 조조는 궁지에 몰려 있었습니다. 당시 조조의 병사는 만 명이 채 못 되었고 부상을 입은 자가 10분의 2 내지 3이었고 원소가 조조의 진영 안으로 화살을 쏘았는데 마치 비가 내리는 듯해 진영 안에서 걸을 때도 방패로 몸을 가려야 했습니다. 조조는 군량미가 적었으므로 순욱에게 편지를 보내 허도로 돌아갈 방법을 상의했습니다.12

조조는 허도로 돌아가 방법을 상의했지만 순욱은 조조에게 "만일 상대를 제압하지 못하면 반드시 짓밟히게 되니, 지금이야말로 천하의 운명이 걸린 중요한 시기입니다"라며 돌아오지 말라고 했습니다. "원소는 평범한 일개 우두머리에 불과하므로 인재를 모아도 쓸 줄은 모릅니다. 공의 뛰어난 무용과 밝은 지혜에 의지하고 천자의 이름을 받들어 원소를 토벌한다면 어찌 이기지 못하겠습니까?"라면서 순욱은 조조의 싸움을 독려했습니다. 곽가도 "원소와 싸워 10전 10승을 거둘 것은 당연한 일"이라 했고 조조는 힘을 얻어 승리했습니다. 순욱의 독려가 없었다면 조조는 승리할 수 없었을 것입니다.

조조는 좋은 문신의 보좌를 받았을 뿐 아니라 좋은 무신의 보좌도 받았습니다. 장수가 급습했을 때 호위장군 전위는 취중에 갑옷도 입지 못하고 맨주먹으로 적을 쓰러뜨렸고 결국 온몸에 비 오듯 쏟아지는 화살을 맞고 등을 찔려 단말마의 비명을 지르며 쓰러지면서도 조조가 도망갈 수 있도록 지켜주었습니다. 조조의 사촌동생 조홍曹洪도 두 번이나 목숨을 걸고 조조를 구했습니다.

조조가 동탁의 장수 서영徐榮이 쏜 화살을 어깨에 맞고 쫓길 때 조홍은, "저 같은 놈이야 세상에 있으나 마나 하지만 공께서 죽어서야 되겠습니까?"라며 말을 양보했고 큰 강이 나타나자 옷을 모두 벗고는 조조를 등에 업고 강을 건너갔습니다. 그리고 조조가 마초馬超에 쫓겨 붉은 도포를 벗어던지기도 하고, 수염까지 자르며 도망가는 치욕을 당할 때, "우리 승상을 건드리지 마라! 조홍이 예 있다"며 나타나 조조를 구하기도 했습니다. 조홍은 수성하라는 조조의 명을 어기고 마초와 싸우러 나갔다가 동관을 빼앗겨 조조에게 죽임을 당할 뻔한 적이 있습니다. 조조는 "만일 내가 조홍을 죽였더라면, 나는 오늘 꼼짝없이 마초의 손에 죽었을 것이다"라며 감사해했습니다.

　조홍은 조조가 자기보다 세상에 더 필요한 인물임을 알았고 그래서 자신을 희생해 조조를 지켰습니다. 조홍은 '보좌'가 무엇을 의미하는지 진정으로 알고 있었습니다. 주군의 가치를 제대로 알고 인정할 때 목숨을 건 보좌가 나타날 수 있습니다. 동오의 지도자 손권에게도 이런 보좌진이 있었는데 그는 오나라와 위나라가 동맹을 하는 데에 결정적인 기여를 한 조자趙咨였습니다. 위의 조비는 조자를 통해 손권의 진면목을 알게 되고 동오와 연합하게 되었습니다. 이 연합을 통해 동오는 유비의 침략에서 살아남게 되었습니다.

　조비가 사신으로 온 조자에게 손권에 대해 묻자 조자는 손권이 "평범한 사람 가운데서 노숙과 같은 인물을 뽑아 썼으니 총명하시며, 여몽을 행군하는 일반 군사 틈에서 뽑아 장수로 썼으니 머리가 밝은 것이요, 우금을 포로로 잡았으나 해하지 아니했으니 어진 것이며 형주를 취하되 칼에 피를 묻히지 않았으니 그것은 지략이 뛰어남을 말함이요, 삼강三江에 자리 잡고 호랑이 눈처럼 천하를 다스리고 있으니 그것이 웅雄이며, 폐하께 몸을 굽히니 그것은 약略이다"라고 평합니다.

　그리고 조비가 동오를 정벌하겠다고 하자, "우리에게는 100만 대군이 있고 또한 강물이 천연의 요새를 이루고 있는데 무엇이 두렵겠습니까?"

라고 담대하게 답합니다. 조비는 감탄했고 조자는, "저와 같은 무리는 수레로 실어 나를 정도로 많습니다〔車載斗量〕"라고 답합니다. 조비는 "그대는 가히 어느 곳에 사신으로 나가더라도 군후를 욕되게 하지 않을 인물이로다"라고 감탄하며 동오와 동맹을 체결했습니다. 손권은 자신을 가장 정확히 아는 자의 보좌를 받고 있었습니다.

때로는 좋은 보좌진을 두었으면서도 군주가 제대로 이를 알지 못하는 경우도 많습니다. 요동의 지배자 공손연公孫淵이 그랬습니다. 그는 가범賈範과 윤직倫稙이라는 훌륭한 보좌진을 두었습니다. 공손연이 위의 사마의에게 반기를 들려 하자 그들은 적절한 경고를 합니다.

"중원에서는 주공을 상공의 작위로 대접했습니다. 그것은 결코 비천한 대접이 아니니 만약 이를 배반한다면 불순한 일입니다. 그뿐 아니라 사마의가 군사를 능하게 부려서 촉의 제갈무후諸葛武侯도 승리를 거두지 못했거늘 하물며 주공께서 어떻게 당하려 하십니까?"

하지만 공손연은 그들을 죽였고 그는 결국 사마의에게 죽임을 당하고 말았습니다. 사마의는 가범과 윤직의 말을 듣고 그들의 묘를 예로써 봉하고 그들의 자손에게 벼슬과 재물을 내렸습니다.

좋은 보좌는 독창이 아니라 군주와 신하가 함께하는 아름다운 이중주입니다. 가범과 윤직이 사마의나 조조 같은 지도자 곁에 있었다면 그들은 행복하게 주군을 잘 보좌했을 것입니다. 좋은 보좌진을 찾는 것도 중요하지만 자신이 측근들을 알아보고 그들의 보좌를 잘 수용하는 좋은 지도자인지를 반성하는 것이 우선입니다.

권력의 왕은
토론의 왕이다

> 토론에 참여해 군정을 처리함은 여러 사람의 생각을 모아 충성스럽고 유익한 견해를 얻기 위해서다. 의견 교환을 통해 좋은 결론을 얻는다면 이는 해진 짚신을 버리는 대신 보배를 얻는 것과 같다.

우리는 경험을 통해 배웁니다. 하지만 모든 경험이 지식으로 전환되는 것도 아니고 우리가 모든 일을 경험해볼 수도 없습니다. 남의 경험을 참고하고 자신의 경험을 제대로 해석하기 위해서는 반드시 토론을 해야 합니다. 철학자 밀John Stuart Mill은 다음과 같이 말한 바가 있습니다.

> 인간은 자신의 잘못을 토론과 경험을 통해 고칠 수 있다. 단순히 경험에 의해서만이 아니다. 경험이 어떻게 해석되어야 하는가를 밝히려면 반드시 토론이 필요하다.[13]

경험과 토론을 통해 권력을 차지한 자는 조조였습니다. 조조는 놀라운 예측 능력을 발휘한 후, "이렇게 될 것을 미리 알고 있었지만, 나는 성인이 아니며 단지 경험이 풍부할 뿐이오"라고 말했고, 마초를 무찌른 귀신같은 지모를 부하들이 칭찬하자, "그거야 여러 문무제관들의 힘이었소"라고 말했습니다. 조조는 경험과 토론을 통해 난관을 헤쳐나가 권력을 잡았습니다.

《삼국지》에는 조조가 휘하 장수들, 참모들, 문무 대신들을 모아 협의했다는 구절이 세기 힘들 정도로 많이 나옵니다.

> "조조가 곽가의 말에 따라 유비의 글월을 가져온 사람을 불러 회신을 보내려고 휘하 장수들과 협의했다."
> "조조는 황제가 무사히 낙양에 귀환했다는 소식을 듣고 휘하의 참모들을 불러 협의했다."
> "조조는 날마다 휘하의 참모를 모아 비밀스럽게 천도에 대한 모사를 꾸미고 있었다."
> "조조는 징을 울려 참모들을 모아 대책을 협의했다."
> "대권을 한 손에 쥔 조조는 후당에서 잔치를 베풀고 측근을 불러 모아 앞일을 의논했다."
> "조조는 휘하의 문무 보좌관들을 불러 남쪽의 유비를 칠 문제에 대하여 상의했다."
> "진중에 묻혀 있던 조조는 모사들을 불러 대책을 협의했다."
> "조조는 두렵고 무서워 대신들을 불러 밤마다 관공이 나타나니 어찌하면 좋겠느냐고 물었다."

조조가 부하들과 함께 협의하고, 의논하고, 모의하는 장면, 부하들에게 중요한 사안에 대해 의견을 묻는 장면, 자신과 의견이 다른 자들의 견해에 귀를 기울이고 허심탄회하게 받아들이는 장면 등은 《삼국지》에 거의 100번 이상이나 등장합니다. 이 정도가 되면 조조를 '토론왕'이라 불러도 전혀 손색이 없을 듯합니다. 조조는 문제가 있을 때마다 부하들을 불러 모았고 형식적인 토론이 아니라 문제 해결을 위한 진짜 토론을 했습니다.

한비자韓非子는 "군주 된 자는 자기의 의사를 말해서는 안 되며, 처음에는 여러 의견을 귀담아 듣도록 해야 한다"고 했습니다.14 조조가 허창에서 유비를 데리고 있을 때 유비의 처리 문제를 두고 토론하는 장면을 보면 조조는 한비자의 말을 그대로 실현했던 것 같습니다. 조조는 순욱과 곽가의 의견을 차례로 들었습니다. 순욱은 유비를 죽여야 한다고 주장했고, 곽가는 유비를 죽이는 것은 현자를 죽이는 격이어서 세간의 이목 때문에 죽이지 말아야 한다고 주장했습니다. 그리고 조조는 곽가의 손을 들어주었습니다.

토론의 달인 세종世宗도 이런 방식을 사용했습니다. 북방 야인 정벌에 대한 일로 격렬한 토론이 벌어졌을 때의 일입니다.

> 이날 회의는 비밀리에 열렸는데, 의정부와 육조는 물론이고 관련된 모든 부서의 담당자들이 소견을 말하도록 한 것이 특징이었습니다. 즉 영의정 황희黃喜를 비롯하여 좌의정 맹사성孟思誠, 우의정 권진權軫, 이조판서 허조許稠 등 20여 명의 모든 참석자가 순서대로 계책을 각각 진술하도록 했고, 이 때문에 회의 시간은 다소 길어졌지만, 토벌시 발생할 수 있는 문제점들은 대부분 드러났습니다. 그리고 토론에 기초해서 대책을 마련하도록 지시합니다.15

이런 방식을 사용하게 되면 위에 있는 자는 아무 하는 일이 없는 듯이 있고 사람 위에 군림하는 높은 지위에 있다는 태도를 나타내지 않고도 아랫사람의 의견을 자유롭게 채용할 수 있으며 공이 있으면 군주가 그 현명함을 차지하게 되고, 허물이 있으면 신하가 그 죄를 책임지게 되어 군주의 명예는 언제까지나 손상되는 법이 없게 됩니다.16

동탁도 남의 말을 잘 들은 적이 있습니다. 성급하게 낙양으로 진격하려 하자 모사 이유李儒가 말려 "장양張讓 일파를 없애 나라를 구하고 천하를 건지겠습니다"라는 멋진 상주문을 올리고 진격하기도 했고, 어린 진류왕陳留王이 말에서 내리지 않는다고 꾸짖자 그 말을 듣기도 했고, 진류왕을 황제로 세울 때 이유와 백관들에게 의견을 묻기도 했습니다. 노식이 자신을 무시하자 죽이려 칼을 뽑았다가 의랑 팽백彭伯이 만류해 칼을 거두기도 했고, 초선을 여포에게 주라고 이유가 간하자, "네 말도 일리가 있구나"라며 생각에 잠기기도 했습니다. 조조의 연합군과 싸울 때에도 급히 이유와 여포를 불러 숙의熟議하기도 했습니다. 그가 잠시나마 권력을 차지할 수 있었던 것은 토론하는 능력이 있었기 때문입니다.

비범한 제갈량의 능력도 토론 때문이었습니다. 그는 15세 되던 해에 형주로 이사를 와 숙부의 소개로 많은 선비들을 만나게 되는데, 그 가운데는 남군 양양현의 명사 방덕공龐德公, 수경 선생으로 불리던 사마휘司馬徽, 면남의 명사 황승언黃承彦 등이 있었고, 또 방덕공의 조카 방통과 교류를 하게 되었습니다. 특히《육도 · 삼략六韜三略》에 정통한 풍구鄭玖라는 은사에게 병법 진형, 치국안방治國安邦 등 많은 것을 배우게 되었습니다.17

제갈량은 황승언의 딸 황월영黃月英과 결혼하게 되는데 그녀의 별명은 아추阿醜, 즉 못난이였습니다. 하지만 그녀는 총명했고 제갈량의 비책들 가운데 상당 부분은 그녀에게서 나왔다고 합니다. 그래서인지 오장원의 제갈량 사당 옆에는 아추의 사당인 월영전月英殿도 만들어져 있습니다. 제갈량은 현명하게도 현자를 가장 가까이에 두고 있었습니다. 제갈량은 토론에 대해서 이런 대단한 말을 남겼습니다.

> 무릇 토론에 참여하여 군정을 처리함은 여러 사람의 생각을 모아 충성스럽고 유익한 견해를 얻기 위해서다. 만약 자그마한 혐의를 피하기 위해 다른 의견을 제시하는 일을 꺼린다면 일을 그르치고 잘못을 저지르게 될 것이다. 서로 다른 의견의 교환을 통해 좋은 결론을 얻는다면 이는 해진 짚신을 버리는 대신 보배를 얻는 것과 같도다.[18]

그는 토론이야말로 보배를 얻는 것과 같다는 것을 잘 알고 있었습니다. 그래서 "임무는 막중한데 지닌 재능은 박하니 결점과 실수투성이인 터에 최주평, 서서徐庶, 동화董和, 호제胡濟가 빈번히 내게 간언을 해주었다"고 하며 "위의 네 사람과 줄곧 좋은 관계를 유지하고 있으니, 그렇다면 직언에 대해 의심하지 않음이 분명하도다"라며 스스로 토론자가 분명하다는 결론을 내렸습니다.[19]

제2차 세계대전의 지도자 히틀러Adolf Hitler는 회의를 싫어했지만 실제 의사결정도 다른 곳에서 행했습니다.

> 그는 각료회의를 싫어했다. 그것은 규칙에 따른 의사결정 절차였기 때문이다. 그래서 각료회의를 보류하기 시작했고, 그 간격은 점차 길어졌다. 각료회의가 열려도 실제로 중요한 일은 다른 곳에서 결정되었다.[20]

처칠Winston Churchill은 달랐습니다. 그는 가차 없는 토론을 했던 것으로 유명합니다.

군사전문가 엘리엇 코헨Eliot Cohen은 이렇게 말했다.

"처칠은 우리의 가정과 주장에 대해 가차 없는 질문을 던졌다. 우리의 대화는 끊임없는 논쟁의 반복이었다."

이런 행동은 때로 장군들과 보좌관들을 당황하게 만들기도 했지만, 덕분에 그는 늘 정보에 밝았다. ……한편 처칠은 여느 리더들과 달리 장군들이 자신에게 순종하기를 바라지 않았다. 즉 그는 예스맨을 원치 않았으며, 스스로 생각하고 계획을 세울 줄 아는 지휘관을 원했다. 이 때문에 간부들과는 늘 사이가 좋지 않았지만 간부들의 의사결정에 대해 끊임없이 의문을 가짐으로써 엄밀한 확인을 거칠 수 있었고, 이를 영국 국민에게 공개함으로써 그들의 군사전략은 나무랄 데가 없어졌다.[21]

예스맨을 좋아하고 간부들과 사이 좋게 지내려고만 하는 지도자는 곧 권력을 잃고 말 것입니다. 지도자라면 자신이 소수의 측근만을 좋아하는 동탁 스타일인지, 광범위한 의견을 물은 조조나 제갈량 스타일인지 자문해볼 일입니다.

늑대들에게는
계교를 사용하라

> 조조는 군세는 약했지만 많은 꾀를 부려 승리했고 원소는 군세는 강했지만 결국 꾀가 없어 패했다.

권력의 세상은 늑대세상입니다. 늑대들과 싸우며 정직한 방법을 쓸 필요는 없습니다. 늑대에게는 늑대로 대적해야 하기에 계교나 모략을 무자비하게 사용해야 한다는 것은 《삼국지》가 우리에게 전하는 가장 핵심적인 교훈들 가운데 하나입니다. 이런 면에서 《삼국지》를 비난하는 사람이 있다면 순진한 사람입니다. 작은 이권이라도 연관되어 있으면 《삼국지》보다 더 추악한 늑대들의 싸움이 벌어진다는 것을 우리는 현실에서 경험할 수 있기 때문입니다.

조조나 다른 《삼국지》의 인물들은 좋은 목적을 달성하기 위해 어쩔 수 없이 계교를 사용한 것이라 자주 변명했습니다. 하지만 순순한 분들은 이런 변명을 받아들이지 않습니다. 고故 김수환 추기경은 "진리는 반드시 따르는 사람이 있고, 정의는 반드시 이룩될 날이 있다. 죽더라도 거짓이 없어라!"라는 도산 안창호 선생의 말씀을 인용하며 수단과 목적에 대해 이렇게 강론했습니다.

> 여기서 우리가 생각해야 될 것은, 목적이 아무리 고귀하더라도 목적에 달하는 과정이 고귀한 목적에 수반될 만큼 고귀하지 않으면 안 된다는 점입니다. 과정을 무시하고, 과정은 어떤 과정을 써도 좋다고 하면 큰 문제입니다. 결코 목적이 수단을 정당화시킬 수 없습니다. 세계적으로 존경을 받았다고 볼 수 있는 인도의 간디Mohandas Gandhi도 같은 말을 했습니다. 그분은 인도 민족의 독립 투쟁을 취하면서, 만일 진리를 희생시켜서 독립을 얻어야 한다면, 차라리 인도 민족의 독립을 포기하겠다는 것과 비슷한 뜻의 말을 했습니다.22

조조가 이 말을 들었다면 김수환 추기경을 '진짜 바보'라고 했을 것입니다. 나라의 독립을 위해서라면 조조는 무슨 짓이라도 다할 것이니 말입니다. 추기경이 스스로를 '바보'라고 했던 것도 이런 정직성이 현실에서 통용되기 힘든 하나의 이념임을 잘 알고 있었기 때문이 아닌가 합니다. 현실에서 정직하게 살려면 바보가 될 수밖에 없으나 종교인으로서 그렇게 살겠다는 의지를 표명한 것이 아닐까 합니다.

《삼국지》에서 계교에 가장 능했고 꾸준히 술수를 부려 권좌를 차지했던 자는 조조입니다. 그는 난을 평정하고 좋은 일을 많이 했지만 그의 삶은 거짓으로 가득한 것이었습니다. 조조가 처음 유명해진 것은 낙양에서 북도위라는 벼슬을 하다가 통행금지 시간을 어긴 중상시 건석蹇 碩의 삼촌을 처벌한 일 때문이었습니다. 이때의 일을 잘 살펴보면 조조의 '간계'를 엿볼 수 있습니다.

> 조조는 야간 순찰을 하다가 금표도 없이 다니는 건석의 삼촌을 크게 꾸짖으며

두 팔을 꽁꽁 묶어 오색봉 앞에 내세웠다. 이후부터 조조의 이름은 낙양에 널리 알려져 여러 사람의 입에 오르내렸다.

조조는 모두가 들을 수 있도록 건석의 삼촌을 크게 꾸짖고 모두가 볼 수 있도록 오색봉 앞에 내세웠습니다. 실력자의 삼촌을 처벌하고도 무사할 수 있었던 것은 그가 공개적으로 일을 처리했기 때문입니다. 이 소식은 삽시간에 장안에 파다하게 퍼졌고 조조는 일약 유명인사가 되었습니다. 조조는 물불 가리지 않는 장비와 같은 의협심의 사나이가 아니었습니다. 그의 행동은 치밀한 계산하에 이루어졌던 것입니다.

조조가 동탁을 암살하려 시도했다가 실패하고 도망가는데 이 부분도 조조의 연극이 아니었나 하는 의심이 듭니다. 조조는 사도 왕윤王允의 집에서 모든 대신 앞에서 동탁을 죽이겠다고 크게 공언을 하고 명검인 칠보도를 받아 나왔습니다. 비밀스럽게 해야 할 이야기를 모든 대신 앞에서 당당히 이야기했던 것은 아무래도 이상합니다. 그리고 조조는 칠보도를 '위엄 있게 허리에 차고' 승상부로 들어갔고 여포가 조조에게 줄 말을 가지러 사라지자 동탁을 죽이려 했습니다. 조조가 동탁을 찌르려는 순간 커다란 거울에 비친 조조의 모습을 보고 동탁이 조조를 꾸짖었고 조조는 칼을 두 손으로 받들어 "저에게 진귀한 보도 한 자루가 있어 이를 동승상께 바치려 하였습니다"라며 위기를 모면했습니다.

이처럼 조조는 처음부터 칠보도를 숨기지 않고 허리에 차고 들어갔습니다. 동탁이 보여달라고 할 수도 있었는데 말입니다. 그리고 동탁의 방에 거울이 있다는 것을 수시로 드나든 조조가 몰랐을 리 없습니다. 천하의 여포와 호위병사들도 있는 상황에서 조조가 혼자 목숨을 희생해 거사를 이루려 하지도 않았을 것입니다. 조조처럼 자기 보전의 욕구가 강하고 꾀 많고 정확한 사람이 이후를 대비하지 않고 거사를 강행했을 리가 없습니다.

조조는 동탁을 죽일 수 있는 상황이 아니었고 죽일 의향도 없었습니다. 그는 동탁을 죽이겠다고 모든 대신 앞에서 맹세를 하고 칠보도를 받아와 약간의 의심을 사며 동탁에게 바쳤습니다. 그리고 여포가 준 말을 타고 도망가 동탁을 죽이려 했다는 것을 사실로 확정해버렸습니다. 이 사건 이후 조조는 일약 우국지사가 되었고 동맹군의 지도자가 되었습니다.

조조는 '고등 사기술'로 여러 번 승리하는데 마초와 싸울 때 그 진면목을 보여주었습니다. 조조는 마초의 측근 한수韓遂를 만나자고 해 전쟁터 한가운데에서 태연히 예전의 이야기를 정답게 나누었습니다. 조조는 한수의 부친을 숙부처럼 대했다고 했고 어서 난이 평정되어 함께 태평세월을 즐겼으면 좋겠다는 한담을 했습니다.

한수는 조조의 이런 다정한 이야기를 그저 감동하며 들었는데 마초는 별 이야기가 없었다는 말에 의심을 했습니다. 그리고 조조는 한수에게 애매한 글자와 뭉개진 글자가 섞인 편지를 보냈습니다. 마초는 이를 의심해 한수와 반목하게 되고 서량의 군사들은 자중지란에 빠졌습니다. 부하 곽가의 죽음을 그렇게 애통해한 것도 그가 이런 사기술의 대가였기 때문입니다. 곽가는 군사방면의 천재여서 모략에 정통했고 사회현상에 통달해 임기응변에 능했으며 상대방의 허를 찌르는 방법으로 승리를 거두었던 것입니다.[23]

조조가 사마의를 썼던 것도 이런 이유 때문입니다. 사마의는 후일 손자 사마염司馬炎이 서진西晉을 세워 선제宣帝로 추존되고, 고조高祖라는 묘호를 가지게 되었지만 조조·조비·조예·조방 4대를 보필한 명신이었습니다. 사마의의 여덟 형제는 모두 총명해 '사마팔달司馬八達'이라 불리었고 사마의는 계교의 천재였습니다. 사마의가 제갈량의 북벌을 잘 막아냈던 것도 그의 머리가 대단했기 때문입니다.

조조의 손자 조예는 임종에 즈음해 조상과 사마의를 불러 아들 조방을 부탁했습니다. 하지만 조상은 사마의를 실권이 없는 태부로 전임시키고 권력에서 배제했습니다. 조상은 사마의의 근황을 알아보고자 부하 이승李勝을 보내는데 사마의는 놀라운 연기력으로 이승을 속였습니다.

사마의는 관을 벗고 산발한 채 병상에 의지해 두 시녀의 부축을 받으며 이승을 맞이했습니다. 이승이 청주 자사가 되어 인사차 왔다고 하자, "병주는 삭방에 가까운 곳이니 방비를 잘 하시게나"라고 엉뚱한 소리를 했습니다. 병주가 아니라 청주라고 하자, "그대가 병주에서 오는 길이라고?"라며 잘못 들은 체를 했습니다. "산동의 청주로 갑니다"라고 하자, "그대가 청주에서 왔다는 말이지"라고 또 헛소리를 했습니다. 종이에 글로 써서 말하자 그제야 "내가 귀가 먹었네. 이번에 가거든 일을 잘 맡아 하게나"라고 말했습니다. 그리고 시녀들이 탕약을 올리자 질질 흘리며 먹더니 가쁜 숨을 헐떡이면서 "내 이미 노쇠하여 병을 얻었으니 오늘 저녁을 넘길지 모르겠네"라며 병상에 쓰러져 기침을 했습니다.

《진서晉書》에서 당태종은 선제 사마의에 대해, "정은 깊고도 험해 헤아릴 수 없었고, 성격은 너그러우면서도 포용력이 있었다(情深阻而莫測, 性寬綽而能容)"라고 평합니다. 사마의는 남이 쉽게 헤아릴 수 있는 인물이 아니었습니다. 이승은 사마의의 연기에 완전히 속아 넘어갔고 안심한 조상은 성을 비우고 조상의 능에 제사를 지내러 갔습니다. 사마의는 언제 아팠냐는 듯이 즉시 지난날 전장에서 같이 싸우던 심복과 가장家將 수십 명, 아들들을 소집해 말 위에 올라 조상을 죽일 모의를 했습니다.

이후 사마의는 속전속결로 조상의 세력을 소탕하고 위나라의 권력을 장악했습니다. 사마의의 능청스러운 연기가 없었다면 그는 아마 조상에게 죽임을 당했을 것입니다. 계교로 그는 권력을 차지했고 자신의 정치적인 뜻을 펼칠 수 있게 되었습니다.

유비도 처음에는 정도正道를 추구해서 모사謀士를 쓰지 않았습니다. 하지만 연전연패했고 서서를 모사로 들여 성과를 냈습니다. 그리고 '계교의 달인' 제갈량을 얻어 비로소 꿈을 하나씩 실현해나가게 되었습니다. 《육도》에서 태공망은 문왕에게 군주가 반드시 지켜야 할 여섯 가지 덕목〔六守〕에 대해 이렇게 말합니다.

"첫째는 인덕仁德, 둘째는 정의, 셋째는 충직, 넷째는 신의, 다섯째는 용기, 여섯째는 모략입니다. 이것이 여섯 가지 지켜야 할 덕목입니다."[24]

인덕·정의·충직·신의·용기는 유가儒家에서도 인정하는 덕목들이지만 병가兵家답게 《육도》는 모략을 포함하고 있습니다. 《삼국지》의 인물들은 유가의 덕목을 무시하지 않았지만 태공망이 말하는 모략, 임기응변의 지혜, 즉 '권도權道'를 수시로 사용했던 자들이었습니다. 그래서 "조조는 군세는 약했지만 많은 꾀를 부려 승리했고 군세가 강한 원소는 결국 꾀가 없어 패했다"라고 《삼국지》는 말합니다. 유비도 제갈량과 더불어 모략을 거침없이 사용했는데 소동파蘇東坡는 이를 비판합니다. "공명은 인의와 사력詐力(사기적인 힘)을 함께 이용하여 천하를 얻으려 했기 때문에 천하 의사들의 바람을 잃었고 이에 실패했다"는 것입니다.[25]

제갈량이 인의와 사력을 동시에 사용해 실패했다는 소동파의 주장은 동의하기 힘듭니다. 유비는 조조와 대척점에서 항상 조조와 다르게 행동하려 했고 그래서 '사기적인' 조조에 대해 인의와 정도를 강조했지만 그러한 방법으로 연전연패하고 나서 제갈량에게 의존하게 되었기 때문입니다. 제갈량의 사력이 없었다면 유비는 작은 세력도 형성하지 못했을 것입니다. 그리고 조조를 사력의 대표로 보는 것도 문제입니다. 조조는 천자를 모셔 이미 명분을 취하고 있었고 비록 그가 사기술의 대가였지만 많은 사람들의 신망을 얻고 있었다는 점을 잊지 말아야 합니다.

　태공망이 모략을 마지막 덕목으로 꼽은 것도 이 때문이 아닐까 합니다. 늑대천하에서 우리는 어쩔 수 없이 계교와 모략을 사용해야 합니다. 모략은 그것 자체로 추구할 것은 아니지만 일을 이루기 위해 어쩔 수 없이 사용하는 권도입니다. 조조가 오로지 사기만 벌였다면 그 주위에 그렇게 많은 사람들이 모여들지 않았을 것입니다.

　대의명분을 세우고 바른길로만 가는 것은 오히려 쉬울 수 있습니다. 단호하게 정도를 가는 사람은 적어도 '위선자'라는 말도 듣지 않습니다. 프랑스혁명이 극단으로 치닫는 것을 반대하다가 로베스피에르Maximilien Robespierre에 의해 단두대에서 목이 잘린 당통Georges Danton의 묘비문은, "조르주 자크 당통, 이 사람에게 많은 죄악이 있었지만 최대의 죄악인 위선은 없었다"라고 되어 있습니다.26 위선은 최대의 죄악입니다. 그와 같은 의미에서 위선자라는 비난도 감수하며 계략을 통해 권력을 얻어 좋은 일을 이루려 노력하는 자들은 어쩌면 순수한 자들만큼이나 존중받아야 하지 않을까 합니다. 그들은 결국 양이 아니라 늑대를 상대로 사기를 친 것이니 말입니다.

이성으로
열정과 의지를 통제하라

몸을 굽히고 분수를 지키는 것은 때를 기다리는 것이며, 천명과 다투어서는 아니 되는 것이다.

《삼국지》라 하면 가장 먼저 떠오르는 장면은 무엇보다 도원결의桃園結義 장면입니다. 유비·관우·장비가 넓은 복숭아밭에서 형제의 의를 맺고 대업을 이루기로 약속하며 하늘에 제사를 지내는 감동적인 장면과 그 축문을 모두 기억하고 있으리라 생각합니다.

> 유비·관우·장비 세 사람은 비록 성은 각기 다르지만 형제의 의를 맺었으니, 마음을 같이하고 힘을 합쳐서 고난에 허덕이는 백성을 구하여, 위로는 나라를 받들고 아래로는 백성들을 편안케 하리로다. 비록 우리가 동년 동월 동일에 태어나지는 못하였지만 같은 해 같은 달 같은 날에 함께 죽고자 하니, 천지신명이여, 우리의 이 뜻을 굽어살피소서. 우리 중에서 의를 어기고 은혜를 저버리는 자가 있으면 천인天人이 함께 그를 주멸誅滅하소서.

세 사람은 이렇게 하늘에 맹세하고 축배를 들고 잔치를 크게 벌여 마을의 용사를 모집했고 300여 명이 각종 무기를 가지고 모여들어 함께 술을 마시고 대업을 향한 첫걸음을 디디게 됩니다.

카이사르Julius Caesar의 양자 옥타비아누스Octavianus가 로마를 평정할 수 있었던 것도 친구 아그리파Agrippa와 마에케나스maecenas가 평생에 걸쳐 충실히 도왔기 때문입니다. 내정과 외정을 잘 돌본 마에케나스와 군대를 이끌어 전쟁을 도맡아 한 아그리파가 없었다면 옥타비아누스의 노련한 정치 감각도 별 힘을 발휘할 수 없었을 것입니다. 이들이 역할을 분담해 정치를 잘해나갔듯이 유비와 관우, 장비는 안정된 역할 분담을 통해 대업을 향한 길로 한 걸음씩 나갔습니다. 우리가 이 세 사람의 관계에 대해 안정감과 매력을 느끼게 되는 것은 유비 · 관우 · 장비 세 사람이 우리가 가진 이성과 열정, 의지를 조화롭게 대변하고 있기 때문이 아닌가 합니다. 그래서 이 세 사람은 셋이면서 하나였고 상황에 맞는 덕목을 발휘해 난국을 잘 헤쳐나갔습니다.

유비의 군사가 동탁을 구했을 때 동탁은 감사하며 누구냐고 예를 갖추어 물었습니다. 유비가, "모두가 벼슬길에 오르지 못한 백두白頭입니다"라고 소개하자, 동탁은 금방 전과는 달리 무례하게 굴며 물러가라고 말하고 나서 침실로 들어가버렸습니다. 이때 열정을 대표하는 성미 급한 장비가 불을 뿜듯 크게 노해서, "뭐라고? 우리가 목숨을 걸고 자기를 구해주었는데 수고했다는 말 한마디 없이 저렇게 무례하게 구는 놈이 어디 있단 말이오. 내 당장 저놈의 목을 쳐 죽이겠소"라고 외치며 선뜻 칼을 집어 들고 나섰습니다.

통제되지 않은 열정은 실패를 초래할 수밖에 없다는 것은 의지를 상징하는 관우와 이성을 상징하는 유비는 잘 알고 있었습니다. 그래서 그들은 장비의 옷자락을 잡고 만류했습니다. 장비가 여전히 자기 성질을 가누지 못해 가쁜 숨을 헐떡이고 있을 때, "조정에서 윗사람을 받들고 있는 관직의 사람이 아닌가. 함부로 손을 대는 것은 좋지 않은 것 같네"라고 유비와 관우는 이성적인 의지를 발휘해 만류했습니다. 열정적인 장비는 흥분을 가라앉히지 못하고 "형님들이나 편안히 이곳에 계시면서 저놈의 부하가 되구려. 나는 다른 데로 가겠소"라며 발길을 돌렸고 관우와 유비도 결의형제한 약속을 지켜 함께 떠났습니다.

장비는, 조정에서 내려온 감독관이 처음 관직을 얻어 안희연에 부임한 유비에게 뇌물을 요구했을 적에도 범 같은 기상으로 달려가 "이놈아, 백성을 괴롭히는 이 도둑놈아, 내가 누구인지 아느냐?" 하며 감독관의 머리채를 덥석 휘어잡아 말뚝에 묶고는 버드나무 가지를 꺾어 두들겨 패주었습니다. 이때에도 유비는 장비의 손을 잡아 매질을 중단시켰고 관우는 그곳을 떠나자고 말했습니다.

장비는 이성과 의지가 부족한 채 강한 열정만을 지니고 있어서 잘 흥분했고 그래서 우리는 가장 친근하게 느끼곤 합니다. 장비의 분노는 가장 인간적이며 그러한 분노를 제어할 수 있는 관우나 유비는 일반인을 넘어서는 초월적인 사람들입니다. 관우는 무례한 동탁을 무시할 수 있는 강한 의지와 자존심을 가진 자였고 유비는 상황을 잘 판단할 수 있는 이성을 가진 자였기에 즉흥적인 장비의 감정을 자제시킬 수 있었습니다.

장비는 이후 유비의 스승 노식이 잡혀갈 때에도 병사들을 죽이고 구하려 했고, 형 관우가 죽었을 때에도 물불을 가리지 않고 원수를 갚으려 했습니다. 장비에 비해 관우는 좀더 깊이가 있는 사람이었습니다. 그는 용기·기개·담력 등을 상징하는 인물이었고 강한 의지와 도도

한 자존심을 지니고 지고지선의 높은 경지를 추구한 인물이었습니다. 그는 '신'적인 면모를 지니고 있었고 그것은 때로 오만함에 도달하기도 했습니다.

부상을 당해 화타에게 치료를 받는 대목에서 그의 초월적인 강한 의지가 잘 나타났습니다. 화타는 당대의 명의였는데 손권의 부하 주태周泰를 고쳐주었고, 화살에 맞은 관우의 오른팔을 수술해주었고, 조조에게 의심을 받아 죽는 것으로 《삼국지》에 등장했습니다.

관우는 조인과 전투하며 화살에 맞습니다. 관우는 간편한 갑옷에 푸른 도포만 입고 전투에 참여했고 이에 조인은 일제히 화살을 쏘도록 명해 오른쪽 어깨에 화살을 맞고 말 아래로 나뒹굴게 됩니다. 관평關平이 관우를 구해 화살을 뽑았지만 독은 이미 뼛속까지 번져 오른쪽 팔이 퍼렇게 부어 움직일 수 없었습니다.

그러던 어느 날 화타가 소문을 듣고 찾아왔습니다. 기둥에 몸을 묶고 뼈를 깎아내는 무서운 외과수술 방식을 설명하자 관우는, "기둥과 고리가 무슨 소용이 있겠소? 그대로 치료하도록 하오. 내 어찌 세간의 속된 무리처럼 고통을 참지 못하고 두려워하겠소?"라며 자신했습니다. 화타가 칼을 들어 살갗을 가르고 독이 번져 있는 뼛속을 긁어냈는데 그 싸각싸각하는 소리에 모두 파랗게 질려 외면했습니다. 하지만 관우는 고기를 안주로 하여 술을 들면서 마량馬良과 바둑을 두며 이따금 담소를 나눌 뿐, 전혀 고통을 느끼지 않는 듯 태연했습니다. 수술을 마치고 관우는 "이제 전처럼 팔을 굽힐 수도 있고 통증도 전혀 없구나. 과연 화타 선생은 귀신같은 명의다"라고 칭송을 했고, 화타 역시, "제가 일생 의원 노릇을 했지만 아직까지 장군처럼 침착한 분은 뵙지 못했습니다. 장군께서는 참으로 신과 같은 분입니다"라고 화답했습니다.

화타는 조조가 배나무를 잘랐다가 귀신에게 고통을 당하고 있을 때 뇌수술로 치료하겠다고 하자 조조는 자신을 죽이려는 것이라며 화를 냈습니다. 이때에 화타는 "살과 뼈를 발라 독기를 제거하였는데 관공은 조금도 두려워하는 기색이 없지 않았습니까? 그런데 대왕께서는 이까짓 가벼운 증세를 가지고 어찌 그리 의심이 많으십니까?"라고 관우를 들먹이다가 조조에게 고문을 당하고 죽고 말았습니다.

사실 화타는 번성에서 촉군과 위군이 싸운 건안 24년(219) 이전인 건안 13년(208)에 조조에게 죽어 관우의 상처를 치료해준 적이 없습니다. 하지만 《삼국지》는 화타와 관우를 만나게 해 화타의 뛰어난 의술과 관우의 대단한 기개를 함께 보여주었습니다.

관우는 대단한 기개와 자존심, 영웅적인 풍모를 항상 자랑했고 그래서 다른 사람들을 인정하지 못했습니다. 마초와 무예를 겨루려 했고 오호대장군五虎大將軍이 된 황충을 무시했고 동오의 손권과 육손을 무시하다가 죽임을 당하게 됩니다. 죽은 후에도 그의 혼백은 보통 사람들처럼 흩어지지 않았고 보정 스님의 설득으로 불법에 귀의해 사라진 후에도 가끔 옥천산에 내려와 백성을 보호해, 백성은 사당을 건립하고 제를 지냈고 관왕關王, 관성제군關聖帝君, 관제關帝 등으로 불리며 신앙의 대상이 되었습니다.

《삼국지》에 따르면, 이후에도 관우의 혼백은 자신을 죽인 여몽의 몸에 들어가 손권에게, "푸른 눈에 붉은 수염을 기른 쥐새끼같이 어린놈아! 네가 나를 알아보겠느냐?"며 욕설을 퍼붓고, 여몽이 피를 토하며 죽게 만들었으며, 조조가 관우의 수급에, "관운장, 그간 별 일 없었나?"라고 하자 눈을 부릅뜨고 수염을 파르르 떨어 조조가 기절해 넘어지게 했습니다. 조조는 "관 장군은 참으로 천신이다!"라며 좋은 침향나무를 구해 몸체를 깎아 머리에 연결하고 왕후의 예로 낙양성 밖 남문 양지 바른 곳에 후하게 장사를 지내주었습니다. 조조는 친히 문무백관을 거느려 묘소에 참배하고 관공에게 형왕의 칭호를 추서한 다음 관리를 파견하여 묘를 지키게 했습니다.

이처럼 관우는 대단한 기개와 의지를 대표하는 인물이었지만, 열정을 대표하는 장비처럼 불완전한 인물이었습니다. 그는 이성적인 통제를 받아야 했던 인물이고 유비의 이성이 한때 그를 제어하기는 했지만 그것조차 불완전한 것이었습니다. 유비는 관우가 죽자 그 불완전한 이성마저 잃어버리고 말았습니다. 가장 이성적인 판단을 통해 국가를 유지하고 외적과 싸워야 할 상황에서 유비는 이성을 잃게 되고 장비의 단순한 열정에 합류해 동오와 전쟁을 일으켰고 결국 나라를 망치고 말았습니다. 유비는 복수에 눈이 뒤집혀 제갈량과 많은 사람들의 이성적인 만류를 뿌리치고 말았습니다.

한때 이성적인 자제심으로 동생들을 잘 제어했지만 이때의 유비는 열정과 광기에 휩싸여 있었고 애초에 뜨거운 열정에 감염된 불완전한 이성주의자였음을 스스로 증명하고 말았습니다. 이때에 유비는 의지와 용맹을 잘 이해하고 있으면서도 이성적인 자제력으로 그것들을 잘 조화시켜 스스로 온전한 인격을 이루어 세상을 평온하게 만든 제갈량에게 더 의존해야 했지만 그렇게 하지 않았습니다. 제갈량은 "펼 때와 굽힐 때를 알고, 사소한 문제에 매달리지 말며, 널리 자문을 구하고, 불만스레 남을 탓하는 마음을 떨쳐버려야 할 것이다. 그리한다면 비록 한때 여의하지 못할지라도 어찌 품격을 잃거나 성공하지 못함을 걱정하게 되겠는가?"라고 조카에게 말한 적이 있었습니다.[27]

흥분한 장비와 유비는 펼 때와 굽힐 때를 구분하지 못했고, 널리 자문을 구하지도 않았고, 관우의 잘못은 돌아보지 않고 동오에만 불만스레 남을 탓하는 마음을 가지고 원수를 갚으려 했습니다. 가장 중요한 시기에 불완전한 이성의 유비는 이제까지 온전한 이성으로 열정과 의지를 잘 조화시켜 한 걸음씩 승리하도록 이끈 제갈량을 완전히 배제했고 결과는 파멸이었습니다. 백제성에서 죽기 직전에 유비는, "짐이 승상을 얻어 다행히 제업帝業을 이루었고. 그러나 식견이 미천하여 승상의 말을 좇지 아니했기에 스스로 패하는 길을 취하게 되었소. 후회하여 뉘우친들 소용없게 되었고 병만 얻어 죽음이 경각에 달렸소"라고 후회했습니다.

애초에 비합리주의적인 가족주의의 유대로 일을 도모한 유비는 패배의 씨앗을 가지고 있었는지도 모르겠습니다. 이성적인 계산과 통제가 없는 열정과 의지만으로는 복잡한 권력투쟁에서 승리할 수 없습니다. 유비와 같은 성품을 지녔다면 속히 냉철한 이성을 가진 자들을 곁에 두고 항상 자문을 구할 일입니다.

정확한 판단에 근거해
행동한다

> 나는 촉나라의 한 선비로 동오의 이해관계를 말씀 드리려고 특별히 이렇게 달려왔소. 그런데도 이처럼 기름솥을 준비하여 사신을 받게 하니 왜 그리 도량이 좁단 말이오?

역사상 용기 있게 행동한 자들이 많지만 영공靈公・장공莊公・경공 세 왕을 모시면서 상국相國으로 57년 동안 인의치국仁義治國・화평외교和平外交의 좋은 정치로 제나라를 이끈 안영은 대단한 배포를 가진 자였습니다.

제나라 장공은 제멋대로 행동하는 군주였고 안영을 무시하고 의심했습니다. 안영은 낙향했는데 장공은 결국 최저崔杼의 무리에 살해되고 안영은 죽음을 무릅쓰고 주군에게 조문했습니다. 최저는 안영을 죽이려 했지만 안영은 시비를 따졌고 장공의 시체 앞에서 통곡했습니다. 최저는 민심을 잃을까 안영을 죽이지 못했습니다. 후일 최저는 문무백관을 불러 피를 마시며 충성 맹세를 하도록 했지만 "원통하구나! 최저가 극악무도하게 군왕을 시해하다니!"라며 안영은 혈주를 단숨에 마시고 최저를 노려보았습니다. 이때에도 이목이 두려워 최저는 안영을 죽이지 못했습니다. 안영은, "긴장하지 말라. 빨리 간다고 안 죽고, 천천히 간다고 죽는 건 아니지 않은가. 숲에 사는 사슴이 제아무리 빨리 뛰어봐야 그 고기가 늘 주방에 와 있지 않던가. 이게 그와 같은 이치야"라고 말하며 싱긋 웃고는 자리를 떴습니다. 결국 최저는 자신이 옹립한 경공에게 죽임을 당하고 안영은 경공을 보좌해 나라를 잘 다스리게 되었습니다.28

고대에는 입에 담기조차 끔찍한 형벌들이 많았습니다. 불에 달구어 죽이는 포락炮烙, 산 채로 가죽을 벗겨내어 죽이는 박피剝皮, 허리를 자르는 요참腰斬, 사지를 찢어 죽이는 거열車裂, 머리·팔·다리·귀를 자르고 눈알을 파내는 구오형俱五刑, 살로 1,000번 정도 포를 뜨는 능지凌遲, 물로 삶아 죽이는 팽자烹煮, 기름에 튀겨 죽이는 유탕油湯 등 듣기만 해도 소름이 끼치는 형벌들이 있었습니다. 특히 토사구팽에서 나오는 사람을 삶아 죽이는 팽자나 튀겨 죽이는 유탕은 가장 끔찍한 형벌이었습니다. 이처럼 끔찍한 상황에서 용기를 내는 것은 어려운 일입니다. 안영이 이러한 상황 속에서도 대담해질 수 있었던 것은 최저가 이목이 두려워 자신을 죽일 수 없다는 정확한 판단이 있었기 때문입니다. 유비가 죽은 후 제갈량의 명으로 동오로 가 동맹을 회복한 등지鄧芝는 유탕의 공포를 이겨낸 담대한 사람이었는데, 그 역시 정확한 판단에 근거한 용기를 가졌던 사람입니다.

등지는 제갈량에게, "우선은 동오와 결합하여 결속을 단단히 맺고 지난날 선제 때의 옛 원한을 푸는 것이 장구한 계획을 위해 현명한 방법인가 합니다"라고 말했습니다. 그는 제갈량과 같은 대세관을 가지고 있었고 이를 설득하기 위해 동오로 갔습니다. 하지만 동오는 관우를 죽여 형주를 빼앗았고 유비의 대군을 물리쳤으며, 촉을 함께 치면 반을 주겠다는 위나라의 제안을 받은 상황이라 등지의 임무는 만만한 것이 아니었습니다. 등지가 제갈량의 사신으로 온다는 소식에 촉의 모사 장소는 손권에게 솥을 걸고 기름을 가득 붓고는 건장한 무사 1,000명을 늘어서게 하는 위협 속에 맞이하도록 했습니다.

사람을 삶아 죽이는 것은 너무 끔찍한 처형방법이어서 이를 잘못 사용했다가 사람들의 인심을 잃는 경우도 있습니다. 칭기즈칸Chingiz Khan의 친구였지만 끝내 대립해 싸움을 벌였던 자무카Jamuqa가 그랬습니다. 자무카는 칭기즈칸에게 패한 분풀이로 가마솥 일흔 개를 걸어 포로들을 삶아 죽였고 말꼬리에 그들의 머리를 달고 영으로 돌아가는 잔인함을 보여 사람들과 부하들에게 크게 인심을 잃었습니다. 일찍이 한고조 유방의 세객說客이었던 역이기酈食其도 제나라의 왕 전광田廣을 설득하러 갔다가 한신이 제나라를 공격하는 바람에 팽형으로 죽게 되었습니다.

그만큼 팽형이나 유탕은 끔찍한 형벌이었습니다. 하지만 등지는 얼굴색 하나 변하지 않고 고개를 든 채 태연히, 오히려 여유 있는 미소를 지으며 등장해 손권에게 읍만 할 뿐 절하지 않았습니다. 등지는 "상국의 천자께서 보낸 사신은 소국의 임금에게 절하는 법이 아니오"라고 당당히 말을 했습니다. 손권은 노해서 "네놈은 감히 세 치 혓바닥을 놀려 옛날 역이기가 제나라를 구한 것처럼 할 수 있으리라고 생각하느냐?"며 등지를 기름 속에 넣으라고 명령했습니다. 이에 등지는 껄껄 웃으며 "동오에는 현사들이 많다고 하더니 나 같은 유생 하나를 두고 이런 법석을 떨다니!"라고 비웃었습니다. 손권이 더욱 노해서 "너는 제갈량의 명령을 받아 나에게 위나라와 절연하고 촉과 화친하자고 온 것이 아니냐?"고 물었고 이에 등지는, "나는 촉나라의 한 선비로 동오의 이해관계를 말씀 드리려고 특별히 이렇게 달려왔소. 그런데도 이처럼 기름솥을 준비하여 사신을 받게 하니 왜 그리 도량이 좁다는 말이오?"라고 힐

난했습니다. 그리고 삼국은 정립해 있어야 하며 촉이 망하면 동오도 위태롭다는 점을 정확히 말해주었습니다.

등지는 자신이 단순한 세객이나 말재주를 뽐내는 사람이 아니라 진실을 말하는 '선비'이며, 동오의 이해관계를 말하기 위해 왔다는 분명한 확신과 신념으로 무장하고 있었습니다. 말을 마친 등지는 옷을 걷고 뜰 아래로 내려가 솥 속으로 들어가려 했습니다. 손권은 이를 말리고 후당에 모시어 상빈의 예를 갖추어 극진히 대접했습니다. 양국의 동맹은 다시 체결되었고 손권은 "위를 멸하고 천하를 나누면 기쁘지 않겠는가"라고 등지에게 말했습니다. 하지만 등지는, "위를 멸한 후 누구에게 천명이 돌아갈지는 알 수 없는 일입니다. 오직 임금이 된 자는 자기 덕을 닦고 신하가 된 자는 각기 충성을 다하여 임금을 섬긴다면 자연히 전쟁은 종식될 것입니다"라고 직언했고 손권은 기뻐 껄껄 웃으며, "공은 과연 성실하기 이를 데 없는 인물이요"라며 후히 상을 주어 촉으로 보냈습니다.

역이기는 공을 세우기 위해 세객으로 갔지만 등지는 진실을 말해 나라를 구하고 천하의 안정을 도모하기 위해 동오로 갔습니다. 역이기는 중간중간 묘한 문구를 넣거나 유머를 섞어가며 웃기기도 하면서 교묘하게 예봉을 숨겨가며 두 시간 남짓 침을 튀며 이야기를 했지만 등지는 간결하게 말했습니다. 역이기는 제후로 책봉되고자 하는 소망에 희망의 빛이 보이자 기뻐서 어쩔 줄을 몰라 하며 하루 종일 술에 취해 아름다운 제나라 소녀들에게 둘러싸여 쾌락을 마음껏 누렸지만 등지는 손권에게도 아부하지 않았습니다.[29]

이 대목에서 우리는 담대함이 그 자체로 완결된 덕목이 아니라 진실 혹은 지혜의 인도를 받아야 함을 알 수 있습니다. 플라톤이 용기를 주로 하는 수호자 계급을 이성을 주로 하는 통치자 계급 아래에 둔 것도 바로 이런 이유 때문입니다. 전쟁을 수행하기 위해서는 결단력이 필요하고 이는 정신적 용기인데, "결단력은 모험의 필요성을 자각하여 의지를 일깨우는 이성의 행위를 통해 비로소 생겨나며, 이성이 없는 사람은 결단력이 있을 수 없다"고 전쟁론의 대가도 우리에게 말해주고 있습니다.[30]

　전체적인 판단이 없던 역이기는 팽형을 당하고 말았지만 등지는 대세에 대한 정확한 판단으로 대담하게 상대를 설득할 수 있었고 그래서 무서운 팽형을 피할 수 있었습니다. 용기가 필요한 순간, 눈을 감지 말고 오히려 눈을 크게 뜨고 정확한 판단에 근거해 행동하고 있는지를 우선 돌아보아야 합니다.

어지러운 세상에서는
어리석은 사람처럼 행동한다

> 군주의 마음가짐이 동요하지 않아야만 나뭇가지와 잎이 그 뿌리와 줄기에 의해 번성한다. 《한비자》

뿌리 깊은 나무는 바람에 아니 움직이매 꽃 좋고 열매 많으니, 샘이 깊은 물은 가뭄에 그치지 아니하매 내가 이뤄 바다에 가나니.

우리가 모두 잘 아는 《용비어천가》 2장의 아름다운 구절입니다. 이 구절을 떠올릴 때마다 《삼국지》에서 가장 먼저 떠오르는 사람은 유비입니다. 유비는 뿌리 깊은 나무처럼, 샘이 깊은 물처럼 언제나 흔들리지 않고 든든하게 대의에 충실했고 신의를 지키려 노력했습니다.

조조가 서주를 침공했을 때 유비는 북해태수 공융에게 도움을 청했습니다. 이때 공융은 아무것도 가진 것이 없는 유비를 적극적으로 도우면서, "신의를 배반해서는 안 됩니다"라고 다짐의 말을 했습니다. 이 말을 듣고 유비는 무척 불쾌해하며 다음과 같이 말했습니다.

"공께서는 저를 어찌 보고 하시는 말씀인지요? 옛 성인이 말하기를,

'자고로 죽음은 항시 있게 마련이요, 신용이 없이는 인간일 수 없다'고 했습니다. 제가 공손 찬에게서 군사를 얻든 못 얻든 간에 달려가겠습니다."

유비는 군사를 얻든 못 얻든, 부유하든 굶주리든, 힘이 있든 없든 신용을 지키려 노력한 사람이었습니다. 사실 유비가 견뎌야 할 인고의 세월은 짧지 않은 것이었습니다. 여포에게 쫓기던 힘든 시절을 정사《삼국지》는 이렇게 묘사하고 있습니다.

> 유비의 군대는 광릉에 있을 때 굶주림 때문에 곤궁하여 군리와 병사들이 신분이 높고 낮음에 관계없이 서로 먹으려고 했다. 굶주림이 극도에 이르자 소패로 돌아가고 싶어서 군리로 하여금 여포에게 항복하도록 했다.31

먹을 것도 없고 병들어 서로 먹으려고 했던 비참한 시기를 유비는 참고 견뎌냈습니다. 결국 힘들게 얻은 서주를 여포에게 내주어야 했지만 유비는 끝내 좌절하지 않았습니다. 유비는 깊은 뿌리를 가진 큰 나무였기에 세찬 비바람에 가지가 꺾일지언정 넘어지지는 않았습니다. 실력을 최대한 발휘하고 보상받기를 원하는 사람들은 조조를 찾고, 전적으로 신뢰해주며 일을 맡기는 군주를 찾는 사람들이 손권에게 갔다면, 큰 나무와 같은 깊이와 여유, 의리를 가진 주군을 찾는 사람들은 유비에게 갔습니다. 유비와 같은 지도자를《한비자》는 근간불혁根幹不革이라고 했습니다.

> '근간불혁'은 곧 군주의 마음가짐이 동요하지 않아야만 나뭇가지와 잎이 그 뿌리와 줄기에 의하여 번성한다는 뜻이다. 즉 줄기와 뿌리가 동요하지 않으

면 움직임과 정지함이 적의適宜(알맞고 마땅함)를 얻어 실패를 하지 않게 되는 것이다.32

같은 맥락을《노자老子》에서는 "나라의 어머니와 같은 도가 있다면 가히 장구할 수 있다. 이것이 깊은 뿌리에 단단한 꼬지(줄기)라는 것이며, 장생불사의 도다"33라고 말합니다. 유비가 장구長久할 수 있었던 것은 바로 깊은 뿌리를 가지고 '어머니와 같은 도'를 실천했기 때문입니다. 그래서 그는 동요하지 않고 그 뿌리와 줄기에 의해 번성했습니다.

유비는 관우·장비와 맺은 도원결의를 내내 지키려 노력했고 그 때문에 나라가 기울고 자신의 죽음까지 앞당기는 모험을 하기도 했습니다. 진수도 정사《삼국지》에서 유비가 흔들림 없이 제갈량을 신뢰했다는 점에서 "고금을 통해 가장 훌륭한 모범"이라고까지 말했습니다.

> 유비는 도량이 넓고 의지가 강하고 마음이 너그러우며, 인물을 알아보고 선비를 예우했다. 그는 한나라 고조의 풍모를 지녔으며 영웅의 그릇이었다. 그가 나라를 받들고 태자를 보좌하는 일을 제갈량에게 부탁하되 마음에 의심이 없었던 것은 확실히 임금과 신하의 지극한 공심이며 고금을 통해 가장 훌륭한 모범이었다.34

유비가 여포·원소·조조·손권에게 자리를 바꿔가며 여러 차례 의탁했지만 그것은 시세時勢에 따라 어쩔 수 없이 옮겨 다닌 것이었지 심지를 잃어버린 것은 아니었습니다. 그는 한나라 부흥이라는 명분을 잃은 적이 없고 올바른 대의명분을 굳게 지킬 때 어떤 미약한 세력이라도 많은 동조자들을 얻을 수 있다는 것을 증명해주었습니다.

서주·형주·서천을 얻을 때에 더 쉽게 얻을 수도 있었지만 유비는 대의명분을 굳게 지키느라 멀고 힘든 길로 돌아갔습니다. 왕이 되고 황제가 될 수 있는 충분한 영토가 있었지만 유비는 왕이 되는 것을 한사코 거절했고 잠시 한중왕이 되었다가 조비가 황제에 오르고 나서야 한나라의 법통을 잇기 위해 황제가 되었습니다. 유비는 "천하 사람들의 입에 오르내릴 것이 두렵기 때문이오"라며 명분을 지키려 노력했습니다.

유비는 권도를 피하고 정도正道를 지키려 노력했는데, 물론 그의 정도가 선비들의 정도에 미칠 수는 없습니다. 그는 어디까지나 현실에 발을 붙이고 있던 정치가였기 때문입니다. 그의 행동이 자주 위선처럼 보이는 것은 이런 이유 때문입니다. 하지만 변화무쌍하고 위태로운 정치 현장에서 유비만큼의 정도를 보여주는 것도 결코 쉬운 일이 아닙니다.

유비는 죽음의 순간에도 "짐은 경들과 함께 역적 조조를 멸하고 한실을 일으키려 했소. 그러나 불행히 중도에서 경들과 영별하게 되었소"라며 평생 지켜온 명분을 실현하지 못한 것을 아쉬워했습니다. 유비가 죽자 "문무백관 가운데 애통하게 통곡하지 않는 사람이 없었다"고 《삼국지》는 적고 있습니다. 조조는 자신의 측근에서 일하던 자들을 여러 번 죽였고 자신의 '왕천하王天下'를 반대한다고 오른팔이었던 순욱을 죽이기까지 했지만 유비는 그러한 적이 없었습니다.

'영무자甯武子의 근심(甯武子之憂)'이라는 말이 있습니다. 춘추시대 위衛나라의 대부인 영무자가 어지러운 세상에서 어리석은 사람(愚人)으로 가장해 행동했던 것을 이르는 말입니다. 공자는 "위나라 대부 영무자는 나라에 도가 있을 때는 지혜롭게 행동하였고, 나라에 도가 없을 때는 우직하게 행동하였으니, 그의 지혜는 따라갈 수 있으나 그의 우직함을 따라갈 수 없다"고 이야기했습니다.35 영무자는 나라가 태평할 때에는 지혜롭게 행동하면서 바른 도리를 실천했지만 나라가 어지러워져 위후衛侯가 감금되었을 때에는 어리석은 사람처럼 행동하며 제후들이 위후를 독살하지 못하도록 막은 훌륭한 사람이었습니다.

　난세에 지혜롭게 행동한 사람이 조조라면, 우직하게 행동한 사람은 바로 유비라 할 수 있습니다. 관우의 원수를 갚기 위해 동오를 침공할 때에 그 우직함을 조금 누그러뜨렸더라면 어땠을까 하는 아쉬움이 남지만 그것은 유비에게 너무 많은 것을 요구하는 일이 아닐까 합니다. 배우기 힘든 '우직함'의 미덕을 가졌다면 감사해야 합니다. 물론 그것이 '우매함'이 아닐까 생각해보는 것도 필요하지만 말입니다.

실속 없이 말만 앞서면
문제가 생긴다

> 짐이 보기에는 말과 실제가 다른 인물이니 크게 쓸 만한 인물은 못 되오. 승상께서는 깊이 살펴보도록 하시오.

머리로 생각을 주로 하는 자들이 있고, 몸으로 행동을 주로 하는 자들이 있습니다. 예형과 양수처럼 '말 많은 선비들'은 머리의 사람이라 할 수 있고, 싸움의 선두에 선 장비·조자룡·허저許褚·조인·한당·조무祖茂 등은 몸의 사람이라 할 수 있습니다.

우리의 삶과 경험은 일차적으로 몸으로 이루어집니다. 우리가 사는 세계는 일차적으로 사유하는 세계이기보다는 몸으로 사는 세계입니다. 학문이나 논리, 과학 등은 일차적인 몸의 세계를 반영한 하나의 이론이라 할 수 있습니다. 그래서 우리는 현상 그 자체로 돌아가서, 현상에 맞추어 방법을 택해야 합니다.36 몸으로 현장을 경험하지 않고 머리로만 판단할 경우 오판할 가능성이 있습니다.

동오의 선비들은 전쟁을 해보지 않은 사람들이었고 머리로만 생각해서 그저 조조와의 전쟁을 피하려 했습니다. 제갈량은 그들을 설득하기 위해 치열한 논쟁을 전개합니다. 이때 동오의 맹장 황개黃蓋가 나타나, "공명은 당세의 기재奇才요. 여러분이 괜한 입놀림으로 그를 괴롭히는 것은 찾아온 손님에 대한 예가 아니오. 조조의 대군이 가까이 왔는데 물리칠 대책은 생각지 않고 서로 입씨름만 해서야 어디 되겠소?"라고 선비들을 꾸짖었습니다. 공명은 "세상 돌아가는 속을 몰라서 묻는데 대답하지 않을 수는 없는 일이지요"라고 답했고 황개는 공명을 손권에게 안내했습니다.

　황개는 전쟁을 해본 사람들이어서 선비들의 말이 괜한 입놀림으로만 생각된 것이고 현장을 잘 아는 제갈량도 그들이 "세상 돌아가는 속을 몰라 그렇다"고 맞장구를 쳤던 것입니다. 황개는 손견과 그의 아들 손책을 섬겼고 그들의 임종까지 지켰으며 손권에게 충성을 다한 훌륭한 인물이었습니다. 그는 적벽대전 당시 화공계火攻計를 제안해 승리의 결정적인 계기를 마련했고 조조에 대한 거짓 항복인 고육계苦肉計를 마다하지 않아 전쟁을 성공으로 이끌었지만 그 모든 공을 주유나 공명에게 내주던 겸손한 자입니다. 그는 편장군偏將軍에까지 올랐다가 병사하게 되는데, 일생 동안 좋은 처신으로 일관해 '몸의 정치'가 무엇인지를 제대로 보여준 모범이 되었습니다.

　황개는 역사가 이루어지는 현장에 항상 몸으로 있었고 적절한 판단력으로 그 몸을 잘 사용했던 인물입니다. 원소의 부하 안량과 문추가 손견에게 칼을 들이댔을 때 황개는 몸의 사람답게 즉각 칼을 뽑아 주군을 보호했습니다. 손견이 유표의 장수들에게 포위되었을 때에도 황개는 몸을 던져 가까스로 손견의 목숨을 구하기도 했습니다. 손견이 27세의 나이로 유표의 군사들에게 죽음을 맞았을 때 황개는 즉각 수군을 거느리고 출정해 유표의 장군 황조黃祖를 사로잡아 주군의 시신과 교환했습니다.

　손견이 죽은 후에도 황개는 온몸으로 그 아들인 손책과 손권을 보좌했습니다. 손책은 원술에게 의탁하고 있다가 아버지 손견이 얻은 옥쇄를 주고 군사 3,000명과 말 500필을 빌려 독립하게 되었습니다. 이때 함께 떠난 황개는 가흥을 공격하고 태사자太史慈는 오성을 공격해 강동 일대가 모두 손책의 수중으로 들어오게 되었습니다. 손씨 가문의 터전을 닦았던 자가 바로 황개입니다.

　동오의 문신들이 조조에게 항복하자고 했을 때 황개는, "내 목이 달아나는 한이 있더라도 조조에게 항복할 수는 없습니다"라며 결전을 주장했고 결국 승리의 일등공신이 되었습니다. 황개는 주유와 함께 고육계를 사용했는데, 주유에게 거짓으로 대들어 곤장을 맞았고 이에 황개의 몸은 온통 살점이 떨어져나갔으며, 붉은 피가 낭자했습니다. 황개는 본채로 업혀 돌아가던 길에 몇 번이나 까무러쳤습니다. 이런 황개의 모습을 본 사람들은 그를 동정하여 모두 눈물을 흘릴 수밖에 없었습니다. 황개의 충성은 온몸을 다한 것이었습니다.

　조조를 공격할 때에도 황개는 최전선에서 몸을 던져 싸움을 했습니다. 황개는 배에 인화물질을 가득 채워 화공을 감행했고 최전선에서 싸우다가 조조의 부하 장요가 쏜 화살에 맞아 물에 떨어졌습니다. 하지만 황개는 원래 수영의 명수여서 갑옷을 입은 채로도 수영을 할 수 있었습니다. 그는 살을 에는 혹한에 대비해 두꺼운 옷을 입고 있었고 이로 인해 가까스로 목숨만은 구할 수 있었습니다. 몸의 사나이는 몸을 아꼈고 그래서 목숨을 구할 수 있었습니다.

　황개는 많은 경험을 통해 조조와의 싸움에 승산이 있다는 것을 알았지만 머리의 사람인 동오의 선비들과 제갈량의 치열한 논전을 미리 막아서지는 않았습니다. 그가 만약 장비와 같이 무식한 '몸만의 사람'이었다면 그들의 대화를 막아서거나 도중에 개입했을 것입니다. 그는 그 치열한 논전을 처음부터 끝까지 지켜보았고 동오의 선비들보다 제갈량이 더 몸의 경험에 가깝다는 판정을 내렸습니다. 그래서 그를 주군인 손권에게 안내했습니다. 그는 몸에서 머리로 자연스럽게 옮겨갔던 훌륭한 사람입니다.

해석학의 철학자 가다머Hans Gadamer는 독일의 두 위대한 철학자 니콜라이 하르트만Nicolai Hartmann과 하이데거에 대한 다음과 같은 일화를 소개한 적이 있습니다. 하르트만이 마르부르크 대학에서 강의를 할 때 우연히 하이데거와 계단에서 마주쳤습니다. 하르트만은 평상복을 입고 있었지만 하이데거는 스키복을 입고 있었습니다. 하르트만이 "그런 옷을 입고 강의할 거요?"라고 묻자 하이데거는 만족스럽다는 듯이 웃었습니다. 그날 하이데거는 스키에 대한 강의를 할 작정이었습니다. 하이데거는 강의를 이렇게 시작했고 이 말이 하이데거의 핵심pure Heidegger이라고 가다머는 지적합니다.

> 우리는 스키를 스키 슬로프 위에서만, 스키 슬로프와 교섭하면서만 스키 타기를 배울 수 있습니다. 대단한 스템턴stem turn(제동회전)을 나와 함께할 수 있는 사람이라면 나는 누구든 모든 스키 여행에 데려갈 것입니다.37

스키는 몸으로 하는 운동이고 그래서 교본을 통해서만 배울 수는 없습니다. 스키를 제대로 배우기 위해서는 일단 스키 슬로프 위에 올라가야 합니다. 그리고 '스키 슬로프와 교섭'하며 조금씩 배워나갈 수 있습니다. 수십 번 넘어지고 일어서는 힘든 과정을 겪고 나서야 스키는 내

몸의 일부가 되고 비로소 스키 슬로프를 자유롭게 활강하며 '어머니 대지Mother Earth'와 깊은 교섭을 나눌 수 있게 됩니다.

우리의 삶은 몸으로 이루어져 있습니다. 체험 없이 머리로만 일을 하면 문제가 생깁니다. 평소에 병서를 많이 읽었고 병법에 대한 담론을 즐겼지만 경험이 부족한 마속馬謖은 큰 실수를 하고 말았습니다. 유비는 그를 언과기실言過其實, 즉 '실속 없이 말이 앞섰던 사람'이라 평가했는데 적절한 평가였습니다. "생각ideas이란 무엇보다도 몸을 갖고 있는 인간 간의among bodily humans 상호작용인 의사소통 행위에 다름 아니다"라는 점을 그는 제대로 깨닫지 못했습니다.38 그의 말에는 '몸을 갖고 있는 인간들'이 없었던 것입니다. 그는 스템턴도 제대로 익히지 못한 채 상급자 코스에서 스키를 타려 했던 자였고 그래서 사고가 나고 말았습니다.

현장에서 몸으로 경험해보려 하지 않고 책상에 가만히 앉아 보고서나 넘기고 펜대나 돌리며 현장을 통제하려는 사람은 결국 머리가 몸에서 분리되는 읍참마속泣斬馬謖의 무서운 비극을 기억해야 할 것입니다.

큰 그림과 큰 흐름을 놓치지 말라

공명과 유현덕의 첫 대화는 비록 공명이 아직 그의 초가에서 나오지는 않았지만 이미 천하가 삼분될 것을 알고 한 말이었다.

길을 잃었을 때 중요한 것은 방향입니다. 방향만 놓치지 않으면 목적지에 조금씩 다가갈 수 있지만 반대 방향으로 간다면 큰일입니다. 중요한 일에 참여할 때 세심하게 살펴야 하지만 '큰 흐름'과 '큰 그림'을 놓치지 말아야 하는 것이 이런 이유 때문입니다. 작은 문제들에 휘둘리다가도 항상 대체大體가 무엇인지 되새겨야 합니다. 《삼국지》의 인물들은 큰 줄기를 놓치지 않은 사람들이었습니다. 조조는 부지런히 인재를 모았고, 유비는 '한실의 부흥'을 외쳤고, 손권은 동오를 열심히 지켰습니다. 세심하게 주변을 돌보면서 대체의 정치를 한 사람은 제갈량이었고, 큰 것을 보지 못하고 좀팽이 정치를 한 사람은 동탁이었습니다.

동탁은 헌제를 옹립해 정권을 잡았지만 군웅들의 지지를 받지 못합니다. 그는 천연의 요새인 함곡관에서 제후들과 대치했는데, 지리적인 이점에도 낙양을 지키지 못했고 결국 낙양을 불태우고 장안으로 옮겨

갔습니다. 그는 장안성마저 믿지 못해 230여 리 떨어진 곳에 미오성郿塢城이라는 별궁을 지었습니다. 그는 25만 명이나 동원해 장안성과 맞먹는 튼튼한 궁실과 창고를 지어 30년간 먹고도 남을 곡식을 쌓아두었습니다. 그리고 황금과 비단 등 갖가지 보물을 쌓아두고 민간에서 미소년·미소녀 800여 명을 뽑아 가족과 함께 그 안에서 살도록 했습니다.

동탁은 "일이 성공하면 천하에 웅거하고, 실패하면 이곳을 지키며 여생을 편히 마치겠다"고 했습니다. 동탁은 초선이 여포에게 해를 입을까 걱정하자, "염려하지 마라. 내일은 너를 미오로 데려가서 함께 즐기며 지낼 것이니라"고 말합니다. 동탁에게 미오성은 늑대들이 우글거리는 위험하고 불안한 세상에서 도피할 안락한 피난처였습니다. 천하를 호령한 동탁이었지만 그는 고작 20~30년 일신의 안락만을 내다보는 '근시안의 정치'를 했습니다.

결국 그는 미오성에 제대로 거주해보지도 못하고 여포에게 죽임을 당했고 그의 시신조차 묻힐 곳을 찾지 못했습니다. 근시안의 정치를 한 동탁은 '돼지 동탁'이라는 오명만을 남겼습니다.

세심하게 주변을 돌보면서도 원대한 꿈을 잃지 않은 자는 제갈량이었는데 그는 처음부터 그랬습니다. 그가 유비를 만나 설파한 융중대책은 '큰 방향'에 대한 것이었습니다. 그것은 이렇게 요약될 수 있습니다. 첫째, 인재와 대군, 황제를 가진 조조와 당장 싸울 수 없다. 둘째, 삼대에 걸쳐 험한 지세의 강동을 차지한 손권과 연합해야 한다. 셋째, 형주와 서천을 차지해 발판으로 삼아야 한다. 넷째, 인화로 천시의 조조, 지리地利의 손권에 맞선다.

이러한 공명의 구체적이면서 원대한 '천하삼분지계天下三分之計'에 유비는 즉시 매료되어 정신을 차리지 못할 정도였습니다. 46세의 유비는,

"흐르는 눈물을 도포 자락으로 닦으니 도포가 흥건히 젖을 지경"으로 20세 어린 청년 공명에게 온몸을 던져 매달립니다.

이후 제갈량은 자신의 대체를 충실하게 지켜나갔습니다. 제갈량은 적벽대전 직전, "조조군이 패망하면 반드시 북쪽으로 돌아갈 것이니, 그리되면 형주와 오지방의 우리 세력은 강해질 것이며 삼국이 정립하여 공존하는 형세가 이루어질 것입니다"라며 손권을 설득했고39, 관우에게 형주를 맡길 때에도, "북거조조北拒曹操 동화손권東和孫權이오"라며 조조와 싸우고 손권과 화친하라고 강조했습니다. 주유가 여러 차례 자신을 죽이려 했지만 제갈량이 맞서 싸우지 않은 것도 이런 대세관을 굳게 지키기 위함이었습니다.

주유가 죽은 후 제갈량은 동오로 문상을 갔습니다. 최명 선생은 제갈량이 강동에 있던 방통을 유비에게 끌어들이고, 자신과 주유가 원수지간이 아니었음을 보이기 위해 동오로 갔다고 했습니다. 두 번째 목적은 '삼국정립'이라는 대체를 더 굳건히 하자는 것이었습니다. 최명 선생은 공명의 행위가 "그러나 병불염사兵不厭詐라고 한다. 군사에 있어서는 간사한 꾀를 꺼리지 않는다는 뜻이다"라며 그것이 결국 간사한 꾀에서 나온 것이라 결론을 내립니다.40 하지만 그것을 간사한 꾀라고 할 수는 없을 듯합니다. 이때 제갈량은 목숨을 걸고 동오로 갔기 때문입니다.

제갈량은 주유의 죽음을 듣고 곧바로 시상으로 조문을 갔습니다. 주유의 부장들이 제갈량을 죽이려 했지만 조자룡이 수행하고 있어 손을 쓰지 못했습니다. 제갈량은 감동적인 제문으로 주유를 조상했습니다. 그의 아름다운 청년기를 회상하고 그가 '한나라의 기둥'이었음을 말해 적이 아닌 동지였음을 밝힙니다. "그대는 폭넓은 재주와 문무의 뛰어난 계략으로 적벽대전에서 화공법을 써 적을 깨뜨려, 약자이면서 강자를 누르셨습니다"라며 적벽의 승리를 주유의 공으로 돌렸습니다. 그리고 "비록 재주는 없으나 계교를 빌고 꾀를 얻어, 오후를 도와 조조를 치고 한실을 받들며 유현덕을 편안하게 모시겠습니다. 서로 의지하여 손발이 맞았다면 무엇이 염려스러우며 무엇이 걱정이었겠습니까?"라며 동맹을 굳건히 할 의지를 피력했습니다.

모두가 감동해 그에 대한 오해를 풀었고, 노숙마저 '공명은 참으로 정이 두터운 분이구나. 주유가 도량이 좀 넓었더라면 좋았을 터인데, 그렇지 못해 죽음을 자초하고 말았구나'라고 생각했습니다. 하지만 조문을 마치고 공명이 배에 오르려 할 때, "자네는 주유를 기절시켜 죽이고도 조문하러 왔으니, 동오에는 사람이 없는 줄 아는가?"라고 누군가 말했고 공명은 깜짝 놀랐습니다. 그 누군가는 방통이었습니다. 최명 선생이 말한 '병불염사'는 바로 이런 점을 지적한 것이었습니다. 사실 주유를 죽음으로 내몬 것은 제갈량 자신이었습니다.

하지만 싸움을 걸어온 것은 주유였고 제갈량은 내내 자신의 대세관을 지키려 노력했습니다. 유비는 관우와 장비가 죽자 복수를 위해 융중대책을 깨고 동오에 대한 전면전을 단행했고 결국 패배하고 말았습니다. 큰 흐름과 큰 방향, 큰 그림에 내내 충실하지 못한 것이 실패의 원인이 되었습니다.

어떤 일들이 벌어지더라도 큰 줄거리를 놓쳐서는 안 됩니다. 조조는 사람을 뽑을 때 '실력'이라는 대체를 줄곧 고수했고 인격적인 결함이나 과거의 행적은 불문에 붙여 큰일을 이룰 수 있었습니다. '대과大過'란 큰 틀이나 방향에서의 잘못을 의미하고 누구든 대과 없이 성실하게 노력하면 결국 원하는 권력의 자리에 오를 수 있으리라 생각합니다.

공간을 파악해야
전략이 창출된다

> 그것은 너희의 죄가 아니다. 내가 지형을 잘못 살펴 진지를 세웠기 때문이다.

우리는 몸으로 살아가기에, 몸이 속하고 움직이는 공간·위치·지형 등은 아주 중요합니다. 좋은 공간에서 좋은 삶이 나오고, 좋은 삶은 공간을 잘 파악하고 활용하는 것이라 할 수 있습니다. 공간 개념을 사용하면 추상적인 개념도 구체화시킬 수 있을 듯합니다. 권력을 다투는 정치 영역을 '공적 공간'이라고 정치철학자 한나 아렌트는 말했습니다.

> 정치 활동의 특성은 인간의 복수성the human plurality을 인정하고, 한 공동체에 속한 다양한 개인들이 서로 자신의 생각을 표현하고 소통하면서 스스로 공동체의 원리를 발견하고 꾸려나가는 데 있다. 이를 위해서는 자유로운 공적 공간, 즉 정치 영역이 필요하고, 또 개인이 여기에 참여하여 자신을 표출할 자유가 필요하다.41

그리고 공적 공간인 정치 영역의 공간은 구체적인 공간입니다.

> 정치적 자유는 공간적 구조물이라는 점이 결정적이다. 자신의 폴리스를 떠나거나 폴리스에서 추방된 사람은 고향이나 조국을 상실한 것만이 아니라, 자신이 자유로울 수 있는 유일한 공간을 상실한 것이다.42

정치적 자유는 추상적인 것이 아니라 공간적 구조물이며 구체적인 공간인 폴리스와 아고라agora를 의미합니다. 그리스 사람들은 '평등한 사람들의 상호행위가 이루어졌던 공간인 아고라'를 가지고 있었고 그래서 서로 다른 의견doxa들을 기초로 공동체를 이루기 위한 정치적 토론을 할 수 있었기에 민주주의를 이룰 수 있었습니다.

비슷하게 18세기 살롱salon에서 시민사회가 나타났습니다. 볼테르Voltaire · 몽테스키외Charles Montesquieu · 디드로Denis Diderot와 같은 계몽 사상가들이 살롱의 총아로 등장했고, 야심을 지닌 여성들은 살롱을 여성해방의 묘판으로 만들었으며, 지성과 학식을 갖춘 사람이면 신분을 가리지 않고 참석할 수 있었던 개방적 평등성 때문에 살롱은 진보적이고, 때로 과격한 사상이 거침없이 쏟아지고 흡수되는 자리가 되었고, 그래서 일찍부터 프랑스혁명이 준비되고 그 이념이 정련된 곳이 파리의 살롱이었습니다.43

그러므로 좋은 공간을 가지는 것은 좋은 삶, 좋은 정치의 전제조건이 됩니다. 이를 공간의 우선성the primacy of space이라 할 수 있습니다. 제갈량이 형주를 그렇게 중시했던 것도 그곳이 공간의 중심지이기 때문입니다.

손무孫武는 《손자병법孫子兵法》에서 통형通形 · 괘형挂形 · 지형支形 · 애형隘

形·험형險形·원형遠形 등 다양한 지형과 그것에 따른 전술을 논합니다.44 동서고금을 막론하고 공간의 구조인 지형은 전쟁의 중요한 조건으로 간주되었습니다. 서양 전쟁론의 고전을 쓴 클라우제비츠Carl Clausewitz 역시 전쟁과 지형의 관계를 중시합니다.

> 이제 전쟁활동의 또 다른 특징을 보도록 하겠다. 그 특징은 가장 중요하지는 않지만 아마 가장 강력하다고 간주할 수 있으며, 강한 감성과는 상관없이 단지 정신력만 요구한다. 그것은 전쟁과 지형의 관계다.

공간은 전쟁에서 너무나 중요해서, 전쟁지휘관은 자신의 활동을 공간에 넘겨주어야 할 정도입니다. 하지만 공간에 제대로 익숙해지는 것도 극히 어렵기 때문에 어떤 독특한 정신적 자질을 가져야 하는데 그것은 방향감각이라고 할 수 있으며 그것은 상상력의 행위를 통해 얻을 수 있는 능력입니다.45

공간을 가장 잘 활용한 정치가는 위나라의 등애였습니다. 그가 등장할 때마다 '지형' 혹은 '지리'라는 단어가 함께 등장합니다. 하후패는 등애를 이렇게 소개합니다.

> 또 하나의 인물 등애는 자를 사재士載라고 하는데, 어려서 부모를 잃었지만 큰 뜻을 품고 있었습니다. 그는 높은 산이나 넓은 연못을 보더라도 그냥 지나치지 않고 일일이 지도를 살피며 어느 곳이 군사를 주둔시키기에 좋은지, 군량미를 쌓아둘 곳은 어디인지, 또 어느 곳에 군사를 매복시킬 것인지를 표시하곤 했습니다. 사람들은 이러한 등애를 비웃었지만 오직 사마의만은 그의 재주를 아껴 군기에 참관케 했습니다.

처음부터 등애는 '공간의 인물'이었습니다. 그는 지형지물을 항상 전략과 연결 지어 생각했습니다. 그는 사마의에게 발탁되어 상서령尙書令이 된 후, 수춘壽春을 시찰하던 가운데 운하를 구상해 《제하론濟河論》을 지어 사마의에게 바쳤습니다. 이것이 채택되어 수해가 줄고 군사들과 식량 이동에 편리해졌습니다. 그리고 촉을 정벌할 때 종회鍾會의 10만 군사가 강유의 저항에 막혀 진군하지 못하자 수천의 군사를 이끌고 음평陰平의 험준한 700여 리의 길을 뚫어 곧바로 성도로 진군해 촉주促周 유선劉禪의 항복을 받아냈습니다. 등애의 승리는 공간과 지형의 승리였습니다.

촉의 강유가 등애와 처음 접전을 벌일 때 하후패는 "등애는 어려서부터 병법에 아주 밝고 이곳 지리도 훤히 알고 있습니다"라고 다시 경고했는데 방심한 강유는 결국 패하고 맙니다. 등애는 강유가 다시 쳐들어올 것을 '지리적인 이유'로 예측했고 그곳의 지형과 농산물까지 훤히 꿰고 있어 그 지역 장수 진태陳泰마저 깜짝 놀라게 했습니다. 등애는 진태도 모르는 단곡段谷에 매복을 해 강유를 죽음 직전까지 몰고 갔습니다.

등애는 아들 등충鄧忠과 함께 강유와 싸울 때에는 지리적인 불리함 때문에 싸움을 중단했고 오나라와 촉이 다시 대군을 이끌고 쳐들어왔을 때에는 높은 곳으로 올라가 촉군의 진지를 눈여겨 살피기도 했습니다. 부하들이 패했을 때에는, "그것은 너희의 죄가 아니다. 내가 지형을 잘못 살펴 진지를 세웠기 때문이다"라며 지형적인 실패를 말했습니다. 강유가 다시 쳐들어오자 담산 계곡 높은 곳에 올라가 촉의 형세를 살피기도 했습니다.

등애는 자신의 미래를 보여주는 꿈을 꾸게 되는데, 높은 산에 올라 한중을 바라보고 있을 때 갑자가 발밑에서 샘물이 용솟음쳐 깜짝 놀라는 꿈이었습니다. 이 꿈은 서촉을 이기지만 돌아오지 못할 불길한 꿈이었습니다. 등애는 꿈에서도 지형을 살피고 있었습니다.

 종회가 반대했지만, 등애는 험준한 마천령을 넘어 촉을 공격하면 적은 군사로 촉을 무너뜨릴 수 있다고 주장했습니다. 그는 험준한 길을 뚫어 20여일 만에 700여 리를 행군해 제갈량의 아들 제갈첨諸葛瞻과 손자 제갈상諸葛尙을 죽이고 촉주 유선의 항복을 받아냈습니다. 등애의 승리는 지리의 승리였습니다.《삼국지》에 자주 등장하는 높은 산에 올라 지형을 살피는 등애의 모습은 이순신李舜臣 장군의 모습과도 중첩됩니다.

> 27일에도 이순신의 관내 점검은 계속되었다. 이순신은 흐린 날씨에도 아침부터 점검을 마친 후에, 개이도의 북쪽 봉우리에 올라가 지형을 살폈다. 지형을 살펴본 후, 이순신은 개이도가 깎아지른 외딴 섬이어서 사면에서 적의 공격을 받을 수 있고, 성벽과 그 앞에 파는 물구덩이인 해자 또한 매우 엉성하여 무척 근심이라고 걱정했다.[46]

 지형을 잘 이용한 이순신 장군의 전법은 널리 알려진 바가 있습니다. 등애도, 이순신 장군도 공간과 지형을 잘 살펴 전쟁에서 승리를 차지했습니다. 하지만 이들은 '정치적인 공간'에까지 그 관심을 확대하지는 못했던 것 같습니다. 등애는 사마소가 자신과 경쟁시킬 목적으로 종회를 함께 출진시킨 것을 알지 못했습니다. 오만하게 행동한 자신을 제거하라고 사마소가 종회에게 밀명을 내린 것도 알지 못했습니다. 등애는 사마소가 얼마나 높은 곳에 있는지 알지 못했고 자신이 어느 정도의 높이에 있는지 제대로 파악하지 못했습니다.

 이순신 장군도 마찬가지였습니다. "이순신에게 충성의 대상은 통치자인 왕이 아니라 오로지 국가였다. 그의 삶은 철저히 탈정치·비정치적이었다"라는 평가나, "이순신의 눈앞에 보이는 것은 오직 나라였을 뿐, 왕이나 대신들이 가진 정치권력은 안중에도 없었다"라는 평가는 결코 칭찬일 수 없습니다.[47] 이순신은 일개 장수가 아니라 왕조의 충신이었고 전 수군을 통솔해 국가의 존립을 책임지는 장수였기 때문입니다. 이미 권력틀 속에 들어와 있는 이순신 장군에게 왕이나 대신들이 가진 정치권력은 무시해야 할 대상이 아니라 넘어서야 할 높은 산이었으니 말입니다.

물리적인 공간뿐 아니라 비가시적인 권력관계의 지형과 공간을 살피는 것은 적절한 위치에서 적절하게 처신하기 위해 꼭 해야 할 일입니다.

느리지만 안전한
만전지계

> 만약 미세한 착오만 있어도 엄청난 차이의 결과를 초래하여 군사와 장수를 잃고도 형세는 그에 그치지 않으니 두려운 일이 아닐 수 없다. 《제갈량문집諸葛亮文集》

　권력을 다투는 상황은 긴급할 때가 많습니다. 급변하는 상황에 민첩하게 대처하지 못하면 낭패를 보게 되는 경우가 많습니다. 그래서 민첩성은 권력투쟁에서 필수적인 덕목 가운데 하나입니다. 조조의 부친 조숭은 도겸의 부하 장개張闓의 공격을 미리 알아차리고 대피했지만 민첩하지 못해 결국 죽임을 당하고 말았습니다. 조숭은 뒷담을 뚫어 도망갈 구멍을 마련했지만 뚱뚱한 조숭의 첩이 나가지 못해 지체했고 결국 조숭은 첩과 함께 살해당하고 말았습니다.

　촌각을 다투는 시점에서 조숭은 첩을 버리지 않고 의리 있게 행동했지만 결국 자신도 첩도 죽임을 당하고 말았습니다. 조조라면 그 상황에서 첩을 버리고 재빠르게 도망쳤을 것입니다. 잡히면 어차피 자신도 첩도 죽을 것이고, 자신이라도 살아나가면 첩을 구할 기회가 생기고 첩이 혹시 죽더라도 언젠가 복수할 기회가 있으리라 조조는 재빠르게 계산

했을 것입니다.

목숨이 경각에 달린 상황에서 민첩하게 행동해야 하지만 느리게 행동해 귀감이 된 사람이 있었는데 그는 한중의 지배자 장로張魯였습니다. 장로는 오두미교五斗米敎의 지도자였습니다. 오두미교는 도학을 배우고자 하는 사람에게 쌀 다섯 말을 요구해서 붙은 명칭입니다. 장로는 할아버지 장릉張陵이 창시한 오두미교를 아버지 장형張衡에 이어 삼대째 이끌고 있었습니다. 장로는 한중에서 스스로를 사군師君이라 칭하고 도학을 배우는 제자를 귀졸鬼卒이라 불렀으며, 지도급에 있는 제자를 좨주祭酒라 불렀고, 성실과 신의를 도의 근본으로 삼아 남을 속이는 것을 철저히 배격했다고 합니다. 위계질서가 있고 종교와 정치가 결합된 조직이었습니다.

《삼국지》에는 오두미교의 질병 치료 방식이 나오는데 콤플렉스의 원인을 찾아 신경증을 치료하는 현대의 심리학과 치료 방식이 흡사합니다. 병이 생기면 먼저 단을 설치하고 병자로 하여금 조용한 방에 들어가 지난날의 잘못을 더듬어 윗사람에게 낱낱이 고하고 기도하도록 합니다. 기도할 때 종이에 자기의 성명을 쓰고 자기의 죄를 뉘우치는 내용의 글을 세 통 작성해서 한 통은 산꼭대기에 올라가 불태워 하늘에 바치고, 또 한 통은 땅에 묻어 땅에 바치고, 나머지 한 통은 물속에 던져 수신水神에게 바치도록 합니다.

이런 방식은 카를 융Carl Jung 등의 심리학자들이 주장한 바, "정신요법의 주된 목적은 억압되거나 망각된 기억들을 의식할 수 있도록 만듦으로써 환자가 위안을 얻고 건강과 신체 기능을 회복하는 데 있다"는 방식과 동일하다고 할 수 있습니다.[48] 카를 융은 "우리 시대에 이와 같이 마음의 분열로 희생된 자들은 단지 '스스로 택한 신경증 환자들'에 지나지 않는다. 그들의 표면적인 증상은 자아와 무의식 사이에 벌어져 있는 틈이 메워지는 순간 사라진다"라고 말한 바 있습니다.[49] 장로가 행한 방식은 자신의 잘못을 낱낱이 고하도록 해 잊힌 무의식을 의식으로 되살려 자아와 무의식 사이에 벌어져 있는 틈을 메워 '전체성'에 도달하려는 노력이라고 할 수 있을 듯합니다. 장로는 심리학의 선구자였습니다.

장로는 또한 개의사蓋義舍라는 것을 지어 반찬·쌀·채소·고기·땔나무 등을 준비해 지나는 사람마다 그것으로 밥을 지어 먹도록 했고 욕심을 부려 많이 먹는 자는 하늘의 저주를 받는다고 경고하기도 했습니다. 그리고 경내에 범법자가 생기면 세 번까지는 용서하되 그래도 깨닫지 못하면 형벌을 주었습니다.

장로는 이런 '대견한' 방식으로 한중을 도덕적이고 종교적인 공동체로 지배했습니다. 하지만 장로의 이런 종교적인 공동체는 그가 조조에게 굴복하면서 사라져버리고 한중은 다시 세속의 땅으로 되돌아오게 되었습니다.

종교적인 깊은 식견이 있어서인지 장로는 조조와 싸울 때 대견한 일을 했습니다. 장로는 남정성에서 형세가 불리하게 되자 동생 장위張衛와 협의를 하는데 장위는, "창고의 곡식과 부고府庫를 불을 질러 없애고 남산을 포기하고 파중으로 가서 지키는 것이 좋겠습니다"라고 긴급하게 제안을 했습니다. 하지만 이때 장로는 민첩하게 행동하지 않고 주저했습니다. "빨리 불을 지르고 갑시다"라고 재촉했지만 장로는, "나는 본래부터 나라의 명에 따라 귀향하고 싶었으나 아직 기회를 얻지 못했다. 지금은 어쩔 수 없이 성을 버리고 가지만 곡식창고와 부고는 모두 나라의 재산이니 불태울 수가 없다"고 말하며 곡식을 불태우지 않고 그대로 남겨두었습니다. 장로는 모든 창고에 열쇠만 채우고 전 가족을 데리고 도망갔습니다. 남은 곡식은 분명 적에게 유리하게 사용되겠지만 장로는 공적인 재산을 불태울 수 없다고 생각했던 것입니다.

조조가 군사를 이끌어 남정성에 들어가보니 곡식창고와 부고에는 열쇠가 채워져 있을 뿐이었습니다. 조조는 장로가 가엾다는 생각이 들어 사람을 보내 장로에게 투항을 권유했습니다. 장로의 동생 장위는 허저에게 덤비다가 단칼에 목이 날아갔고 결국 장로는 조조에게 투항했습니다. 조조는 크게 기뻐하며 곡식창고와 부고를 불태우지 않은 장로의 뜻을 높이 사 예로서 대접하고 진남장군의 벼슬을 내리고 다섯 아들도 열후에 봉했으며 딸은 아들 조우曹宇의 아내로 삼았습니다. 급히 서두르지 않고 한 번 늦춰 판단한 결과 장로의 결말이 이처럼 달라졌던 것입니다. 그는 건안 21년(216) 숨을 거두게 되는데 시신은 업鄴의 동쪽에 매장되었습니다. 감로 4년(259) 물난리가 나서 관이 열렸는데 시신이 썩지 않아 살아 있는 사람과 같았다 합니다. 종교지도자다운 전설이라 할 수 있습니다.

목숨이 경각에 달린 시점에 장로는 한 걸음 늦춰 자신의 목숨만 돌보지 않는 전체적인 판단을 한 결과, 목숨도 보전하고 역사에 이름도 남길 수 있었습니다. 늘 급변하는 권력투쟁의 장에서 위대한 인물들은 협량하고 조급한 판단을 하지 않고 느리지만 먼 앞날을 내다보는 온전한 판단을 조심스럽게 해 과오를 범하지 않았습니다. 최명 선생은 《소설이 아닌 삼국지》에서 느리지만 하나씩 다져나가는 만전지계萬全之計의 정치를 행한 제갈량의 정치 방식을 잘 설명해주고 있습니다.

제갈량의 느린 정치에 대해 송나라 신종 황제 때 신법을 제창한 개혁주의 정치가였던 왕안석王安石은 황제에게 "제갈량은 최고의 인재 축에 끼지 못한다"고 했는데, 설정한 목표를 향하여 지나치게 조심스럽고 완만하게 나아갔던 공명의 점진주의적 정치 방식에 불만을 표시했기 때문이었습니다. 제갈량은 모험을 몰랐고 모험이 가져올 위험을 항상 걱정했습니다. "공명의 솔선수범도 사실은 그의 근신하는 태도의 산물이었다"고 최명 선생은 평하고 있습니다.50

이런 맥락에서 공명은 위나라를 정벌할 때, 위연魏延이 자오곡을 통해 장안을 습격하겠다고 건의하지만, "좋은 의견이기는 하나 만전지계는 아니로다"라며 거부했습니다. 적이 대비를 한다면 많은 인명이 살상되고 예기가 꺾일 일이기 때문입니다. 사마의도, "저 사람이 꾀가 없어서 그리 안 했음이 아니고, 다만 실수가 있을까 두려워 위험한 일을 희롱치 아니한 것이다"라고 했습니다. 그는 제갈량의 방식을 잘 알고 있었습니다.51 사마의는, 제갈량이 군사가 없어 성문을 활짝 열고 계교를 부렸을 때에도, "제갈량은 평생에 조심성이 많은 인물이니 그러한 농간을 부릴 사람이 아니다. 성문을 그처럼 활짝 열어놓은 것은 군사를 매복시켜 우리를 유인하자는 작전이다"라며 조심성 많고 꼼꼼하게 정치를 하는 제갈량의 정치 방식을 지적합니다.

제갈량 자신도 스스로의 정치 방식을 잘 알고 있었습니다. 제갈량이 위나라의 조비를 정벌하러 떠나면서 후주 유선에게 올린 〈전출사표〉에서, "선제께서는 제가 조심스럽고 신중하다고 여겨, 붕어하실 즈음 제게 천하 대사를 맡기셨습니다"라고 말했습니다.52

그는 계교에 능했지만 유교적인 수양론修養論을 가지고 있었습니다. "무릇 군자는 고요함으로 수신하고 검박함으로 덕을 함양하니, 담박하지 못하면 원대한 뜻을 세울 수 없고 고요하고 안정되지 못하면 이상을 실현할 수 없다. 무릇 배움은 고요해야 하며 재능은 배움에서 얻어진다"라고 말했습니다. 제갈량은 마음의 안정을 깨는 술에 대해서도, "무릇 술

자리란 예절에 맞추어 정분을 표하는 자리이니, 신체나 성격에 따라 예를 다하면 물러나야 한다. 이것이 어울림의 최고 경지다"라며 경계했습니다.53

그가 이처럼 평생 근신하며 하나씩 이루어가는 삶과 정치를 해온 것은 자신이 맡은 임무에 책임감이 컸기 때문입니다. 그는 이렇게 말합니다.

> 무릇 나라의 큰일 가운데 군사상의 대비보다 큰일은 없다. 만약 미세한 착오만 있어도 엄청난 차이의 결과를 초래하여 군사와 장수를 잃고서도 형세는 그에 그치지 않으니 두려운 일이 아닐 수 없다.54

그는 미세한 착오가 엄청난 차이를 가져올 수 있다는 것을 알고 있었고 그래서 천천히 모든 것을 따져보는 정치를 했습니다. 조조 역시 만전지계를 수립한 후 전쟁을 했습니다. "조조는 전투 자체를 고려했을 뿐 아니라 전략적인 관점에서 관중(關中)의 모든 적을 없애고 전 지역을 차지하겠다는 장기적인 계획을 세운 후 전쟁에 임한 것"이었습니다.55

제갈량의 뒤를 이은 강유는 성급하게 제대로 준비를 하지 못한 채 전쟁에 나아가 여러 차례 실패를 거듭했습니다. 반면에 충무후 제갈량을 사모했던 충무공 이순신은 만전지계를 제대로 본받았습니다.

정유재란 직전, 전쟁이 소강상태로 접어들고 명나라와 일본이 4년 가까이 지루하게 끌어오던 강화협상도 진전 없이 표류하고 있었지만 이순신 장군은 '유비무환 · 만전지계 속에서 한순간도 대비를 소홀히 할 수 없다'는 생각으로 꾸준히 전력을 강화합니다. 90여 척을 건조해 전함 수를 180여 척으로 늘리고, 모병 담당 관리를 독려해 병력을 유지하려 했고, 둔전을 경영해 군량을 확보하고 소금을 굽고 고기를 잡아 군수품을 조달했으며, 화기와 화약을 충분히 제조해두었습니다. 개인 군사 훈련과 함대의 기동훈련으로 전투력을 제고시켰고, 군기를 다잡았습니다. 정유년을 전후해 그를 몰락시키고자 하는 음모 속에서도 이순신은 다시 일어날 전쟁에 대비해 하루도 쉬지 않고 준비에 전념했습니다.56

물론 느리지만 확실하게 하는 만전지계가 항상 타당한 것은 아닙니다. 명나라 사신을 접대하는 연회에서 세조는 성승成勝과 유응부兪應孚를 운검雲劒으로 세우려 했습니다. 그들은 성삼문成三問·박팽년朴彭年과 더불어 세조를 베는 거사를 하려 했고 운검 외에는 아무도 무장할 수 없었으므로 거사는 성사된 것이나 마찬가지였습니다. 하지만 노회한 한명회韓明澮는 "광덕전이 협소한 까닭에 오늘은 운검을 세우지 않기로 했으니 그만 돌아가시지요"라고 칼을 차고 들어오는 성승과 유응부를 막아섰고 거사의 주모자들은 긴급 회합을 했습니다. 성승과 유응부는 그대로 치고 들어가 우선 한명회를 죽이고 세조와 측신을 참하고 군사를 몰아 세자를 치자고 강력히 거사를 주장했습니다. 하지만 성삼문과 박팽년은 그것은 만전지계가 아니라며 훗날을 기약합니다. 천재일우의 기회는 이렇게 물거품이 되고 말았습니다.57

만전지계로 다져야 할 때가 있고 닥치는 대로 치고 들어가야 할 때가 있습니다. 그때 성승과 유응부의 말대로 치고 들어갔더라면 역사가 어떻게 바뀌었을지 모를 일입니다. 성삼문과 박팽년은 모험을 거부했습니다. 왕을 시해하고 정권을 바꾸는 거사 중의 거사가 두 사람의 운검 여부에 달린 것이었다면 그것은 만전지계라고 할 수도 없습니다. 그들은 만전지계가 아닌 오히려 우유부단이라 해야 하지 않을까 합니다.

조조나 제갈량, 사마의, 사마소, 육손 등의 승자들은 모두 천천히 상황을 예의 주시하며 날카로운 공격의 시점을 기다렸던 사람들입니다. 그들은 기다릴 줄 알았지만 또한 우유부단하지 않았고 결정적인 시점을 놓치지 않고 단호하게 급습할 줄 알았습니다. 모험을 좋아하고 성급한 자들이 복잡하고 위험한 권력투쟁의 세계에 가득하므로 만전지계를 강조하는 것은 가장 많은 사람에게 도움이 되는 일인 듯합니다.

지피지기 전략으로
승리를 차지한다

> 그것은 너희의 잘못이 아니라 공명의 지략이 나보다 앞섰기 때문이다. 과연 공명을 당해낼 재간이 없구나

싸움은 항상 타자와 더불어 이루어집니다. 그러므로 타자를 제대로 알아야 승리를 이룰 수 있습니다. 그래서 손무는, "적을 알고 나를 알면 백전백승이고(知彼知己 百戰不殆), 적을 모르고 나를 알면 반을 이기며(不知彼而知己 一勝一負), 적을 모르고 나를 모르면 백전백패(不知彼不知己 每戰必敗)"라고 했습니다.

관우는 영웅이었지만 오만했고 그래서 적을 제대로 살피지 못했습니다. 그는 《춘추春秋》를 애독하며 문무를 겸비한 듯 행동했지만 사실은 '오만한 무인'을 넘어서지 못했습니다. 오기吳起는 《오자병법吳子兵法》에서 지휘관의 자질을 이렇게 논하고 있습니다.

> 문과 무를 겸비하는 것은 지휘관의 요건이요, 강剛과 유柔를 겸용하는 것은 용병의 요체입니다. 사람들이 지휘관을 논할 때 흔히 용기의 측면만을 살피는

경우가 많지만, 용기라는 것은 지휘관의 덕목 가운데 하나일 뿐입니다. 용장은 무턱대고 적과 맞서 싸우려고만 합니다. 경솔하게 싸울 줄만 알고 득실을 살필 줄 모른다면 좋은 지휘관이 될 수 없을 것입니다.[58]

관우는 무턱대고 적과 맞서 싸우려고만 했던 오만하고 경솔한 지휘관이었습니다. 관우와 대적한 동오의 육손은 여몽이 관우를 칠 계책을 고민하자 관우의 기고만장한 성격을 지적하고 관운장을 치켜세우게 한다면 승리를 차지할 수 있을 것이라 말합니다. 육손은 《육도》의 병법에 정통했던 것 같습니다.

적국의 군주에게 훌륭하다고 치켜세워서 허영심을 품게 하고, 그가 곤란한 지경에 빠지지 않도록 도와줍니다. 이렇게 천하의 대세가 모두 적국에게 기운 것처럼 보이게 합니다. ······그런 다음 한껏 명예욕과 허영심을 끌어올려서 교만함을 부추기고, 그에게 성인에 버금가는 덕이 있다고 찬양합니다. 이렇게 하면 그 군주는 마침내 정치를 거들떠보지 않고 게으름에 빠지고 말 것입니다.[59]

육손은 마보수馬步水 삼군을 정예화하고 명마와 값진 비단, 술과 안주 등 예물을 준비해 관우에게 바쳤습니다. 관우는 동오의 사신 앞에서, "손권은 어리석기 짝이 없는 놈이구나. 그따위 어린놈을 장수로 삼아 육구를 지키게 하다니!"라며 손권과 육손을 동시에 비웃었습니다. 사신은 육손의 명대로 관우를 한껏 치켜세웠습니다. 관우는 만면에 기쁨을 감추지 못하고 예물을 받은 후 동오에 대한 형주의 방비를 소홀히 하고 모든 군사를 거느린 뒤 번성의 조조군을 공격했습니다.

결국 관우는 그 중요한 삼국통일의 발판인 요충지 형주를 동오에게 빼앗기고 말았습니다. 관우를 사로잡은 손권이 관우에게 투항을 요청했지만 관우는 손권에게 "머리에 피도 마르지 않은 푸른 눈의 어린놈"이라 욕설을 퍼부었고, 이전에 손권이 정략결혼을 요청했을 때에도 "범 같은 내 딸을 개 같은 놈의 자식에게 시집 보내겠소"라며 손권을 무시했습니다. 관우는 '타자에 대한 존중'이 없던 자였습니다.

오기는 지휘관이 새겨야 할 다섯 가지의 덕목을 말하고 있는데, 통솔력(理), 준비 태세(備), 과감성(果), 신중성(戒), 간결한 군령(約)을 말합니다.60 관우는 과감성과 간결성 외에는 모두 낙제점인 지휘관이었습니다. 관우는 미방糜芳과 부사인傅士仁, 맹달孟達, 유봉劉封을 제대로 지휘하지 못해 통솔력에서 낙제였고, 교만한 태도로 신중성을 잃었습니다.

지피지기 백전불태知彼知己 百戰不殆란 관우에게 가장 필요한 말이었습니다. 육손의 '기고만장'이라는 표현대로 관우의 기운은 멀리 뻗어 있었지만 자기 자신과 바로 곁에 있는 적은 제대로 살피지 못했습니다. 이것은 관우가 내내 가지고 있던 고질병이었습니다. 오만한 자가 타자를 존중할 리 없습니다. 존중하지 않으면 살필 수 없고 이겨낼 수 없습니다. 관우의 고질병은 결국 그를 패배로 이끌었고 더 나아가 대국을 망쳐버리고 맙니다.

관우와 다르게 타자를 면밀하게 살펴 대비한 정치인이 있었는데, 그는 위나라의 전략가 사마의였습니다. 사마의가 제갈량의 치열한 공격을 비롯한 많은 전투에서 패배하지 않을 수 있었던 이유는 그가 상대편의 전략을 우선적으로 파악했기 때문입니다. 요동의 공손연이 위나라를 침략했을 때 요동의 장수 비연卑衍은 적이 먼 길을 달려왔고 군량을 조달하기 힘들 것이라 판단하고 방어 위주의 전략을 수립했습니다.

이처럼 비연도 타자를 살폈지만 사마의는 한 수 위였습니다. 사마의는 수비하는 적을 그대로 두고 적의 후방을 급습했고 적이 구하러 가자 중도에서 맹공격을 가했습니다. 놀란 적은 양평성에 웅거했고 사마의는 비가 내려 흙탕물 속에서 군사들이 고생을 해도 공격하지 않았습니다. 맹달을 잡을 때에는 급습했는데 적이 나무를 베어가도 방관하니 이유를 모르겠다는 물음에 사마의는, 맹달은 군량은 많으나 군사가 적고 아군은 군사는 많으나 군량미가 부족해 속전속결을 했지만, 요동의 군사는 많으나 군량은 적고 아군의 군사는 적으나 군량이 많으니 서두를 필요가 없다고 합니다. 땔나무를 구하도록 방치한 것도 군량이 빨리 떨어지도록 하기 위한 것이었습니다.

결국 적군은 군량이 바닥나 소와 말을 모조리 잡아먹었고 반란의 조짐도 있어 공손연은 양평성을 탈출하다가 사마의에게 사로잡혀 목이 날아갔습니다. 사마의는 지피지기 전략으로 승리를 차지했습니다.

사마의와 막상막하의 접전을 벌인 제갈량 또한 적의 동태를 예의 주시하며 전쟁에 임하던 전략가였습니다. 사마의가 부하 곽회郭淮와 손례孫禮로 하여금 기습 공격을 단행하게 했을 때 제갈량은 이미 이를 예측하고 기다리고 있었습니다. 제갈량은 아군이 지쳤음을 잘 알고 있었고 사마의가 이를 노린다는 것도 예측하고 있었습니다. 사마의는 패배한 곽회와 손례에게, "그것은 너희의 잘못이 아니라 공명의 지략이 나보다 앞섰기 때문이다"라고 말하고, "과연 공명을 당해낼 재간이 없구나!"라며 탄식했습니다.

《손자병법》에서는 "전쟁이 백성의 삶과 죽음을 판가름하고, 나라의 보존과 멸망을 결정짓는 나라의 중대사이므로 깊이 삼가며 생각해야 한다"고 말하며 전쟁의 승패를 결정짓는 다섯 가지 요소인 오사五事와

칠계七計에 대해 말합니다.

오사는 정치 · 기후 · 지리 · 장수 · 법제입니다. 칠계는 첫째, 군주의 정치는 어느 편이 더 나은가. 둘째, 장수의 지휘는 어느 편이 더 유능한 가. 셋째, 기후와 지리 조건은 어느 편이 더 유리한가. 넷째, 법제는 어느 편이 더 엄격하고 공정하게 시행되는가. 다섯째, 병력과 무기는 어느 편 이 더 강한가. 여섯째, 병사의 훈련은 어느 편이 더 잘되어 있는가. 일곱 째, 상과 벌은 어느 편이 더 공정하고 분명하게 시행되는가.61

손무는 이처럼 어느 편이 더 유리한지 면밀하게 따져야 한다고 말합 니다. 타자를 아는 것(知彼)은 쉬운 일이 아닙니다. 반드시 공개적으로 드 러난 정치와 개인적으로 감춘 사생활을 함께 살펴야 상대의 마음을 잘 알 수 있고 겉모습과 속내를 함께 살펴야 상대의 의도를 잘 알 수 있습 니다. 꺼리며 멀리하는 것과 아끼며 가까이하는 것을 함께 살펴야만 상 대의 감정을 알 수 있기에 이는 복잡하고 종합적인 판단을 요구하는 어 려운 일입니다.62 이런 복잡한 계산에 벌써 머리가 아파오기 시작한다 면 권력투쟁에서 몸을 멀리하는 것이 더 나을 듯합니다.

어진 신하는
주군을 가려 섬긴다

슬기 있는 새는 나무를 가려서 앉고 어진 신하는 주군을 가려서 섬긴다.

권력의 세계에서 '충직함'을 중요시하는 것은 복잡하고 불안정하게 변화하는 상황에서 배신이 늘 벌어지기 때문입니다. 불안하고 위태로운 상황에서도 충성을 다하는 사람은 아름다운 사람입니다. 하지만 때로는 변심變心이 좋은 결과를 낳기도 합니다. 변심이 불의로 간주된 가장 대표적인 사례는 여포의 경우이고, 변심이 좋은 결과로 이어진 사례는 이회 · 마초 · 방덕龐德 · 조자룡 등의 경우입니다.

《삼국지》에서 가장 무공이 뛰어났지만 가장 불의하고 의리가 없는 자라 간주되는 사람은 여포입니다. 여포는 얼마나 뛰어났던지, "사람 가운데는 여포, 말 가운데는 적토마〔人中呂布 馬中赤兎〕"라는 말이 있을 정도였습니다. 하지만 그는 자신을 등용한 양아버지 병주 자사 정원丁原을 죽이고 동탁에게 갔고 동탁마저 죽입니다. 그 역시 부하들의 배신으로 죽게 됩니다.

의리가 있는 자와 의리가 없는 자는 차이가 나고 여포는 대단한 악인처럼 느껴지지만 여포가 정원을 배신하는 대목을 살펴보면 나름대로 이유가 있습니다. 여포는 "아직까지 명군을 만나지 못했다"고 생각했습니다. 이숙李肅이 동탁이야말로 영웅이라고 권하며 적토마와 선물을 내놓자 한참을 고민한 끝에 동탁과 대적하고 있던 정원을 죽이고 동탁의 품으로 갔습니다.

이숙은 동탁이 대업을 이룰 사람이라 믿었고 여포도 그 말을 받아들였습니다. 이런 일은 권력을 다투는 곳에서 흔히 있을 수 있습니다. 하지만 여포는 초선 때문에 또다시 동탁을 죽여 '배신자'의 대명사로 역사에 오명을 남겼습니다.

여러 번 말을 갈아탔지만 욕을 먹지 않는 사람도 있는데, 한나라 초기에 예법을 정비하고 많은 일을 했던 숙손통叔孫通이 대표적입니다. 그는 호해가 진승의 반란에 대해 묻자 반역이 없다고 거짓말했습니다. 선비들이 비웃자, "당신들은 아직 모르오. 나는 하마터면 호랑이의 입을 빠져나오지 못할 뻔했소"라며 곧장 항량에게 도망을 갔습니다. 항량이 패하자 회왕을 따랐고, 회왕이 의제가 되어 장사로 옮겨가자 다시 항우를 섬겼으며, 결국 유방에게 항복했습니다.63 그가 이렇게 옮겨 다녔지만 역사는 그를 변절자라 칭하지 않습니다.

주군을 바꾼 사례가 《삼국지》에는 많이 나옵니다. 조자룡·방덕·황충 등은 주군을 바꾸었지만 배신자로 간주되지 않습니다. 그들은 좋은 주군을 선택하기 위해 '말을 갈아탄 것'으로 간주되고 있습니다. 유비가 서천을 얻기 위해 유장과 싸우고 있을 때 유비에게 늦게 투항했던 이회도 적절한 시기를 잘 선택해 말을 갈아탄 경우입니다.

이회가 유비에게 투항했을 때 유비는, "공은 지난날에 나를 받아들이지 말라고 여러 번 유장에게 간한 사람인데 왜 나에게 투항했소?"라고 묻습니다. 그러자 이회는, "슬기 있는 새는 나무를 가려서 앉고 어진 신하는 주군을 가려서 섬깁니다"라며, "지금 장군께서는 촉나라 백성에게 어짊과 덕을 펴시니 반드시 뜻을 이루실 것을 알고 투항했습니다"라고 말했고 유비는 이 말에 감격해 그를 받아들였습니다. 이회는 마초를 잘 설득해 유비에게 투항하도록 이끌기도 했습니다.

  방덕 역시 주군을 바꾸었지만 배신자가 아닌 충신으로 남았습니다. 방덕은 원래 마초의 부하였고 대단한 지략과 무공을 지닌 자였습니다. 방덕은 마초의 꿈을 해석해 마등馬騰이 죽을 것을 예측하기도 했고 마초와 함께 장안으로 쳐들어가 후퇴하는 척했다가 다시 공격하는 계교로 장안을 함락시키고 조조의 군사를 닥치는 대로 베기도 했습니다. 조조가 수염을 깎고 도망을 쳤던 것도 방덕 때문입니다. 방덕은 말과 함께 참호에 빠진 적도 있었지만 몸을 솟구쳐 참호 밖으로 튀어나와 포위망을 뚫을 만큼 힘이 장사였고 말에서 떨어져 나뒹군 마초를 구하기도 했습니다. 마초가 한중의 장로에게 투항해 유비와 싸우러 나갔을 때 방덕은 병을 얻어 한중에 남게 되었고 조조의 군과 싸우게 되었습니다. 조조는 방덕을 자기의 사람으로 만들고 싶어 "너희가 그와 맞설 때는 느긋하게 싸우면서 가급적 칼을 쓰지 말고 생포하도록 하라"고 지시해 사로잡았고 조조는 친히 결박을 풀어 방덕을 자기 사람으로 만들었습니다. 방덕은 손권의 장수 진무陳武를 죽이기도 하고 조조의 군에서 맹활약을 했습니다.

  조조는 관우를 공격할 때 우금과 더불어 방덕을 선봉장에 내세우는데, 이때 주변에서 만류했습니다. 방덕은 원래 마초의 부하였고 마초는 유비를 돕고 있었으며 방덕의 친형 방유龐柔도 유비에게 벼슬을 하고 있었기 때문입니다. 조조가 선봉장이 도장을 반납하라고 영을 내리자 방덕은 투구를 벗어 머리를 내리쳤습니다. 그는 피를 흘리며 "제가 한중에서 대왕에게 투항한 이래 대왕으로부터 입은 두터운 은혜는 비록 이 몸이 불구덩이에 들어간다 해도 갚을 길이 없었습니다. 그러한 저를 왜 대왕께서는 의심하십니까?"라고 항의했고 조조는 손수 방덕을 일으켜 등을 어루만지며 "공의 충성심을 잘 알고 있으면서도 선봉장의 도장을 반환하라고 말한 것은 여러 사람의 입을 막으려 했던 것이오"라며 방덕의 출전을 허락했습니다.

방덕은 자신의 관을 앞세우고 관우와 용맹하게 싸우지만 패배해 죽임을 당하게 되고 관우는 방덕의 사나이다운 죽음을 가련히 생각해 후하게 장사를 지내주었습니다.

방덕은 비록 마초를 버리고 조조를 택했지만 사나이답게 멋진 삶을 살다 갔습니다. 《삼국지》에서 가장 충직한 인물로 나오는 조자룡은 두 번이나 주군을 바꾸었습니다. 조자룡은 처음 원소의 휘하에 있었고 원소의 인물됨에 실망하고 공손찬에게 갔다가 결국 유비의 부하가 되었습니다. 조자룡은, "저는 사방을 떠돌아다니며 모실 만한 주인을 찾아 다녔으나, 주공 같은 분은 아직 만나지 못했습니다. 이번에 만나뵈었으니 평생을 따르겠습니다"라고 충성을 맹세했고 그 맹세를 끝까지 지킵니다. 조자룡은 두 번 변심했지만 이제 다시는 변심하지 않았습니다. 이런 조자룡을 일본 사람들은 사무라이(武士)의 원형으로 생각하고 가장 좋아한다고 합니다.

유비군은 당양 장판파에서 조조군의 공격을 받아 패전하여 뿔뿔이 흩어졌고 조자룡만이 적진을 누비며 유비의 아들을 구한다. 유비에게 아두(阿斗)(유선)를 데리고 가자 유비는 아두를 내팽개치며 조자룡의 안위를 걱정했다. 그 후 조자룡은 유비와 도원결의를 맺은 관우·장비보다 오래 살아남아 유비 곁을 지켰고 결국 주군의 장례까지 치르게 된다. 일본 사람들은 이런 조자룡을 보고 사무라이 스타일이라며 좋아한다고 한다.⁶⁴

일본의 사무라이 정신인 무사도를 집대성한 사람은 17세기에 살았던 야마가 소코山鹿素行인데, "충성, 희생, 신의, 염치, 예의, 결백, 꾸밈없음, 검약, 상무, 명예, 애정 등의 성격으로 자긍심이 높고 신의를 중시하며 자기의 이름을 지키기 위해서는 목숨까지도 기꺼이 버릴 수 있는, 또 실제 그렇게 한 그러한 무사들"로 사무라이를 정의했습니다. 무사는 "문무의 덕치德治를 갖춘, 다시 말해 문무를 아울러 갖춘 그러한 인간이며 다만 허리에 두 자루 칼을 차고 있을 뿐, 아니 칼을 찬 선비"인 존재들입니다.⁶⁵

충성과 믿음, 의리와 인륜을 갖춘 사무라이의 모습은 조자룡을 가감 없이 묘사하는 것 같습니다. 그는 흐트러짐 없이 충직하게 주군 유비를 모셨고 말 없이 자신이 해야 할 임무를 충실히 다했습니다. 그는 주군 유비가 동오를 공격하려 할 때 과감하게 직언을 하기도 했고 노환으로 사망할 때까지 큰 허물없이 일을 해낸 훌륭한 사람이었습니다. 그의 변심은 좋은 주군을 찾기 위한 탐색의 과정이었습니다. 지금 말을 갈아탈 준비를 하고 있다면 단순 변심인지, 이유 있는 변심인지 심각하게 생각할 일입니다.

민첩성을
길러야 한다

이때 촉의 또 다른 장수 오반吳班과 장남張南은 오랫동안 이릉성을 포위하고 있다가 풍습馮習이 달려와 촉병이 크게 패하였다는 말을 전하자 급히 황제 유현덕을 구하려고 군사를 이끌고 떠났다.

시간을 두고 천천히 해야 할 일도 있지만 단번에 결단을 내려 민첩하게 처리해야 할 일도 있습니다. 사실 어려운 점은 '신중하게 천천히 처리해야 할 일과 민첩하게 처리해야 할 일을 어떻게 구분할 수 있는가' 하는 점입니다. 같은 사안을 두고도 구습의 반복이라고 느끼는 사람이 있는가 하면, 단번에 척결하지 않으면 안 될 위기 상황이라고 느끼는 사람도 있습니다.

　대장군 하진은 영제 때 조종을 농락한 열 명의 환관인 십상시의 문제가 뿌리 깊은 것이라 생각했지만 조조는 단칼에 해결할 수 있는 문제라 여겼습니다. 조조의 말을 듣지 않은 하진은 결국 십상시들에게 죽임을 당했습니다. 그는 조조를 알아보고 조정의 일들을 의논하고자 했던 동탁보다도 못한 자였습니다. 하진은 민첩한 결단력을 소유하지 못해 실패합니다.

사실 "후한 말에는 외척과 환관의 권력다툼이 격렬했는데, 여기에 관료들까지 가담하였다. 관료와 환관의 갈등은 첨예화되었고, 외척과 결탁하고 대립했다. 이중에서 환관의 대표적인 인물이 장양이다"라는 말대로 일은 복잡하게 얽혀 있었지만 조조는 마치 알렉산더가 복잡하게 얽히고설킨 고르디우스의 매듭을 단칼에 베어버린 것처럼 해결할 수 있다고 생각했습니다.66 조조는 제남국濟南國의 상相이 되었을 때, 주저하지 않고 10여 개의 현령 가운데 여덟 명을 파직하고 부정을 일소해버렸던 적이 있습니다. 30세의 젊은 나이 탓도 있었지만 조조는 그러한 결단력과 민첩성을 지닌 인물이었습니다.

복잡하고 격렬한 권력투쟁의 상황을 잘 파악하고 극단적인 대립으로 나가지 않고 삶을 잘 보존하면서 문제를 해결하기 위해서는 온건함(穩健)의 미덕이 있어야 하지만 긴급한 상황이 연달아 벌어질 때 이런 민첩성 역시 있어야 합니다. 역사적으로 가장 민첩하게 군사 작전을 폈던 것은 칭기즈칸의 몽고군이었습니다. 칭기즈칸은 '속도의 승부사'였는데, 동맹 세력이나 적대 세력과 정치적 협상을 할 때 빠른 판단력으로 민첩하게 대응했고, 모든 일에 속도를 부여했으며 매사에 민첩하게 대처했습니다. 그는 시간을 낭비하지 않았고, 항상 적들의 예상을 앞질러 움직였습니다. 그는 주로 기병을 사용했고 보병을 사용할 때에도 항상 적들보다 빨랐는데, 그것은 장수들의 지휘 성향 탓도 있었지만, 몽골 군대가 규율이 잘 잡혀 있고, 조직도 체계적으로 편성되어 있었으며, 장교들의 계획 수립 능력도 뛰어났기 때문입니다. 그것은 유목 생활을 해온 몽골족의 특성에서 나오는 것이기도 했습니다.67

칭기즈칸은 가축으로 키운 말을 이용해 '거추장스러운' 보병과 보급선을 두지 않는 기병 체제를 만들었고 보통 한 달은 소요되는 지방의 보고를 일주일이면 받아볼 수 있는 역참제를 만들기도 했습니다. 당시 유럽 기사단의 갑옷과 전투 무기의 무게는 70킬로그램에 이르렀지만 몽골군은 7킬로그램에 불과했고, 육포를 이용해 군량미의 무게를 줄여 속도를 높였습니다.[68] 칭기즈칸의 세계지배는 '속도' 때문이었습니다.

《삼국지》에서 잘 드러나지 않는 오반이라는 인물이 있는데, 그는 장비의 부관이었고 이런 민첩성이 두드러진 인물이었습니다. 장비는 관우의 복수를 위해 모든 군사에게 흰 옷을 입도록 했는데, 기일이 짧아 제대로 준비를 하지 못하자 부하인 범강范疆과 장달張達을 처벌했습니다. 이에 불만을 품은 그들은 장비의 머리를 베어 졸개 수십 명을 거느리고 동오의 손권에게 갔습니다. 군중에서 이를 알고 군사를 일으켜 추격을 했지만 붙잡지 못했습니다.

이때 오반은 '빨리 황제께 이를 알리고 황제가 오기 전까지 낭중을 단단히 지켜야겠다'고 생각했습니다. 그리고 오반은 바로 황제에게 표를 올려 장비가 죽은 사실을 알렸으며 장비의 큰아들 장포張苞에게 관을 준비해 입관하도록 하고 장소에게 낭중을 지키라고 영을 내렸습니다. 오반은 위기시에 더 큰 어려움을 당하지 않도록 민첩하게 대응했습니다. 이후에도 오반은 여러 번 민첩성을 보여주었습니다.

오반은 유비가 동오를 공격할 때 선봉장이 되었습니다. 그가 서천에서 나와 이르는 곳마다 적병들은 바람에 휩쓸리듯 항복했습니다. 그리하여 칼에 피 한 방울 묻히지 않고 의도까지 이릅니다. 오반은 염탐꾼으로부터 오나라의 장수 손환孫桓이 군사를 거느리고 의도 입구에 대진해 있다는 말을 듣고 곧바로 황제 유비에게 아뢰었습니다.

오반의 이런 민첩성 때문에 유비도 그를 선봉장으로 삼았나봅니다. 손환이 촉군에 패배해 도망쳤을 때에도 오반은 주저하지 않고 이릉성까지 추격해 성을 완전히 포위했습니다. 오반은 쉬라는 만류를 들은 체도 하지 않고 황충이 노구를 이끌고 나가자 곧바로 군사를 이끌고 따라가 도우라는 명을 내려 복병을 만나 화살에 맞은 황충을 구했습니다.

또한 오반은 이릉성을 포위하고 있다가 촉병이 크게 패했다는 말을 듣자 급히 유비를 구하려고 군사를 이끌고 떠나기도 했습니다. 오반은 후일 위나라에 대한 제갈량의 북벌에도 참여했는데, 위나라의 장수 장합張郃과 대릉戴陵이 군사를 거느리고 비바람을 몰고 온 태풍처럼 촉진 앞으로 달려들었을 때에도 마충馬忠·장의張嶷·오의吳懿 등의 장수와 더불어 일제히 달려와 위의 장수와 맞서 싸웠습니다. 위의 장수 조진曹眞과 전투를 할 때도 오반은 관흥關興·요화廖化·오의 등과 더불어 물밀 듯이 조진의 진지로 공격해 들어갔고 조진은 사마의의 도움으로 가까스로 살아났습니다.

오반은 위의 장수 손례와 전투를 하던 가운데 위연과 마대馬岱 등의 포위망에 갇혀 군사의 태반이 위수에서 죽어가고 있을 때, 군사를 나누어 뗏목을 타고 적의 부교를 불사르기 위해 가다가 언덕 위에 비 오듯 쏟아지는 위군의 화살에 맞아 물속으로 떨어져 장렬히 전사했습니다. 그는 민첩하게 현장에서 싸우다 결국 현장에서 죽었던 것입니다.

오반이 항상 민첩성만을 추구했던 것은 아닙니다. 그는 동오와 싸울 때 촉의 장수 장남과 풍습이, "지금 동오의 군사들이 패한 틈을 타 비어 있는 적의 진지를 공격하는 것이 좋겠습니다"라고 아뢰었을 때에, "우리가 요새를 공격할 때, 강 상류에 있던 적의 수군이 우리의 귀로를 끊는다면 어찌하겠소?"라며 신중한 모습을 보였습니다. 그는 아군의 작전과 적군의 대응을 면밀히 살펴 세밀한 판단을 했습니다. 부하들이 관흥·장포로 하여금 5,000명의 군사로 매복을 해 동오의 주연을 공격하자고 제안하자, "먼저 군사들을 보내 주연에게 거짓 항복하여 우리가 손환의 진지를 공격할 것이라고 말하게 합시다. 그리고 나서 우리가 불길을 올리면 주연은 분명히 손환을 구원하러 올 것이니, 그때 복병이 나타나 기습한다면 일은 제대로 들어맞을 것이오"라며 시일이 걸리는 계책을 제시했고 결국 성공하게 됩니다. 오반의 민첩성은 이런 신중함과 잘 결합되어 있었기에 성급함과 구별될 수 있었습니다.

역사상 대단한 직관력과 민첩성을 가졌던 장군은 제2차 세계대전 당시 사막의 여우라 불린 독일의 에르빈 로멜Erwin Rommel 장군이었습니다. 로멜에 대한 다음의 서술은 정치적 민첩성에 대해서 우리에게 많은 시사점을 줍니다.

> 사막의 여우라 불린 에르빈 로멜은 제2차 세계대전 때 북아프리카에서 전차전을 지휘했던 독일장군으로서 직관력이 탁월했다. 그는 연합군이 언제 어느 방향에서 공격을 가할지 감지할 수 있었다. 전진 대형을 결정할 때, 그는 적군의 약점에 대해 불가사의할 정도의 감지력을 발휘했다. 전투가 개시될 즈음, 미처 구사하지도 않은 적군의 전략을 직관적으로 알아차렸던 것이다.

로멜은 직관력이 탁월했고 불가사의할 정도의 감지력이 있었습니다. 하지만 로멜의 민첩성이 타고나거나 하루아침에 이루어진 것은 아니었습니다.

> 로멜은 부하들에게 전쟁의 천재로 보였고, 실제로도 누구보다 민첩한 정신의 소유자였다. 그러나 그것은 거저 얻은 것이 아니었다. 그는 민첩성을 향상시키고 전투 감각을 강화시키는 훈련을 했다. 첫째, 게걸스러울 정도로 적에 대

한 정보(적군 무기류의 세부사항에서부터 적장의 심리적 특성까지)를 수집했다. 둘째, 스스로 탱크 기술에 대한 전문가가 되어 아군 장비에서 최대한의 장점을 취했다. 셋째, 북아프리카의 사막의 지도를 암기했을 뿐 아니라, 위험을 무릅쓰고 실제로 사막 위를 비행함으로써 전쟁터의 조감도를 얻었다. 마지막으로 부하와 개인적으로 친분을 맺었다. 항상 부하들의 군기상태가 어떤지 알았으며 그들에게 기대할 만한 게 무엇인지 정확히 파악했다. 로멜은 부하나 탱크나 지형이나 적을 단순히 연구한 게 아니었다. 껍질 밑으로 파고들어 가서 그들의 생명력의 원천이나 작동원리를 이해했다. 그는 스스로 이러한 것들을 꿰뚫어보았으므로 전투 때도 평정을 유지한 채 전투 상황에 대해 의식적으로 생각할 필요가 없었다. 총체적인 상황이 그의 핏속에, 손끝에 있었다.[69]

로멜은 이처럼 철저하고 완벽한 노력 끝에 민첩해질 수 있었습니다. 민첩성을 향상시키고 전투 감각을 강화시키는 훈련을 했다는 것은 참 놀라운 대목입니다. 그의 민첩성은 항상 지형을 살피고 지도에 표시하며 연구했던 등애의 노력처럼 훈련과 노력의 산물이었습니다. 그래서 우리처럼 둔한 사람들도 희망을 품을 수 있는 것이 아닌가 합니다.

상대에 따라 전략을 달리하면
설득은 성공한다

> 공명이 막힘 없는 언변과 조리가 정연한 말로 장소를 설득시키니, 장소는 일언반구 대답할 말을 찾지 못했다.

조조의 책사 순욱의 자는 문약文若이었는데, 이름 그대로 그는 '문文'에 기초한 사람이었습니다. 유비와 여포가 결탁하자 조조의 맹장 허저가 "저에게 병력 5만 명을 주신다면 유비를 죽이고 여포의 목을 쳐서 조 승상께 바치겠습니다"라고 했습니다. 순욱은 허저의 말을 가로막으며, "허 장군께서 자신의 용맹함만 믿는 것 같으나, 용맹만으로는 불가능하고 다른 묘책을 써야 할 것 같습니다. 두 범이 서로 다투어 잡아먹게 하는 이호경식지계二虎競食之計를 쓰십시오"라고 말했습니다. 이 계획이 수포로 돌아가자 승냥이를 시켜 범을 몰아내는 방법인 구호탄랑지계驅虎吞狼之計를 쓰도록 했고 결국 유비는 서주를 여포에게 빼앗기고 말았습니다.

순욱은 허저의 말을 한마디로 무시해버렸지만 허저는 아무 말도 하지 않았습니다. 묘책에는 순욱을 따를 수 없다는 것을 잘 알고 있었기 때문

제2장 • 권력에 오르기 175

입니다. 《삼국지》의 인물들은 무략의 시대를 살았지만 말과 논리가 어떤 힘을 가지고 있는지 또한 잘 알고 있었습니다. 조조의 아들 조비는 "문장이 나라의 큰 사업이다〔文章經國之大業〕"라는 말을 남기기도 했습니다. 적절한 말로 상황을 표현하고 적절한 방향을 제시하는 것이 지도력이라면 조비의 말은 진리라 할 수 있습니다.

조비는 아버지 조조가 부하들과 대화하는 것을 항상 들었을 것입니다. 조조는 문제가 있을 때마다 문무의 측근들을 모아 대화를 나누며 문제를 해결할 방법을 찾았습니다. '말과 설득'은 문제를 해결하는 가장 일차적인 방법이었습니다. 한나 아렌트는 "정치적이 되는 것to be political, 즉 폴리스에 사는 것은 힘과 폭력이 아니라 말과 설득을 통해서 모든 것이 결정되는 것을 의미한다"라고 했습니다. 그리고 "폭력에 의해 사람들을 강제하고, 설득하기보다 명령하는 것은 사람들을 다루는 전정치적인 방식pre-political ways이며 그것은 가장이 마음대로 억압적인 힘으로 지배하는 폴리스 밖의 가정과 가족의 삶의 특징이며, 그 전제 정치가 가정의 조직에 자주 비견되는 아시아의 야만적인 제국들의 삶의 특징"이라고 말했습니다.70

적벽에서 유비와 손권이 조조를 물리친 것은 단순히 무武의 승리가 아니었습니다. 적벽이 있기까지 치열한 논쟁이 있었고 그 중심에 제갈량이 있었습니다. 제갈량은 칼 한 자루 쥐지 않고 동오로 가 조조와 싸우도록 설득했고 온갖 전략을 마련해 조조를 물리쳤습니다. 제갈량이 치열한 논전에서 승리하지 못했다면 적벽의 승리도 없었을 것입니다.

동오에서의 제갈량의 논전은 크게 선비들과의 논전, 손권과의 논전, 주유와의 논전 세 부분으로 나눌 수 있습니다. 아리스토텔레스의 수사학을 빌면, 선비들과의 논전은 '로고스logos(이성)적인 설득'이었고, 주유와의 논전은 '파토스pathos적인 설득'이었으며, 손권과의 논전은 '에토스ethos적인 설득'이라 할 수 있습니다. "옳은 것은 재판형, 이로운 것은 심의형, 아름다운 것은 과시형과 연관된다"고 한 아리스토텔레스의 유형 구분에 따라 제갈량은 선비들에게 재판을 받았고, 손권의 심의를 무사히 통과했으며, 과시형 인물 주유를 자극해 동오가 조조와 전쟁하도록 설득했습니다.[71]

제갈량은 선비들과는 치열한 명분과 이론 싸움을 통해 정면 돌파하는 정공법을 사용했지만 손권과 주유를 설득하기 위해서는 권도를 사용했습니다. 제갈량은 상대에 따라 전략을 달리해 자신의 목적을 달성했습니다. 적벽대전의 승리는 결국 이 설득을 통해 시작되었습니다. 적벽대전도 힘든 싸움이었지만 설득의 싸움은 더 힘들고 치열한 싸움이었습니다.

공명은 동오의 대신들과 치열한 논쟁을 했습니다. 미약한 유비의 세력에 대한 장소의 공격에 유비가 인의를 지키느라 부당하게 세력을 키우지 않았고 당양에서 패한 것은 자신을 믿고 따르는 수십만 백성을 버릴 수 없었기 때문이라 변명합니다. 조조의 강한 세력에 대한 우번의 지적에, 원소와 유표의 오합지졸을 모은 것에 불과하다고 말했습니다. 또 자신이 소진과 장의처럼 세객에 불과하다는 지적에 그들은 단순한 세객이 아니라 당대의 영웅호걸이었음을 언급합니다. 설종薛綜이 조조에 대해 묻자 "조조는 한나라의 역적이오"라고 잘라 말했고, 육적이 유비에 대한 의심을 말하자 유비는 황실의 후예이며 한고조처럼 입신한 사람이라 변명했습니다. 엄준嚴畯이 어느 경전을 읽었느냐고 다그치자, 이윤伊尹이나 강태공, 장량, 진평 등이 도대체 어떤 경전을 평생 공부했냐며 비웃었습니다. 정덕추程德樞가 선비들의 웃음거리가 될 것이라 비웃자, 진정한 선비는 충성을 통해 후세에 명예로운 이름을 남긴다고 반박했습니다.

　제갈량은 어떤 질문이 나올지 미리 대비했고 질문을 하는 동오의 선비들이 누구인지도 이미 파악하고 있었습니다. 제갈량은 중심을 잡고 질문들에 끌려 다니지 않고 자신의 주장을 논리적으로 잘 설명했습니다. 의심 많고 말 많은 선비들과의 논전을 잘 치른 다음 제갈량은 손권을 설득하러 갔습니다. 길을 인도한 황개나 손권은 선비들과는 다른 자들이었습니다. 그들은 이론만이 아니라 전쟁의 현장과 힘이 무엇인지도 아는 자들이었습니다.

　제갈량은 손권을 보자마자, '보통 인물이 아니구나. 감정적으로 생겨 설득으로는 안 되겠다. 질문해오면 우격다짐으로라도 감동시키고 볼 일이야'라고 생각했습니다. 제갈량은 설득과 감동의 차이를 잘 알았고 선비들과는 다른 접근이 필요하다는 것을 알고 있었습니다. 제갈량은 조조의 군세가 100만이 맞냐는 손권의 질문에 사실은 150만이라고 답합니다. 그리고 "내가 100만이라고 한 것은 강동 사람들이 놀랄까봐 그렇게 한 것입니다"라며 "능력이 모자란다고 생각되면 장군의 모사들의 중론에 따라 군대를 해산하고 갑옷을 풀어 조조의 휘하에 둘 수밖에 없는 일이 아닙니까?"라며 손권의 오기를 건드렸습니다. 그러고는 "유예주(유비)께서는 왕실의 후예요, 영재英才를 세상에 떨쳐 선비와 백성의 추앙을 받는 몸이 아닙니까? 천도가 있는 것인데 사태가 불리하다고 함부로 몸을 굽힐 수는 없는 일이 아닙니까?"라며 유비는 손권과 다르다며 다시 한 번 손권의 감정을 건드렸습니다.

　심하게 화내며 들어가는 손권을 제갈량은 이성적으로 잘 설득했습니다. 유비와 유장이 정병 1만 명을 거느리고 있고, 조조의 군사는 지쳤고 수전水戰에 익숙하지 못하며, 이길 경우 삼국정립이 가능하다고 설득했습니다. 손권은 "선생의 말을 들으니 답답하던 내 마음이 탁 트이는 듯합니다"라며 전쟁을 결정했습니다. 제갈량은 손권의 마음을 막았다가 시원하게 다시 뚫어주었던 것입니다.

이제 강동의 실력자 주유를 설득하는 일이 남았습니다. 치열한 이론으로 선비들을 설득했고 감정과 오기를 건드려 손권을 설득한 제갈량은 열정적인 주유를 또 다른 방식으로 설득했습니다. 주유는 문신들에게는 화친을, 무신들에게는 전쟁을 하겠다고 말하며 결정을 하지 못한 애매한 상황이었습니다. 제갈량을 만나서도 주유는 본심을 숨겼습니다. 제갈량은 조조는 당할 수 없는 인물이니 항복해 "처자 권속과 부귀를 보전하라"며 주유를 마구 무시했습니다. 그리고 조조가 간절히 원하고 있으니 이교二喬를 보내기만 하면 전쟁은 끝날 것이라 말해 주유의 부아를 더욱더 돋우었습니다. 대교大喬는 손책의 부인이었고, 소교小喬는 주유의 부인임을 뻔히 알았으면서 말입니다. 제갈량은 〈동작대부銅雀臺賦〉를 술술 외우며 "이교를 동남에 잡음이여, 조석을 한가지로 즐기리로다〔攬二喬于東南兮, 樂朝夕之與共〕"라는 구절을 슬쩍 끼워 넣었습니다. 주유는 흥분해 불끈 화를 내며 자리에서 일어나 조조가 있는 북쪽을 향해 욕을 퍼부었습니다. 조조는 이제 공적公敵일 뿐 아니라 주유의 사적私敵이 되었습니다.

제갈량은 동오를 완전히 설득했습니다. 깐깐한 선비들의 어려운 질문에 빈틈없이 대답했고, 나라를 책임진 지도자를 설득했고, 실제 전쟁을 지휘할 지휘관마저 설복시켰다는 것은 이미 전쟁에 승리할 방법에 대한 점검을 마쳤다는 것을 의미합니다.

전쟁은 이성과 논리, 의지와 용기, 감정과 열정, 배짱과 광기 등이 어우러진 복잡한 것입니다. 제갈량은 이를 잘 이해하고 있었고 각 항목에서 철저하게 점검받았습니다. 설득이란 진리를 통해 가능한 것이고 다양한 측면에서 설득을 했다는 것은 다양하게 점검받았다는 것을 의미합니다. 어려운 일을 앞에 두었다면 반대하는 다양한 사람들을 앞에 두고 제갈량처럼 설득해볼 일입니다. 모두 설득할 수 있다면 이제 일을 시작해도 좋다고 할 수 있습니다.

기회는
삶이 바닥을 쳤을 때 온다

> 조조가 껄껄 웃으며 말했다.
> "내가 오늘 어린놈에게 곤혹을 치렀구나."

한비자는 한의 왕족으로 권력의 획득과 유지, 그 본성에 대해 현실주의적인 진리와 주장으로 가득한 권력술의 고전인 《한비자》를 저술했습니다. 하지만 정작 그 자신은 권력술을 실천하지 못하고 모함을 받아 비참하게 죽임을 당하고 말았습니다.

그는 진나라의 승상 이사와 함께 순자荀子에게 배웠습니다. 이사는 명석하고 간지에 뛰어난 변설가였지만 한비자는 말을 더듬었습니다. 하지만 학문적인 깊이에 있어서 이사는 한비자를 도저히 따를 수가 없었습니다. 진시왕은 한비자의 〈고분孤憤〉과 〈오두五蠹〉편을 읽고 감명해, "아! 과인이 이 글을 쓴 이를 만나 그와 사귈 수 있다면 죽어도 여한이 없을 것이다!"라고 했고 한비자를 만나 크게 기뻐하며 진나라에 머물도록 했습니다.72 하지만 승상이 되어 분서갱유를 집행했던 이사는 진시황이 한비자에게 빠져 자신을 버릴 것을 염려해 그를 모함하고 옥에 가둔 후 독약을 주어 자결하게 했습니다. 이때 한비자의 나이 49세였습니다. 정치의 모략과 술수를 가장 잘 알고 있던 한비자였지만 정작 자신은 모략에 빠져 죽게 되었던 것입니다.

권력을 잘 아는 한비자도 이렇게 쓸쓸하고 비참하게 죽어갈 수밖에 없었습니다. 권력이란 이처럼 잔인하고 비정한 것입니다. 조조는 산동 지방을 차지한 뒤 난을 피해 숨어 있는 아버지 조숭을 비롯한 가족을 모셔오도록 하지만 가족은 모두 도겸의 부하들에게 처참하게 죽임을 당하고 말았습니다. 천하의 영웅 조조였지만 가족이 도륙되는 것을 막지 못했습니다. 권력과 정치의 장은 점잖은 말로 '가치의 권위적인 배분'이 이루어지는 곳이지만 무서운 비극이 언제든 이루어질 수 있는 곳입니다. 조조는 가족들과 행복하고 즐거운 삶을 살 수 있었지만 권력투쟁의 장에 들어선 이상 이런 비극을 감수할 수밖에 없었습니다.

조조는 마초의 서량군과 싸울 때 여러 번 죽을 고비를 넘기며 참담한 경험을 했습니다. 조조가 마초의 아버지 마등을 죽인 후 마초는 유비와 연맹을 맺은 뒤 대군을 이끌고 장안으로 진격했습니다. 조조의 군사들은 마초의 상대가 아니었습니다. 마초·방덕·마대가 100여 명의 군마를 거느리고 중군으로 뛰어드니 조조의 진지는 아수라장이 되었습니다. 서량의 군사들이 "붉은 도포를 입은 놈이 조조다!"라고 외치자 조조는 겁에 질려 말 위에서 붉은 도포를 벗어 던져버렸습니다. 다시 서량의 군사들이 "수염이 긴 놈이 조조다"라고 외치자 조조는 놀라서 칼을 뽑아 수염을 잘라버렸습니다. 그러자 이번에는 수염을 짧게 깎은 놈이 조조라고 군사들이 외쳤습니다. 조조는 자기의 몰골이 노출된 것을 알고 혼비백산해 도망을 쳤습니다.

그때 바로 뒤에 누군가 추격해 따라왔습니다. 조조가 머리를 돌려 바라보니 바로 마초였습니다. 조조는 간이 덜컥 내려앉았고 호위하던 장교들은 조조를 버려둔 채 뿔뿔이 도망쳤습니다. "조조야, 게 섰거라!"며 마초가 벽력같이 소리치자 조조는 질겁하고 말을 달려 도망쳤습니다. 마초가 창을 휘두르며 추격하자 조조는 급한 김에 늘어진 나뭇가지 위로 뛰어올랐습니다. 마초는 창을 던졌고 창은 아슬아슬하게 조조를 피해 나뭇가지에 박혔습니다. 마초가 급히 창을 거두는 순간 조조는 이미 멀리 달아나버렸습니다. 이때 조홍이 나타나 마초의 앞을 가로막고 조조를 구했습니다.

겨우 목숨을 건진 조조는 진영을 정비해 다시 마초와 대결했습니다. 이번에는 빈틈없는 계획으로 위하를 건너 마초의 후방 보급로를 끊으려 했습니다. 군사들이 강을 건너고 있을 때 갑자기 "뒤에 흰 도포를 입은 장군이 나타났다"는 외침을 들었는데 이미 마초는 100여 보 앞으로 다가오고 있었습니다. 조조는 혼비백산해 강으로 뛰어들었고 허저의 도움으로 배에 올랐지만 군사들이 서로 오르려고 아귀다툼을 벌였습니다. 허저는 매달린 군사들의 손가락을 칼로 내리쳐 떨어뜨리고 급히 노를 저어 도망갔습니다. 조조는 납작 엎드려 있었고 허저는 말안장을 방패 삼아 겨우 조조를 지켜냈습니다.

우리는 조조의 영광만을 보았지 이런 비참한 순간들을 별로 생각하지 않습니다. 가족이 몰살당하고 죽을 고비를 여러 차례 경험했을 때 우리 같은 범인이라면 질려서 모든 것을 내던지고 말았을 것입니다. 하지만 조조는 우리와 다른 위인이었습니다. 간신히 살아난 조조는 껄껄 웃으며, "내가 오늘 어린놈에게 곤혹을 치렀구나"라고 말합니다. 그렇게 당했지만 조조는 마초를 '어린놈'이라고 폄하해버렸습니다. 그리고 "적들이 일단은 물러갔지만 내일 반드시 다시 쳐들어올 것이니 잘 막아야 합니다"고 진언하자, "나도 이미 대비하고 있다"고 대답했습니다. 삶의 비참한 순간에 조조는 실패에 굴하지 않고 강한 의지와 지략으로 다시 일어설 준비를 했습니다.

오왕 부차에게 패배해 오나라 수도에서 3년이나 인질로 잡혀 부차의 말을 키우는 천한 일을 하고 병이 난 부차의 똥을 직접 손가락으로 찍어 맛보기까지 하고 의심을 피한 월왕 구천은 매일 쓰디쓴 쓸개를 혀로 핥고 장작더미에 누워 그 고통을 참으며 재기를 위해 몸부림쳤습니다. 부차가 아버지 합려闔閭의 원수를 갚기 위해 가시나무에 누워 잤고, 구천이 또한 치욕을 씻기 위해 쓸개를 핥았다는 와신상담臥薪嘗膽의 고사는 비참한 상황을 딛고 일어서려 몸부림친 이들의 노력에서 나온 말들입니다.73

삶은 모두 비참합니다. 빅토르 위고는 그래서 레미제라블Les Misérables, 모두가 '비참한 사람들'이라고 했습니다. 하지만 훌륭한 사람은 그 비참함에 매몰되어 넋을 잃지 않고 한걸음이라도 그 비참함에서 벗어나려 노력하는 사람들입니다. 서대원 선생은 《주역강의》에서 권력투쟁인 정치의 어려움을 이렇게 말합니다.

> 정치는 아무나 하는 게 아니다. 정치인의 삶은 일반인들의 그것과는 사뭇 다른 것이어서, 이를 좋아하거나 극복할 수 있는 사람만이 정치인으로 성공할 수 있다. 무엇이 어떻게 다른가. 나쁘게 표현하면 술수와 야합, 음모와 배신이 판을 치는 동네가 바로 정치판이고, 여기서 살아남을 수 있는 사람만이 정치를 할 수 있다는 것이 《주역周易》의 가르침이다. 다른 사람 앞에서는 크게 부르짖고 울지만[先號咷], 뒤에 가서는 웃는[後笑] 사람이 정치인이다. 이런 이중적인 모습, 이율배반에 익숙해야 정치판에서 살아남을 수 있다는 말이다.74

술수와 야합, 음모와 배신이 판을 치는 동네인 권력투쟁의 장에서 살아남기 위해서는 때로 크게 부르짖고 울지만 뒤에 가서는 웃는 일을 할 수 있어야 합니다. 조조는 껄껄 웃었지만 참담한 마음에 홀로 많이 울었을 것입니다. 삶의 바닥에서도 좌절하지 않고 조조처럼 한번 웃음으로 패배를 날려버리고 번뜩이는 눈빛으로 재기의 칼날을 벼릴 수 있는 사람만이 권력투쟁의 승자가 될 수 있습니다.

제3장

권력 지키기

격의 없이 대화하며 역린마저 숨긴다

신뢰의 타이밍,
불신의 타이밍

> 군주의 근심은 사람을 믿는 데서 비롯된다. 《한비자》

위나라의 정치인 사마의의 두 아들 사마사와 사마소는 아버지만큼이나 대단한 지략가들이었고 권력의 속성을 이해하고 있던 자들이었습니다. 그래서 그들은 아버지가 차지한 권력을 잘 유지할 수 있었습니다. 특히 둘째 아들 사마소는 한 나라를 운영할 능력이 충분했는데, 그의 특징은 '측근마저 불신한다'는 점이었습니다.

"사마소는 전략에 능한 중달의 아들인데 그러한 병법을 모를 까닭이 있겠소?"라며 강유가 경계한 적이 있는데 사마소는 아버지를 보필해 전쟁터를 누비며 정치와 전쟁과 권력에 대해 많은 것들을 배웠습니다. 그는 오히려 아버지보다 더 예리한 판단력을 보이기도 했습니다.

사마의가 파직당해 고향에 내려가 한숨만 쉬고 있을 때 사마소는 아버지의 복직을 예견하기도 했고, 제갈량과 가정전투街亭戰鬪에서 고전할 때 산꼭대기에 둔병한 적의 허점을 파악해 승리로 이끌기도 했습니다.

사마의가 15만 대군으로 서성을 공격할 때 제갈량은 단지 2,500명의 군사만 데리고 있었습니다. 제갈량은 하는 수 없이 성문을 활짝 열고 청소를 시키고 성루에 올라가 유유자적하며 휴금을 켜고 있었는데, 사마소는 군사가 없어 그러는 것을 알아차리고 공격하자고 했습니다. 하지만 사마의는, "제갈량은 평생에 조심성이 많은 인물이니 그러한 농간을 부릴 사람이 아니다"며 후퇴했습니다. 아들의 말을 들었다면 역사가 바뀌었을 것입니다.

사마의가 죽은 뒤 큰아들 사마사가 권력을 이어받았습니다. 사마사가 죽자 위주 조모曹髦는 사마소를 권력에서 배제하기 위해 도성으로 들어오지 말고 허창에 머물라 영을 내렸습니다. 하지만 사마소는 부하 종회의 충고대로 군사를 이끌고 낙양으로 진군해 권력을 다시 차지했습니다. 사마소는 강한 권력의지와 결단력을 지닌 인물이었고 권력을 지키는 방법 또한 잘 알고 있었습니다. 그는 완전무장한 3,000여 명의 용감한 장수로 앞뒤를 호위해 다녔고 독단적으로 조정의 업무를 처리했습니다. 그는 부하들과도 의사소통을 잘했는데 대단한 두 전략가 등애와 종회를 부하로 두고 있으면서도 그들을 전적으로 신뢰하지는 않았습니다. '불신의 정치'를 했던 것입니다.

사마소는 촉을 정벌할 때 등애와 종회를 함께 출정시켜 경쟁을 유도했습니다. 결국 등애가 먼저 진군해 촉을 정벌하고 승리한 등애는 교만해졌습니다. 등애는 오만하게 세세한 부분까지 지시하는 글을 주군 사마소에게 올렸지만 사마소는 불쾌함을 감추고 등애와 두 아들에게 오히려 벼슬과 상을 내려 안심시켰습니다. 등애가 더욱 오만하게, "춘추에 이르기를 나라 밖에 나간 장수는 사직을 안전하게 하고 나라를 위한 일이라면 전권專權에 의해 일을 처리해도 좋다"라는 말까지 들먹이며 주군을 무시하자 사마소는 종회에게 벼슬과 식읍을 내리고 등애를 제거하라는 밀명을 내렸습니다.

사마소가 종회를 전적으로 신뢰했던 것도 아닙니다. 종회는 고비마다 사마소를 도운 좋은 부하였습니다. 낙양으로 군사를 이끌고 가 권력을 차지하게 한 것도, 제갈탄諸葛誕의 반란을 진압하도록 도운 것도, 사로잡힌 오나라의 군사들을 학살하지 않고 방면해 사마소가 인심을 잃지 않게 한 것도 종회였습니다. 사마소는 종회를 자신의 장자방이라며 아꼈지만 의심의 시선을 거두지는 않았습니다. "종회가 뜻이 크고 높은 인물이니 혼자서 대권을 잡게 해서는 안 될 것입니다"라고 한 부하가 아뢰자 사마소는 "내가 그것을 모를 까닭이 있겠느냐?"며 웃었습니다. 그리고 "종회가 딴마음을 품는다고 해서 촉나라 백성들이 그를 돕겠느냐?"며 종회가 반기를 들 가능성까지 염두에 두고 있음을 밝혔습니다. 종회가 등애를 잡도록 지시하고 나서 사마소는 친히 등애를 정벌하러 갔습니다. 친히 정벌하러 가는 이유를 묻자 사마소는, "네가 전에 나에게 한 말을 잊었느냐? 지난날 그대는 종회가 반란을 일으킬 인물이라 하지 않았느냐? 내가 나가는 것은 등애 때문이 아니라 실은 종회 때문이다"라며 내심을 털어놓았습니다. 등애는 촉을 정벌했고, 종회는 등애를 잡았고, 사마소는 종회를 잡아 모든 것을 차지합니다.

한비자는 군주의 근심이 "사람을 믿는 데서 비롯된다"고 말합니다.

> 군주의 근심은 사람을 믿는 데서 비롯됩니다. 사람을 잘못 믿으면 그 사람에 의해 제어당하게 됩니다. 군신은 혈육으로 맺은 관계가 아니며 단지 신하는 군주의 권세에 눌려 할 수 없이 섬기고 있을 뿐입니다. 때문에 신하는 쉴 새 없이 군주의 마음을 엿보며 노리게 되니 잠시라도 방심해서는 안 됩니다.

심지어 한비자는 아들과 아내도 믿어서는 안 된다고 말합니다. 군주가 아들을 지나치게 믿으면 간신은 그 아들에게 붙어 사욕을 채우려 하기 때문입니다. 또 군주가 아내를 지나치게 믿으면 간신은 그녀와 더불어 사욕을 채우려 듭니다. 이렇듯 처자와 같이 가까운 사람도 믿을 수가 없는데, 하물며 다른 사람이야 말할 필요가 없습니다.1

사마소는 총애하는 신하마저 불신해 권력을 유지할 수 있었습니다. 그렇다고 그가 무정한 인물만은 아니었습니다. 반란을 일으킨 제갈탄의 가족의 목을 모두 베어 죽이고 삼족을 멸했지만 끝내 투항하지 않는 제갈탄의 부하들의 의리에 감동해 모두 정중히 매장해주기도 했습니다. 또 나라가 망했음에도 잔치를 벌여주자 기뻐하는 촉주 유선을 보고 "사람이 감정도 없이 어찌 저 지경인가! 설혹 제갈공명이 옆에 있어 보필했어도 힘들었을 터인데 강유인들 어찌 보필할 수 있었겠느냐?"며 공분公憤을 드러내기도 했습니다. 그가 냉정했던 것은 인간성의 문제가 아니라 무자비한 권력의 속성을 누구보다 잘 이해하고 있었기 때문입니다. 남을 잘 믿는다면 권력을 차지할 수 없고 어쩌다 차지한 권력도 남에게 빼앗기고 말 것입니다. 권력을 잡았다면 이제 불신의 눈초리로 주변을 돌아볼 일입니다.

배신은 기본이며
신의는 덤이다

내가 그를 버리지 않았는데 그가 나를 저버릴 까닭이 없다.

〈킹메이커〉는 참 재미있는 영화입니다. 영화의 원제 '디 아이즈 오브 마치The Ides of March'는 카이사르가 암살당한 3월 15일을 지칭하는 말인데, 이날은 서양에서 가장 불길한 날로 간주됩니다. 이 때문에 "Beware the ides of March"라는 말은 "흉사凶事를 조심하라"는 말로 사용됩니다. 우리나라에서도 3월 15일은 이승만 전 대통령의 부정선거일이라 좋지 않은 날입니다.

이 영화에서 상대편 선거팀과 접촉해 배신을 하려 했던 똑똑한 후배를 선배 정치인은 이렇게 꾸짖습니다.

내가 선거판에서 유일하게 중요시하는 게 바로 충성심이야. 그게 없다면 넌 무의미한 존재야. 아무도 널 찾지 않아. 정치판에서는⋯⋯ 이놈의 정치판에서는 말이야, 믿고 갈 게 그거 하나뿐이야. 그래서 널 보내는 거야. 네가 똑똑하지 않아서도 아니고 널 싫어해서도 아냐. 재능보다 믿을 수 있는 사람이 필요해. 근데 더는 네놈을 믿을 수가 없다고.

한치 앞을 예측할 수 없이 모든 것이 불확실하고, 가변적이고, 위태롭고, 배신과 권모술수가 횡행하며, 심지어 목숨까지 왔다 갔다 하는 정치판에서 믿고 갈 것이 충성심 하나밖에 없다는 말은 참 인상적입니다.

충성심이란 변함없는 우정 · 신뢰 · 신의 · 의리 등과 동일한 맥락의 말이며 대의와 결합해야만 조폭의 의리와 다른 진정한 의리가 될 수 있습니다. 그리고 충성심과 신의는 어떤 공통적인 대의명분에 대한 헌신이나 공통된 삶의 경험으로 발생하는 친애親愛에 기초하는 것입니다. 아리스토텔레스는 친애란 공통성에서 발생하는 것이라 말한 바 있습니다.

> 최악의 형태의 국가체제 속에는 친애가 가장 적게 존재한다. 즉 참주제 속에는 친애가 거의 없거나 혹은 전혀 없다. 왜냐하면 지배자와 피지배자 사이에 공통적인 것이 전혀 없는 곳에는 정의도 없으므로 친애도 없기 때문이다.[2]

이권 앞에서 공통적인 것과 친애가 있는 자가 배신을 하는 경우를 우리는 종종 경험합니다. 권력투쟁의 장에서는 더욱 그러합니다. 《삼국지》에도 배신을 하는 자들이 많이 나옵니다. 특히 여러 번 배신했다가 비참하게 죽임을 당한 자는 맹달이었습니다. 맹달은 원래 익주의 태수 유장의 장수였지만 유비에게 항복하고 공을 세워 의도태수에 임명되었습니다. 하지만 관우가 손권의 오나라 군사들에게 포위되었을 때 구원을 요청했는데도 맹달은 나서지 않아 유비에게 원한을 사게 되었습니다. 맹달은 위나라의 조비에게 투항했고 건무장군에 임명되어 좋은 대우를 받았습니다. 하지만 조비가 죽자 조정의 신하들이 시기했고 맹달은 다시 제갈량에게 투항하려 했습니다. 결국 그는 사마의에게 비참하게 죽임을 당했습니다.

맹달은 유비를 떠날 때 친절하게도 배신하겠다는 사직서를 올렸습니다. 신생申生, 오자서伍子胥, 몽염蒙恬, 악의樂毅 등은 모두 충실한 사람들이었지만 결국 부모와 주군에게 버림을 받았으므로 신하가 왕에게 반드시 신의를 지킬 필요는 없다는 글이었습니다. 맹달은 자신이 소인배小人輩에 불과하므로 "시종 여일치 못한 것(不能始終)"을 용서하라고 변명을 했는데, 이는 권력현장에서 흔히 있을 수 있는 일반적인 변명입니다.

《삼국지》에는 군신 간에 신의를 지킨 여러 아름다운 미담도 등장합니다. 앞서 보았듯이 유비와 제갈량의 신의에 대해 진수는, "유비가 나라를 받들고 태자를 보좌하는 일을 제갈량에게 부탁하되 마음에 의심이 없었던 것은 확실히 임금과 신하의 지극한 공심이며 고금을 통해 가장 훌륭한 모범이다"라고 대단한 칭송을 했습니다.3

대단한 칭송을 한 것은 이런 일이 드물기 때문이었을 것입니다. 조조의 손자 조예가 죽을 때에도 비슷한 일이 있었습니다. 조예는 사마의에게 아들을 맡겼습니다. 요동의 공손연이 반란을 일으켰을 때 사마의가 출병하는데 군량을 재촉하자 신하들은 철군을 주장했습니다. 이때 조예는, "태위 사마의는 지모가 뛰어난데다 용병을 잘하여 위기에 처하더라도 이를 극복할 사람이다. 며칠만 기다리면 공손연을 잡아올 것인데 경들이 걱정할 일이 무엇이냐?"며 강한 신뢰를 보였습니다. 조예는 사마의에게 8세의 아들 조방을 맡기며 사마의의 품에 안기라 명했습니다. 그리고 "태위께서는 어린 내 아들이 그토록 매달리는 것을 잊지 마시오"라며 눈물을 주르륵 흘렸습니다. 사마의도 함께 울었습니다.

사마의는 이 약속을 지키지 못했습니다. 물론 조상이 사마의를 배제한 것이 원인이 되었지만 사마의는 위주 조방을 허수아비로 만들고 조방도 사마의와 대적하려다 쫓겨나게 되며 사마의의 자손들은 새로운 나라를 세우고 말았습니다. 그래서 당태종 이세민은 《진서》에서 "탁월한 재능으로 문文으로 다스리고 무武로써 위세를 떨쳤고 깊은 정과 헤아림을 평가하면서도, 군사에 있어 수비만 한 것은 장수의 도를 그르쳤다고 비판하고 또한 후사를 부탁한 위나라 명제 조예의 능의 흙이 마르기도 전에 정변을 일으킨 것은 충정한 신하의 길이 아니다"라고 사마의를 비판했습니다.

　군신 간의 아름다운 의리는 제갈량의 형 제갈근諸葛瑾과 손권에게서도 볼 수 있습니다. 동오가 관우를 죽이고 형주를 차지하자 유비는 군사를 일으켜 동오를 치려 했습니다. 그때 손권은 제갈량의 형 제갈근을 사신으로 보내 화친을 요청했습니다. 하지만 유비는 일언지하에 거절했습니다. 손권의 신하 장소는, "제갈근이 사자로 유현덕에게 간 것은 촉의 군세가 강한 것을 미리 알고 화친을 맺으러 간다는 것을 핑계로 우리 동오를 배반하고 촉에 들어간 것입니다. 이번에 가면 다시는 돌아오지 아니할 것입니다"라며 제갈근을 믿지 말라고 했습니다. 유비의 군세가 워낙 강했으므로 충분히 있을 수 있는 이야기입니다. 하지만 손권은 장소에게 이렇게 말했습니다.

　"나는 자유子瑜(제갈근)와 생사를 같이하기로 맹세했다. 내가 그를 버리지 않았는데 그가 나를 저버릴 까닭이 없다. ……나는 자유와 각별한 교분을 맺고 있으니 바깥사람 어느 누구도 나와 그의 사이를 이간질시킬 수는 없을 게다."

　이 말을 마치자 제갈근이 돌아왔고 손권은, "내가 뭐라고 했느냐?"라고 웃으며 말했습니다. 임금과 신하가 생사를 같이하기로 맹세하고 "내가 그를 저버리지 않았는데 그가 나를 저버릴 까닭이 없다"라는 말을 할 수 있는 것은 참으로 아름다운 광경입니다. 악양樂羊의 아들 악서樂舒가 관리로 있는 중산국中山國을 칠 때 많은 신하들이 악양이 적과 내통하고 있다는 비난의 상소를 올렸지만 위나라의 문후文侯는 조금도 듣지 않았습니다. 악양이 승리해 돌아오자 문후는 신하들이 바친 탄핵의 상소문을 상자에 넣어 악양에게 전달했고 악양은 감동했습니다.

  권력의 세계는 앞서 이야기했듯이 늑대들이 우글거리는 곳이지만, 이런 신뢰도 가능합니다. 끝내 두 마음을 품지 않은 제갈량·제갈근 형제와 같은 부하를 둔 지도자, 손권과 위 문후와 같은 주군을 둔 신하는 정말 행복한 사람들이라 할 수 있습니다. 하지만 권력의 세계는 늘 배신이 횡행하는 곳이므로 신뢰의 행복은 '덤'이라 생각하고 늘 경계하고 대비하는 것이 더 안전한 일이라 할 수 있습니다.

부드럽게 차지하고
엄격하게 통치한다

> 훌륭한 장군은 지극히 굳으면서도 부러지지 않고, 지극히 부드러우면서도 구부러지지 않는다. 《제갈량문집》

노자老子의 《도덕경道德經》 제78장에는 "약한 것이 강한 것을 이기고[弱之勝强] 부드러운 것이 견고한 것을 이긴다"는 구절이 나옵니다. 뒤이어 "천하에 이것을 모르는 자가 없으나 아무도 잘 실천할 수 없다"라는 구절이 나옵니다.[4] 강철처럼 강하고 거친 권력의 세상을 부드러움으로 헤쳐 나가는 것은 어려운 일인데 이를 가장 잘 실천한 자는 유비였습니다. 유비는 부드러움과 눈물을 무기로 '천하의 왕'이 되었습니다.

중국에서도 눈물은 약함의 상징이었습니다. 중국에서는 남자의 눈물에 반감을 갖고, 또한 경시하며 중국 남자는 어떤 괴로움이라도 참아내고, 꿋꿋하게 자기 세계를 열어가야 한다고 가르칩니다. 그래서 중국인들은 옛날부터 눈물은 버들가지와 함께 여자의 몫으로 치부해버리고, 남자가 슬플 때의 모습을 눈물 대신 속이 시커멓게 탄 것으로 표현했습니다.[5] 하지만 남자 유비의 삶은 눈물로 가득했습니다.

사실 조조도 여러 차례 통곡을 했고 손권도 마찬가지였습니다. 비정하고 비참한 전쟁과 권력의 세계에서 모든 것을 책임진 그들의 어깨는 너무나 무거웠고 그들은 견디기 힘들 때마다 울고 또 울었습니다. 그 가운데 유비는 좀 심했습니다. 유비의 삶은 눈물로 점철되어 있었고 유비는 눈물을 강력한 무기로 사용했습니다. 유비는 손권의 누이와 결혼하기 위해 동오로 갔을 때에도 눈물을 잘 활용해 목숨을 건졌습니다.

결혼을 빌미로 유비를 인질로 삼으려 주유와 손권은 계획했지만 손권의 어머니 역할을 하고 있던 이모 오태부인吳太夫人은 이에 반대했습니다. 오태부인은 유비를 보자마자 "과연 훌륭한 내 사윗감이오!"라고 감탄을 했고 조자룡을 보자, "당양의 장판교 싸움에서 아두를 품에 안고 달렸다는 사람이 아닙니까?"라며 흥분했습니다. 이때 자신을 죽일 도부수들이 숨어 있다는 사실을 알자 유비는, "저를 죽이고자 하시면 이 자리에서 죽여주십시오"라고 통곡을 했고 오태부인은 불호령을 내려 그들을 내쫓습니다.

손권의 여동생 손부인孫夫人도 강한 여자였습니다. 신방에 들어가자 각종 칼과 창들이 꽂혀 있었고 시녀들도 모두 칼을 차고 있었습니다. 유비가 놀라 치우라 하자 손부인은 "반평생을 싸움으로 보낸 분이 병기를 무서워하시다니"라며 의아해했습니다. 하지만 둘은 궁합이 잘 맞았나 봅니다. "그날 밤 유현덕은 손부인과 함께 날이 새도록 운우의 정을 나누었다"고 되어 있으니 말입니다.

형주로 돌아가야 할 시점에도 유비는 손부인의 방으로 들어가 아무 말 없이 눈물만 흘렸습니다. 그리고 자신의 입장을 이야기하고 다시 눈물을 비 오듯 흘렸습니다. 서성과 정봉丁奉이 잡으러 왔을 때에도 유비는 "만일 부인이 내 청을 들어주지 아니한다면 나는 부인이 탄 수레 밑에

깔려 죽어 같이 지냈던 덕을 갚겠소"라며 도와달라고 손부인 앞에 가서 울면서 말했습니다. 손부인이 "너희 두 놈이 나를 모반하려 하느냐?"고 소리쳐 서성과 정봉을 쫓고 유비는 위기를 모면했습니다. "중국 여성은 남자가 흘리는 눈물을 악어의 눈물처럼 사람을 속이는 도구로밖에 여기지 않는다"6라고 하지만 손부인이 진심으로 받아들일 만큼 유비의 눈물은 간절한 것이었습니다.

조자룡을 수하에 두기 전에 그와 헤어질 때에도, 술에 취해 서주성과 유비의 가족을 잃어버린 장비가 자결을 하려 할 때에도, 유안劉安이 자신의 처를 죽여 고기로 바쳤을 때에도, 여포에게 쫓겨 삼형제가 헤어졌다가 다시 만났을 때에도, 허벅지에 붙은 살을 보며 유표에게 한탄했을 때에도(髀肉之嘆), 유표의 아들 유기와 헤어질 때에도, 유표의 죽음을 전해 들었을 때에도 유비는 울었습니다. 처음 얻은 모사 서서와 헤어질 때에도 울었고, 공명을 만나 도움을 요청할 때에는 불쌍한 백성을 들먹이며 온몸이 다 젖도록 통곡을 했습니다. 조자룡이 목숨을 걸고 아두를 구해 살아 돌아왔을 때에도, 동오에서 주지육림酒池肉林에 빠져 형주를 돌아보지 않은 것을 뉘우칠 때에도 울었고, 노숙이 형주를 돌려달라고 할 때에는 가슴을 치고 발을 구르며 거짓으로 통곡했습니다. 익주의 대신 장송張松을 떠나보낼 때에도, 익주의 유장에게 자신의 충정을 설명할 때에도, 낙봉파에서 방통을 잃었을 때에도, 관공의 초혼제에서도, 헌제의 죽음을 전해 들었을 때에도 유비는 울었습니다. 관우가 죽은 후 장비를 만나서도, 장비의 죽음을 전해 들었을 때에도, 관흥과 장포 두 조카를 보고 이미 돌아간 두 동생이 생각났을 때에도, 장비의 수급을 받았을 때에도, 장비를 죽인 범강과 장달의 수급을 받았을 때에도, 위독해 공명에게 아들과 대사를 부탁할 때에도 유비는 울고 또 울었습니다.

유비의 눈물은 단지 사적인 눈물이 아니었습니다. 그것은 공적인 눈물이라 할 수 있습니다. 조조에 쫓겨 강릉으로 갈 때 유비는 유표의 묘 앞에서 "부디 형양의 백성들을 불쌍히 여기어 보살펴주소서"라고 기원하며 울음을 터뜨렸습니다. 그 기원이 얼마나 비통하고 간절했던지 모든 군사와 백성은 함께 울었습니다. 백성들을 버리라고 하자 "큰일을 하려는 사람은 백성을 그 근본으로 삼는 것이오. 나를 믿고 따라나선 사람들을 어찌 버리라는 말이오?"라며 울먹였고 모든 백성이 감동해 함께 울었습니다. 그리고 백성과 군사들이 흩어져 소수만 남자, "수십만의 백성이 나를 믿고 따라오다 이런 변을 당했으니 다른 장수들과 노소 백성들은 다 어찌 되었는지, 비록 목석같은 인간이라 할지라도 어찌 아니 슬프리오?"라며 또 목 놓아 울었습니다.

이처럼 유비는 백성을 사랑했고 자신과 함께한 백성들이 어려운 처지에 빠지자 안타까운 마음을 이기지 못해 통곡했습니다. 백성들은 유비와 함께 울었고 유비와 일체감을 느꼈습니다. 유비의 눈물은 '공감의 눈물'이라 할 수 있고 힘든 상황을 이겨내는 용기를 샘솟게 하는 눈물이었습니다.

유비는 약함으로 강함을 이겨낸 대표입니다. 유비를 내내 보좌한 제갈량도 항우가 유방에게 패한 것이 덕德이 없었기 때문이라고 말했습니다.

> 예전에 항우는 덕에 의지하지 않는 까닭에 비록 중원을 차지하고 제왕의 세력을 지니고서도 끝내는 끓는 물에 던져지는 것과 다름없었으니, 이는 후인들이 두고두고 경계할 바로다.7

항우는 진나라 병사를 몰살시켰고, 진왕 자영을 죽였고 함양을 불살 랐으며 자신이 옹립한 의제義帝를 죽여 공포의 대상이 되었습니다. 그는 유방이나 유비처럼 백성의 사랑을 받지 못했고 오로지 강함으로 일관 하다 패배하고 말았습니다.

유비가 부드럽기만 한 사람은 아니었습니다. 관우가 헌제를 모욕한 조조를 죽이려 할 때에 말렸고, 장비가 자신의 스승 노식을 구하려 할 때에도 막을 정도로 냉정한 사람이었습니다. 자신을 도운 여포가 조조 에게 사로잡혀 목숨을 구걸할 때, "공께서는 정건양丁建陽(정원)과 동탁의 일을 잊으셨습니까?"라며 냉정하게 여포를 죽이라고 조조에게 말한 자 가 유비였습니다. 유비는 부드러웠지만 한없이 냉정할 수 있는 자였고 제갈량이 대신한 그의 정치도 덕치보다는 법치法治에 가까운 엄격한 것 이었습니다.

최명 선생은, "공명은 위대한 정치가다. 정치가로서 그는 신상필벌 · 공평무사 · 솔선수범을 으뜸으로 삼았다. 그러한 의미에서 공명은 법 가였다"라고 평하며, "형정이 준엄한데도 원망하는 자가 없는 것은 그 의 마음 씀이 공평하고 권계權戒가 분명했기 때문이다"라는 진수의 평 을 곁들였습니다.[8] 제갈량의 엄격한 정치는 《한비자》의 다음 대목을 그 대로 배운 듯합니다.

> 제아무리 어질고 높은 평판을 받는 자라 할지라도 죄가 있는 경우에는 단연 코 그 위법을 용서해서는 안 되며, 큰 과실을 사형에 처하고, 가벼운 죄라도 벌 해야 하는 것입니다.[9]

제갈량은 서천을 차지한 후 엄격한 법치를 실시했습니다. 이때 유장의 부하였던 법정法正은 살인·상해·절도만을 처벌한 한고조의 약법삼장略法三章을 언급하며 제갈량의 엄격한 정치를 비판했습니다. 이때 제갈량은 이런 글을 보냈습니다.

> 그대는 한 면만을 알고 다른 한 면을 모르시오. 진나라는 포악무도한데다 법령이 가혹하여 백성의 원망이 대단했소. 그리하여 필부조차 반기를 들어 천하의 형세가 변하였소. 고조는 이러한 상황에서 간략한 법령으로 큰 효험을 보았소. 그러나 유장은 어리석고 무능하여 아버지 유언이 통치한 이래 부자 양대에 걸쳐 조그마한 은혜나 베풀 뿐이었으니, 법령은 멋대로고 관리들은 적당주의로 일관하여 덕정의 기풍도 법령의 위엄도 모두 사라졌소.[10]

제갈량은 법으로 위엄을 찾고자 했고 이를 통해 상하 간에 모두 질서가 설 것이라 했으며 이것이 국가를 다스리는 요령이라고 말합니다. 제갈량은 '엄격한 정치'만이 국가를 유지시킬 수 있다고 믿었습니다. 그는 언제나 공평하게 법을 적용하려 노력했습니다. 그가 마속을 처벌할 때에 이런 모습이 돋보입니다.

제갈량은 마속을 형제처럼 항상 옆에 두고 가르쳤습니다. 마속과 그의 형제들은 뛰어난 자들이었습니다. 백미白眉라는 단어도 마씨의 다섯 형제(馬氏五常) 가운데 흰 눈썹을 가진 마량이 가장 뛰어난 자라는 말에서 유래합니다. 마속은 마량의 막냇동생이었는데, 제갈량이 북벌을 단행할 때 요충지인 가정街亭을 지키는 일에 자원했습니다.

하지만 마속은 진지를 도로변에 세우고 길목을 막으라는 제갈량의 지시를 어기고 산 위에 진지를 쳤다가 포위를 당해 패배하고 결국 북벌을 망치게 되었습니다. 제갈량은 정에 얽매이지 않고 마속을 베라 명했고,

마속도, "승상께서는 저를 자식처럼 보셨고 저는 승상을 아버지처럼 대했습니다. 저의 죄를 피할 길이 없습니다"라며 죽음을 받아들였습니다. 제갈량은 "너와 나의 의는 형제와 같다. 너의 아들이 곧 내 아들이니 더는 아무 말도 말라"며 통곡했고 이에 '아무리 가까운 측근이라 하더라도 엄격히 처벌한다'는 읍참마속의 고사가 생겨납니다.

사랑하는 제자 마속을 벤 후 제갈량은, "손무와 오기가 천하를 제패한 것은 법을 시행함이 공평하였기 때문이다. 국가가 분열되고 북벌이 막 시작되었는데 만약 법을 무시한다면 어떻게 적을 토벌할 수 있겠는가?"라며 그의 엄격함의 이유를 밝혔습니다.[11] 마속을 참한 후 제갈량은 북벌 실패의 원인을 자신에게 돌려 지위를 3등급 강등시킨 후, "지금부터 국가에 충성하고자 하는 이는 단지 나의 결점을 지적할 것이니, 그리한다면 안정을 찾고 적을 물리쳐 어렵지 않게 공을 세울 수 있을 것이다"라는 지시를 내리기도 했습니다.[12]

이처럼 제갈량은 스스로에게도 엄격한 사람이었습니다. 유비가 죽은 후 공명과 함께 오랫동안 고관을 지낸 이엄李嚴이 공명에게 아홉 가지 기물을 상으로 받아 왕의 지위에 오를 것을 권했지만 제갈량은 거절합니다. 이미 공은 높았지만, "위나라를 멸망시키고 조예를 베어 폐하를 낙양 옛 수도로 돌아가시게 한 후 작위를 받겠다"고 그는 말했습니다.[13]

한비자는, "군주가 총명하여 능히 엄하게 법을 받들 만한 사람을 등용하고 법이 바르게 행해진다면 반드시 그 나라는 번창하는 것이며, 법을 받드는 관서의 중요한 지위에 있는 자가 약하여 그 법을 엄하게 지키겠다는 결심이 없으면 그 나라는 약해진다"라고 했는데 이는 바로 제갈량을 두고 한 말인 것 같습니다.[14]

유비와 제갈량은 모두 부드러워야 할 때와 엄격할 때를 구분할 줄 알던 지도자들이었습니다. 제갈량의 다음의 말은 부드러움과 강함의 조화를 가장 잘 설명해주고 있는 것 같습니다.

> 훌륭한 장군은 지극히 굳으면서도 부러지지 않고, 지극히 부드러우면서도 구부러지지 않는다. 그러므로 약함으로써 강함을 제압하고 부드러움으로써 굳음을 제압한다. 오직 부드럽고 약하기만 하다면 그 세는 반드시 꺾일 것이요, 부드럽고 굳고 강하기만 하다면 그 세는 반드시 망할 것이다. 부드럽지도 굳지도 않음이 도에 합치되는 것이다.[15]

잔인하다는 비난에
마음이 흔들려서는 안 된다

> 너그러움으로 다스리기 어려울 때는 사나움을 따를 수밖에 없다. 사나움은 불이며 뜨거우므로 백성은 그것을 보고 두려워한다. 너그러움은 물이라 약해 보이므로 백성은 그것을 두려워하지 않다가 물에 빠져 죽은 자가 많다.
> **《십팔사략十八史略》**

권력을 둘러싼 싸움은 비정하고 추악합니다. 셰익스피어William Shakespeare의 《리어왕King Lear》은 권력투쟁의 어둡고 비참한 모습을 잘 보여줍니다. 리어왕이 세 딸에게 "너희 가운데 누가 나를 가장 극진히 사랑하느냐?"라고 묻자, 첫째와 둘째는 "말로 다 할 수 없을 정도로 아버지를 사랑한다"고 말했지만 막내는 "불행하게도 저는 진심을 입 밖으로 낼 줄 모릅니다. 자식의 도리로서 효성을 다할 뿐입니다"라며 덤덤하게 답합니다. 리어왕은 첫째와 둘째에게 권력을 넘겨주지만 결국 쫓겨난 뒤 미쳐 황야를 헤매게 되고 그의 충신들도 눈이 뽑히고 추방당합니다. 치정癡情 문제로 첫째 딸은 동생과 함께 죽게 되고 아버지를 구하러 온 진실한 막내딸마저 교살당하자 리어왕은 충격을 받아 죽고 맙니다. 충신 켄트는, "모든 것이 음산하고 암담하고 무섭기만 합니다"라고 읊조립니다.16 권력의 세계는 이처럼 암담하고 무섭습니다.

물론 권력투쟁을 주로 하는 정치 세계에서 따뜻한 사랑의 장면이 등장하기도 합니다. 《조선왕조실록朝鮮王朝實錄》에는 조선 초에 태종과 세종이 함께 춤을 추는 장면이 나옵니다.

> 박은朴訔이 상왕(태종)을 즐겁게 하기 위하여 일어나 춤을 추었다. 여러 사람도 이에 따라 춤을 추었다. 임금(세종)이 상왕을 부축해 일어서니 상왕이 말했다. "온 나라의 여러 신하들이 나를 이렇듯 사랑하고 있으니 무슨 말을 또 하랴. 나는 참으로 복 있는 사람이다."[17]

설날에 상왕 태종이 쓸쓸해하자 신하들이 어울려 함께 춤을 추는 흐뭇한 장면입니다. 형제들을 비롯해 많은 사람을 무자비하게 죽이고 권력을 차지했던 권력의 화신 태종도 외로움을 타는 한 인간이었습니다. 그는 사랑을 받고 있다는 흐뭇한 느낌에 피로도 잊고 행복하게 춤을 추었습니다. 권력과 사랑을 모두 가질 수 있다면 얼마나 행복할까요. 하지만 마키아벨리는 이것이 어려운 일이므로 사랑보다는 두려움을 택하라고 말합니다.

> 여기에서 또 하나의 문제를 제기하자면, 두려움을 받는 것보다 사랑받는 것이 좋은가, 아니면 사랑받는 것보다 두려움을 받는 것이 좋은가 하는 점이다. 우리는 두 가지 다 되는 것이 바람직하다고 말할 수 있을 것이다. 그러나 사랑과 두려움을 동시에 받는 것은 어렵다. 만약 우리가 둘 중에 어느 하나를 택하지 않으면 안 된다고 한다면 사랑받는 것보다는 두려움을 받는 것이 훨씬 안전하다.[18]

리어왕은 사랑을 선택해 딸들에게 권력을 넘겨주었고 결국 황야를 떠도는 광인이 되어야 했습니다. 하지만 태종은 달랐습니다. 그는 세종에게 양위를 했지만 병권은 넘기지 않았습니다. 병조참판 강상인姜尙仁이 세종에게 군사업무를 보고하자 옥사를 일으켜 죽이고 군권의 상징인 상아패象牙牌와 오매패烏梅牌를 세종에게 넘겨 세종을 시험하기도 했습니다. 그리고 세종의 장인 심온沈溫마저 연루시켜 죽였습니다.

태종은 두려움의 왕이었지 사랑의 왕이 아니었고, 마키아벨리가 가장 좋아할 만한 왕이었습니다. 마키아벨리는 "인간이란 대체로 은혜를 모르고 변덕스러우며 허위적이고 위험을 피하려고 고심하며, 이익 앞에 탐욕스러운 존재이니 언제든 군주에게서 등을 돌릴 수 있으므로 다른 안전 대책 없이 그들의 선언에 전적으로 의존했던 군주는 몰락하고 만다"고 말합니다.19 안전 대책은 말할 것도 없이 '두려움'입니다.

이 구절을 가장 좋아할 만한 사람은 역시 조조입니다. 조조는 관용과 잔인함을 번갈아 사용할 줄 알던 인물이었습니다.

태의 길평이 국구인 동승과 함께 조조를 암살하려다 발각되자 조조는 잔인하게 고문했습니다. 힘센 옥졸 20여 명을 불러 두들겨 패니 길평의 살이 찢어져 피가 흥건히 고였습니다. 조조는 길평을 치료하고 나서 다시 치라고 명했고 기절하자 얼굴에 물을 뿌리고 또다시 쳤습니다. 조조가 그에게 손가락이 왜 하나가 없냐고 묻자 길평은 "역적인 네놈을 죽이기로 맹세하여 내 이로 깨물었다"라고 대답했고 조조는 나머지 아홉 손가락을 자르라고 명했습니다. 고통을 참다 못한 길평은 머리를 댓돌에 부딪쳐 자결하고 말았습니다. 조조는 동승의 딸 동귀비를 죽였고 자신을 시해하려 했던 복황후를 몽둥이로 쳐 죽였으며 황후 소생의 두 아들을 독살시키고 황후의 종친 200여 명은 모두 시장 바닥에 끌고 나와 죽였습니다. "이에 조야의 모든 사람이 놀라고 두려워했다"고 《삼국지》는 적고 있습니다. 조조는 두려움의 대상이 되는 것이 더 안전하다는 것을 아는 사람이었습니다.

조조 역시 사랑받는 것이 얼마나 행복한지 잘 알고 있었습니다. 원소와의 싸움을 거의 마무리해 하수 상류에 진을 치고 있을 때 100세가 넘는 노인과 백성들이 조조를 환대했고 조조는 좋아서 빙그레 웃으며 노인들에게 술과 음식을 제공하고 값비싼 비단을 내렸던 적이 있습니다.

조조가 여포를 치고 서주를 지날 때에도 백성들은 향불을 피우고 일행을 맞이했습니다. 조조는 기뻐했지만 그것은 조조가 아니라 유비를 위한 것이었습니다. 백성들은 유비에게 서주 목사를 맡게 해달라고 조조에게 간청했습니다. 조조는 애초에 두려움의 대상이었고 유비는 사랑의 대상이었습니다. 조조는 주로 엄격함과 힘으로 천하를 얻었고 유비는 관대함과 덕을 무기로 세력을 확대했습니다.

허창에서도 비슷한 일이 벌어졌습니다. 헌제는 유비가 아저씨뻘임이 밝혀지자 크게 기뻐하며 유비에게 절을 했고 좌장군 의성정후의 벼슬을 내리고 잔치를 베풀어 유비를 대접했습니다. 이때부터 유비는 유황숙, 즉 '황제의 아저씨'라는 대단한 별명을 가지게 되었습니다. 유비는 백성과 황제의 사랑을 한껏 받았습니다. 그의 자字가 현덕玄德인 것처럼 '그윽한 덕'이 있었나봅니다. 내시 가문의 더러운 피라 비난받던 조조는 얼마나 부러웠을까요. 유비는 원래 인정이 많았고 그래서 많이 울기도 했고 따뜻한 사랑으로 사람들을 감싸 안았습니다. 조조는 실력으로 사람들을 한데 모았지만 유비는 끈끈한 정으로 사람들을 결속시켰습니다.

하지만 유비의 방식은 위험하다고 마키아벨리는 충고합니다.

> 군주는 그의 신하들을 결속시키고 복종하도록 하기 위해서는 잔인하다는 비
> 난에 마음이 흔들려서는 안 된다. 지나칠 정도로 많은 자비심을 베풀어 혼란
> 상태를 초래하고 마침내 약탈과 유혈 사태를 빚게 하는 군주에 비하면, 가끔
> 잔인함을 보여 무질서를 진압하는 자가 결과만을 볼 적에 보다 더 자비롭게
> 보인다. 그 이유는 군주의 가혹함은 단지 소수의 개개인을 해치는 데 지나지
> 않으나, 전자의 경우는 나라 전체를 해치게 되기 때문이다.[20]

마키아벨리에 따르면 조조는 잔인함으로 소수의 개개인을 해치는 정도였지만 유비는 사랑을 빙자해 나라 전체를 위태롭게 했습니다. 사랑하는 동생 관우에 대한 복수로 유비는 동오를 공격해 나라 전체가 기우는 패배를 했기 때문입니다.

두려움의 대상만 되고 사랑을 받지 못하는 것은 참으로 안타까운 일입니다. 하지만 파스칼Blaise Pascal은 "나는 아름답다. 그러므로 나를 무서워해야 한다. 나는 힘이 강하다. 그러므로 나를 사랑해야 한다는 말은 틀린 것이며 압제적이다"라고 말했습니다. 그리고 "강한 자, 아름다운 자, 지혜로운 자, 경건한 자 등, 여러 가지의 방들, 그들 가운데 각자가 자기의 방에서 지배하며 다른 곳에서는 지배하지 않는다"며 사랑과 두려움을 혼동해서는 안 되며 양자를 다 얻으려 하는 것은 '압제'라고 말했습니다.[21]

조조의 참모 순욱은 "천자께서 유비가 자기의 숙부뻘이 되는 것을 안 사실이 명공께 조금도 도움이 되지 아니할 것이니 그것이 걱정입니다"라며 유비를 죽이라고 했습니다. 순욱은 '두려움의 영역'인 권력에 '사랑'이라는 낯선 힘을 가지고 들어온 유비를 걱정했습니다. 하지만 조조는 유비를 풀어주었습니다. 늑대들의 싸움에서 유비의 방식이 통할 리

없었습니다. 그는 사나운 자신의 방식에 대한 강한 확신이 있었을 것입니다. 조조는 유비의 사랑이 진정한 사랑이 아니라 위선일 수 있고, 유비가 거리낌 없이 권도를 사용하며 엄격한 정치를 한 제갈량이나 방통과 결합하리라고는 생각하지 못했습니다. 유비도 본질적으로 자신과 다를 바 없는 인물이라는 사실을 조조가 미리 깨닫지 못한 것이 문제였습니다.

사나움은
관용으로 보완한다

> 관용으로 사나움을 구제하고, 사나움으로 관용을 구제한다. 정치에서는 이 것을 조화롭게 행해야 한다. 《십팔사략》

유비는 "조조가 포악하게 굴면 나는 어질게 대해야 하며, 속이는 행동을 하면 나는 충직하게 행동하여 조조와 반대로 처신해야 일을 성취할 수 있을 것이다"라고 말했습니다. 그래서 자신은 '인덕의 인물'로 보이려고 많은 노력을 했습니다. 하지만 유비의 말과는 달리 조조가 단순히 포악하기만 한 사람은 아니었습니다. 그는 자주 관용을 보여주기도 했습니다. 조조는 유비를 죽이지 않았고 관우와 조자룡도 살려주었습니다.

조조가 원소를 토벌할 때 부역을 거부한 자들은 자수하더라도 용서하지 말라는 명을 내렸는데 한 백성이 자수를 한 적이 있었습니다. 조조는 동정심이 생겨서 차마 죽이지 못해, "만약 너를 받아들이면 법을 어기는 셈이 되고, 만일 너를 죽이면 자수하여 죄를 시인한 사람을 죽이는 셈이 되니, 돌아가 깊숙한 곳에 몸을 숨겨 관리들에게 붙잡히지 않도록 하라"며 놓아주었습니다.[22] 조조는 자가당착의 어려운 상황을 벗어날 수 있는 지혜가 있었습니다.

역사상 위대한 관용을 보여준 지도자는 카이사르였습니다. 귀족들의 지나친 권력에 대한 불만과 정치 개혁에 대한 인식이 점점 높아지면서 평민들도 투쟁을 위해 스스로 조직을 꾸리기 시작하는 상황에서 카이사르는 평민의 편에 서서 귀족 세력과 전쟁을 벌였고 언제나 관용을 베풀려 노력했습니다.[23] 그는 내전을 막기 위해 노력했고, 군사지휘권을 박탈하려 할 때에도, 폼페이우스Magnus Gnaeus Pompeius가 독재관이 되려 했을 때에도, 군대해산을 요구받을 때에도 저항하지 않았고 갈등을 피하기 위해 폼페이우스와 자신이 동시에 군대를 해산하자는 의견을 내놓기도 했습니다.[24] 그는 항복한 사람들을 대부분 살려주었고 자신에게 대적한 브루투스Junius Brutus, 카시우스Cassius Longinus, 마르켈루스Claudius Marcellus 등을 모두 용서하고 관직에 임명했습니다.[25] 그는 사면권을 주자는 법안에도 찬성연설을 했고, 동시대 다른 인물들보다 탁월했던 한 가지 특징인, 관용이라는 덕목을 구현한 인물이었습니다.[26]

카이사르의 관용은 너무나 철저했는데, 그는 종신 독재관으로 취임하자 자신의 호위대를 해산시키고 무방비 상태나 다름없는 차림으로 로마 시내를 아무렇지도 않게 돌아다녔습니다. 그는 "카이사르를 적대시하는 사람은 원로원에게도 적이다. 그 적으로부터 카이사르의 몸을 지켜줄 것을 맹세한다"고 원로원에서 맹세하도록 했지만 두 달 후 자신이 용서한 브루투스 이하 열네 명의 원로원 의원에게 살해당하고 말았습니다.[27]

조조도 이와 유사한 관용을 베풀었던 적이 있습니다. 원소가 패해 도망간 후 조조는 원소의 진영에서 편지 한 뭉치를 발견했습니다. 놀랍게도 그 편지들은 조조의 부하들이 원소와 내통한 내용을 담고 있었습니다. 좌우의 부하들은, "밀서를 주고받은 놈들을 일제히 가려내어 죽여 버리십시오"라고 말했지만 조조는 고개를 흔들며 "이건 원소의 군사는 강했고 우리는 그들을 막아내지 못할 상황에서 저지른 일이 아니냐!" 며 밀서를 모두 불태우도록 한 뒤 다시 거론하지 말라는 엄명을 내렸 습니다.

《삼국지》에는 불구대천不俱戴天의 원수를 용서한 관용도 등장합니다. 불구대천지수不俱戴天之讐 혹은 불공대천지수不共戴天之讐는, '함께 하늘을 지고 살 수 없는 원수', 아버지를 죽인 원수를 말합니다. 아버지의 원수 는 반드시 갚아야 합니다. 조조는 서주의 백성들을 모조리 잡아 죽여 아 버지의 원수를 갚으려 했고, 마초는 아버지 마등의 원수를 갚으려 조조 와 싸웠으며, 태의 길평의 두 아들도 조조에게 원수를 갚으려 했습니 다. 관우의 아들 관흥, 장비의 아들 장포 역시 아버지의 원수를 갚으려 경쟁적으로 적과 싸웠고, 등애의 아들 등충도 아버지를 죽인 적과 싸우 다 죽었습니다.

손권의 부하 감녕甘寧과 능통凌統은 불구대천의 원수지간이었습니다. 조조의 진영인 황조의 부하였던 감녕은 활을 쏘아 손권의 부하이자 능 통의 아버지인 능조를 죽였습니다. 후일 감녕은 황조의 목을 베어 손권 에게 바치고 투항했습니다. 손권은 잔치를 베풀었고 술이 몇 순배 돌자 능통이 통곡하며 감녕을 죽이려 합니다. 손권은, "감녕이 그대의 부친 을 죽인 것은 황조의 휘하에 있었기 때문이다. 어찌 주인을 위하여 힘을 다하지 않을 수 있었겠느냐? 이제 한집 사람이 된 마당에 옛 원수였던 것을 생각하면 되겠느냐? 모든 일을 나를 봐서 참아라"며 달래었지만 능통은 통곡하며 눈을 부릅뜨고 감녕을 노려보았습니다.

이후 손권이 완성을 평정한 후 잔치를 베풀었을 때 능통이 칼춤을 춘다며 감녕을 죽이려 하자 감녕도 일어나 대적했고 여몽이 칼과 방패를 들고 두 사람을 갈라놓았습니다. 손권이 깜짝 놀라 연회장에 달려왔고, "내가 두 사람에게 옛날의 원한을 잊으라 했는데 오늘같이 즐거운 날 이게 무슨 꼴이냐?"며 감녕과 능통을 꾸짖었습니다. 능통은 원한을 잊을 수 없었던지 땅에 엎드려 손권에게 절하며 통곡했고 손권은 눈물을 거두라고 위로했습니다. 이후에도 두 사람은 손권 앞에서 무기를 들고 싸움을 벌였고 손권은 또 만류합니다.

그러던 가운데 능통은 조조의 군사들과 싸우다가 말이 화살에 맞아 말에서 떨어졌고 조조의 부하 악진樂進이 능통을 찌르려 달려들었습니다. 그때 어디선가 날아온 화살이 악진의 얼굴에 명중해 악진은 피투성이가 되어 말에서 떨어져 나뒹굴었습니다.

진에 돌아온 능통은 손권에게 절하며 살려주어 고맙다고 사례했습니다. 그러자 손권은 빙그레 웃으며, "활을 쏘아 그대를 구한 사람은 감녕이다"라고 말했습니다. 능통이 감녕을 여러 차례 죽이려 했지만 감녕은 능통의 목숨을 살렸던 것입니다. 능통은 감녕에게 머리를 굽혀 절하며 "공께서 이같이 저를 구해주실 줄은 꿈에도 생각지 못했습니다"라고 감사해했습니다. 이후부터 능통과 감녕은 가까이 지내면서 다시는 서로 악의를 품지 않았다고 합니다.

불구대천의 원수가 은인이 된 감동적인 장면입니다. 두 사람도 훌륭했지만 그들을 화해시키려 무던히 애를 쓴 손권도 대단한 사람이었습니다. 대립과 갈등을 완화하고 대화와 타협을 위해 가장 필요한 것은 바로 용서와 관용입니다. 물론 모든 것을 다 용서할 수는 없습니다. 공자도 "관용과 사나움은 서로를 구제해야 한다"는 관맹상제寬猛相濟의 정치를 주장했습니다.

관용의 정치를 하면 백성들은 위축된다. 방만해진 백성들을 채찍질할 수 있는 것은 사나움의 정치다. 사나운 정치를 하면 백성들은 곧 위축된다. 백성들이 위축되면 관용을 베풀어야 한다. 관용으로 사나움을 구제하고, 사나움으로 관용을 구제한다. 정치에서는 이것을 조화롭게 행해야만 한다.[28]

송태종宋太宗도 "나라를 다스리는 길은 관용과 사나움의 중간을 취하는 데 있다"는 명언을 남겼지만, 사실 사나움의 정치보다 관용의 정치는 더욱 어려운 것입니다. 그래서 정鄭나라의 정치가 자산子産은 자신의 후계자 자대숙子大叔에게 이렇게 말했습니다.

너그러움으로 다스리기 어려울 때는 사나움을 따를 수밖에 없다. 사나움은 불이며 그것은 뜨겁다. 백성들은 그것을 보고 두려워한다. 너그러움은 물이라 약해 보이므로 백성들은 그것을 두려워하지 않다가 물에 빠져 죽은 사람들이 많다. 그러니 그대는 다스리기 어려운 관용으로 백성을 다스리지 말라.[29]

자대숙은 자산의 말을 새기지 못해 후일 후회했습니다. 권력의 현장은 관용보다 사나움에 가깝습니다. 그렇기에 관용이 더욱 빛을 발하는 것이 아닐까 합니다. 그러나 관용을 베풀더라도 카이사르처럼 무장까지 해제해서는 안 됩니다. 여러 차례 관용을 베푼 조조는 결코 무장을 해제한 적이 없었음을 잊지 말아야겠습니다.

거대한 댐은
작은 구멍 때문에 무너진다

바로 눈앞에 있는 것을 살피다보면 멀리 떨어져 있는 것을 볼 수 없고, 멀리 떨어져 있는 것을 살피다보면 바로 눈앞에 있는 것을 볼 수 없다. 《자치통감資治通鑑》

늑대들이 우글거리는 세상에서 당하지 않으려면 눈을 크게 뜨고 조밀하고 철저하게 따지고 또 따져보아야 합니다. 큰 줄기, 즉 대체에 충실하면서도 조밀하게 따지며 확인하는 일을 게을리하지 않았던 사람은 제갈량입니다.

제갈량은 사마의가 방어 위주의 전략으로 싸움에 응하지 않자 장례용 두건과 여자의 소복을 보냈습니다. "당당히 자웅을 겨룰 일이거늘, 토굴 속에 숨어 싸움을 피하니 그대가 부녀자와 다를 것이 무엇이 있겠는가?"라는 비난이었습니다. 사마의는 화가 났지만 태연히 껄껄 웃으며, "공명은 밤에 잠도 잘 잘고 먹기도 잘하느냐?"라고 묻습니다. 사자가 "승상께서는 밤늦도록 잡무 처리를 직접 하시고 20대 이상의 태형은 손수 집행하십니다. 잡수시는 식사는 몇 수저 정도밖에 안 됩니다"라고 대답하자 사마의는, "일은 번거로워 머리가 아프고 식사도 적게 한다니

오래 살지 못하겠구나"라고 말합니다.

사마의의 말은 사실이었습니다. 공명은 격무에 시달려 건강이 좋지 않았습니다. 공명은, "그자가 나를 깊이 꿰뚫어 보고 있구나!"라고 탄식했습니다. 주부 양옹楊顒은, "제가 보기에 승상께서 직접 장부를 검열하시는데 이는 불필요한 일이 아닌가 합니다"라며 지나치게 조밀하게 확인하는 것은 문제가 있다고 비판을 하며 병길丙吉과 진평의 예를 들었습니다.

"재상은 자잘한 일은 돌보지 않는다"고 처음 분명하게 말했던 인물은 한나라 선제 때의 승상 병길입니다.30 그는 살인 사건을 거들떠보지도 않고 지나쳤고 소에게만 관심을 보였는데, 살인은 담당하는 관리가 따로 있지만 소의 숨소리는 음양의 부조화와 연관된 문제이므로 재상의 문제이기 때문이었습니다. 한나라의 재상 진평도 범죄 건수와 재정 문제를 잘 몰랐는데, 그것은 재상이 사소한 문제에 관여하지 않는다는 관념에서였다고 합니다.

'대체를 아는 재상'과 '번거롭기 만한 재상' 사이의 논쟁은 이후 끊이지 않았는데, 북송 때 《자치통감》을 편찬한 사마광司馬光은 "바로 눈앞에 있는 것을 살피다보면 멀리 떨어져 있는 것을 볼 수 없고, 멀리 떨어져 있는 것을 살피다보면 바로 눈앞에 있는 것을 볼 수 없다"며 "재상은 오로지 큰일에만 신경을 써야 한다"고 했습니다.31

제갈량은 재상으로서 대체의 정치를 하지 않고 조밀한 정치를 한 것이었습니다. 하지만 이유가 있었습니다. 양옹의 비판을 듣고 있던 제갈량은 눈물을 흘리며, "내가 그걸 모르는 것이 아니다. 오직 선제께서 후제를 보필할 중임을 맡기셨으니 다른 사람에게 맡겼다가 혹시 내 정성만 못하지 않을까 걱정되어 직접 간섭하는 것이다"라고 말했습니다. 유비가 맡긴 막중한 대사를 남에게 맡길 수 없어서 그랬던 것입니다. 제갈량은 북벌의 대업을 완수하지 못하고 후계자 강유에게 넘기는데, 진수는 강유에 대해 이런 총평을 남겼습니다.

> 강유는 문무를 두루 갖추고 공명을 세우려는 뜻이 있었지만 병사들을 경시하고 병력을 남용했으며, 분명하게 결단을 내렸지만 조밀하지 못해 결국 죽음에 이르렀다.32

진수의 평가에 따르면 강유는 좀 경박한 인물이었고, 과감한 면은 있지만 조밀하지 못해 결국 실패했던 것입니다. 사실 강유에 대한 평가는 분분한 것 같습니다. 극정郤正은 "강유처럼 배우기를 좋아하여 게으르지 않고, 청렴하고 소박하여 절약하는 인물은 한 시대의 모범입니다"라고 극찬을 했습니다.

하지만 강유는 전쟁을 수행할 때 많은 허점을 보였습니다.33 늘 대규모로 출병하려다 비의費禕가 번번이 그것을 제지시켜 병력이 만 명에 지나지 않았던 열악한 상황 탓도 있겠지만 그는 여러 대목에서 조밀하지 못하고 성급한 모습을 보였습니다.34 하후패가 위나라의 두 젊은이 종회와 등애를 '심히 두려운 존재'라고 말했을 때에 강유는, "그까짓 어린 유생이 뭐가 문제요!"라며 일축했습니다. 강유는 정치가의 첫 번째 덕목인 '신중함'이 부족했습니다. 강유는 그 어린 등애에게 여러 차례 패배를 당하고 종회에게 결국 항복하게 되었습니다.

강유는 또한 후주 유선에게, "지금 사마의 부자는 전권을 휘두르고 있으며 조방은 나약한 인물이니 위국은 위태롭습니다"라고 말했는데, 이는 사마의가 제갈량도 당하지 못한 대단한 책략가였다는 점을 감안하지 않은 말입니다. 비의는 "때를 기다리고 함부로 움직이지 마십시오"라며 설득했지만 강유는, "그렇지 않소. 인생은 날아가는 화살과 같은데 그렇게 시간만 보내다가는 어느 세월에 중원을 회복한다는 말이오?"라며 일을 서둘렀습니다.

 강유는 서쪽의 만족蠻族인 강인羌人들과 동맹을 맺어 위나라를 함께 공격할 계획을 세웠지만 강병의 동의를 얻기도 전에 출정해 위나라의 장수 진태와 곽회의 철저한 대비에 당해 부하들 태반을 잃고 제갈량이 개발해 전수해준 연노법連弩法(쇠뇌 하나에 열 발의 화살을 일시에 쏘는 방법)을 통해 겨우 위기를 면했습니다. 결국 강유는 수만 명의 부하를 잃고 패잔병을 이끌고 한중 진지로 회군할 수밖에 없었습니다.

 제갈량은 강유를 후사로 삼았지만 강유는 제갈량의 신중함도, 여러 수를 내다보는 혜안도, 적에 대한 깊은 이해도, 그리고 대세를 살펴보는 전체적인 안목도 제대로 배우지 못했습니다. 진수의 평가대로 그는 조밀함이 부족해 실패하고 말았습니다. 청조清朝 강건성세康乾盛世를 연 강희제康熙帝는 자신의 조밀한 정치 방식에 대해서 이렇게 말한 바 있습니다.

> 옛사람들은 늘 '제왕은 큰 줄기만 잡으면 그만이지 세세한 사무까지 아울러 총결할 필요는 없다'고 했지만 짐은 그렇게 생각하지 않는다. 한 가지 일이라도 부지런하지 않으면 사해가 근심스러워지고, 한순간이라도 부지런하지 않으면 100년 후가 걱정스러워진다. 세세한 일이라도 힘쓰지 않으면 끝내는 큰 덕에 누를 끼치게 된다. 그렇게 때문에 짐이 매사에 꼼꼼하게 신중을 기하는 것이다.[35]

제갈량과 강희제는 작은 구멍 하나로 거대한 댐이 무너질 수 있다는 것을 알고 있던 사람들이었습니다. 늑대들은 우리의 작은 허점을 항상 노리고 허점이 보이는 순간 예리하게 파고들어 우리를 파멸시키려 합니다. 조밀하고 철저하게 확인하고 또 확인해야 권력을 지킬 수 있습니다.

두꺼운 얼굴과
검은 마음으로 무장한다

▎군사軍師는 적을 속이는 것을 싫어하지 않는다.▎

 결국 권력을 차지하는 자들은 《한비자》에 등장하는 자지子之와 같은 자들입니다. 자지는 연나라의 왕 자쾌子噲가 현인을 좋아한다는 것을 알고 스스로 무욕하고 청렴한 것처럼 가장해서 접근한 다음, 성군 요순은 왕위를 덕 있는 사람에게 넘겨주었다고 충동질해 자신에게 왕위를 넘기도록 유도했습니다. 자쾌는 형식적으로 그렇게 했지만 "왕의 명이 떨어지기가 무섭게 사양하지 않고 양위를 고맙게 받겠다"며 자지는 왕위를 차지하고 말았습니다.36

 자지는 대단한 자였습니다. 그는 두꺼운 얼굴로 자신을 현인처럼 위장할 수 있는 사람이었습니다. 늑대천하에서 이런 포커페이스Poker Face는 필수 덕목입니다. 《삼국지》 최고의 포커페이스는 단연 유비였습니다.

 이 방이 나붙었을 때, 탁현에는 또 한 사람의 영웅이 웅지를 펴고 있었다. 그는 공부는 그다지 좋아하지 않았지만 성질이 온화하고 관대하였으며 좀처럼 속마음을 겉으로 내보이지 않았다. 심지어 그의 얼굴에서는 희로애락조차 읽을 수가 없었다. 그는 평소에 큰 뜻을 품은 바 있어 영웅호걸과 사귀기를 좋아했다.

유비는 속마음도 희로애락도 읽을 수 없는 두꺼운 얼굴의 소유자였습니다. 이런 후안厚顔을 가지고 유비는 의심을 불식시킬 수 있었습니다. 서주의 도겸도, 형주의 유표도, 익주의 유장도 유비의 깊은 속내를 알 수 없어 성을 내주고 말았습니다. 유비와 같은 자에게 가장 강력한 면죄부를 준 사람은 이종오李宗吾였습니다. 그는 이른바 《후흑학厚黑學》을 제시했는데, 과거 영웅호걸들은 당연히 하나의 비결이 있을 것으로 생각하고 고민하던 중에 교장이 되었고, 교장실에서 잠을 자다가 우연히 조조와 유비, 손권 등을 떠올리게 되어 침상을 두드리고 일어나면서 쾌재를 부른 대단한 발견을 했습니다. 이종오는 이렇게 외쳤습니다.

"생각해냈다. 생각해냈어. 고대의 이른바 영웅호걸들은 뻔뻔하고 음흉한 자들에 불과했다는 사실을."37

그는 영웅들은 두꺼운 얼굴과 검은 마음, 즉 후흑厚黑을 가지고 있었는데, "속마음이 시커먼 것이 참으로 이루 말할 수 없을 지경에 달한 자"로 조조를 꼽았습니다.

삼국의 영웅 가운데 우선 조조를 보자. 그의 특징은 속마음이 온통 시커멓다는 것이다. 그는 여백사를 죽인 데 이어 공융과 양수, 동승, 복황후, 그리고 황자를 죽였다. 그러면서 모질게 뒤도 돌아보지 않고 이같이 장담했다.
"내가 남에게 버림을 받느니 차라리 내가 먼저 버리리라."38

그리고 후흑을 가진 다음 인물로 유비를 꼽았습니다.

> 그는 조조를 비롯해 여포와 유표, 손권과 원소 등에게 붙으면서 이쪽저쪽을 오갔던 인물이다. 그러나 그는 남의 울타리 속에 얹혀살면서 이를 전혀 수치로 생각지 않은 것은 물론 울기도 잘했다. 《삼국지연의》의 작가는 그를 다음과 같이 생생하게 묘사했다.
> "그는 해결할 수 없는 일에 봉착하면 사람들을 붙잡고 한바탕 대성통곡해 즉시 패배를 성공으로 뒤바꿔놓았다."
> 그래서 "유비의 강산은 울음에서 나왔다"는 속담이 나왔는지도 모른다.39

이종오의 이런 평가는 사실이었습니다. 유장에게 서천을 빼앗는 대목을 보면 이런 유비의 후흑이 잘 나타납니다. 유비는 이미 서주와 형주에서도 인의군자仁義君子를 표방하며 위선을 떨다가 은근슬쩍 차지했습니다. 서천에 입성할 때에도 백성들이 길가에 나와 향을 사르고 엎드려 절하며 맞이하니, 유비는 백성들을 따뜻하게 위로하며 인의군자로 나타났습니다. 착하고 순진한 유장을 처음 만난 유비는 형제지간의 정을 나누었고, 눈물을 흘리며 자기의 충정을 말했습니다. 여러 사람이 유비의 위선을 지적했지만 유장은 "우리 형님께서 어찌 두 마음을 품겠느냐?"라고 무시했습니다.

이때 이미 유비의 진영에서는 현실주의자 방통을 중심으로 유장을 죽일 계책이 논의되고 있었습니다. 위연은 검무를 추다가 유장을 죽이려 했습니다. 유비는, "또 이곳에 와서 아직 신의도 얻기 전에 그러한 일을 저지르면 위로는 하늘이 용서하지 아니할 것이며 아래로는 백성들의 원망을 듣게 될 것이오"라며 정도를 가려 했습니다. 유비의 말은 신의를 얻고 백성들의 원망이 없다면 얼마든지 유장을 죽일 수 있다는 말이기도 합니다. 유비는 '군주가 되려는 야심을 숨긴 군자'였습니다.

유장이 대접을 제대로 하지 않자 유비는, "나는 그를 위해 애썼는데 양곡을 산더미같이 두고서도 내 군사를 굶겨 죽이려 하다니?"라며 유장의 편지를 찢고 흥분했습니다. 방통은, "전에는 인의를 중히 여기더니 이번에는 편지를 찢으며 노하셨으니 전에 베풀었던 인의가 수포로 돌아갔습니다"라며 이런 유비를 비웃었습니다. 방통만은 유비의 후흑을 정확히 알고 있었던 것입니다.

결국 마초마저 유비에게 투항하자 착한 유장은 유비에게 항복했습니다. 유비는 "내가 인의를 행할 줄 모르는 바 아니지만 사태가 부득이 이렇게 되었으니 어찌하겠소!"라며 유장에게 겸연쩍어 했습니다. 그는 최소한의 양심은 가진 자였습니다. 아무것도 모르는 착한 백성들은 길에 향과 꽃을 뿌리고 등불을 밝혀 유비를 맞아들였습니다.

유비는 이처럼 '후흑의 도'를 잘 실천해 나라를 세운 자였습니다. 진수에 따르면 유비는 한고조 유방의 풍모를 지닌 자였습니다. 유방이 역발산기개세力拔山氣蓋世 항우를 이긴 것도 후흑 때문이었습니다. 한신은 항우를 부인지인 필부지용婦人之仁 匹夫之勇이라 일컬었습니다. 부인지인이란 곧 불인不忍을 참지 못하는 것, 즉 속마음이 시커멓지 못한 것이며, 필부지용이란 수모를 참지 못하는 것, 즉 뻔뻔하지 못한 것이며 항우는 이 때문에 실패했다고 이종오는 지적했습니다.[40] 항우가 유방에게 결전을 요청하자 유방은 "나는 지혜를 다툴 뿐 힘을 다투지 않소이다"라고 웃으며 사례했고(笑謝), 홍구鴻溝를 경계로 천하를 양분하기로 강화를 맺었습니다. 항우는 유방의 부친과 아내를 송환하고 후퇴했습니다. 하지만 유방은 갑자기 맹세를 깨고 대병을 이끌고 항우의 뒤를 쫓아 오강에서 죽이고 말았습니다. 이종오는, "이것이 속마음이 시켜먼 것이 아니고 무엇인가. 고로 후흑구국은 나라를 구할 수 있는 유일한 묘책이다"라고 말했습니다.[41]

《후흑학》은 1911년 중국에 발표되자마자 세간의 상당한 관심을 받았고 일세를 풍미하다가 결국은 금서조치까지 당하게 되었습니다. 천박한 태도로 이 책을 읽게 되면 후안무치厚顏無恥한 태도를 정당화하는 것으로 여겨지지만, 이종오의 이런 변명을 듣게 되면 그렇게만 생각할 것도 아닌 것 같습니다.

> 무릇 사람이란 모두 자신을 기본으로 삼는다. 이와 같은 위아지심爲我之心은 곧 천성에 기초한 것이다. 후흑을 이용해 개인의 사리를 도모할 경우 반드시 다른 사람의 사리를 방해하게 마련이다. 따라서 후흑을 사용하면 할수록 방해받는 사람이 많아진다. 한 사람의 몸으로 수천만 사람을 적으로 삼는 것이니 이 어찌 실패하지 않을 수 있겠는가.[42]

그래서 우리는 후흑을 공리를 위해 사용해야 합니다.

> 후흑을 이용해 인민의 공리를 도모하면 할수록 나의 얼굴과 마음을 희생해 세상의 인민을 구제하는 것이다. 다른 사람이 기아에 있는 것을 보는 것은 곧 내가 기아에 있는 것을 보는 것과 같다. 다른 사람이 물에 빠진 것을 보는 것은 곧 내가 물에 빠진 것을 보는 것과 같다. 이른바 "내가 지옥에 들어가지 않으면 누가 지옥에 들어가리"라고 하는 것이 이를 두고 하는 말이다. 이 경우 후흑을 쓰면 쓸수록 인격이 더욱 고상해진다.[43]

권력의 세상에서 후흑은 '필수'라 할 수 있습니다. 화날 때 웃고, 싫을 때 좋은 체하는 것은 위선일 수 있지만 이종오의 말대로 자신의 얼굴과 마음을 희생한 것일 수도 있습니다. 괴롭지만 진심을 숨기는 것이 더 나은 순간이 권력의 세상에는 종종 존재하니 말입니다.

외면을 무시하면
내면에 도달할 수 없다

> 조조는 장송이 못생긴데다 배배 꼬는 소리로 말을 하자 몇 마디 나누고는 불쾌한 듯 옷소매를 걷으며 후당으로 들어가버렸다. 결국 장송은 자신을 환대한 유비에게 서천을 바치고 말았다.

우리는 타인의 내면을 파고들 수 없습니다. 우리가 타인의 내면을 판단할 수 있는 근거는 오로지 그의 외면, 즉 말투와 몸짓밖에 없습니다. 내면과 외면이 그리 다르지 않은 사적인 세계와 달리 권력의 세계는 표리부동表裏不同하고 후안무치한 자들로 가득해 내면의 진실을 알기 힘듭니다. 그래서 위선적인 사람일수록 진실을 더욱 강요합니다. 스탈린Iosif Stalin은 늘 부하들에게 "솔직한 의견을 말해달라"고 요청했고 늘 '부하들이 진실한가' 하는 의문을 품었습니다. 또한 공식 선전에서 표리부동이라고 말하는 것을 참지 못했습니다.[44]

그래서 그는 냉혹하고 역동적이며 솔직하고 충실한 사람을 좋아했지만 자신은 그들 가운데 가장 솔직하지 않은 성격이었습니다.[45] 스탈린은 의심이 과도해 누가 자기 정책을 무산시키려 들지 않는지, 누가 지도자인 자기를 노리지 않는지 늘 살피고 감시하느라 바빴습니다.[46]

스탈린은 내면과 외면의 배반을 잘 알고 있었고 그래서 끊임없이 살피고 감시했던 것입니다. 권력세상에서 외면이 중요하기에 구미의 정치인들은 이미지메이킹을 '영구적인 캠페인'이라며 중시합니다. 선거가 끝나고 당락이 결정된 다음에는 물론, 심지어 야인이 되더라도 이미지를 관리합니다. 계속 이미지 관리를 해야 본인이 바라는 정치 비전을 실현할 수 있기 때문입니다.47 김대중 대통령도 이미지메이킹 전략을 사용했는데, 세련된 정장 차림과 깔끔하게 염색한 머리로 젊고 활력 있는 이미지를 연출해 큰 호응을 받아 결국 당선되었습니다.48 제2차 세계대전을 승리로 이끌어 대통령에 당선된 미국의 아이젠하워Dwight Eisenhower 대통령도 의도적으로 자신을 이전투구의 정치판과 거리를 유지하는 듯한 이미지로 연출했고 닳고 닳은 노련한 사람보다는 다정하고 친밀한 사람처럼 보이려고 노력해 '아이크Ike'라는 애칭으로 불리며 국민들의 사랑을 받을 수 있었습니다.49

외면적인 이미지가 결국 판단을 좌우하기에 권력을 얻으려는 자들은 외모에 많이 신경을 쓰지만 외모와 내면이 별 관련이 없는 경우도 있습니다. 방통이나 장송 등이 그러한 경우입니다. 손권은 외모 때문에 방통을 놓쳤고 유비도 그럴 뻔했습니다. 조조 역시 장송의 외모만 보고 서천을 얻을 기회를 놓치고 말았습니다.

동오의 현자 노숙은 천문과 지리, 모략에 밝아 관중이나 악의, 손빈, 오기에 맞설 수 있는 대단한 인물로 방통을 손권에게 소개했습니다. 하지만 손권은 방통을 보자마자 실망했습니다. 눈썹은 짙고, 코는 들창코에, 얼굴은 검고 수염은 짧아 생김새가 괴상했기 때문입니다. 손권은 방통의 외모가 마음에 들지 않아 겉치레로 면담을 했고 방통도 건방지게 행동하고 나와버렸습니다.

노숙이 천거하는 편지를 써서 방통을 유비에게 보냈지만 유비도 방통을 만나 길게 읍만 하고 절은 하지 않습니다. 그 외모가 불쾌했기 때문입니다. 유비는 봉추 방통이나 복룡 제갈량 가운데 한 명만 얻어도 천하를 얻을 수 있다는 사마휘의 말을 이미 들은 후였는데도 말입니다. 유비는 작은 현령 자리를 내주는 실수를 범하고 나서야 겨우 방통을 얻게 되었습니다. 이때 방통이 조조에게 갔다면 대세에 큰 영향을 미쳤을 것입니다.

방통 못지않은 추남은 서천의 장송이었습니다. 장송은 멋진 이름을 가진 자였지만 태어나면서부터 이마가 튀어나오고 머리가 뾰족했으며 코는 비뚤어 있었습니다. 이는 밖으로 삐죽 나왔고 키는 5척에 지나지 않았으며 목소리는 쇳소리였습니다. 장송은 조조에게 서천을 바칠 생각으로 몰래 서천의 지도를 품에 감추고 사신으로 갔습니다. 이때 조조는 마초를 물리쳐 교만해 있었고 매일 술과 여자들을 가까이해 몽롱한 상태였습니다. 장송이 못생긴데다가 배배 꼬는 소리로 말을 하자 몇 마디 나누고는 불쾌한듯 옷소매를 걷으며 후당으로 들어가버렸습니다. 결국 장송은 자신을 환대한 유비에게 서천을 바치고 말았습니다.

외면만 보고 잘못된 판단을 하면 이처럼 역사의 큰 줄기를 바꿀 수 있는 실수로 이어지기도 합니다. 손권이 조금만 더 참고 방통과 이야기를 나누었더라면, 조조가 조금만 더 너그럽게 장송의 외모를 받아들이고 대화를 나누었더라면 대세는 달라졌을 것입니다. 이 대목에서 조조나 손권, 유비는 내면의 진리를 알기 위해 끊임없이 감시를 했던 스탈린보다 더 못하게 행동을 했습니다.

최명 선생은 《순자荀子》를 인용해 외모보다 마음이 더 중요하다고 말합니다. 요임금과 문왕, 공자는 키가 컸고, 순임금과 주공, 자궁子弓은 키가 작았으니 "선비는 키가 크다거나 작다거나 몸이 무겁다거나 가볍다거나 상관없이 그 마음을 보는 것"이라며 범려의 아름다운 고사를 전했습니다.

범려가 젊었을 때 유명한 관상쟁이에게 재상이 될 수 있겠냐고 묻자 관상쟁이는 고개를 가로저었습니다. "그러면 명의는 될 수 있겠소?"라고 묻자 관상쟁이는 의아해했습니다. "내가 재상이 되어서 좋은 정치로써 백성을 편안케 하려 하였는데, 그것이 불가능하다면, 차라리 용한 의원이 되어 한 사람 한 사람의 병이라도 고쳐주고 싶소"라고 범려는 말했고 관상쟁이는 "당신의 마음이 그러할진대 재상이 되고도 남겠소"라고 했습니다.[50]

범려는 외모가 별 볼 일 없었나봅니다. 하지만 구천은 그를 등용했고 결국 원수를 갚게 되었습니다. 외면은 내면을 드러내는 창이지만 그 창은 그렇게 맑고 투명하지는 않습니다. 닦고 또 닦아야 내면을 조금 들여다볼 수 있는 경우가 많습니다. 조조나 손권, 유비와 같은 대단한 안목을 가진 지도자들도 때로 틀린 판단을 할 정도로 어려운 일입니다. 공자도 "내가 말로써 사람을 취했다가 재여宰予에게 실수했고, 용모로써 사람을 취했다가 자우子羽에게 실수했다"며 오판을 후회한 적도 했습니다.[51] 심지어 후흑의 달인 조조도 속아 넘어간 적이 있습니다. 동오의 장수 황개와 감택闞澤에게 속아 넘어갔던 일입니다.

적벽에서 황개는 주유에게 매를 맞는 고육계까지 쓰며 조조에게 거짓 투항을 했습니다. 황개는 조조의 군사를 이길 수 없는데 주유가 오판을 했고 어진 조조에게 투항하겠다는 진솔한 편지를 썼습니다. 조조는 이 편지를 10여 차례나 반복해 읽었지만 문제를 발견할 수 없었습니다. 그래서 이번에는 호통을 치며 편지를 전하러 온 감택의 목을 베라고 했습니다. 하지만 감택은 동요하지 않고 그저 조조 앞에서 껄껄 웃었습니다. 조조가 묻자 "죽일 테면 죽일 것이지 왜 그리 말이 많은가?"라고 당당하게 행동했고 마치 버려진 아이가 부모를 찾는 것처럼 오직 천리에 따르고자 찾아왔다는 달콤한 말로 조조를 속였습니다.

조조는 황개가 최전단에서 화염을 품으며 공격해올 때까지도 자신이 속은 것을 알지 못했습니다. 후흑의 달인 조조였지만 속이고자 작정하고 나선 황개와 감택의 대단한 연기에 당할 수밖에 없었습니다. 남을 속이고 심지어 자신마저도 속이는 사기꾼들로 가득한 권력투쟁의 현장에서 외면으로 내면을 아는 것은 쉽지 않습니다.

이처럼 외면에 속아 내면을 제대로 보지 못하는 경우가 많지만 이는 어쩔 수 없는 노릇입니다. 권력과 정치의 세계에서는 내면보다 외면이 우선시되기 때문입니다. 이런 면을 통찰한 사람은 마키아벨리였습니다. 그는 정치에서 내면적 진실보다는 외양이 중요하다고 강조했습니다. 정치는 쉴 새 없이 변하는 생성과 현상의 영역이기 때문에 '본질'의 영역이 아니라 '외양'의 영역이라 할 수 있습니다. 정치인들이 추구하는 것은 영혼의 완성이나 진리의 실현이 아니라 영광과 명예였는데, 이것도 외양에 불과합니다. 그리고 정치적 적들로부터 자신을 보호하기 위한 일종의 보호색인 능숙한 가장假裝과 위선을 필요로 합니다. 또한 정치 상황의 역설적 속성 때문에 정치 영역에서는 외양상 덕으로 보이는 것이 악덕이 되고, 외양상 악덕으로 보이는 것이 덕이 되는 상황이 빈번하게 발생합니다. 마지막으로 권력의 유지에 필수적인 대중의 지지를 확보하기 위해서 능숙한 가장과 위선이 필요한 경우가 있습니다.52

조조나 유비, 손권 등의 대단한 지도자들이 외양에 속은 것은 어쩔 수 없는 일이었습니다. 사실 그들은 속은 경우보다 속지 않은 경우가 더 많았습니다. 그들이 몇 번 속은 일을 가지고 외면보다 내면이 더 중요하다고 말하는 것은 어리석은 일입니다. 외면을 무시하고 타인의 내면에 도달할 방법은 결코 존재하지 않고 권력의 세계에서는 더욱더 그러합니다. 결국 우리는 내면과 외면이 일치하는가 하는 적합성adequacy이 아니라, 외면이 일관성을 가지는가 하는 정합성consistency만으로 판단할 수밖에 없습니다. 그래서 조조는 황개의 편지를 열 번이나 읽었고 스탈린은 끊임없이 감시했던 것입니다.

상대방의 진솔한 말에 잘 감동하고 그것을 그대로 믿는 보통 사람들은 권력의 세계에 다가가지 않는 것이 순수함을 지키는 안전한 길일 수 있습니다. 멋진 외모로 마음을 울리며 다가오는 사람이 있다면 우선 의심하고 볼 일입니다.

최전단에서 활약할 전령, 헤르메스

> 유현덕이 뱃머리에 올라 바라보니 어떤 사람이 윤건과 도복을 갖추어 입고 배 위에 단정히 앉아 있었는데, 그는 다름 아닌 공명이었다. 공명의 등 뒤에는 손건이 떡 버티고 서 있었다.

갑신정변 때 개화파의 행동대원이었고 한말에 강원도 함경도 장관을 지낸 이규완李圭完은 대단히 검소한 사람이었습니다. 양복은 결혼할 때 맞춘 단벌 이외에는 없으며 여름에는 적삼, 겨울에는 무명옷을 입었습니다. 강원도 장관 임관 당시에 샀던 구두 한 켤레를 30년 동안 수선에 수선을 거듭해 신었다고 합니다.

이런 검소함도 대단하지만 정사에 임하는 그의 태도는 《삼국지》 영웅들에 비견할 만합니다. 그는 제방 한가운데 수문 바로 위에 가족의 집을 지었다고 합니다. 홍수 때나 둑이 무너지면 위험하기 짝이 없는 그곳을 굳이 고집한 그는 이런 말을 했습니다.

> 자동차와 기차는 모두 운전석이 최전단부의 전위부에 있다. 그것은 항상 위험에 대처하는 데 편리하기 때문에 그곳에 있는 것이다. 이 농장의 요충이요,

최전단은 바로 이 수문 위다. 만약 이곳이 파괴되면 모든 것이 없어지게 된다. 그렇기 때문에 여기에다 집을 지어놓으면 굳이 누구라 주의시키지 않아도 이 둑을 튼튼하게 하기 위해 노력하지 않을 수 없을 것이다. 이 둑이 견고할 때 농장은 절대 안심이다.53

그는 《삼국지》의 다른 지도자들처럼 전선의 최전단부에서 위험을 감수했습니다. 그리고 자신뿐 아니라 그의 가족도 그 최전단부에 있으면서 공직의 의무를 다하도록 했습니다. 그는 당시 여학교를 나와 교편을 잡고 있던 상류층 출신 며느리들도, 혼례가 끝나는 이튿날이면 반드시 밭에 데리고 나가 가래질을 시켰다고 합니다. 이 또한 최전단부 정신의 표현이라 할 수 있습니다.

미국 역시 그와 같은 강한 전통이 있습니다. 아이젠하워 대통령은 아들을 한국전쟁에 참전시켰고, 월턴 워커Harris Walker 장군, 밴 플리트Van Fleet 장군, 마크 클라크Mark Clark 장군은 모두 한국전쟁에서 아들을 잃었습니다. 미군 장성의 아들 142명이 한국전쟁에 참전했고, 서른다섯 명이 죽거나 부상을 입었습니다. 2004년 레이 오디에르노Ray Odierno 이라크 주둔 미군사령관의 아들은 전투에서 한쪽 팔을 잃었고, 2010년 켈리John Kelly 중장의 아들은 아프가니스탄 전쟁에 해병 중위로 참전해 죽었습니다. 켈리는 "내 아들의 죽음만이 주목받기를 원하지 않는다. 여전히 적과 마주하고 있는 나머지 소대원들을 위해 기도해달라"고 말했습니다.54

《삼국지》의 인물들은 항상 최전단부의 전위부에 나가 싸움을 했는데, 유비의 부하 손건이 특히 그랬습니다. 손건의 자는 공우公祐이며 북해군 사람이었습니다. 《삼국지》에 따르면 그는 서주의 지배권을 유비에게 물려줄 때 유비를 보좌하도록 도겸이 추천한 사람이었습니다. 그는 변방을 오가며 촉의 외교를 담당하는 사자 역할을 주로 했습니다.

사실 사자는 참 어렵고도 위험한 직책입니다. 최전단부에서 동맹 혹은 적과 만나야 하는 직책이기 때문입니다. 사자의 역할을 잘하기 위해서는 주군의 뜻을 정확히 파악할 수 있어야 하고 그것을 잘 전달할 수 있는 소통의 능력 또한 있어야 합니다. 그리고 목숨이 왔다 갔다 하는 전쟁 한가운데에서 이리저리 뛰어다녀야 하는 직책이므로 담대함 또한 갖추어야 합니다. 손건은 이 모든 것을 온전히 갖춘 훌륭한 사람이었습니다.

여포는 원술이 보낸 사신의 목을, 또 주유는 조조가 보낸 사신의 목을 베었던 적이 있습니다. 제갈량의 사신으로 동오의 손권에게 갔던 등지는 기름솥에서 튀김이 될 뻔한 적도 있습니다. 촉의 유장의 부하 엄안嚴顏은 장비가 보낸 사자의 코와 귀를 잘라서 돌려보내기도 했습니다. 손건은 이처럼 위험하고 어려운 사자의 역할을 담대하게 잘 수행했습니다.

유비가 형주의 유표에게 투항하려 손건을 사자로 보냈을 때 실권을 잡고 있던 유표의 처남 채모 장군은 "사자 손건의 목을 베어 조조에게 바치면 조조는 반드시 주공을 높이 대접할 것입니다"라고 말했습니다. 이때 "나 손건은 죽음을 두려워하는 사람이 아니오. 유현덕은 충심으로 나라를 생각하는 분이니 조조나 원소, 여포 등에 비길 인물이 아니오"라며 당당히 맞섰습니다.

최전단부에서 일을 하려면 현실적인 실리를 추구하는 타협의 능력 또한 있어야 합니다. 손건은 이런 능력이 있었습니다. 원술이 쳐들어오자 성미 급한 장비는 무턱대고 출전하려 했지만 손건은 원술과 사이가 좋지 않던 여포에게 원군을 청하도록 설득했습니다. 그리고 여포와 싸울 때 조조가 쳐들어오자 조조에게 항복하고 함께 여포를 치자고 유비를 설득했습니다. 여포든 조조든 당장의 위기를 모면하기 위해 타협하지 못할 대상이 없습니다. 유비는 이런 타협을 통해 미약한 세력을 키울 수 있었습니다.

유비의 첫 책사 서서의 모친을 조조가 사로잡아 서서가 조조에게 투항하려 하자 손건은 조조가 서서의 모친을 죽이도록 내버려두어야 한다고 주장했습니다. 서서는 그의 노모가 조조에게 죽었다는 사실을 알면 어머니의 원수를 갚기 위해 이를 갈며 조조를 죽이려 할 것이기 때문입니다. 서서의 어머니를 희생시켜야 한다고 주장할 만큼 손건은 철저한 현실주의자였습니다.

조조에게 투항해 안량과 문추를 벤 관우가 다시 유비에게 오도록 목숨을 걸고 설득했던 것도 손건이고, 관우가 원소의 진영에 있는 유비를 만나러 가려고 할 때, "그곳에서는 장군에게 이를 갈고 있을 테니 함부로 하북에 들어가지 마십시오. 제가 먼저 들어가 황숙을 뵙고 달리 상의하겠습니다"라고 만류했던 것도 손건입니다. 관우가 형님 유비를 속히 만나고 싶은 순수한 심정으로 바로 달려갔다면 그 자리에서 목숨을 잃고 말았을 것입니다.

동오의 군주 손권이 형주를 빼앗기 위해 혼인을 빙자해 유비를 유인했을 때 유비는 감로사에서 손권과 술을 함께 마셨습니다. 술이 몇 순배 돌자 손건은 유비에게 술을 삼가라고 눈짓했습니다. 이에 유비는 손권이 권하는 술을 사양해 큰 실수를 하지 않았습니다. 장비가 방통을 처벌하려고 할 때에도 손건은 만류했고 장비는 나중에 "공이 아니었으면 큰 선비 한 분을 잃을 뻔했구려"라며 손건의 뛰어난 판단력을 칭송했습니다. 형주에서 채모가 유비를 죽이려 잔치에 청했을 때에도 손건은 미리 대비하고 그간의 일을 유표에게 설명해 오해가 없도록 했습니다. 손건은 유표가 채모를 죽이려 할 때에도 만류해 유비가 채씨 문중과 원수가 되는 일을 막았습니다.

또한 손건은 재빠른 사람이었습니다. 조조가 20만 대군으로 서주를 공격할 때 손건은 먼저 하비로 달려가 관우에게 알리고 곧 소패로 가서 유비에게도 알렸습니다. 그리고 하북의 원소에게 가 원군을 청했고 원소가 지원군을 보내지 않자 밤새도록 달려 소패로 돌아가 유비에게 이 사실을 바로 알렸습니다.

손건은 민첩하게 이곳저곳 필요한 곳들로 뛰어다녔을 뿐 아니라 설득력도 뛰어났습니다. 손건은 유비가 1,000명도 되지 않는 패잔병을 거느리고 승냥이 떼처럼 쫓길 때 유표를 설득해 유비를 받아들이도록 했습니다. 유표를 만난 손건은 유비가 천하의 영웅이며, 사직을 바로잡을 뜻을 지닌 인물이기에 한실의 종친으로서 어진 사람과 선비를 알아보는 유표가 그와 함께 일하는 것은 마치 물이 동쪽으로 흐르는 것과 같이 자연스러운 일이라고 설득했고 유표는 흐뭇한 마음으로 유비를 받아들였습니다.

손건은, 신들의 왕 제우스의 사자로서 항상 분주히 돌아다니며 신의 뜻을 전달한 전령의 신 헤르메스Hermes와 같은 존재였습니다. 전령은 단순히 명령을 전달만 하는 자가 아닙니다.

> 양 당사자의 이익을 조정하는 자도 헤르메스다. 흥정을 붙이는 것이 특기고, 사는 사람이든 파는 사람이든 서로 원하는 것을 정확하게 이야기해서 거래의 이익을 극대화하도록 하는 것이 그의 목표다.[55]

손건은 서로 원하는 것을 정확하게 이야기할 수 있던 자였고, 거래의 이익을 극대화해 흥정이 이루어질 수 있도록 한 인물이었습니다.

또한 헤르메스는 대화가 가능하도록 해석하고 이해시키는 자입니다. 그의 임무는 신이 인간에게 보내는 전언(傳言)을 해석해서 인간이 이해할 수 있도록 번역하는 것이었고, 예술의 역사는 예술의 도전을 받아들인 능동적인 헤르메스들이 해석의 공간에 다양한 대답을 제공해온 역사이며, 한 사람의 헤르메스가 그 공간에 어떤 대답을 내놓으면 또 다른 헤르메스는 다른 대답을 내놓는, 다양한 대답이 연속되는 역사라 할 수 있습니다.56

유비가 심장이라면 제갈량은 머리와 같은 존재였고, 손건은 심장의 욕망과 머리의 의도를 잘 해석해 전달하는 손과 발, 혹은 입과 같은 존재였습니다. 정치는 하나의 손건이 어떤 대답을 내놓으면, 또 다른 손건이 다른 대답을 내놓는, 다양한 대답이 연속되는 역사라고 할 수 있습니다. 뜨거운 가슴과 좋은 생각이 있더라도 그것을 실천하는 손과 발이 없다면 일을 이룰 수 없습니다.

유비가 조조에게 쫓길 때 갑자기 배들이 나타나는데, 뱃머리에 올라 바라보니 어떤 사람이 윤건과 도복을 갖추어 입고 배 위에 단정히 앉아 있었습니다. 그는 다름 아닌 제갈량이었습니다. 제갈량의 등 뒤에는 손건이 떡 버티고 서 있었습니다. 장비나 관우가 아니라 손건이 버티고 서 있었다는 것은 의미가 큽니다. 관우나 장비는 상징적인 존재일 수 있지만 손건은 가장 실질적으로 유비에게 필요한 존재였으니 말입니다. 손건과 같은 인물이 많을수록 우리는 추상적이지 않고 구체적으로, 대립과 분열이 아닌 통합과 조정을 향해 나아갈 수 있고 결국 일을 이룰 수 있습니다. 손건과 같은 부하를 둔 지도자는 행복한 지도자입니다.

신중하게 방어하고
대담하게 공격한다

> 한발 뒤로 물러서서 적절한 시기를 기다릴 줄 아는 사람은 본성에 굴복해 인내심을 발휘하지 못하는 사람보다 언제나 유리한 고지를 점령할 수 있다.
> 《전쟁의 기술》

"공격이 최상의 방어"라는 말이 있지만, 공격보다 방어가 더 유리할 수 있습니다. 공격은 능동적이고 적극적이어서 성급한 행위의 측면이 있지만 방어는 수동적이고 소극적이어서 차분한 숙고의 측면이 있기 때문입니다. 방어를 통해 공격을 효과적으로 물리친 사례들은 《삼국지》 여러 대목에서 찾아볼 수 있습니다. 조조의 공격을 동오는 적벽에서 잘 방어했고, 제갈량의 여섯 차례에 걸친 위나라에 대한 북벌을 사마의는 수비 위주의 전략으로 잘 방어했습니다. 반격反擊이 공격보다 더 효율적인 이유는 다음과 같이 설명될 수 있습니다.

> 군대의 역사가 시작된 수천 년 전, 다양한 문화 속의 여러 전략가들은 한 가지 특이한 현상을 발견했다. 전투에서는 방어를 하는 쪽이 승리를 거두게 되는 경우가 많다는 것이었다. 그 이유는 무엇일까? 먼저 일단 공격을 개시하게 되

면 모든 방책을 동원해야 하므로 더는 상대방의 허를 찌를 계책이 없게 된다. 방어를 하는 쪽은 공격자의 전력을 간파하고 방어 조치를 취할 수 있었다. 두 번째, 방어자가 이 초기 공격을 무위로 돌리게 되면, 공격자의 입지가 약해진다. 군대의 질서가 와해된데다가 병사들도 녹초가 되기 때문이다.[57]

반격이야말로 성급한 공격에 비해 최상의 전략이며 나폴레옹·토머스 로렌스Thomas Edward Lawrence·로멜·마오쩌둥 등 위대한 전략가들은 모두 반격의 전문가들이었습니다. 성급한 공격과 침착한 방어의 가장 적절한 예를 우리는 촉의 강유와 위의 등애의 전투 장면을 통해서 확인할 수 있습니다.

사마사가 죽은 후 강유는 100만 대군을 이끌고 위나라에 대한 북벌을 단행해 조수에서 배수진을 이용해 대승을 거두었습니다. 군사들을 위로한 강유는 곧바로 적도성을 공격하려고 하나 여러 사람들이 만류했습니다. 하지만 강유는 군사들을 독촉해 공격을 단행했습니다. 성급한 공격이었습니다.

이때 위나라 진영에서는 정서장군 진태를 도우러 연주 자사 등애가 왔습니다. 등애는 적의 전략을 예리하게 간파하고 있었습니다. 등애는 "적도성은 아주 견고하여 공격이 용이하지 않으니 저들은 헛수고만 할 뿐 소득이 없을 것"이라고 예측하고 방어 위주로 공격을 잘 막았습니다. 이후 강유가 퇴각해 물러갔지만 등애는 촉병의 승세가 남아 있고, 촉병들은 정병이며 수전에 능하고 군량미 조달이 유리하므로 곧 재침할 것이라 정확히 예측했습니다.

예측대로 강유는 다시 공격하지만 이미 등애는 기산 아래에 진지를 아홉 개나 질서 정연하게 세워 완벽한 방어의 진영을 갖추어두었습니다. 강유는 감탄했습니다. 등애는 동정으로 향하는 강유를 기습하면 강유가 상규 쪽으로 나아갈 텐데 상규에는 단곡이란 험한 골짜기가 있으므로 그곳에 매복해 공격하면 승리할 것이라는 전략을 폈습니다. 위의 장군 진태는 농서지방에 20~30년이나 살았지만 자신도 몰랐던 지리를 정확히 파악하고 전략을 펴는 등애에게 무척 놀랐습니다. 결국 강유는 등애의 매복에 걸려 크게 패배하고 겨우 목숨을 건져 도망을 치게 되고 북벌은 또다시 실패로 돌아가고 말았습니다. 강유는 제갈량이 그랬듯이 스스로 후장군으로 지위를 내리고 대장군의 군무를 보았고, 등애는 승전의 잔치를 벌였고 벼슬이 올랐으며, 그의 아들 등충 역시 정후亭侯에 봉해졌습니다. 강유의 성급한 공격은 등애의 침착한 방어에 무릎을 꿇고 말았습니다.

강유의 성격이 조급 급한 면이 있고, 등애가 침착한 면이 있었지만 사실 우리 모두는 인내심이 부족한 동물입니다.

> 반격의 원리는 인간의 본성과 관련된 진실에 기반하고 있기 때문에 경쟁적인 모든 환경과 모든 갈등 상황에 무한히 적용될 수 있다. 우리는 본래 인내심이 부족한 동물이다. 우리는 기다리는 것을 참지 못하며 우리의 욕구가 최대한 빨리 충족되기를 바란다. 이는 엄청난 약점이 된다. 충분히 생각하지 않고 행동하기 때문이다. 급하게 돌진하다보면 선택권은 좁아지고 곤경에 빠지게 된다. 한편 인내심은 전쟁에서는 특히 무한한 이득을 가져다준다. 인내를 통해 우리는 기회를 감지할 수 있을 뿐 아니라, 반격을 가해 적의 허를 찌를 시간도 벌게 된다. 한발 뒤로 물러서서 적절한 시기를 기다릴 줄 아는 사람은 본성에 굴복해 인내심을 발휘하지 못하는 사람보다 언제나 유리한 고지를 점령할 수 있다.[58]

충분히 생각하지 않고 행동하는 것은 우리의 본성입니다. 그러므로 한발 뒤로 물러서서 적절한 시기를 기다릴 줄 아는 것은 본성을 거스르는 것이며 그만큼 어려운 일입니다. 낮은 승리의 가능성이라도 있다면 그것을 크게 확대해 공격을 주장하는 것이 일반적입니다.

고구려 제8대 왕인 신대왕新大王 당시에 대군 한나라가 침공해왔을 때, 왕이 공격과 방어를 묻자 여러 신하들은, "한나라 군사는 병사의 수가 많은 것을 믿고 우리를 업신여기는데 만약 나아가 싸우지 않는다면 저들은 우리를 비겁하다 하여 자주 올 것이요, 반면에 우리나라는 산이 험하고 길이 좁으니 이야말로 한 명이 관문을 지켜도 만 명이 당하지 못하는 격입니다"라며 싸울 것을 주장했습니다. 하지만 이때 국상國相으로 있던 명림답부明臨答夫만이 군사가 적고, 적은 먼 길을 와 군량이 부족하니 들판을 비우고(淸野) 성문을 닫고 굳게 지켜 방어를 해야 한다고 주장했습니다. 신대왕은 명림답부의 방어전략을 받아들여 성문을 닫아 굳게 지켰고 굶주려 돌아가는 적을 수천 명의 기병으로 추격해 좌원에서 크게 무찔러 결국 한나라 군사는 대패해 단 한 필의 말도 돌아가지 못했습니다.[59]

나폴레옹은, "심사숙고하여 신중하게 방어하고, 이어 재빠르고 대담하게 공격하는 것, 그것이 전쟁기술의 전부다"라고 말한 적이 있습니다.[60] 존재는 심사숙고해 신중하게 대응할 때 그 모습의 일부를 우리에게 드러냅니다. 권력을 차지한 자는 신중하게 방어하는 일이 우선입니다. 대담하게 공격하는 것은 그 다음의 일임을 잊지 말아야 합니다.

물러나 있되
눈길은 거두지 않는다

> 밝은 군주의 도는 신하 가운데 지혜로운 자로 하여금 그 지혜를 모두 짜내도록 한다. **《한비자》**

한비자는 노자의 영향을 많이 받았습니다. 그는 군주가 노자의 도道와 같이 처신해야 한다고 말합니다. "도의 작용이 눈에 보이지 않고 미묘하듯이 군주도 정치 전면에 나서지 말고 고요히 관망하라"고 권합니다.

> 도는 눈에 띄지 않으므로 볼 수가 없고, 그 작용은 미묘하여 알 수가 없습니다. 이 도를 터득한 군주는 마음을 비우고 일의 진전을 고요히 관망하는 가운데 아무 일도 하지 않으면서, 마치 암실에서 밖을 바라보듯이 신하들의 결점을 찾아냅니다. 그러나 보고도 보지 않고, 듣고도 듣지 않고, 알아도 안다고 말하지 않으며 가슴속에 간직해둔 채 신하의 말과 실지의 결과를 비교 검토하여 그것이 일치하는가를 살핍니다.[61]

이런 군주의 정치 방식을 그는 '정퇴靜退(고요하게 물러서 있음)'라고 말합니다.

군주의 도는 정퇴, 즉 자기의 재능과 힘을 표면에 나타내지 않고, 좋아하고 미워하는 바를 말하지 않는 것을 보배로 합니다. 군주는 스스로 국사를 행하지 않고 신하로 하여금 그 일의 교묘함과 졸렬함을 살피게 하며, 스스로 생각하거나 계획하지 않고 신하로 하여금 그 결과의 공과 허물을 간하도록 해야 합니다.62

한비자는, 모든 신하에게 저마다 타고난 재능을 발휘하게 한다면 위에 있는 자는 일일이 간섭하지 않더라도 근심할 일이 없을 것이며, 위에 있는 자가 뛰어난 면이 있어 자기의 재능을 발휘하면 만사는 번잡하게 되는 법이라고 주장합니다.63 그래서 군주 자신은 마음의 문을 굳게 닫아 내심을 감추고 희로애락의 감정을 내보이지 않으며, 마치 실내에서 뜰을 바라보는 것같이 항상 신하의 거동을 소상히 관찰하고 그 활동상에 따라 상줄 자가 있으면 상주고 또 벌할 자가 있으면 즉시 벌하여 신하들에게 직분을 게을리하지 않도록 경계하면 됩니다.64

'정퇴의 정치'를 한 사람은 동오의 손권이었습니다. 손권은 가장 능력 있는 신하를 대도독에 앉혀 전권을 맡기고 자신은 뒷전에 물러앉아 면밀히 관찰하고 필요할 때에만 개입했습니다. 주유 · 여몽 · 육손에게 손권은 군사에 관한 모든 권한을 일임했습니다. 손권은 주유에게 대도독으로 삼아 실권을 주어 수륙군을 총지휘하도록 했고, 여몽을 대도독으로 삼아 강동의 모든 군마를 총감독케 했으며, 육손을 대도독으로 삼아 강동의 6군 81주 및 형주와 초주 등의 모든 장수와 군마를 거느리게 했습니다.

손권이 대도독들에게 모든 권한을 맡기고 한발 뒤로 물러서 있었지만 그는 마치 암실에서 밖을 바라보듯이 신하들의 결점을 예리한 눈으로 살피고 있었습니다. 손권은 여몽이 관우를 죽이고 나서 잔치를 베풀며 여몽에게 대도독들을 평가했습니다.

"예전에 주유는 용맹함과 뛰어난 지략으로 적벽대전에서 조조를 격파했지만 불행히도 일찍 죽어 노자경(노숙)이 대신 도독의 임무를 맡았소. 자경은 처음 나에게 제왕이 될 수 있는 눈을 뜨게 해주었으며, 조조가 동오로 쳐들어올 때 모든 사람이 나에게 항복하도록 권유했으나, 오직 자경만이 공근을 불러 조조를 격파하라고 권유했으니 이는 더할 수 없이 쾌한 일이었소. 그러나 형주를 유비에게 빌려주자고 나에게 권하였던 것은 그의 잘못이었소. 이번에 장군이 계교를 써서 형주를 다시 취하게 되었으니 그 공로는 노자경과 주유의 공근보다 훨씬 크다 하겠소."

손권은 대도독들을 예의 주시하며 평가하고 있었고 필요할 때에는 관여를 했습니다. 주유가 조조를 격퇴할 수 있다고 했을 때에는 주유의 등을 어루만지면서 칭찬하기도 했고, 노숙이 형주 문제를 해결하지 못할 때에는 크게 꾸짖기도 했으며, 여몽이 관우와 싸우러 갈 때에는 직접 군사를 거느리고 뒤에서 도와주기도 했습니다. 손권의 이런 방식은 조밀하게 간섭하는 것이 아닌 '대체의 정치'의 한 방식이며 군주에게 가장 유리한 정치의 방식이기도 합니다. 한비자는 '정퇴의 정치'가 얼마나 군주에게 유리한 것인지 이렇게 설명합니다.

> 밝은 군주는 위에서 하는 일이 없음에도 여러 신하들은 아래에서 그 의향을 알 수가 없어 겁내고 두려워합니다. 밝은 군주의 도는 신하 가운데 지혜로운 자로 하여금 그 지혜를 모두 짜내도록 합니다. 공이 있으면 군주가 그 현명함을 차지하게 되고, 허물이 있으면 신하가 그 죄를 책임지게 됩니다. 그러므로 군주의 명예는 언제까지나 손상되는 법이 없습니다.[65]

밝은 군주는 지혜로운 신하에게 최선을 이끌어낸다는 구절은 참 인상적입니다. 군주가 신하보다 특정한 일에 있어서 더 현명하지 않을 수 있고, 군주가 모든 일에 다 관여할 여유가 없으므로 좋은 신하를 선택해 일임하는 이런 방식은 가장 일반적인 권력행사의 방식이 아닌가 합니다. 조용히 물러서서 관망하는 정퇴의 정치는 모든 권력을 틀어쥐고 새벽부터 밤까지 바쁘게 모든 일을 챙기며 부지런히 뛰어다니는 동진動進의 정치보다 더 어려운 것인지도 모릅니다. 일반적으로 일을 이루려는 적극적인 자들은 고요함보다는 움직임을, 물러서기보다는 나섬을 더 좋아하기 때문입니다.

오늘날처럼 복잡하게 분화되어 각 분야가 자율성을 가지게 된 세상에서는 권력자가 모든 일에 일일이 관여할 것이 아니라 분야별로 적임자를 잘 선택해 권력을 나누어주고 그들이 행하는 바를 면밀하게 관찰하고 필요한 시점에 개입하는 방식의 권력행사가 가장 적합하지 않을까 합니다. 다만 조밀함을 잃지 않을까 염려할 일입니다.

격의 없이 대화하며
역린마저 숨긴다

> 용은 유순하여 길들이면 타고 다닐 수도 있지만 턱밑에 한 자나 되는 역린逆鱗, 즉 거꾸로 솟아난 비늘이 있어 그것을 건드리면 반드시 죽임을 당한다. 《한비자》

조조가 원소를 이기게 된 결정적인 계책은 조조 스스로 만들어낸 것이 아니었습니다. 조조는 항상 그랬듯이 원소와의 싸움을 앞두고 여러 장수를 불러 모아 계책을 물었습니다. 이번에는 정욱이 십면매복지계十面埋伏之計라는 결정적인 계책을 내놓았습니다. 조조는 정욱의 계책을 받아들였고 물샐틈없는 매복으로 원소의 대군을 격파했습니다.

조조는 토론을 잘했는데 그것은 그의 독특한 태도와 기술 때문에 가능했습니다.

> 조조는 일상에서도 소탈하고 격의 없는 사람이었다. 그는 허리춤에 손수건같이 자질구레한 것들을 넣는 가죽 주머니가 달린 얇은 명주옷을 즐겨 입었고, 어떤 때는 막 쓰는 비단 모자를 머리에 쓴 채 손님을 맞이했다. 대화를 나눌 때도 그때그때 생각하는 것들을 편하게 이야기했다. 기분이 좋을 때는 탁자

위 잔이나 접시에 머리가 파묻힐 정도로 배꼽을 잡고 웃느라 모자에 술이나 국이 묻기 일쑤였다. 농담도 좋아해서 진지한 자리에서 농을 할 정도였다.⁶⁶

조조는 소탈한 모습으로 사람들을 편하게 만들었고 농담도 잘했습니다. 그래서 사람들은 격의 없이 조조에게 자신의 의견을 솔직히 말할 수 있었습니다. 조조가 토론왕이 된 것은 누구나 편하게 말할 수 있는 분위기를 만들 줄 알았기 때문입니다.

하지만 그 아들 조비는 경직된 사람이었습니다. 제갈량이 등지를 사신으로 보내 동오와의 동맹을 회복했을 때 조비는 "먼저 선수를 쳐서 공격하지 아니하면 안 되겠다"는 결정을 내리고 난 후 회의를 소집했습니다. 시중이었던 신비가, "오늘의 계책은 그대로 두고 10년 동안 군사를 양성하고 밭을 개간하여 충분한 군량미와 군사를 갖춘 후에 계책을 실천해야 한다"고 간하자 조비는 "너 같은 유생이 무엇을 안다고 감히 그와 같은 말을 하느냐?"며 꾸짖었습니다. 조조라면 한 번 더 물었을 것입니다. 하지만 조비는 결정을 먼저 내린 후 형식적으로 의견을 물었고 결국 자신의 뜻대로 하다가 동오의 서성, 촉의 조자룡과의 전투에 패배해 죽을 고비를 넘기고 후퇴했습니다.

대화를 잘하기 위해서는 조비같이 경직된 태도가 아니라 조조처럼 편안한 태도가 필요합니다. 세종은 "일을 의논할 때에는 각각 저마다의 뜻을 말하는 것이요, 나는 절충하여 따르는 것이다"라고 말했고 "참여하지 않았던 자들도 각각 소회를 말하라"며 늘 토론을 주문했습니다. 그리고 "경의 말이 옳도다", "허조의 말이 정치의 대체에 관한 것이니 가히 착하다고 이를 만하다"고 칭찬하기도 했고, "허조는 고집불통이야"라고 불평을 했다가 다른 신하가 반박하자 웃으며, "그대의 말이 내 마음에 꼭 맞는다"고 자신의 잘못을 사과하기도 했습니다.[67] 격의 없는 태도라 할 수 있습니다.

좋은 토론을 통해 의견을 잘 수렴하기 위해서는 우선 지도자가 말을 잘할 수 있는 분위기를 만들고 귀를 열어두어야 합니다. 손책은 남과 대화하지 않고 고집스럽게 자기 말만 했다가 죽은 사람입니다. 한번은 손책이 원소가 조조를 공격하자는 사신을 보내왔을 때 여러 장수를 모아 대책을 협의하는데 도사 우길于吉이 지나갔고 장수들은 하나둘 나가 인사를 했습니다. 그리고 백성들은 향을 피우고 길에 엎드려 절을 했습니다. 손책은 처음부터 기분이 나빴습니다. 그래서 우길을 체포했고 우길은, "하늘을 대신하여 자비를 베풀어 만인의 병을 구했을 뿐이오. 그러나 아직까지 털끝만한 물건도 취할 바가 없는데 어찌 민심을 현혹한다 하시오!"라고 변명했습니다. 손책은 주변의 모든 사람이 만류했지만 우길을 죽이라고 고집을 부렸고 장소 등 측근 10여 명이 연판장을 돌려 우길을 구명하지만 듣지 않았습니다. 심지어 모친 오부인吳夫人이 간절하게 설득했지만 그저 자기의 말만을 할 뿐이었습니다. 결국 손책은 우길의 목을 베었고 손책은 우길의 환영에 시달리다 급창이 터져 죽고 맙니다.

손책은 죽기 직전 동생 손권에게 대권을 물려주며, "너는 여기 있는 여러 문무백관이 네 부형의 창업의 어려움을 도운 일을 생각하여 그들의 뜻을 받들어 모든 일을 잘 도모하라!"고 말했습니다. 죽음에 이르러서야 손책은 자신이 여러 문무백관들의 뜻을 받들어 일을 도모하지 못한 것을 후회했던 것입니다. '독재자dictator'가 '혼자 말하는 사람'이라면 이 대목에서 손책은 분명 독재자였습니다.

지도자가 마음을 열어두지 않을 때 신하들은 끔찍한 고통을 당한다고 한비자는 〈난언難言〉편에서 말합니다. 오나라 군주 부차에게 죽임을 당한 오자서, 광나라 사람들의 포위를 받고 궁지에 몰렸던 공자, 화형으로 죽은 익후翼侯, 죽은 후 시체를 말려 미라로 만들어지는 치욕을 당했던 귀후賈翶, 심장을 도려내는 형벌을 받은 비간比干, 소금에 절임을 당한 매백梅伯, 위나라에서 다리가 잘린 손무, 초나라에서 죽임을 당해 몸이 토막 난 오기 등, 한비자는 비참한 사례를 조목조목 제시하며 말하기의 어려움에 대해 경고하고 있습니다.

한비자는 "결국 군자의 길은 세 번 간하여 채용되지 않으면 떠나는 것이 옳은 일이고 군자는 말함을 두려워하여 경솔하게 말하지 않는 것이며 지극히 어진 임금이 아니면 바로 듣지를 못한다"고 결론을 내립니다. 한비자는 은殷나라의 시조인 탕왕을 설득한 재상 이윤을 사례로 듭니다. 이윤은 70회에 걸쳐 설득했지만 탕왕은 받아들이지 않았고 이윤은 할 수 없이 요리 솜씨를 익혀 훌륭한 요리사가 되어 접근하자, 탕왕은 그제야 겨우 현자임을 알고는 그를 등용했습니다.[68] 이윤은 '몸의 사람'인 탕왕에게 머리가 아닌 몸으로 다시 접근했고 그래서 설득할 수 있었습니다.

군주에게 자기의 의견을 말하고 그 마음을 움직인다는 것은 여간 어려운 일이 아닌데, 자기가 생각하는 바를 분명히 전달하기가 어렵다는 것이 아니라, 상대가 생각하는 바를 간파하고 자기의 의견을 그것에 맞추기가 어렵기 때문입니다.[69] 조비가 동오에 대한 공격을 서두를 때 사마의는 크고 작은 전함을 준비하자고 해 시간을 벌었습니다. 사마의는 군주가 생각하는 바를 간파하고 자기의 의견을 그것에 맞추기를 할 줄 알았던 것입니다.

그리고 "무릇 용이라는 동물은 유순하여 길들이면 타고 다닐 수도 있지만 그 턱밑에 한 자나 되는 역린, 즉 거꾸로 솟아난 비늘이 있어 그것을 건드리면 반드시 죽임을 당하게 되니, 군주의 역린을 건드려 노하게만 하지 않는다면 대체로 그의 언설은 성공한 셈이다"라고 합니다.[70] "또 듣는 이의 마음을 잘 살펴 그럴듯하게 설명하면 상대방은 자기의 마음속을 환히 꿰뚫어 본다고 생각해 도리어 불쾌감을 갖고, 건방지다고 생각할 수 있다"고 말합니다.[71] 일마다 조조의 의도를 꿰뚫어 보고 떠벌리다 죽임을 당한 양수의 경우를 설명하고 있는 듯합니다.

바른 말을 내뱉고 죽어버리는 것은 오히려 쉬운 일일 수 있습니다. 군주의 역린을 건드리지 않으면서 교만을 부리지 않고 말하는 기술은 참 어려운 것입니다. 군주의 역린이란 어쩌면 그 시대의 한계일 수 있습니다. 역린을 피해가면서 말을 하고 일을 관철하는 것은 어려운 일입니다. 반대로 권력을 잡은 사람의 입장에서는 그러한 역린마저도 숨기고 참으며 아랫사람의 의견을 들을 수 있다면 조조와 같은 지도자가 될 수 있고 권력을 잘 지킬 수 있지 않을까 합니다.

모두가 반대하면
한 걸음 물러선다

> 좋은 약은 입에 쓰지만 지자智者는 기꺼이 이것을 마신다. 그 약이 몸속에 들어가 능히 병을 고친다는 것을 알기 때문이다. 《한비자》

충직忠直이란 '충성되고 바르다'는 뜻입니다. 권력획득은 곧은길을 가는 것이 아니라 둘러가는 일이 많고 그래서 충직은 자주 현실권력에서 배척당하기도 합니다. 지나친 충직을 앞세운 자들은 오히려 권력획득에 방해가 되기도 합니다. 하지만 적절한 충언조차 알아차리지 못한 바보 지도자들이 있는데 원소가 대표적입니다.

원소는 사주四州(황하 이북의 청주·기주·유주·병주)를 기반으로 수십만의 군사를 거느리고 조조의 허도를 공격하려 했지만 조조는 "때마침 우리에게 바쳐진 재물"이라고 생각했습니다. 조조는 원소의 사람됨을 잘 알고 있었기 때문입니다. 앞서 언급했듯이 그는 병사가 비록 많다고는 하지만 적절히 지휘하지 못하는 바보 지도자였습니다.[72] 원소에게는 전풍田豊·저수·심배審配 등 대단한 부하들이 있었지만 그들의 직언을 용납하지 못했습니다.

조조가 쳐들어왔을 때 원소의 부하 저수는 바른 소리를 하다 갇힌 전풍을 두둔하며 원소에게 "남쪽 군대는 빠른 싸움에 적합하고 북쪽 군대는 오랜 싸움에 알맞습니다. 응당 지구전으로 시간을 길게 끄십시오"라는 적절한 대책을 제시했습니다.[73] 하지만 원소는 허영심이 많아 이 말을 싫어했습니다. 원소는 저수마저 옥에 가두어버렸습니다. 저수는 옥에 갇혔으면서도 천문을 보고 원소에게 "오소는 군량미가 저장된 곳이니 철통같이 지켜야 합니다"며 경고했습니다. 원소는 이번에도 "네놈은 죄를 지은 주제에 어찌 감히 그따위로 혓바닥을 놀려 군심을 현혹하려 하느냐!"며 소리쳤습니다. 결국 조조는 오소를 공격해 군량미를 불태웠고 결정적인 승리의 계기를 마련합니다. 저수의 예측은 정확했습니다.

　원소가 패해 도망치고 저수는 옥을 빠져나와 도망치려다 조조에게 붙잡혔습니다. 조조는 항복하라고 했지만 저수는 고개를 빳빳이 들고 항복하지 않았습니다. 조조는 저수에게 "원소가 무모하여 그대의 말을 듣지 않았는데, 그대는 왜 원소에게 미련을 두고 있는가? 내가 일찍이 그대를 얻었다면 천하에 걱정할 것이 없었을 터인데"라며 달래고 군중에 머무르도록 선처했습니다. 하지만 저수는 또다시 말을 훔쳐 도망가다 잡혔고, 낯빛 하나 흐트러지지 않고 태연히 죽음을 맞이합니다.

　조조는 "내가 잘못 판단하여 충의지사를 죽였구나!"라고 후회하며 저수의 장례를 크게 치러주었습니다. 저수는 충정이 철석같은 사람이었습니다. 대단한 지모로 조조를 막을 계책을 알려주었지만 원소는 이를 받아들이지 못했습니다. 원소가 죽었을 때 한 시인은, "헛되이 준걸은 3,000명을 초빙하고, 쓸데없이 영웅은 100만이나 있었네. 겉만 훌륭할 뿐 공을 이루지 못하고, 재사들도 일을 이루기 어려웠네"라고 원소를 평가했습니다. 원소는 준걸 3,000명과 영웅 100만이 있었지만 그것을 쓸데없이 만든 바보 군주였습니다.

또 한 명의 충직한 신하는 심배였습니다. 조조는 속전속결로 끝나자는 부하들에게, "심배는 지모를 갖춘 장수이니 급히 서두르면 안 된다"고 말합니다. 심배는 원소를 도와 조조에게 격렬히 대항했고, 원소가 죽자 그의 상喪을 주관했고, 원소의 아들 원상을 도와 조조와 끝까지 싸움을 했습니다.

심배를 사로잡은 조조는, "그대가 원 씨에게 충성을 다했건만 원상이 그대의 말을 듣지 아니하여 이 지경이 되었다. 지금이라도 나에게 항복하지 않겠느냐?"며 달랬습니다. 하지만 심배는 "결코 항복할 수 없다!"고 한 뒤 조조에게 투항한 신비를 향해, "나는 살았을 때 원 씨의 신하였으니 죽더라도 원 씨의 귀신이 되겠다. 너처럼 적에게 붙어 아첨하고 참소하는 역적은 되지 않겠다"고 꾸짖고 주인이 있는 북쪽을 향해 몸을 돌려 칼을 받았습니다. 조조는 그의 충의를 가련히 생각해 성 밖 북쪽에 장사를 지내주었습니다. "하북에도 명사들이 많지만, 심배만한 인물이 어디 있으랴? 우매한 주인 때문에 죽게 되어도, 충정된 그 마음 옛날과 변함없구나"라는 시는 우매한 주군인 원소를 비난하고 심배의 충정을 기리고 있습니다.

심배의 두 아들이 조조에게 사로잡혔을 때 원소의 부하들은 심배가 모반할 것이라고 참언을 했지만 원소가 이를 물리친 적이 있습니다. 심배는 원소가 자신을 믿어준 것을 잊지 않았던 것 같습니다.

저수와 심배는 충직했지만 우매한 주인은 그것을 알아보지 못했습니다. 유비에게 서천을 빼앗긴 유장도 마찬가지였습니다. 그가 유비를 받아들이려 할 때 주부 황권, 유원 사람 이회, 종사 왕루 등은 목숨을 걸고 주군의 앞길을 막아섰습니다. 하지만 유장은 그들을 물리쳤고 결국 익주와 서천을 빼앗기고 맙니다. 진수는, "재능은 영웅에 미치지 못하지만 땅을 차지하고 세상을 혼란스럽게 만들었던 인물"이라고 유장을 평했습니다.[74]

여러 사람이 이렇듯 목숨을 내놓고 간하면 원소나 유장은 한 번쯤 돌아봐야 했습니다. 원소는 우매하게 유장은 순진하게 충신들의 충언을 짓밟아버리고 뒤를 돌아보지 않았습니다. 받아들이지 못할 사람에게 충직한 말을 우직하게 하다가 죽은 그들도 주인을 제대로 고르지 못한 잘못이 있지만 충신을 제대로 알아보지 못하고 귀에 거슬리지만 한 번쯤 귀를 기울이지 못한 것은 전적으로 그들의 잘못이었습니다. 부하들의 말이 자주 거슬리는 사람은 한비자의 이 말을 되새겨보고 그렇게 악착같이 막아서면 그들의 말을 한번 들어보아야 합니다.

> 좋은 약은 입에 쓰지만 지자는 기꺼이 이것을 마십니다. 이는 그 약이 몸속에 들어가 능히 병을 고친다는 것을 알기 때문입니다. 충고는 귀에 거슬리지만 현명한 군주는 이것을 듣습니다. 이는 그것으로써 실효를 거둘 수가 있다는 것을 알기 때문입니다.[75]

제4장

권력 사용하기

싸움은 신중하게, 협상은 어느 때라도

조심스럽게 상황을
예의 주시하라

> 노숙은 충성스럽고 믿을 만한 신하이니 일을 당하더라도 실수 없이 역할을
> 다할 것이다.

우리는 어떤 상황에서도 세상을 객관적으로 관찰하고 판단할 수 없습니다. 우리는 세계 속에서 살아가는 '세계-내-존재In-der Welt-Sein'이기 때문입니다. 우리는 높은 자리에 앉아 내려다보며 일이 진행되는 상황을 처음부터 끝까지 전체적으로 판단할 수 없습니다. 우리는 상황 속에 포함되어 있고 우리가 경험하는 부분적인 사실들로 판단하고 행동할 수밖에 없습니다. 우리는 상황을 완벽하게 통제하고 지배하는 상황의 '주인'이 될 수 없습니다.

조조와 같이 대단한 인물도 여러 차례 이런 경험을 했습니다. 조조는 적벽에서 대패했습니다. 《삼국지》는 "화살에 맞아 죽고 창에 찔려 죽는가 하면 불에 데어 죽고 물에 빠져 죽은 조조의 군사는 이루 헤아릴 수 없었다"며 그 비참한 전쟁의 상황을 전해줍니다. 《삼국지》는 심지어 "적벽은 오전鏖戰"이었다고 정의를 합니다. 오전은 한 사람도 남김없이

적이 완전히 죽어 없어질 때까지 싸우는 전쟁을 의미합니다.

　비참한 패배를 당했지만 조조는 아직 죽지 않았습니다. 조조는 오림의 서쪽, 의도의 북쪽을 지나며 이제야 살았다는 듯 기쁨을 감추지 못하더니 갑자기 껄껄 웃었습니다. "내가 웃는 것은 특별한 뜻이 있어서가 아니고 주유와 제갈량이 모두 멍청한 놈들이기 때문이다. 만약 내가 그들의 입장이었다면 저 산 밑에 군사를 매복해두었을 것이다"라고 했습니다. 바로 그때 쿵 하고 포 소리가 들리더니 이곳저곳에서 북소리가 요란하게 울리며 불길이 하늘을 삼킬 듯 치솟았습니다. 제갈량의 명을 받은 조자룡이 조조를 기다리고 있었던 것입니다.

　겨우 목숨을 건진 조조가 호로구 앞에 이르렀을 때 갑자기 만면에 미소를 띠더니 또 큰소리로 웃기 시작했습니다. "내가 웃는 것은 주유와 제갈량이 정말로 어리석은 놈들이기 때문이다. 나 같으면 이런 곳에 군사들을 매복해두었다가 이렇게 쉬고 있을 때 기습하여 적어도 군사의 절반은 죽였을 것이다. 그런데 이렇듯 개미 새끼 한 마리 나타나지 않으니 그래서 웃는 게다"라고 합니다. 조조의 이 말이 채 끝나기도 전에 이번에는 장비가 나타났습니다. 혼비백산한 조조는 다시 도망쳤습니다.

　이번에는 큰길과 작은 길이 나타나고 소로 쪽에는 산비탈 곳곳에 연기가 오르고 있으며 큰길 쪽으로는 아무런 기미가 보이지 않았습니다. 조조는 샛길로 가자고 합니다. "너희는 '허虛하게 보이는 것이 실은 내실이 있고, 내실이 있어 보이는 것이 속은 비었다'라는 병서도 읽지 못했느냐? 제갈량은 꾀가 많은 인물이라 일부러 사람을 시켜 산골짜기 곳곳에 연기를 피워 그곳으로 가지 못하게 하고 큰길에 복병을 두어 우리를 그곳으로 유인하려는 수작을 부렸을 것이다"라고 호언장담했습니다. 그리고 또, "사람들은 주유와 공명을 가리켜 제일의 모사라고 말하지만, 내가 보기에는 어리석은 놈들이다. 만일 이런 곳에 군사 몇백 명만 매복해두었더라면 우리는 꼼짝없이 붙잡히고 말았을 것이다"라고 또다시 비웃었습니다. 여러 장수가 입을 모아 조조의 지혜에 감탄했지만 조조는 자기 꾀에 넘어갔던 것입니다. 좁은 길을 고생스럽게 헤쳐나갔지만 화용도에서 관운장을 만날 뿐이었습니다.

저는 이 대목에서 《존재와 시간》,《휴머니즘에 대한 편지Letter on Humanism》등에 등장하는 철학자 하이데거의 '세계-내-존재'와 '존재의 목동the Shepherd of Being'이라는 말들이 떠올랐습니다. 조조는 정치 세계를 떠나본 적이 없는 인물이었습니다. 제남국의 국상國相으로 임명되어 열 개 가운데 여덟 개 현령을 파면하고 부정을 시정한 후 동군태수에 임명되었지만 병을 핑계로 낙향한 짧은 기간을 제외하면 그는 늘 정치 현장을 지켰습니다. 그는 정치-내-존재로서 정치를 돌보는 충실한 정치의 목동으로 살아왔고 그래서 정치적인 지혜를 몸으로 익힌 자였지만 이 대목에서는 정치적 상황의 목동이 아니라 주인 행세를 하려 했고 그래서 이리저리 쫓기게 되었습니다.

세계를 대상으로 마주해 객관적으로 그것을 파악하고 마음대로 조종할 수 있다는 식의 존재 방식을 '세계에-대한-존재'라고 합니다. 이 대목에서 제갈량은 모든 상황을 손바닥 안에 놓고 환히 들여다보며 마음대로 조종했습니다. 공명이 세계에-대한-존재로 승리를 챙기고 있었던 것입니다. 하지만 어떤 상황이든 이렇게 완벽하게 통제 가능한 상황은 드뭅니다. 조자룡이 오림에 매복하라는 공명의 지시에 "오림에는 샛길이 둘이 있는데 하나는 남부로 가는 길이요, 또 하나는 형주로 가는 길입니다. 그중에 어느 길을 막는 것이 좋겠습니까?"라고 물었을 때 공명은 "형세가 절박하게 되면 조조는 남부에만 있을 수 없으므로 분명 형주를 거쳐 대군을 이끌고 허창으로 갈 것이오"라고 했지만 그것도 어디까지나 확률적인 전망에 불과합니다. 조조가 그 전망까지 예측했다면 공명의 계획은 모두 틀어지고 말았을 것입니다.

조조는 계속 쫓기면서도 공명과 주유의 어리석음을 비난하며, 세계에-대한-존재로서 정치적 상황을 훤히 내다보며 귀신같은 전략으로 적군을 희롱했던 기억을 잊지 못하고 존재의 주인 행세를 하려고 합니다. 하지만 인간은 존재의 주인이 아니라 존재의 목동입니다.[1] 권력투쟁에 참여하는 인간은 상황의 주인이 될 수 없습니다. 그저 옆에서 권력이 돌아가는 상황을 돌보는 목동일 따름입니다. 주인이 되려 했던 조조는 이 대목에서 주인은커녕 권력투쟁의 종으로 전락해버렸습니다.

조조나 제갈량 등의 정치적 지도자들은 상황을 면밀하게 검토하고 장악해 좌지우지하기를 원하지만 가변적이고 복잡한 정치적 상황은 심지어 역사상 몇 안 되는 대단한 지략을 가진 그들에게도 그것을 언제나 허용하지는 않았습니다. 지나치게 상황을 통제하려다 주인이 아니라 오히려 종이 되어버린 조조의 모습을 《삼국지》는 잘 보여주고 있습니다.

하이데거에 따르면 인간은 세계를 객관적인 대상으로 파악할 수 없으며, 우리는 존재를 전적으로 완벽하게 파악할 수 없습니다. 우리가 파악하는 것은 존재의 일부에 불과합니다. 그래서 인간은 존재를 지배하는 주인도, 항상 존재에 끌려 다니는 종도 아니라 존재의 목동 혹은 존재의 이웃the Neighbor of Being입니다. 이웃이나 목동은 지배를 하지도, 지배를 받지도 않습니다. 목동은 양을 지배하는 자도, 양에게 끌려 다니는 자도 아닙니다. 목동은 양의 친구로서 좋은 목초지와 샘물로 양을 인도하고 보살피는 자입니다.

주인은 어떤 결과를 생산하는 것으로 행동을 보고, 자신의 토지 내에서 그 결과를 효용에 따라 평가하며 성과를 위해 종을 부립니다. 주인은 어떤 결과를 미리 상정해두고 그것을 이루기 위해 종들을 마음대로 부리는 자들입니다. 하지만 목동은 그렇지 않습니다. 목동은 행동의 본질은 성취라 여기고 그 본질의 완전함이 만개하도록 이끄는 방식으로 양들이 자라도록 돕습니다.[2]

상황의 목동은 자신이 상황을 전적으로 완벽하게 알 수도 통제할 수도 없다는 것을 인정합니다. 자신의 부분을 알고 부분적으로 통제할 따름입니다. 상황의 목동은 양들이 그가 원하지 않는 방향으로 달려가듯 자신이 마주한 상황도 그럴 수 있으므로 염려하는 마음으로 조심스럽게 살피고 돌보며 어떤 시점에 개입해야 할지 신중하게 기다립니다.

유비나 조조, 손권 등은 주어진 정치적 상황과 자원, 사람들을 잘 보살피고 인도했던 좋은 '정치의 목동'이었습니다. 그들은 지배자가 아니라 친구이자 동료였습니다. 적벽에서 조조는 정치적 존재의 친구 혹은 목동이라는 스스로의 지위를 망각하고 정치적 존재의 주인 행세를 하려 했고, 그래서 실패했습니다. 누구나 그럴 가능성이 있습니다.

조조는 남군에 도착해 군사와 양식을 얻었지만 대성통곡합니다. 주변에서 묻자, "곽가를 생각하고 통곡하는 것이다. 만일 곽가가 있었다면 나는 이번처럼 큰 실패는 하지 않았을 게 아니냐"고 말합니다. 곽가는 모두가 유비를 죽여야 한다고 주장했을 때 반대했지만 유비가 독립해 나가려 할 때에는 죽여야 한다고 주장했던 인물입니다. 그는 원소와 유비를 치도록 조조를 독려했고, 손책이 만용을 부리는 필부에 지나지 않아 머지않아 소인배들의 손에 죽을 것이라 예측하기도 했습니다. 지체 없이 원소를 공격해야 한다고 주장하기도 했고, 신속히 오환을 정벌해야 한다고 주장하기도 했지만, 요동에서는 그저 손을 놓고 기다려야 한다고 주장한 사람입니다. 그는 상황을 잘 살폈고 그것이 어떤 방향으로 자라날지 기다리며 대책을 수립하던 목동이었습니다. 조조가 이 대목에서 곽가를 그리워했던 것은 당연한 일입니다.

곽가는 조조가 요동을 정벌하러 나섰을 때 병을 얻어 죽게 되었습니다. 조조가 곽가의 주검 앞에 "봉효가 죽다니, 하늘이 날 버리는구나!"라며 대성통곡을 할 때 곽가의 부하들은 곽가가 임종 때 쓴 편지를 조조에게 올렸고 거기에는 요동을 평정할 계책이 담겨 있었습니다. 곽가는 죽고 나서도 눈을 감지 않았습니다.

유비가 겨우 500명을 거느리고 스승 노식을 찾아갔을 때, 노식은 장각張角의 아우 장량과 장보가 영천에서 황보 숭皇甫 嵩, 주전朱儁과 맞서고 있으니 가서 싸우라고 했습니다. 이때 황보 숭과 주전은 적이 숲속에 진을 친 것을 보고 화공법으로 공격했습니다. 적은 화공법에 당황했습니다. 《삼국지》에는 이 장면이 다음과 같이 묘사되어 있습니다.

> 적병은 깊은 잠에 빠졌다가 별안간 기습을 당하자 서로를 짓밟으며 밖으로 빠져나오려고 발버둥 쳤다. 갑옷을 입으려 해도 손이 떨려 입을 수 없었고, 말을 타려 해도 안장을 찾을 길이 없었다. 적의 진영은 지옥 바로 그것이었다. 날이 밝아오자 적장 장량과 장보는 가까스로 목숨을 구하여 달아나려 했다. 그런데 난데없이 한 떼의 군마가 붉은 깃발을 나부끼며 번개와 같이 나타나더니 일제히 달려들어 달아나는 황건적의 길을 가로막았다. 장량과 장보가 정신을 차려 바라보니 그는 키가 7척이요, 가느다란 눈에 긴 수염을 휘날리고 있었다. 그의 관직은 기도위로, 패국 초군 사람인 조조였다. 자는 맹덕이다.

치열한 전쟁터에서 그들은 깊은 잠에 빠져 있었습니다. 사나운 늑대들이 우글거리는 곳에서 양 떼를 지키는 목동이 잠을 자서는 안 됩니다. 늑대가 습격할 때 지옥을 경험할 수밖에 없기 때문입니다. 이때 조조는 아침 일찍 깨어 가느다란 눈으로 상황을 주시하며 목동의 책임을 다했던 것입니다.

《삼국지》에서 내내 겸손하게 존재의 목동으로 묵묵히 정치의 현장을 지킨 사람이 있었는데 그는 동오의 성실군자成實君子 노숙이었습니다. 노숙을 성실군자라고 부른 사람은 최명 선생이었습니다. 최명 선생은 노숙이 효자였고 그래서 기본이 된 사람이라고 말합니다.

어떤 사람이 공자에게 왜 정치를 하지 않느냐고 묻자 공자는, "서경에 이르기를 효도하라, 오직 효도하라, 그리고 형제에게 우애 있게 하라 하였거니와, 이것을 행하는 데에 정치하는 도리가 들어 있으니 이 역시 정치하는 것이다. 일부러 정치한다고 나서서 무엇하겠소"라고 했는데, 노숙은 효성이 지극한 사람이어서, '정치적 경륜이 기초를 갖춘 사람'이었다고 평가했습니다.

또한 "노숙의 집안에는 재산이 많았는데, 매양 재물을 훑어 가난한 사람들을 구제하였다. 노숙은 어려서부터 칼 쓰는 것과 말 타고 활 쏘는 것을 좋아하였다. 장수의 재질이 있었다"며 노숙을 칭찬하고 있습니다. 최명 선생은 노숙이 "성실군자이며 관인장자寬仁長子고 스스로가 거짓을 모르기 때문에, 남을 의심하지 않았다. 노숙은 난세에 적합한 인물은 아닐지도 모른다. 그러나 난세에 태어난 것을 어찌할 것인가?"라며 안타까워했습니다.[3]

노숙은 가난한 사람을 구제한 인격자였습니다. 노숙과 반대되는 인물을 들라면 바로 조조가 떠오르고 그래서 노숙은 비정치적인 인물로 보이지만 결코 그렇지 않습니다. 노숙은 조심스럽고 신중하고 성실하게 정치적 상황을 보살핀 목동과 같은 존재였습니다.

심지어 최명 선생은, "노숙의 마음에는 조금의 악의도 없었다"고 합니다. 노숙은 공명이 강동에 머무는 동안 주유가 누차에 걸쳐서 죽이려 했지만 "그때마다 주유의 행동에 제동을 거는 것은 노숙이었고, 공명의 재주를 보면 질투하는 주유와는 달리, 노숙은 항상 공명의 재주를 보고는 진심으로 부러워하며 감탄했다"고 최명 선생은 지적합니다. 또한 다른 사람의 재주를 질투하지 않고 부러워하며 아끼는 노숙이었기에, 백리지재百里之才가 아닌 방통한테 "유비에게 가라"면서 추천서까지 써준 것을 지적하며 노숙의 대인배적인 풍모를 지적하고 있습니다.4

노숙은 착한 사람이었고, 타자의 능력을 시기하지 않고 진정으로 인정할 줄 아는 사람이었습니다. 이런 노숙을 상대로 유비와 제갈량은 사기를 벌였습니다. 노숙이 형주를 되돌려 받기 위해 왔을 때 제갈량은 유비에게 무조건 울라고 했습니다. 노숙이 왜 우냐고 묻자 제갈량은 익주를 쳐야 하는데, 익주의 유장은 우리 주인의 동생뻘로 같은 한나라의 골육이어서 슬퍼한다고 말했습니다. 제갈량의 설명이 끝나자 유비는 가슴을 치고 발을 구르면서 더욱 서럽게 울었습니다. 노숙은 천성이 어진 선비라 유비가 그토록 애통하게 우는 것을 보고 그렇게 전하겠다고 응낙하고 빈손으로 떠났습니다. 가슴을 치고 발을 구르면서 더욱 서럽게 우는 유비의 모습은 생각할수록 가관입니다. 공명과 유비는 동오에서 자신들의 생명을 구해준 착한 선비 노숙을 상대로 사기를 벌였던 것입니다. 참 후안무치한 자들이라 할 수 있습니다. 하지만 결국 이런 사람들이 모든 것을 차지하는 법입니다.

노숙이 그렇게 약하고 착하고 어리숙한 사람만은 아니었습니다. 조조가 80만 대군을 이끌고 동오로 쳐들어왔을 때 노숙은 주유와 더불어 싸울 것을 주장했습니다. 유비가 서천을 얻고도 형주를 돌려주지 않을 때 관우를 청해 좋은 말로 타일러 세 고을을 돌려받고, 이에 응하지 않으면 도부수를 매복시켜서 죽이자고 손권에게 제안한 사람도 노숙이었습니다. 그는 본질적으로 진실한 화평의 사람이지만 싸워야 할 때가 있다는 것 또한 아는 사람이었습니다.

노숙이 제갈량과 유비를 살려주고 형주 문제에 대해 인내하며 어수룩하게 행동한 것은 대세에 대한 판단 때문이었습니다. 노숙은 공명과 더불어 천하삼분지계라는 대세관을 가지고 있었고, 이에 따라 유비와 손권이 연합해 조조에게 대항해야 한다는 생각을 일관되게 하고 있었습니다. 그가 46세의 젊은 나이로 죽자 오와 촉을 이어주는 다리가 사라진 것에 대해 모두 슬퍼했던 것은 이런 이유 때문이었습니다.

노숙을 대도독으로 손권에게 추천한 자는 주유였습니다. 주유는 손권에게 노숙은 "배포가 크며 《육도·삼략》에 능한 사람으로, 속이 깊고 지모가 뛰어난 인물"이라고 처음 소개했고, "노숙은 충성스럽고 믿을 만한 신하이니 일을 당하더라도 실수 없이 신 주유의 역할을 다할 것입니다"라며 자신의 후임으로 추천했습니다. 손권은 나중에 노숙의 뒤를 이은 여몽에게 "자경은 처음 나에게 제왕이 될 수 있는 눈을 뜨게 해주었다"고 소개하기도 했습니다.

노숙이 처음 손권을 만나, "솥의 세 발처럼 강동에 버티고 있으면서 천하를 관망하시라는 것뿐입니다"라고 계책을 말했고 손권은 노숙의 말대로 수성守成하는 방식으로 동오를 지킬 수 있었습니다. 노숙은 제갈량의 형인 제갈근을 천거했고, 성사되지 않았지만 제갈량에 버금가는 재사 방통을 천거하기도 했습니다. 제갈량을 동오로 불러 조조와 전쟁하도록 설득하게 한 것도 노숙이었습니다. 제갈량이 주유의 화를 돋우기 위해 조조에게 항복하라고 권했을 때 《삼국지》는 "노숙은 전에 없이 화를 내며 말했다"며 노숙의 온화한 성품을 말해줍니다. 노숙은 조조의 사신을 주유가 죽이려 할 때에 막았고, 주유가 제갈량과 유비를 죽이려 할 때에도 만류했습니다. 주유가 여러 차례 꾸짖었지만 노숙은 화내지 않았고, 공명이 자신의 마음까지 꿰뚫어 보자 안절부절못하며 안색까지 변했으며, 공명의 말에 가슴이 뜨끔했던 착한 사람이었고, 그래서 공명은 노숙을 '고명한 선비'라고 불렀습니다. 제갈량이 화살 10만 개를 구해오자 감복해 절을 올리며 남을 인정할 줄 알았던 사람이 노숙이었습니다.

노숙은 권력투쟁에 어울리지 않는 순진한 면모가 있었지만 오히려 그러한 면모가 조심스럽게 정치 상황을 돌보는, 정치의 목동 노릇을 충실히 하도록 한 측면이 있었습니다. 노숙은 잘 흥분하는 주유와 손권을 다독여 유비와 연합하도록 했고, 작은 세력으로 사술詐術을 쓸 수밖에 없던 유비와 제갈량을 설득하려 성실하게 노력했습니다. 그가 없었다면 유비와 손권은 진작 조조에게 파멸하고 말았을 것입니다. 노숙이야말로 '권력에-대한-존재'가 아니라 '권력-내-존재'로서 권력을 잘 보살피며 묵묵히 노력했던 실천가였습니다.

하이데거는 진정으로 사유하기 위해서는 무위Lassen의 덕을 가져야 한다고 합니다.

> 사유를 행할 수 있으려면, 우리는 사유하는 법을 배워야만 한다. 배운다는 것은 도대체 무엇인가? 인간은 자신에게 그때마다 본질에서부터 말 건네고 있는 그것에 작위Tun와 무위를 응대시키는 한 배우게 된다. 우리는 사려되어야 할 것을 돌봄으로써 사유하는 법을 배운다.5

지나친 작위로 조조는 적벽에서 패배했지만 무위의 덕을 가진 노숙은 조조를 막았습니다. 조조는 "본질에서부터 말 건네고 있는 그것" 즉 권력투쟁의 상황을 성급하게 판단하고 행동했지만 노숙은 무위의 덕으로 타인과 상황을 우선시해 말 건네고 있는 상황에 잘 응답해 적절히 응대할 수 있었습니다. 성실함으로 일을 이룬 노숙은 우리에게 큰 희망을 주는 고마운 인물이라 할 수 있습니다. 성실함은 노력으로 갖출 수 있는 덕목이니 말입니다.

보고에 만족하지 않고
현장을 점검한다

동오의 육손은 함부로 나가서 싸우지 말라고 영을 내린 후 직접 말을 달려 애구를 지키는 상황을 일일이 점검하고 다녔다.

헤겔은 존재를 '무규정적 직접자das unbestimmte Unmittelbare'라고 정의한 적이 있습니다. 우리는 어떤 대상을 직접 만나지만 그 전모를 완벽하게 파악할 수 없습니다. 우리가 아는 것은 불완전한 일부일 따름입니다. 중국의 문호 루쉰魯迅은 《삼국지》에 대해 다음과 같은 평가를 내린 적이 있습니다.

> 예부터 전해오는 역사적 사실에 의거하다보면 서술에 제약이 생기고, 허구를 섞어 넣으면 혼란이 가중되기에, 명의 사조제謝肇淛는 이미 "지나치게 사실을 중시하다보니 진부해졌다"고 했고, 청의 장학성은 또 "7할은 사실이고 3할은 허구라서 보는 사람을 현혹시켜 혼란스럽게 한다(七實三虛惑亂觀者)"는 것을 결점으로 여겼다. 인물을 묘사함에 있어서도 잘못이 많다. 유비가 후덕한 사람이라는 것을 강조한 나머지 위선자같이 되어버렸고, 제갈량이 지모가 많다는

것을 그린다는 것이 요괴에 가깝게 되어버렸다. 오직 관우에 대해서는 뛰어난 표현이 많아, 그의 의리와 용맹을 때때로 눈으로 보는 듯하다.[6]

저는 루쉰의 평가에 동의하지 않습니다. 7할 정도가 사실인 역사소설도 많지 않습니다. 《삼국지》는 유비의 위선과 더불어 백성에 대한 사랑과 그가 인내하는 모습을 잘 그렸고, 제갈량의 지모와 진실함을 더할 수 없이 잘 서술해주었으며, 문무를 제대로 겸비하지 못하고 교만한 무장 관우의 모습을 있는 그대로 잘 묘사해주었습니다.

《삼국지》를 모두 만나지만 그 평가가 다를 수 있는 것은 그것이 '무규정적 직접자'이기 때문입니다. 누구도 《삼국지》의 전모를 파악할 수 없습니다. 우리는 《삼국지》에 담긴 풍부한 지혜를 일부 캐낼 수 있을 따름입니다.

동오의 명신 육손은 항상 상황 속으로 뛰어들어 상황 자체를 만나려 애썼고 그것의 본질을 파악하기 위해 분주했습니다. 이런 그의 노력 덕분에 동오는 유비와 위나라의 대군을 잘 막을 수 있었고 그 존립을 유지할 수 있었습니다.

주유와 노숙에 이어 동오의 대도독이 된 여몽은, "만일 명망 있고 유능한 사람을 기용해 쓴다면 관운장은 반드시 방비를 철저히 할 것입니다. 육손은 생각이 깊고 재주도 있지만 아직 이름이 널리 알려지지 아니했으므로 관운장은 일소에 부쳐버릴 것입니다"라며 육손을 손권에게 천거했습니다. 육손은 잘 알려지지 않았지만 위 명제 조예는, "육손의 용병술은 손무나 오기에 뒤지지 않으니 동남을 평정하기는 어렵겠구나!"라고 한탄할 만큼 대단한 전략가였습니다.

육손의 원래 이름은 육의陸議였고, 그의 집안은 대대로 강동 지역을 다스려온 호족이었습니다. 육손은 현의 관리가 되어 가난한 사람들에게 시혜를 베풀고 백성의 생활을 개선했으며 이민족의 침입을 격퇴했고 투항한 자를 선발해 정예병으로 만들었습니다. 이런 육손의 능력을 알아본 손권은 형인 손책의 딸을 육손에게 시집보내어 혼인관계를 맺고는 종종 정치적인 조언을 구했습니다. 육손은 적벽대전에서 주유의 선봉장이 되기도 했고, 불을 놓아 도망가는 조조의 퇴로를 막기도 했습니다. 조조의 군사에게 죽임을 당할 뻔한 태사자를 구하기도 했습니다.

육손이 결정적인 공을 세웠던 것은 관우를 잡은 일입니다. 육손은 관우의 오만을 이용해 형주의 방비를 소홀히 만들게 한 후 공격했습니다. 손권이 육손을 편장군 우도독으로 임명했을 때, 육손은, "저는 아직 어려서 경험도 없고 배운 것도 없으니 중임을 치러내지 못할까 두렵습니다"라고 겸손하게 사양했습니다. 손권은 "자명(여몽)이 그대를 천거했으니 잘못 보았을 리 없다. 경은 사양치 말고 중임을 맡으라"고 강권했습니다. 육손의 계책이 들어맞아 관우는 형주를 빼앗기고 죽임을 당했습니다.

유비는 관우의 원수를 갚기 위해 대군을 이끌고 동오로 쳐들어왔고 이 소식을 들은 손권은 너무 놀라 그 자리에서 쓰러졌습니다. 이때 감택이, "지금 우리에겐 하늘을 떠받들 만한 기둥감과 같은 인물이 있으니 그를 한번 불러보는 것이 어떻겠습니까?"라며 육손을 추천했습니다. 많은 사람이 어린 책상물림 선비라고 반대하자 감택은 "전 가족의 생명을 걸고 육손의 능력을 보증하겠습니다"라며 강하게 권했습니다. 결국 육손은 이릉방어전에서 유비의 대군을 맞아 수비를 단단히 하고 있다가 유비가 진지를 산으로 옮기자 화공을 써서 격퇴했습니다.

육손은 그저 팔짱을 끼고 앉아 보고를 받는 지휘관이 아니었습니다.

육손은 모든 상황을 면밀히 파악하기 위해 분주하게 현장을 뛰어다닌 자였습니다. 육손은 손권의 영을 받고 제단에서 내려와 그날로 군사를 정돈해 직접 수륙 양군을 거느리고 전장으로 나갔습니다. 한당이 함부로 군사를 움직일까 직접 전투 현장에 달려갔고, 산 위에 있는 한당을 만나기 위해 자신도 산 위에 올라가 촉의 군세를 살폈습니다. 방어 위주의 전략을 지시한 후 말을 달려 애구를 지키는 상황을 일일이 점검하고 다녔고 촉의 군사들이 진지를 이동하자 군사 몇몇을 거느리고 친히 동정을 살피러 나갔습니다. 육손은 촉병의 기강을 직접 두 눈으로 확인했고 도망가는 유비를 추격해 마안산을 포위했습니다. 유비의 군사를 크게 물리치고 나서도 다시 군사를 이끌고 서쪽을 향해 진격했고 공명의 팔진도를 스스로 산 위로 올라가 확인했으며 10여 기의 기병을 거느리고 팔진도의 돌무더기를 살펴보기도 했습니다.

　현장을 몸으로 찾아다닌 육손은 결국 승리했고 손권과 말머리를 나란히 하고 군사의 사열을 받는 영광까지 누리게 되었습니다. 《삼국지》의 다른 지도자들도 마찬가지였습니다. '직접'이라는 단어는 항상 그들과 함께 다니는 말이었습니다. 조조가 오소를 공격했을 때 원소의 부하 곽도는, "안 될 말씀이오. 조조의 군사가 곡식을 빼앗았다면 반드시 조조가 직접 갔을 것입니다"라고 말했습니다. 조조 역시 먼 곳에 앉아 편안히 지휘했던 사람이 아닙니다. "조조가 직접 군사를 휘동하여 맞붙어 싸우니 서채는 온통 수라장이 되었다"라고, 적벽대전에서는 "채모와 장윤을 전위대의 선봉장으로 삼고 조조 자신은 후군을 직접 이끌고 전선을 독려하여 삼강 어귀에 이르렀다"라고, 유비와 싸울 때에는 "조조는 직접 말을 타고 문기 아래에 나타났으며"라고 《삼국지》는 서술하고 있습니다.

유비 역시 마찬가지였습니다. 장비에 대해 마음이 놓이지 않아 투구와 갑옷을 갖추어 입고 성 아래로 내려가 진 앞에서 지켜보고 있었고 어림군을 이끌고 효정에 도착해 여러 장수를 불러 협의했습니다. 제갈량도 "불을 들어 군호를 보내면 내가 직접 성안으로 들어가 하후무를 사로잡겠소"라고 했고, "한편 공명은 강유의 비범함이 마음에 걸려 자신이 직접 선봉에 서서 천수군을 향하여 진격해갔다"라고, 위의 책사 사마의 역시, "직접 일단의 군사를 거느리고 달려 나왔다"라고 《삼국지》는 증언하고 있습니다. 그들은 현장에 나타났고 적군과의 거리가 너무 가까워 대화를 주고받기도 했으며 조조는 위연이 쏜 화살에 이가 부러지기도 했습니다.

우리 정치에서도 이런 직접성으로 큰 성공을 거둔 사례들이 있었습니다. 박정희 전 대통령은 수시로 온갖 공사현장을 찾아가서 현지지도를 했고,[7] 수출은 국력의 총화적 표현이라며 재임기간 152차례 열린 수출진흥확대회의 가운데 147차례를 직접 주재하며 무역 정책을 진두지휘해 결국 수출 100억 달러 시대를 열었습니다.[8] 김대중 전 대통령은 '국민과의 대화'라는 새로운 형식으로 국민을 직접 만나 불신의 장벽을 해소했습니다. 노무현 전 대통령은 선거 전날 정몽준이 자신에 대한 지지를 철회하자 정몽준의 집을 직접 찾아갔습니다. 서민의 아들이 재벌의 아들 집 앞에서 문전박대당하며 서성이는 모습은 텔레비전으로 생중계되었고 이를 본 서민들은 가슴이 먹먹해졌으며 그 분노는 그대로 표로 이어졌습니다. 노무현 전 대통령은 검찰 개혁이 가로막혔을 때 혈기 왕성하고 겁 없는 평검사들과 대본 없이 직접 만나 논전을 벌이는 '평검사들과의 대화'라는 전례 없는 일을 시도했고 그것도 텔레비전에 생중계하도록 했습니다.

공연도, 응원도 광장으로 달려가나 함께 모여 소리치며 하나가 되는 것을 즐기는 새로운 세대가 중심이 된 시대가 되었습니다. 오늘날은 직접 만나고 참여하고 즐기는 시대입니다. 이런 시대일수록 가만히 책상 앞에 앉아 보고서만 읽을 것이 아니라 현장에 직접 찾아가 사태를 파악해야 적절한 대처를 할 수 있다는 것을 잊지 말아야 하겠습니다.

어떤 희생이든
반드시 보상한다

> (제갈량은) 어려운 일은 스스로 앞서 행하고, 공은 뒤에 차지하며, 상처 입은 이는 흐느끼며 어루만져주고, 죽은 이는 슬퍼하며 장사지내주며……현명한 이에게는 예를 갖추어 봉록을 주고, 용감한 이에게는 상을 주어 면려하였다. 《제갈량문집》

권력투쟁은 갈등이 있을 때에 나타나고, 갈등은 균형이 깨질 때 나타납니다. 그래서 권력투쟁은 새로운 균형을 회복해가는 과정이라 할 수 있습니다. 물리적인 충돌이 없이 양보와 타협을 통해 새롭게 균형 상태에 도달하는 경우에는 큰 문제가 없겠지만 폭력적이고 강제적인 방식으로 갈등이 해소되고 그 과정에서 심각한 손상이 나타날 경우에는 반드시 보상을 해야 합니다. 보상을 통해 손해가 상쇄되지 않으면 깨진 균형으로 인해 또다시 갈등이 나타날 수 있습니다. 균형이 깨졌을 때 반드시 이를 상쇄하려는 보상의 원리가 작동한다는 사실은 세상만사의 진리입니다. 일찍이 '보상의 원리'에 대해 이야기한 철학자는 헤라클레이토스 Heracleitos였습니다.

헤라클레이토스는 끊임없이 운동하고 변화하는 영원한 흐름을 주장하는 상상력이 풍부한 가설을 정립했다. 모든 것은 삶에서 죽음으로, 또 죽음에서 삶으로 끊임없이 오간다는 것이다. 한쪽 측면이 오래 지속되면 다시 힘을 얻게 된다. 마치 우연인 듯 보이는 것을 사실상 지배하고 있는 이 왕복 과정을 헤라클레이토스는 에난티오드로미아enantiodromia, 즉 대립물을 향하는 경향의 법칙이라고 불렀다(enantios는 대립물, dromos는 빠른 움직임이라는 뜻). 영구히 고정불변인 것은 없다. 삶에서 보는 모든 것은 그침 없이 움직이는 변화의 바퀴다. 삶은 탄생과 죽음, 건강과 질병, 사랑과 증오, 주는 것과 받는 것, 수축과 확장, 여름과 겨울, 밤과 낮 등 대립물들의 각축장이다.⁹

대립물들의 균형이 깨졌을 때 자연스러운 보상을 통해 다시 균형 상태를 회복하는 자연계와는 달리 권력투쟁에서는 인위적인 보상 노력이 필요합니다. 예민하게 주시하지 않으면 깨진 균형을 발견하기도 힘들고 어느 정도가 적절한 보상인지 파악하는 것도 쉽지 않습니다. 《삼국지》에서 보상의 원리를 가장 잘 알고 실천한 사람은 제갈량이었습니다. 제갈량은 보상의 원리를 염두에 두고 항상 잘 안배해 균형을 회복하려 노력했습니다. 기쁠 때에는 슬픈 자들을 생각했고, 승리했을 때에는 패배자들을 보살폈으며, 산 자들과 죽은 자들을 함께 위로하려 노력했고, 끌어내릴 때에는 올릴 줄도 알았습니다.

제갈량이 북벌을 단행했을 때 오가 쳐들어온다는 거짓 보고로 회군하도록 유도하고도 그 책임을 회피하려 한 상서령 이엄을 탄핵했던 적이 있습니다. 제갈량은 일찍이 이엄을 회유하기 위해 그의 아들을 강주도독에 임명한 적이 있었습니다. 보통의 정치인이었다면 아버지 이엄을 탄핵한 후 그의 아들도 연좌해서 직위를 해제하려 했겠지만 제갈량은 오히려 이풍을 격려하는 편지를 썼습니다.

바라건대 그대는 부친을 관용하고 위로하여 전의 과오를 반성케 하여라. 지금 그대의 부친이 해임되어 과거의 권세와 가업을 잃었다고 하나, 여전히 남녀 노복과 빈객 수백 명이 있으며 그대 또한 중랑참군의 직책으로 승상부에 있으니 비교적 권세를 가진 상류층의 집안이라 하겠다. 만약 부친 도호께서 과오를 뉘우치고 나라만을 생각하며 또 그대가 공염公琰과 협심하여 일한다면, 잘못은 만회되고 과거의 자리도 돌려받을 것이다. 그대는 이번의 교훈을 깊이 생각하고 내 마음을 이해하도록 하라. 이 글을 쓰노라니 긴 탄식과 함께 눈물만이 나는구나.10

  명백한 잘못을 한 이엄을 탄핵해 물러나게 했으니 그의 아들까지 좌천시켜 반항의 싹을 아예 잘라버리는 것이 늑대들의 정치이지만 제갈량은 이풍을 그대로 승상부에 일하게 하면서 부친의 잘못을 정확히 직시하고 만회하도록 눈물로 설득했습니다. 아버지를 끌어내렸지만 아들은 오히려 끌어올렸던 것입니다. 제갈량은 보상을 통해 균형을 유지하려 노력했습니다.
  익주를 차지한 후 제갈량은 강력한 법치를 시행해 그곳의 호족에게 타격을 입히고 사회질서를 안정시켰습니다. 이때 익주의 신하였던 법정이 한고조 유방의 약법삼장約法三章을 들어 비판했을 때 제갈량은 엄격한 정치 아래에 고통을 당한 백성에게 유방은 부드러운 정책을 편 것이고, 유약하고 무질서한 정치로 고통당한 백성에게는 오히려 강한 법령으로 질서를 회복해야 한다고 말했습니다. 제갈량은 엄격함(猛)으로 관대함(寬)을 보충해 관맹호존寬猛互存의 균형을 이루려 노력했던 것입니다.
  보상과 균형을 중시하는 공명의 이런 태도는 만두의 고사에서도 잘

드러납니다. 공명이 남만을 평정한 후 노수濾水를 건너려는데 갑자기 음산한 구름이 모여들고 바람이 미친 듯이 불면서 모래와 돌을 날려 촉병은 강을 건널 수 없었습니다. 맹획은, "이 강의 창신猖神들이 장난을 치는 것이옵니다. 강을 건너려면 반드시 제사를 지내야 합니다"라며 마흔 아홉 명의 머리와 검은 소, 흰 양을 바쳐 제사를 지내면 자연히 바람이 멎고 해마다 풍년이 들곤 했다고 아룁니다.

제갈량은, "이제 겨우 전쟁이 끝나 평정되었는데 어찌 한 사람이라도 죽일 수 있겠소?"라며 친히 노수의 물가로 가서 살폈습니다. 과연 음산한 바람이 크고 파도가 하늘까지 치솟아 인마가 두려워 가까이 가지를 못했습니다. 그때 제갈량은 이렇게 말했습니다.

"그것은 모두 나의 죄다. 전에 우리 장수 마대가 1,000여 명의 촉병을 거느려 이 강을 건너다가 모두 물에 빠져 죽었다. 그뿐 아니라 남만 사람을 많이 죽여 이곳에 버렸으니 미친 귀신과 원귀들이 한을 풀지 못해서 이렇게 된 것이다. 오늘밤 내가 친히 이곳에 제사를 지내겠다."

제갈량은 강이 노한 것을 자신의 책임으로 돌렸습니다. 전쟁에서는 승리했지만 그 승리는 아군과 적군의 희생을 통해 이루어진 것이었습니다. 승리는 패배와 죽음을 딛고 이룬 것이므로 반드시 그에 대한 보상이 있어야 한다는 사실을 제갈량은 잘 알고 있었습니다. 제갈량은 또 다른 원한이 나타나지 않는 방식으로 희생제의犧牲祭儀를 치렀습니다. 곧 소와 양을 잡아 고기를 다져서 밀가루를 반죽하고 그 속에 고기를 넣어 사람 머리처럼 만들게 해 사람 머리를 대신하는 희생제물로 삼았습니다. 이것이 바로 만두의 기원입니다.

만두가 사람의 머리를 대신할 수는 없었을 것입니다. 제갈량은 적절하고 가슴 울리는 제문으로 그 부족한 부분을 채웁니다.

승상 제갈량은 정성껏 제물을 마련하여 나라와 국왕을 위하여 목숨을 바친 촉의 장병들과 남인(南人)들의 영령 앞에 삼가 바치노라. ……그대들은 구천에 묻히게 되었으며 혹자들은 칼과 창에 찔려 불귀의 객이 되었다. 참으로 살아서는 용맹을 떨치고 죽어서는 이름을 빛내게 되었도다. ……그대 영령들은 개선하는 우리의 휘날리는 깃발을 따라 본국으로 돌아가서 고향을 찾아 그대들의 제사를 그대들의 가족에게서 받고 만리타향 이역 지방을 헤매는 혼령이 되지 말지어다. ……영혼들은 안심하고 울부짖지 말라. 정성을 다하여 공경스레 제상을 진설하여 제사 지내노라. 아 슬프다! 엎드려 그대들의 영령 앞에 울면서 바라노니 영령들이여, 흠향하라!

제갈량은 승리에 도취되지 않고 전쟁에서 목숨을 잃어 불귀의 객이 된 자들을 진심으로 위로했습니다. 제문 읽기가 끝나자 공명은 목을 놓아 통곡했습니다. 그 애절함이 극에 달해 듣고 있던 삼군 가운데 울지 않는 이가 없었고 남만의 맹획과 그의 무리도 모두 통곡을 했습니다. 이때 구름과 안개로 가려진 하늘에 떠돌던 수천의 혼귀가 불어오는 바람을 따라 사방으로 흩어졌습니다. 마음을 다한 제갈량의 제문과 눈물은 귀신마저 감동시켰던 것입니다. 제갈량은 보상과 균형의 원리에 입각한 희생제의가 무엇인지 정확하게 알고 있었습니다. 제갈량은 전쟁을 하기 전과 후에 반드시 제를 지내도록 지시했습니다.

징과 북과 깃발과 전망용 수레와 전차는 입추의 날에 제사를 지내라. 하루 전에 부대장은 제사를 요청하고 제관은 제사를 받들어라. 만약 출정하여 포로와 노획물이 있거든 돌아올 때 제사를 올려라. 적과 싸울 때의 제사에는 희생물의 피를 종과 북에 바르라.[11]

제갈량은 희생물의 피를 종과 북에 바르는 행위를 통해 희생을 막으려 했고, 전쟁이 끝난 후에도 제사를 올려 희생을 보상하려고 노력했습니다. 제갈량은 화공으로 남만을 평정한 후 이렇게 말했습니다.

"내가 이번에 쓴 계책은 부득이하여 사용했지만 음덕陰德을 크게 손상한 것이었다. ……그처럼 완강한 만병의 대항을 불로써 공격하지 아니 했더라면 어떻게 이길 수 있겠느냐? 그러나 오과국 사람들의 씨를 말리게 되었으니 내 죄가 크구나!"

제갈량은 승리를 교만하게 자랑하지 않고 자신의 승리가 음덕을 크게 손상한 것이며 그것이 결국 자신의 죄라는 것을 인정하고 그것을 보상하기 위해 노력했습니다. 그가 복잡한 위기가 연속된 전쟁시절을 무난히 헤쳐나갈 수 있었던 것은 바로 보상을 통해 균형을 추구하는 정치의 본질에 충실했기 때문이 아닌가 합니다. 공격하고 쟁취하고 승리하는 것에만 신경을 곤두세울 것이 아니라 안배하는 일을 게을리하지 않은 결과 제갈량은 평탄한 정치인생을 살 수 있었습니다.

《삼국지》에는 보상과 균형의 원리가 극명하게 나타난 또 한 대목이 있는데, 그것은 인의군자를 표방하는 유비와 정치적 현실주의를 표방하는 방통이 반대적인 입장에서 서로에게 욕설과 비난을 주고받은 대목이었습니다. 유비는 양을 표방했고 방통은 늑대를 표방했지만 양이 언제나 양으로 늑대가 언제나 늑대로 있을 수는 없습니다. 양이 늑대가 되기도 하고, 늑대가 양이 되기도 하는 것이 세상사입니다.

최명 선생의 《소설이 아닌 삼국지》에 '방통론'이 나오는데, 그 요지는, "방통이 마키아벨리적인 방법을 철저하게 밀어붙이지 못해서 결국 실패했다"는 것입니다. 최명 선생은 마키아벨리를 이렇게 요약하고 방통과 연결합니다.

> 정치권력의 현실에 정통했던 마키아벨리는 종교나 도덕으로부터 정치의 해방을 역설했고, 정치는 그 자체가 윤리성을 갖고 있음을 강조했다. ……그것은 정치적 지배자인 군주에 대한 일종의 경고였다. 마키아벨리는 글로써 군주에게 권고했고, 방통은 말로써 유비에게 권고했다.12

방통은 유장이 지배하는 서천을 차지하라고 유비에게 여러 차례 간했지만 유비는 동족의 땅을 빼앗을 수 없다며 거절합니다. 방통이 위연을 시켜 검무를 가장해 유장을 죽이려 했지만 유비는 흥분하며 꾸짖었습니다. 정도가 아닌 권도, 권모權謀를 써야 할 자리에서 유비는 형제를 운운하며 인간적이고 인격적인 면모로 대사를 그르쳤습니다. 방통의 경우에도, 마키아벨리안machiavellian답지 않은 인간적인 요소가 그에게 있었기 때문에 실패했다는 것이 최명 선생의 주장입니다. 그 근거로 서천을 차지한 후 유비가 잔치를 베풀고 대취해, "군사, 오늘 이 자리가 꿈같이 즐겁구려!"라고 유비가 말하자, "남의 나라를 치고 나서 즐겁다 함은 인자지병仁者之兵이 아닙니다"라고 방통이 대꾸를 했고, 이에 유비는, "뭣이라고? 내 듣건대 무왕이 주를 치고 나서 잔치하여 즐겼다는데, 그럼 무왕도 인자지병이 아니란 말인가? 어찌 그따위 말버릇으로 함부로 해. 이놈, 썩 물러가라"며 소리를 지르는 대목을 들었습니다.13

이 대목이 최명 선생의 해석대로 불완전한 방통의 마키아벨리즘을 보여주는 대목이라고 할 수도 있지만, 심리학의 용어를 빌어 보상기제補償機制가 작동해 균형을 회복하려는 과정으로 해석될 수도 있습니다. 방통이 표방한 마키아벨리와 유비가 표방한 관인후덕寬仁厚德은 인간과 정치에서 완전히 배제할 수 없는 두 측면입니다. 전자가 방법에 충실한 것이라면 후자는 명분에 치중한 것이고, 전자가 현실에 기초한 것이라면 후자는 이상에 기초한 것이고, 전자가 동물적인 힘에 대한 것이라면 후자는 인간적인 도리에 대한 것이라 할 수 있습니다. 그 어떤 잔인한 정치적 행위에도 반드시 정당화의 논리가 붙는 것은 이 양자가 결코 분리될 수 없기 때문입니다.

유비는 관인후덕을 주로 했고 방통은 마키아벨리를 주로 했지만 상대편을 완전히 배제할 수는 없었습니다. 위의 잔치에서 관인후덕을 내세웠던 유비는 마키아벨리즘의 승리에 도취한 마키아벨리적 군주가 되어 방통을 꾸짖었습니다. 방통은 오히려 인자仁者를 들먹이며 마키아벨리적인 유비를 비난했습니다. 인자인 유비는 마키아벨리 방통에 대한, 마키아벨리 방통은 인자인 유비에 대한 아쉬움이 있었습니다. 그래서 이런 상황을 통해 스스로에게 부족한 부분을 보상받은 것이었습니다.

격렬한 권력투쟁의 장에서 마키아벨리와 관인후덕의 조화와 균형은 자주 깨집니다. 방통과 유비는 그 깨진 균형을 회복하기 위해 서로에게 욕을 주고받은 것이고, 사실 그것은 스스로에게 하는 꾸짖음이었습니다. 방통은 자신의 마키아벨리즘을, 유비는 자신의 유약함을 그렇게 꾸짖었던 것입니다. 결국 방통과 유비는 하나였습니다. 방통에게는 유비가, 유비에게는 방통이 없어서는 안 될 소중한 존재였습니다. 방통이 낙봉파에서 죽었을 때 유비는 서쪽을 바라보며 목을 놓아 통곡합니다. 자신에게 가장 결여된 것을 지닌 가장 소중한 자가 죽어 사라졌기 때문입니다. 제갈량도 방통의 죽음에 "우리 주공께서 한 팔을 잃으셨구나"라고 통곡하고 슬퍼합니다. 방통이 유비의 일부라는 것을 제갈량은 잘 알고 있었습니다. 서로에게 욕설을 주고받았던 방통과 유비는 술이 깨자 다시 자신의 본분으로 돌아와 사과하며 화해했습니다. 둘은 다시 조화와 균형을 회복했고, 그들은 또다시 권력투쟁의 장에서 경쟁하며 협력

할 것입니다.

제갈량은 "어려운 일은 스스로 앞서 행하고, 공은 뒤에 차지하며, 상처 입은 이는 흐느끼며 어루만져주고, 죽은 이는 슬퍼하며 장사지내주며, 굶주리는 이에게는 밥을 먹여주고, 추위에 떠는 이에게는 옷을 벗어 입혀주며, 현명한 이에게는 예를 갖추어 봉록을 주고 용감한 이에게는 상을 주어 면려하였다. 장군이 이와 같을 수 있다면 가는 곳마다 반드시 승리할 것이다"라고 말했습니다.14 즉, 제갈량은 자신이 파괴한 것에 대해 적절한 보상을 하려 노력했고, 유비와 방통은 반대적인 인물을 가까이에 두며 자신에게 부족한 것을 스스로 보상했습니다.

권력투쟁의 장에서는 항상 그늘진 부분이 나타납니다. 우리는 밝은 곳만을 지향할 것이 아니라 이 어두운 부분이 어디인지를 찾아 보상하려 노력해야 합니다. 낮이 언제나 지배할 수도, 밤이 영원히 밤으로 남아 있지도 않을 것입니다. 늑대가 언제나 이길 수도 없고 양이 항상 도망만 다니지도 않을 것입니다. 삶과 권력은 헤라클레이토스의 말대로 '대립물들의 각축장'이기 때문입니다.

전쟁은 신중하게, 협상은 어느 때라도

> 전쟁이란 나라의 중대사고, 백성의 삶과 죽음을 판가름하는 마당이며, 나라의 보존과 멸망을 결정짓는 길이니 깊이 삼가며 생각하지 않으면 안 된다. **《손자병법》**

《삼국지》의 전쟁은 각종 술책과 기만이 다 등장하는, 그야말로 사느냐 죽느냐의 승부였습니다. 춘추시대는 전쟁이 상당히 신사적으로 이루어지기도 했습니다. 송나라 양공襄公은 전쟁에서 보기 드문 페어플레이를 했던 것으로 유명합니다. 양공은 송나라의 홍수 부근에서 포진을 완료하고 있었고 초나라 군대는 강 한가운데를 건너고 있었습니다. 병력이 열세이므로 공격하자고 했지만 양공은 비열한 전법이라며 거절했고 초나라 군대가 강을 다 건너고 전열을 갖춘 다음 전투를 시작해 패배했습니다. 사람들은 이를 송나라 양공의 어짊(宋襄之仁)이라 했습니다.

춘추시대에는 전투가 주로 평지에서 전차로 이루어졌고 한 나라의 국력은 천승千乘 또는 만승萬乘처럼 수레의 숫자로 표기하기도 했습니다. 그래서 공개적이고 신사적인 전쟁, "양쪽의 병사에 의해 연출된 화려하고 웅장한 전쟁의 미학"이 존재할 수 있었습니다.[15]

《삼국지》에도 신사적인 행위가 적지 않게 등장하지만 결국 승리하기 위한 고도의 술책으로 적을 기만하는 것이 지혜로 간주되던 저열한 전쟁이었고 이는 오늘날의 모든 전쟁에서도 마찬가지입니다. 전쟁은 사악하고 비참한 것입니다. 그래서 전쟁의 방법을 가르치는 병서들은 되도록 전쟁을 피하라고 권유합니다.

> 싸움의 책인 병서에서는 오히려 싸우라고 가르치지 않는다. 정말로 피할 수 없을 때, 어쩔 수 없는 최후의 방법이 전쟁이라고 가르치고 있다. 모략의 책인 병서에서는 오히려 모략보다는 대의명분을 강조한다. 위로는 군주로부터 아래로 백성에 이르기까지 모두 전쟁의 이유를 공유하여 한마음이 되었다면 이를 성공시키기 위해서 모략이 필요한 것이다. 병서에서는 전쟁 없는 세상을 그리는 이상이 있다.[16]

무술의 달인이 싸움을 피하듯이 병서들은 '최후의 방법이 전쟁'이라고 가르칩니다. 전쟁이 너무나 가혹하고 비참하기 때문입니다. 전쟁은 끔찍하게 인간성을 말살합니다. 그래서 전쟁은 두려운 것이며 피해야 합니다.

《삼국지》에도 전쟁의 참상은 곳곳에 나타납니다. 마초가 조조와 싸워 패하고 다시 세력을 모아 기주를 공격할 때 전쟁의 비극은 잘 드러납니다. 조조에게 패한 마초는 오랑캐 땅에 들어가 2년 동안 거처하며 각지를 정복했지만 기주는 손에 넣지 못하고 있었는데 기주의 자사 위강韋康은 마초에게 항복하려 했습니다. 참군 양부楊阜가 말렸지만 위강은 항복했고 마초는 항복한 위강 등 약 마흔 명의 목을 모조리 베어버리고 오히려 항복하지 말라고 한 양부를 참군으로 임명하는 관용을 베풀었습

니다. 하지만 이는 오판이었습니다. 양부는 양관梁寬 · 조구趙衢 · 강서姜
敍 · 윤봉尹奉 · 조앙 등과 더불어 마초에 대항했고 마초의 아내와 가족들
을 끔찍하게 죽여버렸습니다.

> 양관과 조구는 성 위에서 마초에게 욕설을 퍼부으며, 마초의 아내 양씨를 성
> 루 위로 끌어내 칼로 쳐 죽여 성 아래로 시신을 내던졌다. 또한 마초의 세 아
> 들과 대략 열 명의 식구도 역시 같은 방법으로 낱낱이 죽여 성 아래로 내던
> 졌다. 이를 목격한 마초는 피가 거꾸로 솟고 치가 떨려 하마터면 말에서 떨어
> 질 뻔했다.

마초는 싸움에 패해 역성으로 도망갔는데, 문지기가 자기편인 줄 알
고 성문을 활짝 열었습니다. 남문 안으로 들어선 마초는 눈이 뒤집혀 닥
치는 대로 백성을 죽였습니다. 그리고 집에 있던 강서의 노모를 찾아 손
수 칼을 뽑아 찔러 죽였고 윤봉과 조앙의 가족들도 모조리 찾아 죽였
습니다.

양부가 마초에게 돌진하자 그의 일곱 형제가 함께 마초에게 달려들었
습니다. 그 일곱 형제는 마초의 부장 방덕 · 마대가 도우려고 나서기도
전에 모두 마초의 창에 찔려 처참하게 죽어 나뒹굴고 있었습니다. 싸움
의 달인 마초에게 그들이 상대가 될 리 없었습니다.

처참한 살육이 전쟁이라는 이름으로 마구 행해졌습니다. 모두 타인
의 고통에 공감하는 능력을 가진 인간들이었지만 죽고 죽이는 일로 눈
이 뒤집히고 광기에 사로잡혀 무서운 살육이 자행되고 말았습니다. 십
자군의 살육을 목격한 한 신부는 이렇게 적고 있습니다.

> 예루살렘의 큰 거리나 광장 등에는 사람의 머리나 팔, 다리가 산더미처럼 쌓여 있었다. 십자군 병사나 기사들은 시체를 아랑곳하지 않고 전진했다. 성전이나 회랑은 물론이요, 말 탄 기사가 잡은 고삐까지 피로 붉게 물들었다.[17]

전쟁은 사랑의 종교를 가진 기독교인들마저 신의 이름으로 도살자가 되도록 만드는 끔찍한 일입니다. 그래서 손무는, "전쟁이란 나라의 중대사고, 백성의 삶과 죽음을 판가름하는 마당이며, 나라의 보존과 멸망을 결정짓는 길이니, 깊이 삼가며 생각하지 않으면 안 된다"고 말했습니다.[18] 전쟁은 피할 수 있으면 피해야 하는 일입니다. 그래서 헤르메스와 같은 자들이 많이 필요합니다.

> 헤르메스는 어떤 상황에서든 협상을 중시한다. 도시 간의 분쟁이 발생하면, 헤르메스가 외교관의 마음속으로 들어가 전략을 짜준다. 그가 제일 싫어하는 것이 전쟁과 폭력이다. 전쟁은 상업을 망칠 뿐 아니라, 인간성까지 말살하기 때문이다. 이익을 수호하는 신인 헤르메스도 전쟁을 통한 이익은 단호히 반대한다. ······아리스토파네스Aristophanes가 전한 바에 따르면, 헤르메스는 살육의 냄새보다는 축제의 여신의 숨결을 더 좋아한다.[19]

피하지 못할 전쟁도 있지만 이처럼 비극적인 전쟁을 우리는 신중히 결정하고 피하도록 노력해야 합니다. 그리고 전쟁이 벌어지더라도 피해를 최소화하기 위해 협상해야 합니다. 그래서 살육의 냄새를 좋아하는 전사를 데리고 있는 동시에 축제의 여신의 숨결을 좋아하는 헤르메스와 같은 '중재자peace-maker'를 항상 곁에 두고 있어야 합니다.

성급하지 않게 조화를 이루며
일을 처리하는 법

> 지금 너를 보면 그 기氣는 윗사람을 능가하고, 의意는 아랫사람을 멸시하고 있다. 그것은 덕을 소홀히 생각하기 때문이다. 《십팔사략》

하루아침에 생각이 바뀔 수는 있지만, 하루아침에 몸이 바뀌지는 않습니다. 김유신은 굳은 결심을 했지만 술 취한 그의 말은 사랑하는 천관녀天官女의 집으로 그를 데려갑니다. 저는 그 사건을 다음과 같이 해석한 적이 있습니다.

> 어머니의 꾸지람은 이성적인 영역이다. 대업을 위해 여자에 빠져 있으면 안 된다는 당연한 추론과 이성적인 판단이다. 하지만 김유신은 아직 젊은 탓에 감정적이었고 게다가 이성을 마비시키는 술까지 먹은 상태였다. 그는 의식이 정지된 잠에 빠져 있었고, 그러한 김유신을 그녀에게 이끈 것은 바로 김유신의 애마, 즉 동물이었다. 이 애마는 김유신의 동물적인 본성과 습성을 상징한다. 잠이 깬 김유신은 자신을 잘못된 길로 이끈 동물적인 본성을 단칼에 베어 버리며 이성의 단호한 승리를 보여준다.[20]

우리의 몸은 습관과 경험에 기초하고 그래서 머리보다 속도가 느릴 수밖에 없습니다. 김유신의 생각이 그대로 몸으로 실천되었을 리 없습니다. 김유신은 애마의 목을 자르는 과격한 희생을 통해 단호함을 보였지만 서서히 횟수를 줄여 나가는 것이 몸을 따르는 온건한 방식입니다.

온건함은 서양의 똘레랑스tolerance, 즉 관용과 연관이 있는데, 이는 '참다'라는 뜻의 라틴어 tolerare에서 나온 말로, 다른 사람들에게 행위나 판단의 자유를 허용하는 것, 자신의 견해 또는 일반적인 방식이나 관점과 다른 것을 편견 없이 끈기 있게 참아주는 것을 의미합니다.[21] 그리고 온건이란 생각이나 행동 따위가 사리에 맞고, 건실하고, 행동이나 사상·언론 따위가 과격하지 않다는 의미입니다. 온穩은 편안하다, 평온하다, 안정되다, 움직이지 않다, 신중하다, 믿음직하다, 침착하다, 가라앉히다, 그대로 두다, 진정시키다, 온건하다, 확실하다는 등의 의미이고, 건健은 굳세다, 건강하다, 튼튼하다, 꿋꿋하다, 군사軍士 등의 의미입니다. 그래서 온건함은 성급하지 않고 천천히 주변과 조화롭고 평온하게 일을 해나가는 방식이라 할 수 있고 급진파·과격파의 반대말이라 할 수 있습니다.

온건함은 주로 늙은이의 덕목이고 젊은이는 갖추기 힘든 경우가 많습니다. 손견은 36세, 손책은 25세, 주유와 방통은 35세, 예형은 25세에 요절했는데 그들은 온건하지 못한 인물들이었습니다. 어린 시절 총명한 사람들은 일반적으로 온건함의 덕목을 갖추기 어려운 경우가 많은데, 제갈량의 조카, 제갈근의 아들 제갈각諸葛恪이 그랬습니다. 제갈각은 어린 시절부터 참으로 영민한 자였습니다.

제갈각이 6세 때 아버지 제갈근은 총명한 아들을 연회에 데려갔습니다. 손권이 제갈근의 얼굴이 유난히 긴 것을 빗대어 노새 한 마리에 제갈자유諸葛子瑜라고 쓰고 끌고 오게 해 모두 한바탕 웃었습니다. 속 깊고 온건한 제갈근은 그저 허허 웃었을 것입니다. 그런데 어린 제갈근이 벌떡 일어나 두 자를 더해 제갈자유지려諸葛子瑜之驢, 즉 '제갈근의 노새'라고 썼습니다. 두 글자로 제갈각은 단번에 그 노새를 아버지의 것으로 만들어버렸고 손권은 칭찬하며 노새를 하사했습니다.

한번은 손권의 신하 장소가 "노인에게 술을 억지로 권하는 것은 예가 아니다"라며 손권이 돌린 술을 사양하자 손권은 제갈각에게 장소가 술을 먹게 하도록 명을 내렸습니다. 제갈각은, "옛날에 강상부(강태공)는 나이 90세에 이르러서도 철퇴를 휘둘러 노익장을 과시했다 합니다. 지금의 우리 주공께서는 싸움에 임했을 때 선생을 뒤에 머물게 하셨으며 오늘 술좌석에서 선생에게 먼저 들도록 하셨는데, 선생께서는 어찌 노인을 대접하는 예가 아니라 하십니까?"라는 대단한 말을 했습니다. 나이를 빌미로 술을 거부하는 장소를 꾸짖고 부하를 사랑하는 손권의 미덕을 은근히 칭송했던 것입니다. 손권은 더욱 제갈각을 사랑하게 되어 태자를 보필하도록 했습니다.

제갈근은 아들을 보며, "이 애는 집안을 보전하지 못하겠구나!"라고 한탄했던 적이 있습니다. 제갈근과 제갈량은 날카로운 지성을 소유했지만 언제나 충직하고 겸손하게 주군을 잘 보필했습니다. 그들은 온건함이 무엇을 의미하는지 알고 있었습니다. 제갈근은 직선적으로 말하지 않고 비유로써 간하기를 즐겨 왕의 비위를 상하게 하지 않았고 왕과 다른 의견이 있을 때에는 다른 일에 빗대어 이해를 구하곤 했습니다. 그는 온건하고 충직했고 간소한 삶을 살다 간 좋은 사람이었습니다. 하지만 그 아들은 달랐습니다.

손권이 죽은 후 국가의 사무는 제갈각이 도맡아 처리했습니다. 제갈각은 손권의 부탁대로 태자 손량孫亮을 황제에 오르게 하고 위의 대군이 쳐들어오자 촉의 강유와 함께 20만 대군으로 중원 정벌길에 나섰습니다. 《삼국지》에는 '제갈각이 북벌을 준비했다'는 대목이 나오지 않습니다. 제대로 준비하지 않고, 방어가 아닌 정벌에 나선 성급한 전쟁이었습니다. 제갈각이 막 정벌길에 나서려는데 갑자기 땅에서 하얀 기운이 치솟더니 눈을 가려 앞을 분간하지 못하게 되었습니다. 불길한 징조라며 주위에서 만류했지만 제갈각은 이를 무시했습니다.

위나라의 노련한 지도자 사마사는 방비 위주의 전략으로 촉과 동오의 군사들을 잘 방어했고 제갈각은 신성을 수개월 공격했으나 성과를 얻지 못했습니다. 제갈각은 공격에 태만한 자는 참형에 처하겠다는 과격한 영을 장수들에게 내렸고 무리한 공격을 하다가 자신도 얼굴에 화살을 맞았습니다. 찌는 여름이라 군사들도 병고에 시달렸지만 제갈각은 공격을 다그쳤고 결국 군사들의 얼굴은 누렇게 뜨고 병색이 완연해 동오로 후퇴할 수밖에 없었습니다.

제갈각은 수치심 때문에 병을 핑계로 조정에 들지 않았습니다. 오주 손량은 친히 문병했고 문무백관들도 모두 문안을 드렸습니다. 제갈각은 자신의 패전에 대한 책임을 돌려 여러 관원과 장수를 참형에 처했습니다. 이에 모두 두려워하고 불만을 품게 되었습니다. 제갈각은 그래도 안심이 되지 않아 자신의 심복으로 어림군을 장악하게 했고 어림군을 빼앗긴 손준孫峻은 크게 분노해 오주 손량과 함께 제갈각을 제거할 모의를 벌였습니다.

제갈각은 상복을 입은 자가 길을 잃어 집안을 얼쩡대자 문지기들과 함께 참형에 처했는데 그 이후 악몽에 시달립니다. 세수를 하는데 물에서 피비린내가 나기도 하고 연회에 갈 때에는 누런 개 한 마리가 옷을 물고 짖어대며 울기도 했습니다. 흰 무지개가 수레 앞에서 하늘까지 솟기도 해 측근들이 가기를 만류했습니다. 온건한 자들은 항상 주변을 살피는데 제갈각은 이처럼 많은 불길한 징조들을 무시하고 연회로 갔고 결국 손준의 칼에 목이 날아가고 말았습니다. 제갈각의 전 가족도 시장 바닥에 끌려 나와 참형을 당했습니다. 동오의 명신 제갈근의 명문 집안이 역적 집안이 되고 말았던 것입니다.

육손은 "지금 너를 보면 그 기氣는 윗사람을 능가하고, 의意는 아랫사람을 멸시하고 있다. 그것은 덕을 소홀히 생각하기 때문이다"라고 제갈각에게 충고했던 적이 있습니다.22 제갈각이 육손의 충고를 귀담아 들었다면 이런 패가망신을 당하지는 않았을 것입니다.

《매천야록梅泉野錄》에는 제갈각처럼 어린 나이에 두각을 나타내지만 결국 정치 세계에서 제 역할을 하지 못한 매천梅泉의 지기 이건창李建昌의 이야기가 나옵니다. 이건창은 15세에 문과에 급제하지만 흥선대원군은 그가 어리다고 기용하지 않았고 후일 이건창이 항의하자 경박하다고 생각해 또다시 기용하지 않습니다. 청나라에 서장관으로 다녀온 후 이건창은 충청도 암행어사로 파견되었는데 당대의 실력자 조병식趙秉式을 탄핵합니다. 하지만 고종은 이건창의 탄핵서를 오히려 포창서褒彰書로 바꾸었고 이건창이 항의하자, "너같이 나이 어리고 어리석은 자가 어찌 조병식의 일을 다 아느냐?"고 야단쳤습니다.

이건창은 잠시 한성부소윤, 승지 등의 벼슬을 살았을 뿐 정치계에서 별다른 활동을 하지 못했지만 조병식은 50년 가까이 관직에 있으면서 세기 힘들 정도로 많은 요직을 두루 거치며 정치권을 지켰습니다.23

우리의 삶은 원인에서 결과로 바로 이어지는 단선적인 것이 아니라 복잡계Complex System입니다. 복잡계는 사회 시스템을 예측 · 계획 · 통제하는 데 우리의 능력에 한계가 있음을 일관되게 말하고 있습니다. 그래서 우리는 완만한 정책 행동gentle policy action을 겸손과 주의를 가지고 해야 합니다. 그래서 "복잡한 세계에서 어떻게 삶을 영위하느냐"는 질문에 대한 답은 "매우 조심하라"는 것이라고 말할 수 있습니다.24

복잡계에서 성과를 내기 위해서는 '한 박자 빠른 성급함'이 아니라 '한 박자 늦은 온건함'을 우선 갖추어야 합니다. 제갈각이나 이건창같이 날카로운 지성을 가진 자들이 온건하지 못해 정치 현장을 오래 지키지 못하고 성과를 내지 못하는 것은 참 안타까운 일입니다. 온건함으로 무장한 권신들이 천천히 주변을 돌보며 오래도록 권좌를 차지해 나라를 농단하는 것을 보는 것 또한 속상한 일입니다. 제갈각의 자는 원손元遜이었습니다. 그가 그 이름 그대로 크게 겸손했더라면 숙부 제갈량, 부친 제갈근 못지않은 공을 세우고 역사에 이름을 남겼을 것입니다.

의리로 타이르고
너그럽게 부린다

> 우리는 천자의 명을 받들어 역적을 치려고 출병하는 것이니 민폐가 없도록 하라. 지금은 보리가 익어 타작할 시기이니 진군이나 행군할 때 모든 군사는 보리밭을 밟지 말라.

제갈량은 227년 북벌을 감행하며 후주 유선을 대신해 쓴 글에서 항우가 망한 이유에 대해 "이는 모두가 정도를 따르지 않고 주군을 능욕하고(陵上) 백성을 얕보았기(虐下) 때문이다"라고 말합니다.25 능상陵上도 문제이지만 학하虐下는 더 심각한 문제입니다.

1925년 강효석姜斅錫이 찬집한 《대동기문大東奇聞》이라는 책에는 심온의 부친 심덕부沈德符의 미담이 나옵니다.

> 심덕부는 청송 사람이니, 자는 득지得之다. 고려 말년에 음보로 동정이 되어 부원수에 이르렀다. ……태조太祖가 도읍을 한양으로 옮기고 궁실을 짓고 종묘를 세우는 것을 덕부에게 명하여 그 일을 총괄해 다스리게 했더니 심덕부는 의리로 타이르고 너그럽게 부려서 백성들이 병들지 않았다. ……여러 아들이 벼슬을 제수받는 일이 있으면 문득 그 수족이 트고 얼음이 박힌 것을 보이면

서 경계하기를 "내가 출입하는데 근로勤勞해서 비로소 능히 여기에 이르렀는데, 너희 무리가 무슨 능한 일이 있어 작위를 얻는단 말이냐?"라고 했다. 심덕부는 장상의 자리에 20년을 있었으나 집에 남은 재물이라곤 없었다.26

"의리로 타이르고 너그럽게 부려서 백성들이 병들지 않았다"는 구절이 가슴을 울립니다. 《삼국지》에서 심덕부의 방식을 주로 한 자는 유비였고 그 반대는 동탁이었습니다. "동탁의 군사들이 저지르는 횡포는 이것에만 그치지 않았다. 그들은 유부녀와 처녀를 가리지 않고 닥치는 대로 간음하고, 백성의 양식과 재물을 강탈하니, 백성들의 울부짖는 소리가 천지를 진동했다"라고 《삼국지》는 적고 있습니다. 반면 유비는 가는 곳마다 백성을 무마시켰고 안심시켰습니다.

조조 역시 그랬습니다. 조조는 원소를 이긴 후 화북의 백성들에게 세금을 걷지 못하게 해 민생을 안정시켰습니다. 그리고 창정 싸움에서 원소를 이긴 후 급습하자고 주위에서 권유했지만, "더욱이 지금은 들에 곡식이 익어가는 계절이니 행여 백성의 생업을 망칠까 걱정이다"라며 공격을 늦추었습니다. 원소와의 전쟁에서 승리한 조조는 고향으로 돌아와 "내가 의로운 군사를 일으킨 것은 천하의 폭력과 혼란을 없애기 위함이었다. 옛 땅(초현)의 백성들은 대부분 사망했고, 나라 안에서 온종일 걸어 다녀도 아는 사람을 만날 수 없는 지경이 되어 비통하고 상심해 있다"는 마음을 전하고 보상책을 마련하라는 영을 내렸습니다.27

최명 선생은, "한 장수가 공을 이루려면 만 지아비의 뼈가 말라야 한다"는 조송曹松의 시를 인용하며, "난세의 인물들의 영웅적인 행위 이면에는 사졸과 백성들의 피와 땀과 고통이 있어왔다"고 말했는데, 조조는 백성들의 피와 땀과 고통의 가치를 잘 알고 그것을 갚으려 노력

했습니다.28

반면에 유비는 자연스럽게 백성의 사랑과 존경을 받은 행복한 지도자였습니다. 유비는 어릴 적부터 말수가 적고 아랫사람들에게 잘 대해주며 기쁨이나 노여움을 얼굴에 나타내지 않았고 사랑이 많은 자였습니다. 그는 너그럽게 사람을 대해 많은 사람들이 그에게 몰려들었습니다. 유비를 죽이러 온 자객조차 유비를 차마 찌르지 못한 적이 있는데, 이 대목에서 진수는 "유비가 인심을 얻는 것이 이와 같았다"라고 말합니다.29

백성에 대한 유비의 사랑이 극명하게 보이는 대목은 조조에게 쫓겨 강릉으로 도망을 갔을 때입니다. 유비는 백성들을 이끌고 가느라 하루에 10여 리밖에 행군하지 못했습니다. 어서 몸을 피하라 하자 유비는, "백성들이 나를 따라 신야에서 예까지 왔거늘 내가 어찌 그들을 버리겠소?"라며 거절했고 많은 백성을 잃고 군사 100여 명과 백성 1,000여 명만 남자, "수십만의 백성이 나를 믿고 따라오다 이런 변을 당했으니 다른 장수들과 백성들은 다 어찌 되었는지, 비록 목석같은 인간이라 할지라도 어찌 아니 슬프리오?" 하면서 목을 놓아 울었습니다. 유비는 이렇게 백성들을 아껴 그들의 마음을 얻었습니다.

결국 하북의 실력자 원소가 조조에게 패한 것이나, 미약한 세력의 유비가 큰 세력을 형성할 수 있었던 것은 무엇보다 백성을 존중하고 사랑했기 때문입니다. 병가의 책인 《육도》에는 이런 대목이 나옵니다.

> 백성과 함께 아파하며 서로 돌봐주고, 백성과 함께 마음을 나누며 서로 힘을 모으며, 백성과 함께 미워하며 서로 돕고, 백성과 함께 좋아하며 더불어 추구합니다. 이렇게 하면 몸을 지켜줄 갑옷이나 적을 찌를 무기가 없어도 싸워서

이길 수 있고, 성을 부술 장비가 없어도 적의 성을 무너뜨릴 수 있으며, 참호를 파지 않아도 성을 굳게 지킬 수 있습니다.[30]

강태공은 주문왕에게 자세하게 그 방법을 말해줍니다. 백성이 자신이 할 일을 제대로 할 수 있게 해줄 것, 죄 없는 사람을 처벌하지 않을 것, 세금을 적게 거둘 것, 웅장하게 궁궐을 짓거나 높은 누각을 세우는 공사를 하지 말 것, 벼슬아치가 청렴결백하고 가혹하게 굴지 말 것, 욕심을 잘라내고 의지를 다잡아서 백성의 일에 일일이 간섭하지 말 것 등입니다. 한마디로 "백성을 사랑하라"는 말입니다.

> 백성들이 굶주리거나 헐벗어 추위에 떠는 모습을 보면 걱정해주고, 백성이 힘들고 괴로워하는 모습을 보면 슬퍼하며, 상과 벌을 내릴 적에는 자기 자신에게 주는 것처럼 생각하고 세금을 거둘 때에는 자기에게 매기는 것처럼 여깁니다. 이것이 백성을 사랑하는 길입니다.[31]

결국 지도자의 가장 강한 무기는 백성입니다. 백성을 사랑하는 길은 무엇보다 그들과 더불어 추구하는 것이라고 태공망은 말하고 있습니다. 지도자는 우선 백성들과 더불어 있어야 합니다. 백성 위에 있거나 앞에 서 있기만 한다면 백성을 알 수도 없고 그들이 무엇을 추구하는지 파악할 수도 없습니다. 지도자들이 늘 '국민의 뜻'을 외치면서도 실패하는 것은 몸으로 국민과 함께 있지 않기 때문입니다.《오자병법》을 남긴 오기가 단번에 군사들의 신망을 얻었던 것도 그가 가장 신분이 낮은 사졸과 더불어 있었기 때문입니다. 병사 가운데 하나가 독한 종기가 났을 때 오기는 그 종기를 입으로 빨아주었습니다. 그 이야기를 들은 병사의 어머니는 통곡했습니다. 사람들이 묻자, "예전에 오공(오기)께서 그 아이 아버지의 종기도 빨아준 적이 있는데, 그이는 물러설 줄 모르고 용감하게 싸우다가 전사하고 말았소. 오공이 지금 내 자식의 종기를 또 빨아주었으니 이제 그 애가 언제 죽을지 모르게 되었소이다"라고 슬퍼했습니다.32

오기가 가장 더럽고 아픈 곳을 빨아주자 그들은 목숨을 기꺼이 내놓았습니다. "병사들이 앉아서 숨을 돌리지 못했다면 먼저 자리에 앉지 말고, 병사들이 미처 배를 채우지 못했다면 먼저 수저를 들지 말며, 추위와 더위를 병사들과 꼭 함께 나누어라. 장수가 이처럼 하면 병사들은 반드시 죽을힘을 다하여 싸울 것이다"라는 지혜를 그대로 실천했습니다.33

무엇이 백성을 위하는 것인지, 어느 백성을 더 위해야 하는지 상황은 더 복잡해졌지만 이런 태도를 기본으로 삼고 있다면 지혜롭게 권력을 사용할 수 있으리라 생각합니다. 이렇게 한다면 사랑은 칼보다 더 날카롭고 강한 무기가 될 수 있을 것입니다.

포용와 소통의
리더십

> 손권이 어린 나이에 대업을 이을 때, 오부인이 군사와 행정을 다스리는 일을 도와 매우 큰 보완과 이로움이 있었다.

전통사회에서는 공격적이고, 강하고, 파괴적이고, 능동적이고, 외향적이고, 밝고, 무겁고, 말 없는 것을 남성적이라 하고, 방어적이고, 약하고, 생명적이고, 수동적이고, 내향적이고, 어둡고, 가볍고, 말 많은 것을 여성적이라 말해왔는데, 요즘 이렇게 말하면 페미니스트Feminist들의 공격을 받을 것입니다.

> 여성적인 것은 젠더 정체성과는 우연적인 관계에 있는 것으로, 그것을 리더십의 특징과 연결시켜 이야기할 때에는 오히려 타자 지향적인 관계 맺기의 특성으로 접근하는 것이 필요하다. 즉, 그것은 협동적이고 상대를 그 자체로서 배려하는 속에서 리더로서의 역할을 수행하는 민주적 능력에 기초한다.**34**

전통적인 여성성을 여성에게 강요할 수 없다고 말하면서도 여성적인 지도력은 타자 지향적인 관계 맺기와 협동적이고 상대를 그 자체로 배려하는 것이라는 말은 좀 애매하지만 복잡한 논쟁이 될 수 있으므로 여기에서는 전통적인 남성성과 여성성의 구분으로 이야기를 하도록 하겠습니다.

《삼국지》는 남성적인 이야기입니다. 권력투쟁은 거친 남자들이 주로 하는 것이기 때문입니다. 하지만 부드러운 유비나 신사 제갈량은 감수성이 섬세했고, 타자 지향적인 관계 맺기에 익숙했던 여성적인 지도자들이라 할 수 있습니다. 권력투쟁은 남성적인 거친 대립을 기초로 하지만 일을 이루는 과정이나 권력을 행사하는 상황에서는 여성적인 섬세함과 배려가 있어야 함을 《삼국지》는 말해주고 있습니다.

《삼국지》에는 많은 여성이 등장하지만 가장 두드러진 인물은 손견의 부인 오부인과 그녀의 동생 오태부인입니다. 진수는 "손권이 어린 나이에 대업을 이을 때, 오부인이 군사와 행정을 다스리는 일을 도와 매우 큰 보완과 이로움이 있었다"라고 증언합니다.[35]

오부인이 살았던 동오지방은 《삼국지》의 시대까지도 중국과는 구별된 지역으로 강한 지역의식이 있었고, 중원의 전통적인 전쟁관을 뿌리부터 뒤흔든 것이 남쪽의 오나라였습니다. 기원전 585년에 오수몽吳壽夢이 오나라를 건국했고, 합려 때를 맞이하자 갑작스럽게 강대한 세력이 되었습니다. 오나라에서는 봉건제가 확립되지 않아 사士 이하의 모든 사람이 전쟁에 참여했고, 오자서나 손무 등 외국의 군사전문가를 초빙했으며, 늪지대여서 전차전이 아닌 다양한 작전이 개발되어 군사 강국이 되었습니다.[36]

그래서인지 오부인도 성품이 강했습니다. 손견의 경솔함과 교활함을 혐오한 친척들이 손견과의 혼인을 반대하자, "어찌하여 한 여자를 사랑함으로써 화를 불러일으키겠습니까? 제가 만일 시집가서 불우해진다면 그것은 제 운명입니다"라며 손견과의 결혼을 강행했습니다.37 오부인의 동생 오경吳景도 손견·손책을 내내 도운 충직한 사람이었습니다.

손책이 도사 우길을 죽이려 할 때 오부인은 손책을 후당으로 조용히 불러 "군민軍民의 존경과 추앙을 받는 분이니 해치지 말라"고 권유했고, 손책이 죽게 되었을 때에는 "귀신이 덕을 베푸는데 그것은 아주 크다"며 빌기를 권유하기도 했습니다. 결국 아들 손책이 죽자 주유가 문상을 왔고 오부인은 주유에게 손책이 후사를 맡겼다는 유언을 전했습니다. 주유는 "비록 재주는 없으나 견마犬馬의 힘을 아끼지 않고 죽을 때까지 유언을 받들겠습니다"라며 충성을 맹세했습니다. 오부인은 권력이 무난히 이양되도록 중요한 역할을 했던 것입니다. 조조가 쳐들어왔을 때 모두 항복하자고 했지만 주유는 싸우겠다고 했고 오부인은 "공근 주유의 말이 맞습니다"라고 동의해 동오를 굳게 지키는 계기를 만들었습니다.

오부인은 노환으로 생명이 위독해지자 동오의 핵심인물인 주유와 장소를 들게 했습니다. 그리고 큰아들 손책과 둘째 손권을 낳을 때에 달과 해가 품 안에 드는 꿈을 꾸었다며 대업을 결국 이룰 것을 암시했습니다. 그리고 "부디 두 공께서 서로 힘을 모아 내 아들을 도와주신다면 내가 죽더라도 그 은혜는 잊지 않겠다"는 간절한 소망을 남기고 아들 손권에게 "자포(장소)와 공근 두 분을 스승을 섬기는 예로써 섬기도록 하라. 조금도 태만해서는 안 된다"는 유언을 남기고 숨을 거두었습니다.

오부인은 권력의 전면에 나서지는 않지만 중요한 시점마다 조언을 아끼지 않았고 어린 손권이 권력을 잘 이어받을 수 있도록 해주었습니다. 여성성이란 이런 것이 아닐까 합니다. 오부인은 여성적인 정치를 가장 잘한 사람이었습니다.

　이런 면은 오태부인도 마찬가지입니다. 오태부인은 미인계로 유비를 잡으려 한 손권과 주유를 꾸짖었고 유비를 한눈에 알아보고 사윗감으로 인정했습니다. 유비를 죽이려고 매복한 도부수들을 꾸짖어 물리쳤고 자신이 거처하는 서원書院에 유비를 머물도록 해 안전하게 지켜주었습니다. 유비가 손부인과 함께 동오를 탈출하기 위해 조상의 묘소에 가서 제를 지내려 한다고 할 때에도 태부인은 흔쾌히 허락했습니다.

　유비가 서천의 유장을 도우러 갔을 때 신하들이 형주를 공격하자고 손권에게 제안하자, 오태부인은 병풍 뒤에서 불쑥 나타나서 "그런 계책을 말한 놈의 목을 베라! 왜 내 딸을 죽이려 하느냐?"라고 꾸짖었습니다. 부인은, "너는 부친과 형의 유업을 이어받아 81주를 거느리고 있으면서 무엇이 부족하여 육친을 죽이면서까지 작은 이익을 취하려 하느냐?"라고 손권을 꾸짖었습니다.

　결과적으로 오태부인은 유비와 동오의 동맹이 깨지지 않도록 하는 중요한 역할을 담당했습니다. 조조는 동오와 유비가 싸우기를 원했습니다. 결국 삼국이 정립하지 못한 것은 형주를 둘러싸고 동오와 유비가 싸움을 벌였기 때문입니다. 관우와 싸울 때 손권은 조조에게 편지를 보냈습니다. 조조는 이것이 관우와 손권이 서로 대치해 싸우도록 하는 것이라 생각해서 손권의 편지를 관우에게 보여주었고 대립은 격화되었습니다.38 오태부인의 주장에 따라 동맹을 유지했더라면 유비와 손권은 더 오래도록 나라를 유지하며 삼국의 정립을 이룰 수 있었을 것입니다.

　권력투쟁은 힘을 기초로 하지만 관계를 중시하는 포용적인 여성성이 중요한 역할을 할 수 있습니다. 관우가 실패한 것도 그가 여성적인 부드러움을 겸비하지 못한 마초macho에 머물렀기 때문입니다. 손권은 어머니의 말에 귀를 기울였고 유비도 오태부인에게 의지해 평화와 동맹을 유지할 수 있었지만 남성적인 관우는 결속과 화해라는 여성적인 길을 거부하고 동오와 대립각을 세우기에 여념이 없었고 결국 파멸하고 맙니다. 관우는 중요한 시점에서 남성적인 강함만을 추구했지 여성적인 부드러움으로 상대를 포용하지 못했고 그래서 실패합니다.

데보라 태넌Deborah Tannen은 위계질서의 수직적인 권력관계를 중시하는 남성성을 비판하고 관계망을 중시하는 여성성을 다음과 같이 설명합니다.

> 나는, 반면에, 세상에 많은 여자들처럼 접근하고 있었다. 즉 관계망 속의 한 개인으로서. 이 세상에서 대화는 서로 긍정하고 인정하려 노력하고 합의에 이르기 위해 서로 다가가는 협상이다. 여성들은 그들을 무시하려는 다른 사람들의 시도로부터 자신을 지키려 노력한다. 그렇다면 인생은 공동체이며 친근함을 보존하고 고립을 피하려는 노력이다. 이 세상에도 위계질서가 존재하지만 그것은 힘과 성취의 위계질서라기보다는 우정의 위계질서다.39

여성적인 유비는 늘 감성적인 눈물로 사람들과 소통하며 인간적인 관계를 맺으려 노력했습니다. 제갈량은 섬세함으로 사람들의 마음을 읽었고 일이 이루어지도록 포용심과 자제심을 잃지 않았습니다. 조조는 늘 사람들과 대화하며 소통했습니다. 거친 장비도 자주 행패를 부렸지만 따뜻한 인정이 있었습니다. 권력의 세상은 힘과 성취의 위계질서라 할 수 있지만 그것은 또한 우정의 위계질서를 필요로 한다는 사실을 잊지 말아야 합니다.

주는 것이 곧
받는 길이다

> 주는 것이 곧 받는 길이다. 작은 이익에 만족한다면 제후들의 신망을 잃게 되며 천하의 명성을 스스로 버리게 될 뿐이다. **《십팔사략》**

관중과 포숙아鮑叔牙의 아름다운 우정에 대해서는 모두 잘 아시리라 생각합니다. 포숙아가 관중을 인정해 그에게 모든 것을 다 주었고 제환공을 죽이려 했던 관중을 등용하도록 설득해 제환공이 결국 춘추오패의 선봉이 되도록 한 이야기는 감동적인 미담입니다.

제환공이 노魯나라와 세 번 싸워 세 번 모두 이겨 노나라의 장공이 수遂 땅을 제환공에게 바치며 화친을 위한 회담을 할 때의 일입니다. 이때 노나라의 장수 조말曹沫은 갑자기 단상에 뛰어올라 제환공에게 비수를 들이대며 그간 빼앗은 노나라 땅을 모두 되돌려 달라고 협박했습니다. 제환공은 위기를 모면하고자 그렇게 하겠다고 약속했습니다. 조말이 내려간 뒤 제환공이 조말을 죽이려 하자 관중은 만류하며 이렇게 말했습니다.

"폐하께서는 협박당해 어쩔 수 없었다고 하시겠지만, 어디까지나 약속은 약속입니다. 그것을 없었던 것으로 하고 상대를 죽인다면 신의를 저버리는 처사입니다. 그렇게 되면 제후들의 신의를 배반하게 되어 천하로부터 따돌림을 당하게 됩니다. 주는 것이 곧 받는 길입니다. 작은 이익에 만족하신다면 제후들의 신망을 잃게 되며 천하의 명성을 스스로 버리게 될 뿐입니다."

제환공은 관중의 이 말을 받아들였고 노나라로부터 빼앗은 땅을 고스란히 돌려주었습니다. 제환공의 이런 행동을 제후들은 높게 평가했고 제후들은 제환공을 맹주로 추대해 회맹會盟의식을 가진 뒤 환공을 패자로 추대하게 되었습니다.40

주는 것이 곧 받는 길이라는 관중의 말은 깊은 정치적 지혜를 담고 있는 말입니다. 인간의 삶은 주고받는 과정으로 이루어집니다. 언제나 남에게 주기만을 실천하는 사람을 우리는 성인聖人이라 부르고 존경합니다. 사람들은 보통 주기를 싫어하고 받기만을 좋아하곤 합니다. 하지만 정상적인 삶은 주고받기를 실천하는 삶입니다.

권력관계는 종교와 달라 받고 차지하기를 주로 추구하지만 관중은 주기를 먼저 실천해 더 큰 것을 받을 줄 알았고, 조말의 부정적인 일을 긍정적인 일로 전환시킬 줄 알았던 대단한 정치가였습니다. 《삼국지》에도 아끼지 않고 자신의 것을 내준 훌륭한 인물이 많이 등장합니다.

유비의 두 번째 부인이던 미부인糜夫人은 미축의 여동생이었으니 좋은 집안에서 어려움 없이 자라 천성이 고운 여자였던 것 같습니다. 당양파 싸움에서 미부인은 어린 아두를 조자룡에게 맡겼습니다. 조자룡이 함께 말을 타고 가자고 권했지만 미부인은, "장군을 다시 뵙게 된 것은 명이 긴 공자 아두의 덕인가 합니다. 부디 바라옵건대, 장군께서 공자를 무사히 주공께 데려다주신다면 저는 죽어도 한이 없겠습니다. 이 아이는 주공께서 사직을 지키기 위해 싸움터를 전전하시면서 얻은 유일한 혈육입니다"라며 한사코 거절하고 우물 속에 뛰어들어 목숨을 잃고 말았습니다.

아두는 미부인의 소생이 아니었고 손위 감부인甘夫人의 소생이었습니다. 이런 아두를 위해 미부인은 목숨을 버렸고 조자룡도 자신의 목숨을 기꺼이 던졌습니다. 덕분에 유비는 후사를 이을 수 있었고, 유비는 아들을 내던져 조자룡을 얻을 수 있었습니다.

사득舍得은 '버리고 얻는다'라는 뜻이지만 중국어에서는 '기꺼이 버리다'라는 의미입니다. 이 단어를 "먼저 버려야만 얻을 수 있다"라는 의미로 해석하는 다음의 구절은 참 아름답습니다.

> 버림은 씨앗이요, 얻음은 그 열매다. 어떤 씨앗은 빨리 싹을 틔우지만 또 어떤 것은 더디게 자랄 수도 있다. 하지만 어떤 것이든 결국은 성과가 있게 마련이다. 인류 역사상 셀 수 없이 많은 위인이 역사에 길이 남을 업적을 세웠다. 그들은 모두 '기꺼이 버리다'라는 말의 뜻을 제대로 이해했기에 성공을 거둘 수 있었다.⁴¹

사득에 '기꺼이 버리다'라는 의미만 남은 것은 얻을 것을 기대하지 말고 우선은 버려야 한다는 어려운 진리를 이야기하기 위한 것이 아닌가 합니다.

《삼국지》에는 끔찍한 버림 또한 나옵니다. 유비가 여포에게 쫓겨 조조에게 가고 있을 때 사냥꾼 유안의 집에 머물렀습니다. 유안은 유비에게 사냥한 여우 고기라며 대접했고 유비는 배불리 먹고 피로에 지쳐 잠이 들었습니다. 다음날 길을 떠날 때 유비는 집 후원에 어깻살이 예리한 칼로 베어 있는 여자의 시신을 보았습니다. 유안은 자신의 아내를 죽여 유비에게 대접했던 것입니다. "현덕은 자기를 배불리 먹이기 위해 아내까지 죽인 유안의 마음씨에 고마운 마음을 누를 길이 없었다. 그는 말 위에 오르며 하염없이 눈물을 흘렸다"고 합니다. 이 말을 전해 들은 조조는 금 100냥을 유안에게 내렸습니다.

전란으로 인육을 먹는 관습이 있었다는 말도 있지만 지금의 시각으로 보면 어처구니없는 일입니다. 19년 동안 거지로 떠돌았던 제문공齊文公에게 자신의 허벅지를 베어 먹인 충신 개자추介子推의 이야기도 끔찍한데 말입니다. 《성경》에서 아브라함Abraham은 100세에 얻은 아들 이삭Isaac의 배를 갈라 내장을 씻고 가죽을 벗기고 살로 각을 떠 태우고 피를 뿌리는 번제로 바치라는 하느님의 명령에 순종해 아들의 배를 가르려 했고, 그래서 믿음의 조상이 되었습니다. 신에게 전적으로 순종해야 한다는 의미의 구절이겠지만 인간으로서는 도저히 할 수 없는 일입니다. 마찬가지로 유비는 모든 것을 바쳐 따르고 싶은 지도자임을 강조하기 위한 일화가 아닌가 합니다.

조조도 버림을 통해 얻음을 실천했던 자입니다. 조조의 마지막 관직은 효기교위驍騎校尉였습니다. 교위는 "한나라에서 직접 군대를 통솔할 수 있는 최고 관직으로 오늘날의 사단장과 비슷하며 대체로 수하에 병사를 거느렸다"고 하니 상당한 지위라는 것을 알 수 있습니다. 더구나 효기교위는 근위 기병과 특수부대를 전문적으로 관장하는 고위직이었습니다. 당시 환관 건석은 팔교위들의 우두머리로 군사권을 쥐고 있었고 조조는 그 수하 가운데 하나였으니 그 실권은 상당했습니다.[42]

조조의 아버지 조숭은 조등曹騰의 양자였고 건석은 조등에게 자랐으니 조조의 출세는 이미 보장된 것이었습니다. 하지만 조조는 환관의 우두머리를 단칼에 베어버려야 난국이 해결될 수 있다고 생각했습니다. 조조는 개인적인 영달을 넘어서는 역사적인 판단을 할 줄 알던 자였습니다. 더구나 새롭게 권력을 잡은 동탁도 조정의 일들을 의논하고자 했지만 조조는 그에게 등을 돌렸습니다. 조조는 역사적인 전망 없이 권력이나 일신의 안락만을 추구한 자가 아니었습니다.

조조는 자신이 가진 것들을 버려야만 더 큰 것을 얻을 수 있다는 것을 알고 정확히 계산해 행동했겠지만 그것은 사실 보장된 것도 없고 목숨도 걸어야 하는 힘든 모험이었습니다. 하지만 "성인은 쌓아두지 않는다(聖人不積). 이미 남에게 베풀었으므로 자기에게 더욱더 있게 되며, 이미 남에게 주었으므로 자기에게 더욱더 많아진다"라는 노자의 말이 무엇을 의미하는지 조조는 알고 있었기에 그와 같은 모험을 선택할 수 있었습니다.[43]

정치를 비롯한 큰 권력의 거래는 단순히 사적으로 주고받는 것을 추구하는 거래와 달리 공적인 것을 추구한다는 점에서 비세속적인 초월성을 추구하는 성인의 일과 중첩되는 부분이 존재합니다. 사적인 세계에서는 버릴수록 가난해지지만 공적인 세계에서는 버리면 버릴수록 더욱 풍부해진다는 '버림의 미학'을 가지지 않으면 큰 권력을 얻을 수 없고 유지할 수도 없습니다.

사심에서 벗어나
공심으로 나아간다

> 여몽은 군법에 따라 처벌은 했지만 동향 사람의 인정과 도리를 생각하며 울었다. 그 이후부터 삼군의 군율은 질서 정연했다.

유비는 조조와 달리 가족주의적인 방식으로 조직을 운영했습니다. 유비에게 관우와 장비는 친형제 이상이었고 그들과의 결속은 누구도 깰 수 없는 단단한 것이었습니다. 유비는 관우가 죽자 동오에 대한 복수를 단행했습니다. 이는 공과 사를 구분하지 못하는 어리석은 행위였습니다. 유비의 이런 행위는 갱단의 두목보다 못한 것이었습니다.

영화 〈대부Godfather〉 2편에서 아버지를 이어 조직을 맡은 마이클과 함께 사업을 하는 다른 조직의 두목 로스는, 마이클이 자신의 친구 모 그린을 죽인 것을 알았지만 모른 체했습니다.

> 그의 눈에 총알을 박아 넣었지. 아무도 누가 명령을 내렸는지 몰라. 그 소식을 들었을 때에 나는 화내지 않았어. 나는 모 그린을 알고 있었어. 그가 고집불통이고 말이 많고 어리석게 말하는 것을 알았기 때문이야. 그래서 그가 죽어 나

타났을 때 나는 그냥 모른 체했어. 그리고 혼자 중얼거렸지.

'이게 우리가 선택한 사업이야.'

난 누가 명령을 내렸는지 묻지 않았지. 왜냐하면 그건 사업과 아무런 연관이 없기 때문이야.

  마피아의 사업을 공公이라 말할 수는 없지만 마피아 두목이었던 로스조차 개인적인 원한과 사업을 구분할 줄 알았습니다. 하지만 유비는 깡패 두목보다 못한 판단을 합니다. 유비는 관우를 죽인 동오에 대해, "짐은 비록 나라가 기우는 위기를 맞더라도 군사를 일으켜 동오를 공격하고 역적을 사로잡아 가슴에 맺힌 한을 풀고 말겠다"고 말했습니다. 공과 사를 구분하지 못하는 유비에게 조자룡은, "국적은 조조이지 손권이 아닙니다, 지금 위를 토벌하지 않고 대신 동오를 징벌하신다면 일은 쉽사리 해결되지 아니할 것입니다"라며 막아섭니다. 유비가 받아들이지 않자 조자룡은, "한적을 죽여 원수를 갚는 것은 공적인 일이지만 형제의 적을 죽여 원수를 갚는 것은 사적인 일인 줄 아룁니다. 원컨대 천하지사를 중히 여기옵소서(漢賊之讎, 公也, 兄弟之讎, 私也)"라고 명백히 말했지만 유비는 고집을 꺾지 않았습니다. 유비의 가족주의는 결국 패망을 불러왔습니다.

  우리 역사에도 공과 사를 엄격히 구분해 처신한 인물이 있는데, 조선 초 명재상 황희였습니다. 황희는 평상시에는 담담하여 아이들과 어린 종들이 앞에 와서 울고 떠들어도 조금도 꾸짖는 일이 없었으며, 혹은 수염을 내두르고 뺨을 때리는 자가 있어도 그가 하는 대로 내버려두었습니다.44 하지만 황희의 공적인 삶은 달랐습니다. 양녕대군讓寧大君을 폐하고 세종을 세울 때 황희는 단호히 반대했다가 귀향을 가게 되는데, 태종은 세종에게 "나라를 다스리는 데 이 사람이 없어서는 안 된다"고 했습니다. 한번은 김종서金宗瑞가 공조로 하여금 주찬을 준비해 내오자, "국가에서 예빈시를 정부 곁에 설치한 것은 삼공을 위한 것이오. 만일 창자가 비었으면 예빈시로 하여금 갖추어오게 할 일이지, 어찌 사사로이 공公에서 마련하게 한단 말인가"라며 호통을 쳤습니다. 사적인 관계에서는 너그러웠지만 공적인 관계에서는 대호大虎 김종서를 가차 없이 꾸짖은 대단한 정치인이었습니다.

제갈량 역시 그랬습니다. 제갈량이 조조와의 싸움을 독려하기 위해 동오로 갔을 때 손권의 책사였던 형 제갈근은, "아우는 강동에 왔으면서도 왜 곧 나를 찾아오지 않았는가?"라고 묻습니다. 이에 제갈량은, "저는 유예주의 일로 이곳에 왔으므로 먼저 공적인 일을 보고 난 다음에 찾아뵈려고 했습니다. 공적인 일을 접어두고 사적인 일을 볼 수는 없지요. 그 점은 형님이 이해하여 주십시오"라고 답했습니다. 보통은 형을 먼저 찾아 청탁을 했겠지만 제갈량은 자신의 실력만으로 동오를 설득했던 것입니다. 제갈근이 함께 동오를 섬기자고 했을 때 제갈량은, "정情으로 말하면 형님 말씀이 옳습니다. 그러나 이 아우는 지금 의義를 지키고 있습니다"라고 분명히 말했습니다. 정은 사私고 의는 공公이라는 것을 제갈량은 분명히 구분해 인식하고 있었습니다.

동오의 대도독 여몽도 형주를 빼앗고 나서, "너와 나는 동향 사람이지만 내가 이미 영을 내렸음에도 죄를 범했으니 마땅히 군법에 따라 벌을 받아야 한다"며 백성의 물건을 빼앗은 고향 지인의 목을 베었던 적이 있습니다. "여몽은 군법에 따라 처벌은 했지만 동향 사람의 정리를 생각하며 울었고 이후부터 삼군의 군율은 질서 정연했다"고 《삼국지》는 적고 있습니다. 조조도 아들 조창을 전쟁에 데리고 가며, "너와 나는 집에 있을 때에는 부자지간이지만 명을 받아 공적인 일에 나설 때는 군신의 관계에 놓인다. 네가 공적인 일로 나선 이상 법을 사사로운 정리에 의해 처리할 수 없으니 깊이 명심하여 후회 없이 하라"고 말했습니다.

공과 사를 철저히 구분하는 전통은 동양이든 서양이든 위대한 정치가들에게 보이는 가장 기본적인 덕목입니다. 태종의 장인으로 권력자였던 김점金漸이, "신에게 자식 하나가 있는데 지금 감기에 걸려 있습니다. 내약방에 입직한 의원 조청曺聽에게 병을 봐주도록 명하시기를 원합니다"라고 편전에서 세종에게 간하자, "조회하는 전당은 신하를 맞이하여 정사를 논의하는 곳인데, 이에 공공연하게 자기의 사정私情을 말하고도 부끄러워하지 않으니, 김점은 본디 말할 것도 못되거니와, 대간의 간원이 옆에 있으면서 듣고서도 감히 규탄하지 못하니 그 또한 비겁한 것이로다"라고 세종은 꾸짖었습니다. 태종이 상왕정치를 하며 세종의 장인 심온마저 죽인 무서운 시절에 세종은 실력자 김점을 꾸짖고 더는 등용하지 않았습니다. 세종은 고리대금업자인 유정현柳廷顯, 여종을 죽인 권채權採 등 사적으로 문제가 있었지만 공적으로는 문제가 없는 자들은 기꺼이 등용했습니다.45

사심私心을 넘지 못하고 공과 사를 구분하지 못하는 사람은 가족이나 돌볼 일입니다. 더 큰 공심公心으로 나아갈 수 있는 사람만이 일을 이룰 수 있습니다.

부귀영화는
권력의 덤이다

> 탐욕스러운 자는 재물 때문에 죽고, 열사는 이름 때문에 죽고, 권세를 부리고자 하는 자는 권세 때문에 죽는다. 《사기》

부귀영화를 싫어하는 사람은 별로 없는 것 같습니다. 하지만 그것이 누구나에게 주어지는 것은 아닙니다. 공자는 "부가 구한다고 얻어지는 것이라면 채찍 잡는 하인 노릇이라도 나는 사양하지 않을 것이다. 그러나 구한다고 얻어지는 것이 아닐진대 내 마음에 드는 길을 따를 것이다"라고 말했습니다.

사마천은 "탐욕스러운 자는 재물 때문에 죽고, 열사는 이름 때문에 죽고, 권세를 부리고자 하는 자는 권세 때문에 죽고, 서민은 오로지 생활에 매달리게 된다"는 가의賈誼의 말을 전하고 있는데, 공자는 탐욕스러운 자가 아님을 스스로 천명하고, 내 마음에 드는 길은 부와 별로 연관이 없음을 스스로 다짐한 것이 아닐까 합니다.[46]

권력을 잡으려는 자들의 가장 중요한 동기 가운데 하나는 부귀영화입니다. 대장군 하진이 혼란을 일으킨 내시들을 죽이려 하자 그 여동생 하태후何太后는, "오라버니, 저는 본래 미천한 집안의 태생으로 장양과 같은 내시가 없었던들 어찌 우리가 이런 부귀를 누리겠습니까?"라며 만류했습니다. 결국 하진은 우물쭈물했고 세상은 더욱 혼란해졌습니다.

부귀영화에 대한 욕망은 목숨을 걸 만큼 강력한 것입니다. 위나라의 장수 등애가 촉을 정벌할 때 군사들이 가파른 낭떠러지에 막혀 오도 가도 하지 못하고 울고 있자, "'호랑이 굴에 들어가지 아니하면 호랑이 새끼를 잡지 못한다'는 말이 있다. 나는 너희와 함께 이곳까지 왔다. 만일 성공만 한다면 함께 부귀를 누릴 것이다"라고 독려했습니다. 이에 모든 장수와 군사가 입을 모아, "장군의 명에 따르겠습니다"라고 하며 모포로 몸을 감고 천 길 낭떠러지를 굴러 내려가 마천령 고개를 무사히 넘어갔습니다. 부귀영화 때문에 천 길 낭떠러지 죽음의 길도 마다하지 않았던 것입니다.

부귀란 원래 도적들이 대놓고 추구하는 바입니다. 장개는, "지금 조숭 일행의 짐이 100여 수레나 되니 그것을 손아귀에 넣기만 한다면 부귀를 누릴 것은 당연한 일이다"라며 조숭 일행을 죽였습니다. 하지만 결국 정처 없이 방황하다 조조의 부하 하후연夏侯淵에게 단칼에 죽고 시체는 가루가 되어 조조의 마구간 말들의 먹이가 되고 말았습니다.

부귀에 대한 약속은 여자의 마음도 녹이고, 영웅도 부귀에 대한 욕망에 사로잡혀 있었습니다. 조조는 추씨부인을 만나, "뜻에 따라준다면 허창에 돌아가 편안히 부귀영화를 누릴 것이오. 그대의 뜻은 어떠한지?"라며 속삭였고 추씨부인은 선뜻 응낙했습니다. 동탁의 모사 이숙은, "공명부귀도 아우의 뜻대로 할 수 있을 터인데, 무엇 때문에 남의 밑에 매인 생활을 한다는 말인가?"라며 여포를 꾀었고, 유비도, "공은 명예와 공리를 취해 부귀를 누리려 하는데 그렇다면 나의 머리를 바쳐 공을 세우기 바라오"라며 부귀영화 때문에 관우가 조조에게 투항했던 것으로 여깁니다.

　조조와의 싸움을 주저하던 주유는 "처자 권속과 부귀를 보전하라"고 비아냥거리는 제갈량의 말에 격분해 전쟁을 선택했습니다. 거짓 계책을 알려준 방통에게 조조가 보은하겠다고 하자 방통은, "제가 부귀영화를 누리고자 한 것이 아니라 다만 불쌍한 백성을 구하기 위해 말씀드린 것입니다"라고 은근히 체면치레를 했습니다. 방통이 부귀영화에 초연한 모습을 보였다면 조조는 방통을 의심했을 것입니다. 방통의 이런 능글능글한 대처에 조조는 꼼짝없이 속고 말았습니다. 손권은 조조에게 "그대는 중원에 자리 잡고 눌러앉아 부귀가 극에 달했을 터인데 무엇이 부족하여 우리 강남을 차지하려고 욕심을 부리는가?"라며 욕을 하는데 조조의 정치적 동기가 결국 부귀임을 꾸짖을 말이라 할 수 있습니다.

　내내 대의를 추구한 유비 역시 부귀영화에서 자유로울 수 없었습니다. "나는 관우·장비 두 아우와 도원에서 결의형제를 맺을 때 생사를 같이하기로 했소. 이제 운장이 죽은 마당에 나만 살아 부귀를 누린들 무엇하겠소"라며 슬퍼했고, "짐이 천자가 되면 두 아우와 함께 부귀를 누리려 했는데 불행히도 두 아우가 모두 비명에 갔구나!"라고 통곡을 하며 그의 동기가 부귀영화에도 있었음을 내비칩니다.

　《삼국지》에는 부귀영화를 지나치게 추구하다가 망한 자가 나오는데 그는 조조의 손자이며 조비의 아들인 위 명제 조예였습니다. 초기에 조예는 조진, 조휴曹休, 사마의, 진군 등 명신의 보좌로 오와 촉의 침공을 여러 차례 막아내고 요동을 정벌하는 등 그런대로 국가를 잘 운영했습니다. 하지만 234년 촉의 제갈량이 죽어 위기가 사라지자 낙양에 대규모 궁전을 건립하는 토목 공사를 일으키고, 3,000명의 궁녀를 거느리는 등 민생을 피폐하게 했습니다.

　조예는 허창에 거대한 궁전을 지었고 낙양에도 조양전·태극전 등을 건축하는데 전국에서 명공 3만여 명을 선발하고 30만여 명을 밤낮 없이 일을 시켜 원망하는 소리가 끊이지 않았습니다. 사도 동심董尋이 "건안 이후 오랫동안 전쟁에 죽어 가문이 끊긴 백성이 많았으며 살아 있는 자들이라고는 고아들과 노약자뿐입니다. 궁실이 협소하여 이를 넓힌다 하더라도 농한기를 선택하여 농사일에 방해가 되지 말아야 합니다"라는 충언을 올렸지만 조예는 듣지 않고 참형에 처하려다가 평민으로 강등시켰습니다. 태자의 사인舍人 장무張茂가 다시 간하자 조예는 그를 참형에 처했습니다.

　조예는 불로장생하기 위해 거대한 동인銅人을 만들어 이슬을 받아먹으려 했습니다. 거대한 구리 기둥이 무너져 수천 명이 깔려 죽는 참극이 벌어지기도 했습니다. 조예는 낙양에 거대한 동인, 용과 봉황을 궁전 앞에 세우고 상림원에는 갖가지 기이한 나무와 꽃을 심고 진귀한 짐승을 모아 방생하기도 했습니다. 그리고 전국 각지에 영을 내려 아름다운 미녀를 뽑아 방림원에 두고 술과 여자를 벗 삼아 지냈고 황후 모씨毛氏를 죽이고 재색을 겸비한 곽부인郭夫人에게 병적으로 빠져들었습니다.

　이런 때에 요동의 공손연이 반란을 일으켜 진압하는 과정에서 사마의의 영향력이 커졌고 결국 사마의의 손자인 사마염에게 나라를 빼앗기는 길을 열고 말았습니다. 부귀영화와 불멸을 추구하다 패망한 진시황의 일을 거울삼기는커녕 오히려 모방했고 그래서 조예는 위대한 정치가 조조가 고생스럽게 터를 닦은 나라를 망쳐버리고 말았습니다.

　권력을, 문제를 해결하고 좋은 일을 하기 위한 도구가 아니라 자신의 부귀영화를 위한 수단으로 사용할 때 어떻게 패망할 수 있는지 조예는 그 생생한 사례로 보여주고 있습니다. 조자룡이 적진으로 향하자 장비는 "그놈은 우리의 세력이 기우는 것을 보고 부귀영화를 누리려고 조조에게 투항했는지도 모릅니다"라는 의심의 말을 내뱉었습니다. 이때 유비는, "조자룡은 나와 어려울 때 만난 친구로 마음이 철석같은 사람이오. 그는 부귀영화 때문에 마음이 움직일 사람이 아니오"라고 말했습니다. 조자룡은 부귀를 추구하지 않았지만 결국 영화를 누렸습니다. 가치 있는 일을 할 때에 부귀영화는 저절로 따라오는 것이며, 현재 가치가 있는 일을 하고 있다면 부귀영화에 초연해지는 것도 멋진 태도라고 《삼국지》는 가르치고 있습니다.

제5장

권력으로부터 멀어지기
오만한 자는 대업을 이루지 못한다

경험을 판단의 밑천으로 삼는다

▌나는 성인이 아니며 단지 경험이 풍부할 뿐이다.

우리는 몸으로 경험하고 머리로 사고합니다. 몸의 경험에 기초해 사고가 이루어져야 하는데 몸의 경험 없이 머리로만 사고하는 사람들이 있습니다. 그들은 이론적인 정교함을 추구하고 그것이 현실에 부합하는지에 대해서는 큰 관심이 없습니다. 이런 태도로 수학 문제를 잘 풀 수는 있지만 복잡다단한 현실을 살아갈 수는 없습니다. 《삼국지》에서 예형과 양수는 이런 사람이었고 그들은 몸에 기초하지 않고 말과 머리로만 산 전형이었습니다.

조조가 유표에게 보낼 명사를 찾을 때 공융은, "성질이 곧고 밝으며 재주가 뛰어난 사람, 충실·정직하며 뜻은 서리같이 매서운 사람"이라며 예형을 소개했습니다. 조조는 예형을 처음부터 좋아하지 않았나봅니다. 처음 만나 앉으라는 말 한마디 하지 않았고 이에 화난 예형은, "천지가 넓다고 하나 사람이 없구나!"라며 조조의 부하들을 "숨 쉬는 허수아비고 술이나 밥만 없애는 축에 지나지 않소"라고 욕했습니다. 그리고 자신에 대해서는, "천문과 지리에 통하지 못하는 것이 없고 삼교구류三敎九流(유불선과 제자백가)에 밝지 못한 것이 없소이다. 위로는 임금을 받들어 요임금과 순임금이 되게 할 수 있고, 아래로는 공자와 안회顏回처럼 덕을 펼 수 있소이다. 어찌 속된 무리와 비유할 수 있겠소?"라고 소개합니다.

예형이 말한 속된 무리 가운데 하나인 장요가 칼을 뽑아 예형의 목을 치려 했지만 조조는 세간의 이목이 두려워 그를 살려두었습니다. 며칠 후 잔치가 열리자 예형에게 북을 치게 했습니다. 북을 절묘하게 잘 쳤지만 새 옷을 입지 않았다는 지적에 예형은 벌거벗어버리고, "임금과 윗사람을 속이는 것을 무례하다고 하는 게요. 나는 부모 뱃속에서 나올 때 모습 그대로를 내보였을 뿐이외다"라고 조조를 비웃었습니다. 그리고 조조에게 입과 귀와 몸이 탁하며 "임금의 자리를 노리는 것은 심보가 탁하다"며 마구 욕을 했습니다.

조조는 이때에도 인내심을 발휘해 예형을 죽이지 않았습니다. 조조는 예형을 형주로 보냈고 예형은 거기에서도 유표를 놀려 심지어 '송장'이라고까지 말했습니다. 유표가 예형을 강하로 보내자 그곳에서 또 황조에게 막말을 하다가 목이 댕강 날아가고 말았습니다. 예형은 죽는 순간까지 욕을 계속 퍼부었습니다.

예형에 대한 공융의 대단한 추천사는 《후한서》에 나오는데, "사나운 새가 수백 마리 있어도 한 마리의 독수리보다 못하니, 예형을 조정에 세우면 필시 볼만한 점이 있을 것必有可觀"이라 되어 있습니다. 예형은 스스로 천하의 명사라고 생각해 속된 무리를 마구 비웃었고 결국 비참한 최후를 맞이합니다. 공융의 말대로 가관可觀이었습니다.

이런 비슷한 자가 또 있었으니 태위 양표楊彪의 아들로, 자는 덕조德

祖라 하는 양수였습니다. 그는 조조 밑에서 재무를 담당하고 있었는데 학문과 언변이 뛰어난 재주꾼이었습니다. 예형보다는 덜했지만 그에 버금가는 머리의 사람이었습니다. 촉의 재사 장송마저 양수를 처음 보았을 때 몹시 난처했다고 할 정도였습니다. 양수가 자기의 재주를 믿고 천하의 선비를 우습게 여기던 터였기 때문입니다. 예형은 만나는 모든 사람을 무시하고 자신의 뛰어남을 자랑하다가 죽임을 당했고, 양수는 주군 조조의 모든 일에 개입하다가 미움을 받았습니다.

최명 선생은 조조가 자기를 잘 아는 사람을 용납하지 못하는 지도자였기에 자신을 너무 잘 파악하고 있는 양수를 죽였다고 주장합니다. 하지만 그는 조조가 아들들을 시험할 때 조비를 도왔기 때문에 미움을 받았습니다. 이 대목에서 문제는 양수 자신에게 있었습니다.

조조는 둘째 아들 조비와 셋째 아들 조식 가운데 후계자를 정하기 위해 그들을 시험했습니다. 양수는 좋은 지도자를 선택하려는 조조의 시험을 방해했을 뿐 아니라 그 권력투쟁의 장 한가운데로 들어가 스스로 싸움의 구성원이 되었습니다. 싸움에서 패배한 자는 죽게 마련이고 그가 하소연할 곳은 없습니다. 이것은 냉정한 권력의 철칙입니다.

양수는 누구도 해석하지 못한 채옹蔡邕의 난해한 시를 해석하기도 하고, 조조가 화원에 와서 문 입구에 활活 자를 써놓자 문이 너무 넓다는 뜻으로 넓을 활闊을 쓴 것이라 해석해 문을 헐어버리기도 했습니다. 조조가 북방에서 온 진귀한 과자에 일합수一合酥라고 써놓자 한 사람이 한 입씩(一人一口)이라고 파자해 사람들에게 나누어주기도 했습니다. 조조가 낮잠을 자는 체하다가 시자侍子의 목을 베자, 양수는 "승상이 꿈을 꾸다가 잘못을 저지른 것이 아니라 죽은 자가 꿈을 꾸다가 꿈속에서 죽었을 따름이다"라며 한탄하기도 했습니다. 이 말이 조조의 귀에까지 들어갔고 조조는 양수를 더욱 미워하게 되었습니다. 양수는 조비의 비행을 조조에게 고자질하기도 했고 조조는 오히려 양수가 죄 없는 조비를 죽이려 한다고 생각합니다.

양수는 결국 지나치게 앞질러 가다가 죽임을 당했습니다. 조조가 유비·마초와 싸울 때 군사를 진격해 유비의 진지를 공격하고 싶었지만 마초가 버티고 있었고, 허창으로 돌아가자니 유비 군사의 웃음거리가 될 것이 뻔해서 이럴 수도 저럴 수도 없어 애만 태우고 있었습니다. 이때 식사로 닭곰탕이 상에 올라왔는데 탕 속에 닭갈비인 계륵鷄肋이 들어 있었습니다. 오늘 밤의 암호를 묻자 조조는 무심코 "계륵! 계륵!"이라고 중얼거렸습니다.

행군주부였던 양수는 이 말을 듣고 거느리는 군사를 모아 행장을 수습하고 허창으로 돌아갈 준비를 갖추라고 영을 내렸습니다. 하후돈이 크게 노해 묻자 양수는 이번 전쟁이 먹자니 살이 없고 버리자니 아까운 계륵과 같아서 허창으로 철수할 것이라는 조조의 뜻을 알려주었고 이 말을 들은 조조는 군심을 흐트렸다고 양수를 참수해 그 목을 영문 밖에 걸도록 명했습니다. 결국 조조는 전쟁에 패해 앞니가 두 개나 부러졌습니다. 양수의 말이 떠오른 그는 군사들에게 명해 양수의 시체를 거두어 후하게 장사를 지내도록 한 다음 허창으로 돌아갔습니다.

주군의 뜻을 미리 간파한 것까지는 좋았습니다. 하지만 문이 좁다는 조조의 생각을 파악하고 문을 헐어버리고 새로 지었고, 나누어 먹으면 좋겠다는 글을 보고 자신이 직접 나누어주었습니다. 철수하면 좋겠다는 조조의 생각을 파악하고 스스로 철수의 영을 부하들에게 내린 것은 넘어서지 말아야 할 선을 스스로 넘어선 것입니다.

최명 선생은 조조가 흉노의 사신을 죽인 것도 자기를 아는 사람을 미

위해서라고 합니다. 조조는 사신이 왔을 때 자신의 풍채가 초라하다 생각해 최염을 대신 앉힌 뒤 칼을 잡고 시위처럼 서 있었습니다. 흉노의 사신에게 위왕의 풍모를 묻자, "위왕의 고아한 덕망은 비상합니다. 그러나 의자 곁에 칼을 잡고 있던 사람이 진정한 영웅 같더이다"라고 말했고 조조는 그를 죽이도록 시켰습니다.[1]

조조는 처음부터 흉노의 사신을 시험하려 했습니다. 그가 이미 조조의 외모를 알고 있었다면 준비성이 많은 자였을 것이고, 모르고 있었다면 사람을 알아보는 대단한 안목을 지닌 자였을 것입니다. 조조 역시 칭찬을 좋아하는 사람이었습니다. 자신을 진정한 영웅으로 알아보는 것에 기분 나빴을 리 없습니다. 그러한 대단한 안목을 지닌 자를 살려두는 것이 국가에 도움이 되지 않을 것이라 판단했던 것이 아닐까 합니다.

예형과 양수의 뛰어난 재주는 단지 머리에서 나온 것이고 그들은 오히려 일에 방해가 되는 자들이었습니다. 모자란 자는 가르치고 보충하면 되지만 방해가 되는 자는 용납하기 힘듭니다. 그들은 주군을 보좌하려 하지 않고 대체하려 했습니다. 조조는 그들만큼 머리가 좋았지만 그것은 경험에서 나온 것임을 스스로 잘 알고 있었습니다. 강족과 호족과의 외교 문제를 정확히 예측해 사람들이 놀라자 조조는 이렇게 말한 적이 있습니다.

"이렇게 될 것을 미리 알고 있었지만, 나는 성인이 아니며 단지 경험이 풍부할 뿐이오(但更事多耳)."[2]

경사更事라는 말은 "경험을 쌓다, 세상사를 겪다"라는 의미입니다. 그리고 또한 일상사, 평범한 일을 의미하기도 합니다. 조조는 자신의 깊고 예리한 사고와 예측능력이 단지 풍부한 경험 때문이라고 말하고 있습니다. 조조는 전쟁과 정치에 대해 많은 경험을 했고 그것들을 잘 녹여 지혜로운 판단의 밑천으로 삼았습니다.

우리는 세상을 일차적으로 몸으로 살아가기에 '처신하는 훈련'이 무엇보다 필요합니다. 공융은 자신보다 20세 어린 20세의 예형과 교우하고 천거했지만, 58세의 퇴계 선생은 23세의 율곡에게 "마음가짐에 있어서는 속이지 않음을 귀하여 여기고, 조정에 들어가면 일을 좋아하기를 경계하라"라는 잠언을 전했습니다. 퇴계 선생은 율곡이 머리로 끝나버릴까 염려했습니다. 그래서 스스로 속이지 말고, 무턱대고 일을 벌이지 말라고 경계했습니다. 성급하게 일을 벌여 파탄이 난 정암 조광조의 일이 아직 떠돌던 때여서 더욱 그리했을 것입니다.

프랑스혁명을 다룬 영화 〈당통Danton〉에서 당통은 로베스피에르를 향해, "당신과 나는 공정과 평등을 위해 혁명을 주도했소. 목을 베는 데 세월을 허비했소. 그게 당신의 혁명이오? 당신 모습을 봐. 술도 못하고 분칠한 가발을 쓰고, 칼을 보기만 해도 도망치지. 여자도 없을 거야. 당신이 누굴 대변해. 당신은 아무도 행복하게 해줄 수 없어. 국민에 대해 말해주지. 나와 같이 거리를 걸어봐"라고 비난합니다. 당통이 본 로베스피에르는 국민과 함께 삶을 살아가는 몸의 사람이 아니라 머리의 사람이었던 것입니다. 예형과 양수가 권력을 잡았다면 로베스피에르처럼 공포 정치를 하지 않았을까 생각합니다.

동오의 지도자 손권이 중책을 맡길 때 육손은, "저는 아직 어려서 경험도 없고 또한 배운 것도 없으니 중임을 치러내지 못할까 두렵습니다"라고 말했습니다. 예형과 양수가 육손과 같은 태도로 처신했더라면 그들은 역사에 대단한 이름을 남겼을 것입니다. 젊고 비상한 머리와 빠른 판단을 가진 자라면 육손의 말을 항상 기억해야 할 것입니다.

한 여인의 사랑으로 만족한다면
영웅이 될 수 없다

주공 유현덕께서 새로이 강한江漢을 평정하느라 밤잠을 주무시지 못하는 판에 제가 어찌 한 여인의 일로 주공의 큰일을 망칠 수 있겠습니까?

조조에게 투항한 관우는 형 유비의 소식을 듣고 그간 조조에게 받았던 금은과 미녀 및 한수정후의 인장을 남겨두고 떠나는데, 이 대목에서 최명 선생은 다음과 같은 문장으로 씁쓸하고 안타까움을 표현합니다.

> 다른 것은 몰라도 미녀를 두고 가다니 아까운 일이 아니라고 할 수 없다.[3]

《삼국지》의 모든 일은 사랑 때문에 행해진 것이라 할 수 있습니다. 조조가 난을 종식시키려 한 것도, 유비가 한나라를 부흥시키려 한 것도, 손권이 동오를 지키려 한 것도 모두 백성에 대한 사랑 때문이었습니다. 장군들이 앞장서 싸운 것과 수많은 군사가 말 없이 싸운 것도 어서 전쟁에 이겨 사랑하는 가족의 품으로 돌아가고 싶어서였을 것입니다.

사랑을 실천하기 위해서 사람들은 권력을 가지려 합니다. 때로는 사랑과 권력이 구분되지 않을 때도 있습니다. 사랑도 권력도 사람을 움직이는 강한 힘이기 때문입니다. 사랑과 권력은 누구도 부인할 수 없는 '인간의 조건' 가운데 하나입니다. 그래서 《삼국지》에도 사랑에 대한 많은 이야기가 나옵니다. 사랑 때문에 망한 자들, 대의를 위해 사랑을 버린 자들, 목숨을 걸고 사랑을 지켜낸 자들 등 많은 사랑의 이야기가 《삼국지》를 채우고 있습니다.

물론 《삼국지》에는 에로스적인 사랑에 무관심하거나 혹은 초월한 사람도 있었습니다. 미인을 버린 관우나 미축, 정현鄭玄 등의 인물들이 그들이었습니다.

미축은 대대로 부호였고 낙양을 오가며 장사를 했습니다. 어느 날 수레를 몰고 가다가 어여쁜 귀부인을 태웠지만 조금도 그녀에게 마음을 두지 않았습니다. 그러자 그 귀부인은, "저는 남방의 화덕성군火德星君이라는 별인데 옥황상제의 뜻을 받들어 그대의 집을 불태우러 가는 길입니다. 그러나 그대의 예의 바름에 감탄하여 이 사실을 알려드리니 귀가하는 즉시 재물을 구해내십시오. 나는 오늘 밤 안으로 그대의 집에 가겠습니다"라고 했습니다. 미축은 깜짝 놀라 빨리 집에 도착해 값진 재물을 모두 꺼냈고 한밤중이 되니 과연 부엌에서 불길이 치솟아 가옥이 전부 타버렸습니다. 그 후 미축은 재산을 풀어 불쌍한 사람들을 도와주었습니다. 이 소식을 들은 서주 자사 도겸이 미축을 초빙해 보좌관이라 할 수 있는 별가종사로 삼았습니다.

미축은 여자에 대한 욕망이 별로 없는 자였던 것 같습니다. 그는 유비를 도와 오랜 세월 전쟁터를 누빈 온화한 인격자였습니다. 그는 재산을 털어 유비를 도왔고 여동생을 유비에게 주었습니다. 동생 미방이 관우를 배반하자 자괴감으로 괴로워하다가 1년 후에 죽게 되었습니다.

예쁜 여자들에게 눈길 한 번 주지 않은 미축에 버금가던 인물이 나오는데 그는 정현이었습니다. 그는 일찍이 후한의 유학자 마융馬融에게 가르침을 받았는데, 마융은 학문을 가르칠 때 으레 엷은 장막을 드리우고 좌우에 시녀들을 둘러 세우고 가르쳤습니다. 그러나 정현은 강의를 듣는 3년 동안 한 번도 한눈을 팔지 않았다고 합니다. 정현이 학문을 마치고 돌아가자 마융은, "나의 비장한 학문을 깨친 사람은 정현 너 한 사람뿐이로구나. 나의 학문은 정현과 함께 동으로 갔다"고 탄식했습니다. 이후 정현은 귀향해 정치 현장과 유리된 채 평생 연구와 교육에 힘써 일가를 이루었습니다.

권력현상이란 학문과 비학문, 도덕과 욕망, 진리와 비진리, 이론과 실천, 논리와 관습, 당위와 현실이 뒤엉켜 발생하는 것이므로 이 양자의 세계를 어느 정도 이해하고 살아본 사람만이 권력을 이해하고 정치를 할 수 있습니다. 그래서 정현이나 미축 같은 인물은 권력의 중심이 되기에는 부족합니다. 금욕이나 극기에 가까운 이들은 욕망에 더 가까운 사람들의 삶을 제대로 이해하기 힘든 경우가 많아 비현실적이며 그래서 비정치적이 될 수 있기 때문입니다.

사도 왕윤은 딸처럼 키운 초선을 이용해 동탁과 여포 사이를 갈라놓고 결국 여포는 동탁을 죽이게 되었습니다. 왕윤은 초선에게, 여포는 천하에 보기 드문 호걸인데 동탁과 더불어 모두 호색한들이라 말했습니다. 이래서 영웅호색英雄好色이라는 말이 나왔나봅니다. 조조도 색을 밝혔고, 멀리 한고조 유방도 마찬가지였습니다. 영웅들은 넘쳐흐르는 정력과 끝없는 욕망이 있었고, 무한한 인간애의 직접적이고 일차적인 대상은 언제나 사랑스러운 여인이었습니다. 욕망과 사랑을 구분할 겨를도 없이 그들은 여인을 취하고 사랑하기에 바빴습니다.

영웅들이 여인들에게 그렇게 집착한 이유는 그들이 큰 꿈을 이루려는 치열하게 대립된 싸움의 현장에 있었기 때문이 아닌가 하는 생각도 듭니다. 대립된 세상에서 갈라지고 찢긴 그들은 분리감과 소외감에서 벗어나기 위해 합일合―의 세계인 에로스에 몰두하곤 했습니다. 바타이유 Georges Bataille는 에로스의 동기를 다음과 같이 설명하고 있습니다.

> 우리는 우리도 알 수 없는 사건에 휘말려 외롭게 죽어가는 개체, 즉 불연속적 존재들이라고 할 수 있다. 그러나 그럼에도 우리에게는 잃어버린 연속성에 대한 향수가 남아 있다. 그래서 우리는 우리를 우연한 개체, 덧없이 소멸하는 개체로 떠미는 현재의 상황을 견디지 못한다.[4]

전쟁의 현장에서 우연하고 덧없이 소멸할 위험에 처한 그들은 잃어버린 연속성을 회복해 불안과 불확실성, 분리감과 고독에서 벗어나기 위해 그렇게 열심히 에로스를 추구한 것이 아닐까 합니다. 에로스는 그들에게 험한 세상으로부터의 도피처였습니다.

사랑 때문에 대업을 망친 것은 비단 동탁과 여포만이 아니었습니다. 영웅 조조도 마찬가지였습니다. 조조는 장수를 치고 나서 그의 삼촌 장제張濟의 아내인 추씨부인과 사랑에 빠졌습니다. 그녀는 미모가 참으로 뛰어났고 조조는 항복한 장수의 의심을 피해 성 밖 진지로 나가 외부와 완전히 통신이 두절된 상태로 장중에서 꿈같은 나날을 보냈습니다. 이 일을 알게 된 장수는 조조를 급습했고, 그로 인해 조조의 오른팔인 전위가 죽고 조카 조안민曹安民은 적병에게 붙잡혀 사지가 찢겨 죽게 되었습니다. 조조의 말이 화살에 맞았고 장남 조앙은 자기의 말을 조조에게 양보한 뒤 화살에 맞아 죽었습니다. 조조 자신도 화살에 맞았습니다.

조조와 달리 사랑에 마음을 빼앗기지 않은 자는 조자룡이었습니다. 조조 진영의 계양을 공격할 때 태수 조범趙範은 잠시 저항하다 투항했고 조자룡과 술을 나누며 형제의 의를 맺었습니다. 조범은 돌아간 친형의 형수인 번씨樊氏를 소개했습니다. 조자룡이 꾸짖자, 형수는 개가하지 않고 문무를 겸비하고 용모가 당당하며 가형과 동성동본인 사람에게 재가하겠다고 했고 조자룡이 바로 그와 같은 사람이었다고 설명합니다. 조자룡은, "너와 나는 이미 결의형제를 맺었으니 너에게 형수면 나에게도 형수가 된다. 네놈의 하는 짓이 천하 인륜을 어지럽게 하는 것이 아니고 무엇이냐?"며 한주먹에 조범을 때려눕혔고 조범이 화나 공격하자 조자룡은 그를 사로잡았습니다.

후일 제갈량이 "듣고 보니 아름다운 일인데 왜 공은 오해하셨소?"라고 묻자 조자룡은 다음과 같이 말했습니다.

"조범과 결의형제를 맺었으니 제가 만일 그의 형수를 취한다면 제가 비난을 받을 것이요, 형수께서 나로 인하여 개가한다면 절개를 잃게 되고, 조범이 투항했다고는 하지만 그 진의를 알 수 없었기 때문입니다. 주공이신 유현덕께서 새로이 강한을 평정하느라 밤잠을 주무시지 못하는 판에 제가 어찌 한 여인의 일로 주공의 큰일을 망칠 수 있겠습니까?"

그는 사랑보다 대업을 앞세울 줄 알던 곧은 사람이었습니다. 유비는, "과연 자룡은 사내대장부요!"라고 감탄하며 칭찬했습니다.

초장왕楚莊王이 잔치를 벌이다가 촛불이 꺼지자 어느 부하가 애희愛姬의 몸을 더듬었습니다. 애희가 그의 갓끈을 끊고 불을 켜 범인을 밝히라고 소리치자 초장왕은 "오늘은 갓끈을 끊는 연회니 누구든지 모두 갓끈을 끊으라"는 명을 내렸습니다. 뒷날 진나라 군사와 싸우다 장왕이 곤경에 처했을 때 죽을힘을 다해 구한 사람이 있었는데 그가 바로 애희의 몸을 더듬은 신하 장웅蔣雄이었습니다. 그가 얼마나 간절했으면 주군의 여인을 더듬었을까요? 에로스, 즉 연속성에 의한 도취는 죽음을 압도하고도 남는 일입니다.5 초장왕은 에로스의 이런 측면을 이해하고 신하 장웅을 관대하게 용서했던 것이 아닐까 합니다. 동탁의 모사 이유는 초장왕의 고사를 들어 초선을 여포에게 양보하라고 동탁을 설득하려 했지만 동탁은 초장왕이 될 수 없었습니다.

  사랑 때문에 일을 망친 동탁이나 여포, 조조의 모습에서는 한 남자의 모습을 보지만, 사랑을 넘어선 조자룡과 초장왕에게서는 진정한 영웅의 모습을 보게 됩니다. 대의에 나선 자들은 작은 사랑에 만족해서는 안 됩니다. 대의란 더 큰 사랑을 의미하는 것이기 때문입니다.

어설픈 필력은
자랑하지 않는다

> 관우는 홀로 군중에서 뛰어나고, 신 같은 위엄으로 무예를 떨치며, 글 또한 뛰어난 선비였으며, 춘추에 바른 의기를 가진 자다.

플라톤은 《국가론》에서 사람들을 철인지배자 계급, 수호자 계급, 생산자 계급으로 분류했습니다. 철인지배자 계급은 문관文官이라고 할 수 있고, 수호자 계급은 무관武官이라고 할 수 있습니다. 철인지배자 계급에게 필요한 덕목은 지혜이며, 수호자 계급에게 필요한 덕목은 용기입니다. 《삼국지》에서 쌍벽을 이룬 촉의 강유와 위의 등애는 지혜롭기도 하고 무공도 있었지만 이런 경우는 그리 흔하지 않습니다.

지혜가 탁월한 자는 문관으로 좋은 계책을 내고 힘과 용기가 탁월한 자는 나가 싸움을 하게 됩니다. 강유나 등애는 지휘관이지만 직접 칼을 들고 나가 싸우기도 했는데, 이는 사실 무책임한 행동이었습니다. 전체를 아울러 전략을 펴야 할 지휘관에게 문제가 생긴다면 큰일이니 말입니다. 무장으로서의 위치를 지킨 자는 하후돈과 허저였고, 어설프게 문필을 가장하다 망한 자는 관우였으며, 문무가 조화로웠던 자는 조자룡이었습니다.

하후돈은 한고조 유방의 개국공신으로 처음부터 끝까지 유방을 충실하게 모신 하후영夏侯嬰의 후손이었습니다. 그는 여포의 부하 조성曹性의 화살에 왼쪽 눈을 맞았을 때 "이 눈알로 말하면 아버지의 정기와 어머니의 피를 받아 만들어진 것, 어이 이를 버릴 수 있으랴"며 눈을 질근질근 씹어 삼키고 돌진해 조성을 죽인 사건으로 유명해진, 조조의 충실한 부하였습니다. 그때 이후 그는 맹하후盲夏侯로 불렸습니다.

하후돈은 조조가 동탁을 토벌할 때 의병을 참전해 조조와 함께 전장을 누빈 충직한 장군이었습니다. 조조는 예형에게 하후돈을 천하의 빼어난 재주꾼이라고 소개하기도 했지만 하후돈은 그리 현명한 자가 아니었습니다. 조조가 황건적들로 만든 청주병을 제대로 관리하지 못해 혼나기도 했고, 제갈량이 허수아비라고 생각하고 덤비다가 화공으로 혼쭐이 나기도 했습니다. 양수의 계륵 해석을 감탄하며 듣고는 양수와 함께 철군 준비를 하기도 했습니다. 이런 그를 조조는 처벌하지 않았습니다. 그가 우직한 자라는 것을 잘 알고 있었기 때문입니다.

원소의 부하인 장합과 고람高覽이 투항해왔을 때 하후돈은 "진의를 알 수 없습니다"라며 조조에게 물었고 조조는 받아들이라 지시했습니다. 경기와 위황韋晃의 반란 때에도 하후돈은 날이 훤히 밝을 때까지 싸우고 주모자와 가족들을 붙잡아 가둔 다음 조조에게 사람을 보내 처분을 기다렸습니다. 그는 온갖 전투에 앞장서서 싸운 우직한 무장이었습니다. 그는 조조의 신임을 얻어 법령에 구속되지 않고 자기 판단으로 행정을 관장하고, 조조와 함께 마차를 타고 침실까지 출입해도 된다고 허락받았습니다. 그는 자신의 위치를 충직하게 지킬 줄 알던 자였습니다.

허저도 마찬가지였습니다. 그는 호랑이처럼 힘이 세지만 미련해서 별

명이 호치虎癡(어리석은 호랑이)였습니다. 허저가 이각의 조카 이섬李暹을 단칼에 베자 조조는 "그대는 참으로 나에게는 유방을 도와 항우를 친 번쾌와 같은 사람이다"라고 말했습니다. 번쾌처럼 허저도 단순하지만 용맹한 사람이었습니다. 허저는 조자룡과 30여 합을 겨루었지만 승부가 나지 않을 만큼 명장이었습니다. 원소를 이기도록 조조를 도운 조조의 친구 허유가 방자하게 행동하자 허저는 단칼에 베어버렸고 조조는 심하게 꾸짖지만 처벌은 하지 않습니다. 허유가, "너희 같은 필부놈이 어찌 지혜의 도리를 알 수 있겠느냐!"며 허저의 아픈 곳을 건드렸고 그것은 죽을 만한 짓이었음을 조조가 이해했기 때문입니다.

조조가 마초에게 쫓겨 죽게 되었을 때 허저는 조조를 안고 배에 올랐고 마초도 감히 허저에게 덤비지 못했습니다. 이때부터 사람들은 허저를 호치가 아닌 호후虎侯라고 부르게 되었습니다. 조조가 동오의 한당·주태·진무·반장潘璋 네 장수에게 쫓겨 도망을 갈 때에 호위군을 거느리고 나타나 구한 것도 허저였습니다.

한번은 조조가 술에 취해 자리에 누워 있는데 조조의 사촌동생 조인이 부중으로 들어가려 했습니다. 허저가 칼을 차고 당문 앞에서 지키고 있다가 막아서자 조인이 크게 노해 "나는 조씨 종족인데 왜 그대가 감히 내 앞을 막아서는 거요?"라고 꾸짖었습니다. 허저는 "장군은 승상의 친척이지만 밖을 지키는 진수지관鎭守之官이고 저는 비록 남이지만 승상의 내시 일을 보고 있소. 주공이 술에 취하여 지금 누워 계시니 누구도 들여보낼 수 없습니다"라며 막아섰고 그 말을 들은 조조는 "허저는 과연 충신이구나!"라고 중얼거렸습니다.

허저는 술에 취해 양평관의 양곡을 옮기며 "나는 필부 1만여 명을 적대하여 싸운 용장이다"라고 호기를 부리다가 장비의 창에 맞아 송장이 될 뻔한 적도 있었습니다. 그는 호기로운 무장이었습니다. 조조가 죽자 허저는 피를 토하며 통곡을 했고 조비에게도 충직했습니다.

하후돈·허저와 다르게 관우는 대단한 무공을 지녔음에도 제 위치를 지키지 못하고 문관의 흉내를 내다가 나라를 망쳤습니다. 관우의 무공은 더 말할 필요가 없습니다. 그는 의리도 뛰어나고 인내심도 대단한 신과 같은 인물이었습니다. 그는 홀로 군중에서 뛰어나고, 신 같은 위엄으로 무예를 떨치며, 글 또한 뛰어난 선비였으며 춘추에 바른 의기를 가진 자라고 《삼국지》는 평합니다. 조조는 화용도에서 관우에게 사로잡히게 되었을 때, "사나이에게는 신의가 중요하오. 장군께서는 춘추 역사에 밝으신 분이니, 유공이 자탁子濯을 쫓던 옛일을 알고 계시겠지요?"라며 관우에게 선처를 호소했습니다.

춘추시대에 유공이 자탁에게 쫓길 때 그가 단정한 사람이어서 촉이 없는 화살만 쏘고 돌아갔다는 《맹자孟子》의 이야기를 조조가 들먹였던 것입니다. 이는 문文에 대한 관우의 콤플렉스를 건드린 조조의 계략이었습니다. 유비가 세 번이나 제갈량을 방문하자 관우는, "제갈량의 재주가 뛰어나다고 소문만 났지 실은 별것이 없어 만나기를 꺼리는 것 같습니다"라며 제갈량을 폄하했습니다. 제갈량이 작전을 지시하자, "우리가 나가 적과 싸우는 동안 군사께서는 무엇을 하겠소?"라고 항의를 하기도 했습니다. 그는 처음부터 문과 무를 제대로 구분하지 못하는 자였습니다.

관우는 심지어 투항한 마초와 무예를 겨루고 싶다고 했고, 제갈량이 "마초는 문무를 겸비한 남달리 용감하고 굳센 일세의 호걸이지만 장비와 다툴 수는 있으되 멋진 수염을 지닌 그대의 출중함과 절륜함에는 미치지 못하오"라며 관우의 자존심을 세워 말린 일도 있었습니다.6 그는 장사성 싸움에서 서로 한 번씩 목숨을 구해준 대단한 장수 황충이 오호대장군에 봉해졌을 때 그 자격을 가지고 시비를 걸기도 했는데, "한중왕은 장군과 형제의 의를 맺으셨으니 한중왕이 곧 장군이요 장군이 곧 한중왕입니다"라고 비시費詩가 말해 겨우 달래기도 했습니다. 관우는 동오와 화친하며 조조를 막으라는 제갈량의 지시에 충실하지 못했고 어설프게 대국을 판단해 나라를 망치고 말았습니다.

　관우와 달리 문무가 조화로운 자는 조자룡이었습니다. 조자룡은 뛰어난 판단력으로 원소와 공손찬의 인물됨을 알아보고 그들을 떠나 유비에게 갔습니다. 제갈량은 이처럼 판단력이 뛰어난 조자룡을 가장 신뢰했습니다. 제갈량은 주유가 자신을 죽일 것을 알고 적벽에서 동남풍을 일으키고 조자룡에게 배를 가져와 자신을 구하도록 지시했습니다. 유비가 결혼을 위해 목숨을 걸고 동오로 갈 때 보좌하도록 했던 것도 조자룡이고 제갈량이 주유의 문상을 갈 때 호위하도록 했던 장수 역시 조자룡입니다. 유비와 제갈량은 조자룡의 무공뿐 아니라 판단력을 믿고 그에게 목숨을 맡겼던 것입니다.

　조자룡은 무공이 대단했지만 현명한 자였습니다. 그는 관우처럼 제갈량의 영역을 침범하지 않고 겸손하게 그의 지시를 따랐습니다. 관우가 죽고 유비가 동오를 공격하려 할 때에도 조자룡은 공적公敵과 사적私敵을 구분해야 한다며 유비를 말리기도 했습니다. 어설프게 문무를 넘나든 관우가 연 망국의 문을 문무가 조화로운 조자룡이 닫으려 애쓴 대목은 인상적입니다.

　유비가 익주를 완전히 차지하고 성도에 있는 좋은 집과 전답을 여러 장수에게 나누어주려고 하자, "익주의 백성들은 오랫동안 병화에 시달려 집과 전답이 없습니다. 그 집과 전답을 백성들에게 주어 백성들이 다시 편안하게 생업에 종사토록 하여 민심을 바로잡는 것이 그것을 빼앗아 상으로 나누어주는 것보다 좋을 듯합니다"라고 간했던 자도 조자룡입니다.

전국시대의 조나라의 혜문왕惠文王은 '화씨和氏의 구슬'이라는 유명한 보석을 손에 넣었는데, 이를 안 진秦나라의 왕이 도읍 열다섯 개와 바꾸자는 제안을 했습니다. 당시 진나라는 강대국이었고 잘못하면 구슬만 빼앗기거나 침략의 빌미를 줄 수 있는 상황이었습니다. 이때 무명인사였던 인상여藺相如는 설득과 담판으로 구슬을 완전히 지켰고 이로 인해 완벽完璧이라는 말이 생겨났습니다. 이후 진나라의 공격에 조나라는 패했고 인상여는 평화회담을 잘 진행시켰습니다. 이때 총사령관 염파廉頗 장군은, "나는 조나라의 장군으로 수많은 전투를 치러 많은 공을 세웠다. 그런데 인상여는 겨우 혓바닥을 몇 번 놀려서 재상이 되었으니 나는 창피하여 그의 밑에서 일을 할 수가 없다"고 불만을 토로하며 인상여에게 수모를 주겠다고 공언했습니다. 이에 인상여는 염파 장군을 피하기만 했습니다. 그리고 다음과 같이 말했습니다.

"그런데 내가 진나라 왕보다 무섭지 않은 염파 장군을 두려워하겠는가? 염파 장군은 성질이 급하지만 우리 조나라의 맹장이다. 진나라가 우리 조나라를 공격하지 못하는 것은 나와 염파 장군이 우리 조나라에 있기 때문이다. 우리가 싸우면 이득은 누구에게 있겠는가? 내가 염파 장군을 피하는 것은 국가를 먼저 생각하기 때문이다."7

이 말을 들은 염파 장군은 자신의 잘못을 깨닫고 가시나무 회초리를 짊어지고 옷을 벗고 가 사죄했다고 합니다. 이에 문경지교刎頸之交(목숨을 함께하는 막역한 사이)라는 말이 탄생하게 됩니다.

인상여의 말 속에 문과 무의 관계에 대한 깊은 진리가 담겨 있습니다.

문과 무는 서로 다툴 것이 아니라 함께 가야 합니다. 조조는 무략이 없는 글은 힘이 없다고 했습니다. 경복궁 근정문 양옆에는 두 문이 있는데, 동쪽에 있는 것이 일화문日華門, 서쪽에 있는 것이 월화문月華門입니다. 해(日)는 양陽을 상징하고 달(月)은 음陰을 상징합니다. 일화문은 문신, 월화문은 무신을 위한 문이었습니다. 달과 해, 음과 양이 조화로운 관계이듯 문신과 무신은 대립 관계가 아니라 상보相補 관계입니다.

그것은 인간에게도 마찬가지입니다. 머리와 몸이 따로 놀 수 없듯 지혜와 힘은 함께 나아가야 합니다. 그렇지 못하다면 다른 사람에게 머리나 몸을 빌려야 합니다. 그것은 힘들고 어려운 권력투쟁에 참여하는 사람일수록 더욱 명심해야 할 일입니다. 조자룡이 황충을 구하고 한수 싸움에서 큰 승리를 거두었을 때 유비는 "조자룡은 온몸이 간덩어리다(一身都是膽)"라고 했습니다. 이렇게 겁 없는 강단剛斷을 가진 조자룡이었지만 "나 조자룡이 우리 군사의 명을 받아 여기에서 너를 기다린 지 오래다"라고 조조에게 외쳤습니다. 조자룡은 군사의 명을 인정하고 복종할 줄 알던 훌륭한 무인이었습니다. 관우가 조자룡처럼 한발 물러서 군사의 명에 귀를 기울였다면 역사는 바뀌었을 것입니다.

군자는 왕관의 무게를
견디기 어렵다

> 공융은 승상부를 물러서며 고개를 들어 하늘을 우러러 탄식했다.
> "어질지 못한 자가 어진 자를 치니 어찌 패하지 않으리오!"

조선 후기 선비 김육金堉은 〈관사유감觀史有感〉이라는 시를 남긴 적이 있습니다.

> 옛 역사는 보고 싶지가 않구나 古史不欲觀
> 볼 때마다 눈물이 흐르니 觀之每幷淚
> 군자들은 반드시 곤액을 당하고 君子必困厄
> 소인들은 득세한 자들이 많도다 小人多得志 **8**

김육 자신도 왕을 능멸했다는 죄목으로 왕에게 버림받은 적이 있는데 이 시는 선비 혹은 군자들이 고통을 당하고 소인배들이 득세하는 정치적인 상황을 잘 그려주고 있습니다. 예형·양수·공융 등의 선비는 모두 죽임을 당했고 조조는 "붓을 들어 나불거리는 놈"이라고 선비를 욕했습니다. 권력자들에게 선비나 군자는 결국 입과 글로만 말하는 자일 경우가 많습니다. 한비자는 그러한 자들을 아주 싫어했습니다.

> 말을 꾸미고 거짓을 말하여 속이며 국법에 맞지 않은 일을 멋대로 주장하고, 또 군주의 의향과는 달리 굳이 간하려는 자가 있습니다. 이러한 자를 세상에서는 군주의 결점을 기탄없이 지적·간언한다고 하여 충의의 선비라고 칭찬하지만, 실은 결코 충성스럽다고 할 수 없습니다.[9]

강태공은 여섯 가지 도적(六賊)과 일곱까지 해로움(七害)을 말한 적이 있는데 선비로서 야망을 품고 기개와 절개를 뽐내면서 기세를 부리며 제후들과 멋대로 사귀며 군주의 권위를 무겁게 여기지 않는 자, 자신은 순박하고 검소한 척하며 드넓은 견문과 능란한 말주변을 자랑하며 빈껍데기뿐인 엉뚱한 이론으로 벼슬하지 않고 고요하고 한가로운 곳에 틀어박혀 세상 풍속을 헐뜯는 간사한 무리가 포함되어 있습니다.[10]

김육도 대동법을 입안하는 등 좋은 일을 많이 했지만, "다만 자신감이 지나쳐, 처음 대동법을 의논할 때 김집金集과 의견이 맞지 않자 김육이 불만을 품고 상소로 여러 차례에 걸쳐 김집을 공격하니 사람들이 단점으로 여겼다"라고 되어 있습니다.[11]

군주와 군자의 갈등, 정치와 학문의 갈등, 도시와 철학의 갈등, 훈구파와 사림파의 갈등 등은 모두 사실상 같은 맥락으로 정치철학의 오랜 주제 가운데 하나입니다. 선비나 군자는 권력을 다루는 정치가 학문이나 철학과 중첩되지만 또 다른 영역이라는 사실을 자주 잊어버립니다. 그래서 선비들은 이론으로 무장해 군주의 권위를 침범하고, 이는 파멸적인 결과를 낳습니다. 지도자들은 군주이지 군자나 선비가 아닙니다. 군주를 철학자로 바꾸던 플라톤과 달리 제갈량이나 육손은 군주를 군자로 바꾸려 하지 않았습니다. 정치 현장을 끝까지 지킨 이들은 사실 군자들보다 소인배들이 더 많습니다.

그래서 현실적인 정치 현장을 그대로 인정하고 보여주는 소설 《삼국지》에 대해 선비들은 대체로 부정적이었습니다. 조선 중기 대사성까지 지냈고 퇴계 선생과 사단칠정을 논한 고봉高峰 기대승奇大升은 경연 석상에서 선조에게 《삼국지》를 "단연코 이는 무뢰한 자가 잡된 말을 모아 고담古談처럼 만들어놓은 것이며, 잡박雜駁하여 무익할 뿐 아니라 크게 의리를 해치는 것으로, 무망誣罔함을 아시고 경계해야 할 것"이라고 평했고, "경서는 싫어하고 사기를 좋아함은 온 세상이 모두 그러하지만 왕자王者가 백성을 인도함에 있어 마땅히 바르지 않은 책은 금해야 한다"고 말했습니다.12 심지어 택당澤堂 이식李植은, "진秦나라 때 책을 불태웠던 것처럼 국가에서 통렬히 금단하는 것이 옳다"고 주장했습니다.13

주로 학문을 하고 엄숙주의적인 도덕을 가진 선비들에게 사기와 모략이 횡행하는 《삼국지》는 분명 부정적인 책입니다. 최명 선생은 공융·양수·예형 등의 정치 참여에 대해 "그러나 지조를 지키려던 선비라면, 벼슬을 살지 말아야 옳았다. 밝은 주인이 아니면, 아무리 높은 벼슬을 준다고 해도 나아가서는 안 될 것이다"라고 했습니다.14

밝은 주인이 아니었기 때문에 선비들이 화를 당했다는 주장이지만, 고매한 선비는 원래 비정치적이라고 할 수 있습니다. 이런 모든 일은 그들이 선비로서 정치에 참여하려 했기 때문입니다. 퇴계의 제자 김성일金誠一은 "선생이 고을살이를 할 때는 맑은 바람이 씻어가듯, 한 점의 사사로운 티끌도 없었다. 전야의 늙은이들이 바라보고 신선 같다고 하였다"고 증언했습니다. 신선은 산에 있는 것이지 세속의 티끌 속에 있

는 것이 아닙니다.15

조조는 공자의 20대 후손인 공융을 죽이는데 최명 선생은 사람을 혐오하는 감정이 격렬함을 의미하는 조조의 기忌 때문이라 했습니다.16 하지만 자세히 살펴보면 그렇지 않습니다. 조조가 원술과 싸우며 위험요소를 없애기 위해 원술의 친척 태위 양표를 하옥했는데, 공융이 논리정연하게 파고드는 말로 공격해 조조도 어쩔 도리가 없어 도로 풀어주었던 적이 있습니다. 공융은 "원소의 군세는 대단합니다. 맞서 싸워서는 안 되니 화친하도록 하십시오"라고 조조에게 말하기도 했고, 조조가 유비에게서 살아 돌아온 유대와 왕충王忠을 참형에 처하려는 것을 말렸던 적도 있습니다. 조조가 엄동설한에 유비를 치려 하자 공융이 말렸고, 조조는 그의 말이 일리가 있다 여겨 받아들이기도 했습니다. 이처럼 조조는 여러 번 공융을 인정하고 그의 말을 경청했습니다.

하지만 유비를 치려 할 때 반대한 공융에게 조조는 꾸짖어 물리치며 "다시 간하는 자는 참하겠다"는 명을 내린 상황에서, "지극히 어질지 않는 자가 지극히 어진 자를 치면 패하지 않을 법이 있겠느냐以至不仁伐至仁"며 하늘을 우러러 탄식해 말했습니다仰天嘆曰. 이에 조조는 공융을 죽였습니다. 공융은 조조를 지극히 어질지 않은 자, 유비를 지극히 어진 자라 했으며, 천자의 명으로 출정하는 조조의 공격을 정征이라 하지 않고 강한 자가 약한 자를 침범하는 벌伐이라 말했습니다. 공자의 후손인 공융이 엄격하게 말을 가려 쓰는 공자의 춘추필법春秋筆法을 몰랐을 리 없습니다. 공융은 죽을 만한 말과 행동을 했던 것입니다.

사실 조조는 선비들의 말을 많이 들었습니다. 원소를 격파하고 기주를 차지한 조조가 "내가 어제 기주의 호적을 들쳐보니 총 인구가 30만이나 되었다. 가히 큰 주로구나"라고 하자, 최염은, "승상께서는 백성들의 풍속과 사정을 물어 백성들을 도탄에서 구하지 않으시고, 먼저 호적부터 살피시니 어찌 그것이 기주 백성들과 아녀자가 바라는 바라고 하겠습니까?"라고 직언했고 조조는 잘못을 빌고 최염을 상빈으로 대접하기도 했습니다. 조조는 무턱대고 사람이나 직언을 꺼리는 지도자가 아니었습니다.

선비들이 핍박을 당하고 그것이 정당화되는 《삼국지》를 기대승은 저속하고 외설적인 책이라 주장했지만 세상의 저속성과 외설성을 인정하고 시작해야 합니다. 세상사가 선비들의 고담준론으로 이루어져 있지 않으니 말입니다. 플라톤의 '동굴의 비유'에 따르면, 철학자는 동굴 밖에 나와 사물의 본질을 본 자들이지만 다시 동굴에 돌아와 그림자에 만족하는 자들과 함께 살아갈 수밖에 없는 운명입니다. 우매한 자들을 벗어나서는 아무 일도 이룰 수 없지만 선비들은 자주 그들과 구별된 자라 여기고 또 그렇게 행동한다는 데에 문제가 있습니다.

공융이 두 아들과 함께 처참하게 죽임을 당했을 때 친구 지습脂習이 시신을 부여잡고 통곡을 했습니다. 순욱은, "지습은 공융을 만날 때마다 항시 '공은 너무나 성격이 강직하여 큰 화를 면치 못할 것이네'라고 충고를 하였다"고 조조에게 전하고 그를 죽여서는 안 된다고 말합니다. 조조는 그를 놓아주었고 지습은 공융 부자의 흩어진 시신을 거두어 장례를 치렀습니다. 공융은 친구의 말을 들어야 했고, 그를 기리는 시에서처럼, 하늘을 찌르는 호기로, 앉은 자리마다 가득한 귀빈들과, 가득한 술잔을 나누며, 문장으로 세상을 놀라게 하고, 즐거운 담소를 나누는 것에 만족해야 했습니다. 퇴계의 모친은, 그의 뜻이 높고 깨끗해서 세상과 어울리지 않는 것을 보고, "너의 벼슬은 고을 원이 마땅하니 높은 벼슬을 하지 말라. 세상이 너를 용납하지 않을까 두렵다"고 경계했

던 적이 있습니다.17

퇴계 선생이 모친의 말을 듣지 않았다면 제자들이 와서 묻는 일이 있으면 샅샅이 파고 캐어 환하게 풀어주었던 엄격하면서도 자상한 스승 퇴계를 우리는 알지 못했을 것입니다.18 퇴계 선생의 위대한 점은 세상과 어울리지 않고, 세상이 용납하지 못할 것이라는 모친의 충고를 잘 받아들여 깊은 산속에서 세상과 거리를 둔 채 좋은 처신을 했다는 데에 있습니다.

너무 다른 입장은
가까워지기 어렵다

> 저는 한 왕실의 후예로, 한 왕실을 바로잡을 책임이 있는 몸입니다. 그냥 주 저앉아 운수나 천리, 천명만을 기다릴 수는 없는 일이 아닙니까?

정치학자 데이비드 이스턴David Easton은 "정치란 사회적 가치의 권위적 배분"이라고 정의했습니다. 한정된 가치를 적재적소에 배치하기 위한 여러 활동과 연관된 행위를 정치라고 한다면 그것은 대화나 시간에서도 그대로 적용될 수 있습니다. 누구에게 얼마의 시간을 할애할지 잘 아는 사람은 권력에 대한 감각이 뛰어나다고 생각해도 무방할 듯합니다.

유비 역시 그러한 사람이었습니다. 사람에 따라 적절한 시간과 거리를 지킬 줄 아는 그의 모습은 공명의 친구 최주평을 만날 때에 잘 나타납니다. 유비는 제갈량을 찾아갔다가 우연히 최주평을 만나게 되는데, 이때는 수경 선생에게서 최주평에 대해 자사나 군수감은 되는 인물이라는 평을 들은 후였습니다. 유비는 최주평을 만나, "존함은 진즉부터 들어서 알고 있습니다. 이렇게 선생을 뵈오니 반갑습니다. 잠깐 앉아 가르침을 주십시오"라고 대화를 청했습니다. 처음부터 유비는 '잠깐'이라고 말했습니다. 당시 유비에게 필요한 사람이 군수나 자사감은 아니었기 때문입니다.

유비가 공명을 찾아, "천하를 편안하게 다스릴 가르침을 얻고자 한다"고 말하자 최주평은 입가에 엷은 미소를 띠며, "역사란 난亂의 길에서 다시 다스림治의 길로 엇갈리는 것"이라는 대단한 철학을 장황하게 설명했습니다. 그리고 다음과 같은 결론을 내립니다.

"장군께서 비록 공명의 가르침을 받아 천하를 편안히 다스리고자 하나 쉽지 아니할 것입니다 괜히 정력만 소비하는 격입니다. '하늘의 뜻을 따르는 자는 편안하고 그 뜻을 거역하는 자는 수고롭다', '운수와 천리는 빼앗을 수 없으며 천명은 거스를 수 없다'는 말도 있지 않습니까?"

최주평은 대단한 역사철학을 가진 자였습니다. 그는 200년을 주기로 난의 길과 다스림의 길이 반복되는 것은 사람이 어찌할 수 없는 하늘의 뜻이기에, 사람은 그저 하늘의 뜻에 따르고順天 거스르지 말아야 한다逆天는 역사관을 가지고 있었습니다. 지금은 난세이고 또 시간이 지나가면 치세가 올 것인데 왜 그렇게 기다리지 못하고 정력을 소비하느냐는 최주평에 말에 유비는 논쟁을 하지 않았습니다. 다만 "옳은 말씀입니다. 그러나 저는 한 왕실의 후예로, 한 왕실을 바로잡을 책임이 있는 몸입니다. 그냥 주저앉아 운수나 천리, 천명만을 기다릴 수는 없는 일이 아닙니까?"라고 물었습니다.

이에 최주평은 "촌간에 묻혀 있는 몸이 천하사를 아는 척했구려. 공의 말을 듣고 보니 내가 괜히 주제넘은 소리만 지껄인 것 같습니다"라고 대번에 발을 뺐습니다. 유비 역시 "아닙니다. 많은 것을 배웠습니다"라고 대화를 매듭지었습니다. 유비와 최주평 모두 서로의 입장을 확인하고는 더는 논쟁할 필요성을 느끼지 못했던 것입니다. 최주평의 생각은 하늘과 이론에 있고 유비의 마음은 땅과 실천에 있었습니다. 그들은 가까워지기 힘든 사이였습니다. 하늘이 땅의 일에 간섭할 수 없고, 땅이 하늘만 쳐다보고 살 수는 없기 때문입니다.

최초의 자연철학자 탈레스Thales는 하늘을 쳐다보며 걷다가 우물에 빠져서 하녀의 웃음거리가 되었던 적이 있습니다. 땅의 철학자 아리스토텔레스는 "아낙사고라스Anaxagoras와 탈레스는 지혜롭지만 분별인은 아니었다. 그들은 사람들에게 좋은 것anthropina agatha에는 관심이 없었다"라고 말했습니다.19 최주평은 유비의 일에 관심이 없었고 유비도 최주평의 한가하고 고매한 철학에 관심이 없었습니다. 너무나 다른 두 사람이 정중히 예를 갖추어 읍하고 헤어지자 장비는 "괜히 시시껄렁한 선비를 만나 쓸데없는 소리로 시간만 보냈습니다"라고 투덜거렸습니다. 이에 유비는, "모르는 소릴세. 은자隱者의 말을 자네가 이해하지 못했을 뿐일세"라며 점잖게 꾸짖었습니다. 유비에게 최주평은 현실의 사람이 아니라 은자였고, 땅의 사람이 아니라 하늘의 사람이었습니다.

조조의 인간됨을 보고 떠난 진궁도, 원소의 부하 전풍도, 최주평처럼 하늘에 있어야 할 사람들이었습니다. 최명 선생은 "조조와 진궁의 인간됨을 비교하면, 조조는 심술이 부정한 사람이고, 진궁은 어진 사람이다"며 조조는 위왕이 되고 부귀영화를 누렸지만 진궁은 조조에게 잡혀 죽은 것을 안타까워했습니다.20

진궁은 처음 조조의 충의심에 매료되었습니다. 그는 제갈량처럼 대세에 대한 판단으로 조조를 선택하지도 않았고 "내 비록 지금은 하잘것없는 현령이지만 속된 관리는 아니오. 다만 이제까지 섬길 만한 주인을 만나지 못했을 뿐이오"라는 것이 조조를 선택한 전부였습니다. 그는 스스로 속된 자가 아니라는 생각에 빠져 있었습니다. 조조가 여백사를 죽이자 자신 또한 불의한 사람이 되지 않으려 조조를 떠났고 결국 여포의 책사가 되었다가 조조에게 사로잡혔습니다. 조조가 묻자, "네놈의 심보가 비뚤어져서 네 곁을 떠났을 뿐이다"라고 말했고, "여포는 비록 꾀는 없지만 너처럼 기만하거나 농간을 부리지 않았다"라고 말했습니다. 그는 기만이나 농간 없이 싸움을 할 수 있다고 믿었던 사람입니다.

조조가 아버지를 죽인 도겸의 원수를 갚기 위해 서주를 치려 했을 때 진궁은 조조에게 "도겸은 어진 사람으로 결코 사사로운 이익을 위하여 의리를 저버릴 사람이 아닙니다"라며 서주의 백성을 죽이지 말라고 청했습니다. 그는 조조가 원수를 갚는다는 명분을 내세워 서주를 차지하려는 것을 제대로 알지 못하고 인의 타령을 했던 것입니다. 여포의 책사가 된 그는 유비에게서 서주를 받지 못하게 하는 등 인의군자 행세를 했지만 장비가 술 취한 틈을 타서 서주를 차지할 때에는 모략과 기만을 스스로 사용하기도 했습니다.

조조는 "네가 꾀가 많다고 자만하더니, 오늘의 네 꼬락서니는 어떻게 생각하느냐?"라고 진궁을 비웃었습니다. 진궁은 "효도로 천하를 다스리려 하는 자는 남의 가족을 죽이지 않고, 어진 정치를 베풀려는 자는 후손을 끊지 않는다"며 간웅奸雄 조조에게 효도와 어진 정치를 이야기하며 가족의 목숨을 구걸했습니다. 조조는 "공대의 늙은 모친과 처자식을 허창으로 모셔 편히 지내도록 하라"고 지시했고 좋은 관을 준비해 진궁의 시신을 허창으로 옮겨 후하게 장사를 지냈습니다. 대인은 진궁이 아니라 오히려 조조였습니다.

원소의 부하 전풍도 비슷했습니다. 전풍은 원소에게 조조보다 헌제를 앞서 모실 것을 간했는데, 원소가 그 청을 받아들였다면 역사는 바뀌었을 것입니다. 전풍은 원소에게 여러 차례 좋은 계책을 내놓지만 어리석은 원소는 전풍의 말에 귀를 기울이지 않았습니다. 그 역시 뛰어난 머리와 원대한 꿈이 있었지만 현실에 발을 붙이지 못한 진궁과 같은 자였습니다. 유비가 조조의 부하 차주車冑를 죽여 조조가 직접 출병했을 때, 전풍은 이때 조조의 뒤를 쳐야 한다고 주장했습니다. 하지만 원소는 막내아들이 아프다며 출정하지 않았습니다. 이후 원소가 조조를 치러 나가자, 전풍은 반대하며 지구전을 펴야 한다고 주장했습니다. 노한 원소는 전풍을 투옥시켰습니다.

공융이 조조에게, "원소는 전풍과 같은 지혜로운 참모가 있으니 승리하기 어렵겠다"고 말했을 때 순욱은, "전풍은 억센 인물로 필히 윗사람을 거스를 것입니다〔田剛而犯上〕"라고 말했습니다. 전풍은 "원 장군은 밖으로는 너그러운 척하지만 속은 그렇지 않아 바른말을 듣지 않는다"며 주군을 잘 알고 있었지만 그것을 거스르려 했습니다. "지금은 하늘의 운수를 기다려 조용히 지키고 있을 때이므로 함부로 대군을 일으키는 것은 불가합니다〔不可妄興大兵〕"라며 심하게 거스르는 말을 해 원소의 심기를 건드리기도 했습니다.

원소가 군사를 이끌고 나가는 시점에도 전풍은 "싸움에 이기지 못할까 심히 걱정입니다"라는 글월을 올렸습니다. 원소는 조조에게 패배한 후 "내가 전풍의 말을 따르지 아니하여 이 지경이 되었다. 오늘 돌아가면 무슨 낯으로 그를 만날지 모르겠다"라고 후회했습니다. 하지만 "옥중에 있는 전풍은 주공께서 패했다는 소문을 듣고 손뼉을 치면서, '고집을 부려 내 말을 듣지 않더니 그 지경이 되었다'며 웃어댔다고 합니다"라고 주변에서 헐뜯자 다시 원소는 "천박한 유생놈이 나를 깔보다니〔豎儒怎敢笑我〕! 당장 죽여버리겠다"며 전풍을 죽이라고 명령했습니다.

전풍은 속 좁은 원소에게 망령되게〔妄〕 행동해서는 안 된다는 말까지

했고 원소는 그를 천박한 유생놈(豎儒)이라고 욕합니다. 수유는 한고조 유방이 역이기를 천대할 때 사용했던 말이기도 합니다. 유방은 역이기를 처음 만났을 때 수유라고 불렀고,21 역이기의 정책을 장량이 비판했을 때 "천박한 유생놈이 거의 공사를 망칠 뻔했구나(豎儒, 幾敗而公事)"라며 또 한 번 그 단어를 사용하기도 했습니다.22

전풍은 직언으로 어리석은 원소를 바꾸려 했지만 그것은 불가능한 일이었습니다. 유비와 최주평은 잠시 만나 서로의 의견을 들었을 뿐 논쟁하지 않았습니다. 너무나 다른 입장에서는 가까워질 수 없다는 것을 잘 알고 있었기 때문입니다. 하늘은 하늘이고 땅은 땅입니다. 진궁과 전풍은 조조와 원소를 설득하고 바꾸려 할 것이 아니라 유비와 최주평이 그랬듯이 예를 갖추어 읍하고 그들을 떠나야 했습니다. 땅의 논리를 받아들이지 못하겠다면 땅의 일은 땅의 사람들에게 맡겨두는 것이 하늘의 사람들이 몸을 보전하는 길입니다.

가족이 애처로운 자는
권력을 멀리하라

> 너는 글줄이나 읽었으니 충과 효는 동시에 할 수 없는 일임을 알 것이다. 그래, 조조가 위로 황제를 속이는 간신배임을 몰랐다는 말이냐?

공적인 일에서 가족이 문제가 되는 경우가 많습니다. 가족이란 항상 함께 생활하는 일차적인 집단이기에 집착을 버리기 힘듭니다. 동양에서는 수신제가치국평천하修身齊家治國平天下라며 가족과 공적인 정치의 영역을 자연스럽게 이으려 하지만 가족은 공적인 영역과 갈등을 일으키는 경우가 많습니다.

서양에서 가족과 시민사회, 국가를 명료하게 구분한 사람은 헤겔이었습니다. 가족이란 하나의 자연적인 것, 즉 사랑과 감정의 형식을 지닌 것이며 이 단계를 넘어서면 가족은 붕괴되고 그의 성원은 저마다 자립적인 입장을 취하게 되는 시민사회의 단계가 됩니다. 이어 이것은 제3의 단계이며 독립성과 보편적 실체성의 거대한 통합을 이루는 정신을 의미하는 국가의 단계가 된다고 말합니다.[23]

물론 가족이 공적인 성격을 가질 수도 있습니다. 케네디John Kennedy 전 대통령은 35세의 젊은 변호사인 친동생 로버트 케네디Robert Kennedy를 법무장관에 임명하는 것을 주저했지만, 아버지의 강력한 추천으로 동생을 그 자리에 앉혔습니다. 케네디는 행정부의 고위관리들이 자신을 속이는 경험을 하게 되고, 동생이 쿠바 미사일 기지 문제를 극복하는 데에 슬기로운 도움을 주자 잘한 일이었다고 생각합니다.24

조금은 극단적으로 가족의 범위를 넘어선 사례는 서양의 브루투스와 동양의 악양의 사례입니다. 둘 다 공적인 정치를 위해 아들의 죽음을 마다하지 않았던 경우입니다. 로마공화제의 창시자 브루투스는 왕정을 종식시켰고 집정관으로 로마의 공화제를 이끌었습니다. 왕위를 빼앗긴 수페르부스Lucius Superbus는 귀족의 자제들과 반란을 꾀했는데, 브루투스의 두 아들도 여기에 가담했다가 적발되었습니다. 브루투스는 두 아들에게 사형을 선고했고 심지어 처형식까지 입회했습니다. 채찍질이 시작되었고 그 자리에 있던 사람 가운데 이 잔혹한 광경을 똑바로 바라볼 수 있던 사람은 아무도 없었지만, 오직 브루투스만이 눈길을 돌리지 않았습니다. 두 젊은이는 쓰러질 때까지 채찍질을 당한 뒤 한 사람씩 끌려가서 도끼로 목이 잘렸고, 그들의 아버지는 거기까지 입회한 뒤에야 비로소 자리를 떴습니다.25 브루투스는 끔찍하고 극적인 방식으로 가족보다 공적인 정치를 우선하는 모범을 보여주었습니다.

악양의 사례는 이보다 더 끔찍했습니다. 악양은 전국시대 위나라 문후의 장수로 발탁되어 중산국을 공격하게 되었는데 아들 악서가 그곳에서 벼슬을 하고 있었습니다. 악양은 철군을 요청하는 아들에게 위태로운 나라의 어지러운 조정에서 벼슬하는 것을 꾸짖고 "군주에게 항복을 권하도록 하라"며 차갑게 말했습니다. 악양이 공격을 세 달이나 미루어 사람들이 비난하자, "내가 세 달 동안 공격을 하지 않은 것은 비단

아비로서 자식에 대한 정리를 다하려는 것만이 아니라 중산국의 민심을 얻기 위한 것이오"라고 설명했습니다. 중산국의 군주는 악서를 높은 장대에 매달았지만 악양은 활을 들어 아들을 쏘려 했습니다. 결국 악서는 자결했고 중산국 군주는 악서의 시체로 국을 끓여 악양에게 보냈습니다. 그러자 악양은 중산국의 사자가 보는 앞에서 자식을 끓인 국 한 그릇을 다 먹어 치웠습니다. 그러고는 "우리 군중에도 가마솥이 있다는 것을 알려주기 바란다"는 끔찍한 말을 했습니다. 후일 위 문후가 악양을 칭송하자 대부 도사찬覩師贊은 "자식의 고기까지 먹을 정도라면 무엇인들 먹지 못하겠습니까?"라고 반박했습니다.26

《삼국지》에는 사적인 가족과 공적인 일이 부딪힐 때 대의를 위해 가족을 버려야 한다는 대의멸친大義滅親을 제대로 하지 못해 대업을 망친 여러 사례들이 등장합니다. 사적인 가족과 공적인 대의명분이 부딪히는 고민스러운 상황에서 사적인 가족을 버리기가 힘이 든다는 점을 이용한 대표적인 자는 동오의 대도독 여몽이었습니다.

관우가 여몽에게 형주를 빼앗겼을 때 여몽은 작전을 썼습니다. 여몽은 적군의 군인 가족들에게 작은 피해도 주지 못하게 하고 쌀과 월급을 대주고 환자를 치료해주며 인심을 얻었습니다. 이 소식이 전해지자 관우의 군사들은 모두 기뻐하며 싸울 의욕을 잃어 도망을 쳤습니다. 그리고 사산四山에서 전투가 벌어지자 여기저기서 형주 군사들의 아우나 형님, 아내와 아들이 나타나 군사들의 이름을 부르게 했습니다. 이에 형주 군사들은 마음이 변해 거의가 다 도망을 쳤습니다. 관우는 필사적으로 탈영병을 막았으나 겨우 300여 명의 군사만 남았고 결국 관우는 패배하고 말았습니다.

형주의 군사들은 동오에 속하든 유비에 속하든 별 차이가 없는, 낮은 단계의 사적인 가족의 테두리에 만족하며 사는 자들이라는 사실을 예리하게 간파한 여몽의 작전은 그대로 맞아떨어졌습니다. 유비와 관우가 실패한 것은 무력에서의 실패가 아니었습니다. 군사들에게 충성심을 불어넣고 더 높은 대의를 위해 가족까지 버릴 수 있어야 한다는 점을 강조하지 못한 정훈政訓에서의 실패였습니다.

지도자가 가족 문제로 대의를 이루지 못하는 경우는 더 심각한 결과를 낳습니다. 그 대표적인 경우가 여포입니다. 여포는 조조를 급습하자는 진궁의 계책을 듣고 아내 엄씨嚴氏와 첩 초선에게 물었고 그들이, "장군께서는 저희 처첩을 버리고 함부로 군사를 일으키는 일이 없도록 해주십시오"라고 울며 매달리자 고민스러워 종일 술만 마시며 괴로움을 달랬습니다. 그는 처첩에 묶인 자였고 결국 이 때문에 조조에게 사로잡히고 맙니다.

원소도 비슷하게 한심한 자였습니다. 유비의 사자 손건이 원소에게 원군을 요청하자 참모 전풍이 원소를 뵈러 갔습니다. 이때 원소는 몰골이 초췌했으며 의관도 제대로 갖추지 못하고 있었고, "나는 아무래도 곧 죽을 것만 같구나"란 충격적인 말을 했습니다. 그러고는, "내겐 다섯 아들이 있었다. 그중에 막내가 내 유일한 낙이었다. 그런데 그 막내 녀석이 창병을 앓아 죽게 되었으니 내가 달리 무슨 재미로 세상을 살겠느냐?"고 말했습니다.

원소는 늦둥이의 재롱을 즐기며 알콩달콩 재미있게 사는 데에 만족해야 할 인간이었습니다. 이런 그가 난을 평정하고 천하를 통일해 평화를 가져오겠다는 대업에 나선 것 자체가 문제였습니다.

가족의 한계를 넘어서지 못하는 모습은 동오의 대도독 주유에게도 보입니다. 제갈량은 전쟁을 주저하는 주유에게 조조가 원하니 강동의 두

미인 대교와 주유의 아내인 소교를 조조에게 보낼 것을 권유했습니다. 이에 주유는 흥분했고 조조와의 전쟁을 결정했습니다. 아내에 대한 모욕이 국가의 대사를 결정하는 한 계기가 되었던 것입니다. 주유가 적벽대전에서 승리했으니 이 대목이 묻혔지만 패배했더라면 두고두고 역사에 웃음거리로 남았을 것입니다.

가족이라는 협소한 테두리를 넘어서지 못한 또 다른 사례를 위나라의 지도자 조상에게서 볼 수 있습니다. 조상은 사마의에게 쫓길 때 허창으로 가 반격을 준비하자는 제안에, "내 가족이 모두 그곳 낙수성 안에 있는데 어찌 다른 곳에 가서 원병을 청할 수 있겠느냐?"고 했고, "벼슬을 버리고 가족이나 배불리 먹이면 그것으로 족하다"라며 사마의에게 항복했습니다. 사마의는 항복한 그와 가족을 모두 도륙해버렸습니다.

가족의 협소한 범위를 넘어선 대표적인 인물은 유비였습니다. 유비는 관우·장비를 통해 폐쇄적인 가족주의 정치를 한 점이 있지만 대의를 추구한 정치인이었습니다. 조자룡이 아두를 구해왔을 때 유비는 그를 집어던졌고, 관우가 두 부인을 무사히 데리고 왔을 때에도 먼저 부인들을 만나지 않습니다. 관우가 형주를 여몽에게 빼앗겨 가족이 붙잡혔을 때에 유비는 "간이 철렁 내려앉았다"라고 되어 있지만 가족을 제대로 챙기지 않았습니다. 유비는 아들보다 조자룡을, 부인들보다 관우를 선택할 사람이었습니다.

《삼국지》의 많은 인물은 유비와 같은 자들이었습니다. 마속은 가족들의 목숨을 걸고 맹세했고 감택도 전 가족의 생명을 걸고 육손의 능력을 보증했습니다. "제갈근이 형주를 반환치 아니하면 우리 가족은 몰살을 당할 것"이라고 했지만 제갈량은 형의 가족들을 염려하지 않았습니다.

가족과 공적인 일이 균열 없이 자연스럽게 이어질 수 있다면 더없이 좋을 것입니다. 하지만 이 둘은 자주 갈등을 일으킵니다. 제갈량에게 여러 차례 당한 조조는 사람을 시켜 제갈량의 처자를 잡아오라고 지시했습니다. 하지만 제갈량은 이를 예측하고 가족들을 미리 삼강 안으로 피신시킨 후였습니다. 이런 현명함이 없었다면 제갈량 역시 가족과 대의 사이에서 깊이 고민해야 했을 것입니다.

두 아들이 있었지만 유비에게 서주를 넘긴 도겸도 가족의 협소한 범위를 넘어서는 위인이었습니다. 한고조 유방을 도와 탈출하도록 한 왕릉王陵의 모친은 "한왕을 잘 섬겨라. 한왕은 장자이니 끝내 천하를 얻을 것이다. 이 노첩으로 인해 두 마음을 품지 마라"는 유언을 아들에게 남기고 칼에 엎어져 죽었습니다. 모친으로 왕릉을 잡으려 했던 항우는 크게 노해 왕릉의 모친을 삶아버렸습니다.27 이와 유사한 인물은 서서의 모친이었습니다. 서서가 모친 때문에 유비를 버리고 조조의 진영으로 오자, 서서의 어머니는 목을 매어 자결하고 말았습니다.

우리의 역사에도 이런 일들이 있었습니다. 계백階伯 장군은 "내 처자가 잡혀 노비가 될지도 모르니, 살아서 욕을 보는 것보다는 죽는 편이 낫다"며 처자식을 베고 출정했고, 김유신의 동생 김흠춘金欽春은 아들 반굴盤屈을, 김품일金品日은 아들 관창官昌을 적진으로 내몰았습니다. 이들은 가족을 먼저 희생해 대의를 이룬 눈물겨운 위인들입니다.28

서서의 어머니는, "가문을 욕되게 한 네가 오랫동안 강호로 돌아다니며 사람 되는 공부를 한 줄 알았더니 처음만도 못하게 되었구나. 너는 글줄이나 읽었으니 충과 효는 동시에 할 수 없는 일임을 알 것이다. 그래, 조조가 위로 황제를 속이는 간신배임을 몰랐다는 말이냐?"라며 서서를 꾸짖었습니다.

충과 효는 동시에 할 수 없는 일이라는 말이 모든 것을 말해주고 있습니다. 자녀가 자꾸 눈에 밟히고 가족이 애처롭게 느껴진다면, 공적이고 무서운 권력투쟁의 장에 나오기보다는 자신의 가족이나 잘 보는 것이 더 나을 듯합니다.

오만한 자는
대업을 이루지 못한다

> 주공께서는 공명에게 너무 깊이 빠져 있습니다. 제가 크게 성공한 것을 시기한 그가 일부러 주공께서 나를 의심하게 하려고 그런 말을 한 것입니다.

그리스인들은, '오만함'을 의미하는 휘브리스hybris는 천벌을 면할 수 없다고 생각했습니다. 인간은 인간으로서의 한계를 인정해야 하지만 인간의 욕망은 끝이 없어 과욕인 휘브리스를 부립니다. 감히 신에게 도전하는 휘브리스를 저지를 때에는 반드시 신이 벌을 내린다는 것이 그리스인들의 믿음이었습니다.[29]

《삼국지》에는 지나친 욕심과 오만을 부린 자들이 등장하는데, 방통도 그들 가운데 하나였습니다. 방통은 《삼국지》의 세 영웅 조조·손권·유비를 모두 만났던 특이한 경력의 소유자였습니다. 앞서 보았듯이 그는 조조를 만나 돕는 척하면서 연환계로 속였고 못생긴 외모 때문에 손권에게 등용되지 못했고 결국 유비를 돕게 되었습니다.

방통은 현실주의자였습니다. 방통은, "결단을 내려야 할 경우에 내리지 못하는 사람은 어리석은 사람입니다. 주공께서는 생각이 높고 밝은 분이데 무얼 그렇게 복잡하게 생각하십니까?"라며 유장을 죽여 서천을 취한 후 인의를 베풀라고 유비에게 권했습니다. 유비가 주저하자 방통은 큰 공을 세우려 서둘렀습니다. 공명이 서두르는 방통과 유비에게, "천문을 보니 주공의 신상에 흉한 일이 많고 길한 일은 적을 것 같습니다. 특히 조심하기를 간절히 바랍니다"라고 간했지만 방통은 제갈량이 자신을 시기하는 것으로 속 좁게 해석했습니다.

방통은 진격을 서두르지만 여러 불길한 전조들이 나타났습니다. 유비는 작은 길을 피해 큰길로 진군하라 권했고, 오른쪽 어깨를 철퇴로 맞는 꿈을 꿔서 오른쪽 길로 가지 말라고 권했습니다. 하지만 방통은 말을 듣지 않았습니다. 그는 자신감에 충만해 있었습니다. 방통의 말이 화살을 맞은 듯 사납게 날뛰어 방통이 떨어지기도 했고 낙봉파落鳳坡에 이르자 방통은 "나의 도호가 봉추인데 이곳의 이름은 봉이 떨어지는 언덕이라는 뜻이니 나에게 좋지 못할 것 같구나!"라는 예감을 했지만 방통은 물러서지 않았습니다.

하늘은 방통 같은 재사에게 여러 차례 경고와 기회를 주는 법입니다. 하지만 방통은 오만하게 이 모든 경고를 무시해버렸습니다. 방통은 유비가 내준 백마 때문에 유비로 오인받아 무수한 화살을 집중해서 맞고 결국 36세의 젊은 나이에 뜻도 제대로 이루지 못하고 말에서 굴러 떨어져 죽고 말았습니다.

그는 결국 봉추鳳雛(봉황의 새끼)에 그치고 맙니다. 봉황이 되어 하늘을 훨훨 날아야 할 그는 영웅의 고질병인 오만을 버리지 못했기 때문입니다. 위인의 죽음답게 많은 전조가 나타났지만 그는 그것을 겸손하게 고려하지 않았고, 이미 용이 되어 하늘을 훨훨 날고 있는 공명조차 우습게 보고 경쟁하려 했습니다. 정치는 늙은이의 지혜로 천천히 다지며 해나가야 한다는 것을 방통의 요절을 보며 새삼 다시 느끼게 됩니다. 주유와 손견, 손책의 아쉬운 요절에서처럼 말입니다.

《주역》에서는 겸손을 네 가지로 나누어 설명합니다. 겸손이 두 번이나 겹친, 겸손 자체에 대해서마저 겸손한, 성현 군자의 겸손함을 이야기하는 겸겸謙謙, 보통 사람이 부단히 수양해야 도달할 수 있는 최후의 경지인 로겸勞謙, 생과 사를 초월해 세상살이에 아무런 걸림이 없는 사람의 겸손인 휘겸撝謙, 현실정치에 필요한 겸손인 명겸鳴謙이 그것입니다.30

명겸이란 현실세계에서 특히 변론이나 언설, 대인관계에서 겸謙의 도道를 이루었음을 의미합니다. 이런 사람은 대인관계를 원만하게 이끌어갈 수 있고, 시시각각으로 변화하는 세상에 적절하게 처세할 수 있는데 때로는 목적을 위해 거짓을 행하기도 하고, 화려한 언설로 사람들을 현혹시킬 수도 있는 사람이지만 잔재주가 아니라 겸양에 기반을 둔 것이어서, 많은 사람에게 이로움을 주는 일을 하니 길할 수 있다고 합니다.31

방통이 손권을 만났을 때 조금만 더 자신을 겸손하게 설명했더라면, 서촉을 취할 때 공명과 여러 책사의 의견을 조금만 더 듣고 신중했더라면 그는 대업을 이루고 명겸의 가장 좋은 사례로 꼽혔을 것입니다. 참으로 안타까운 일이라 할 수 있습니다.

방통처럼 오만함으로 대업을 이루지 못한 자들은 주유와 관우였습니다. 주유는 자신보다 큰 인물인 제갈량과 다투다가 요절하고 말았습니다. 관우 역시 오만함으로 상황을 낙관하다가 대업을 그르쳤습니다.

스탈린은 결단력과 단호함, 활력, 그리고 예기치 못한 위기 상황에서도 기꺼이 책임을 지려는 자세를 가지고 있던 지도자였지만 오만한 자였습니다. 그는 자신이 지도자가 아니면 팀으로 일하기 싫어했고 레닌

Vladimir Lenin마저 스탈린을 "감당하기 힘든 인물"이라 했습니다. 그는 지나치게 자부심이 강하고 예민했으며, 오만한 콧대를 꺾지 않으려 했습니다.32

한나라의 공신이던 한신 역시 오만한 자였습니다. 그는 젊은 시절 싸움을 피해 백정의 가랑이 밑을 지나갔고 그래서 '가랑이 밑을 기는 치욕'이라는 과하지욕袴下之辱 고사가 생겼습니다. 사마천은 인내의 미덕을 강조하기 위해서가 아니라 불굴의 의지와 세상을 비웃는 오만한 기개까지 갖춘 한 젊은이의 모습을 실감나게 형상화하고 싶어서 이 대목을 적었다고 합니다. 마치 진승이 "참새나 제비 따위가 어찌 기러기나 고니와 같은 큰 새의 뜻을 알겠는가!"라고 중얼거렸듯이 말입니다.33

후일 한신은 초왕이 되어 금의환향한 후 그 백정을 찾아가 군관으로 발탁했지만 그것은 "오만한 한신의 기질에서 기인한 것이며 무장의 넓은 아량을 보여주는 훈훈한 일화가 아닌, 단순한 복수를 뛰어넘는 신랄한 조롱이며 한신의 오만함을 단적으로 보여주는 일화"라고 합니다. "한신과 유방 모두 오만한 성격이었지만 한신의 오만은 타협의 여지가 없었던 반면, 유방의 오만은 언제든 자세를 바꿀 수 있는 유연한 오만"이었다는 평은 적절한 것 같습니다.34

스탈린이나 주유, 관우를 생각할 때마다 느껴지는 '강철 같은 딱딱함'은 결국 그들의 오만함이 유연한 오만이 아니라는 것을 보여줍니다. 세상을 휘어잡을 큰 뜻을 가지고 있고 자신감에 가득하다면 때로 굽힐 줄 아는 유연한 오만에 대해서도 생각해보는 것이 하늘의 저주를 피할 수 있는 길이 아닐까 합니다.

신화를 존중하되
사실과 구분한다

조조는 그제야 깨닫고 자백에게 후히 상을 내렸다. 그러나 자백은 그것을 일체 받지 않고 어디론지 가버렸다.

한동안 《삼국지》의 허구성을 알리며 통쾌해하는 책들이 유행했는데, 이는 미토스mythos와 로고스를 혼동한 문제가 있습니다. 미토스는 공상 혹은 이야기하는 말입니다. 이에 반해 로고스는 이성 혹은 논증하는 말입니다 논증으로서의 로고스는 설득을 목표로 하며 듣는 자의 판단을 요구합니다. 하지만 미토스는 오로지 미토스 외에 아무 목적도 없습니다. 믿고 안 믿고는 사람의 자유지만, 그것이 아름답거나 사실처럼 생각되기 때문에, 아니면 그저 믿고 싶어서 믿는 것입니다.35

진수의 정사 《삼국지》는 로고스를 목적으로 하고 있지만 나관중의 《삼국지》는 미토스를 목적으로 하고 있습니다. 송대宋代 구종석寇宗奭의 《본초연의本草衍義》 서문에는, "아직 그 이理를 다하지 못한 바가 있으니 이를 연衍하여 써 그 이理에 이르도록 한다"며 연의의 의미를 설명해주고 있습니다. 연衍은 부연敷衍한다는 뜻으로 연연과 같은 의미입니다. 부연의 사전적 의미는 "이해하기 쉽도록 설명을 덧붙여 자세히 말함"입니다. 나관중은 정사 《삼국지》의 메마르고 어려운 인간사를 우리 모두가 이해하기 쉽도록 자신의 설명을 덧붙여 제시한 것입니다. 그리고 소설 《삼국지》 역시 긴 세월 동안 많은 사람에게 읽혀 그것 자체가 이제 하나의 사실처럼 간주되고 있습니다.

어디까지나 《삼국지》는 재미있는 미토스입니다. 그러므로 관우가 청룡언월도를 사용하지 않았고, 화웅과 문추文醜를 죽이지 않았고, 관평은 관우의 양자가 아니며, 제갈량은 적벽에서 별다른 활동을 하지 않았고, 조조가 여백사를 죽인 것은 사실이 아니라는 등으로 《삼국지》를 엄밀하게 따져 비판하는 것은 나름의 의미가 있지만 그것 때문에 《삼국지》의 가치가 퇴색하지는 않습니다.

우리는 사실만으로 살아갈 수 없습니다. 어떤 초월적이고 신화적인 이야기가 필요합니다. 정치는 더욱 그렇습니다. 적은 완벽한 악인이며 우리는 오로지 선을 위해 싸웁니다. 적군에게 악의 대리인이라는 신화를 씌우지 않고 그에게 총을 쏠 수는 없는 노릇입니다. 우리는 적의 음모에 둘러싸여 공격을 받고 있으며, 용맹스러운 지도자는 우리를 구원할 것이며, 단합된 우리 위상을 통해 난국을 헤쳐나갈 수 있다는 정치적인 신화 없이 전쟁을 할 수는 없는 노릇입니다.36

《삼국지》에는 인간의 추악하고 치사하고 잔인한 모습들이 솔직히 그려져 있지만 또한 우리에게 희망을 주는 신화들로 가득합니다. 이 신화들 가운데 주목을 끄는 두 이야기는 조조의 친구 누규와 형주의 실력자 채모의 이야기입니다. 두 사람은 모두 조조와 연관된 실제 인물이었습니다. 누규는 조조에게 죽임을 당했지만 조조에게 큰 도움을 준 것으로, 채모는 조조에게 투항해 높은 관직을 얻었지만 조조에게 죽임을 당하는 것으로 《삼국지》는 그리고 있습니다. 《삼국지》는 뻔한 사실을 각색해 우리에게 다른 이야기를 전하고 있지만 여기에는 이유가 있지 않을까 합니다. 그 의미를 한번 생각해보는 것이 미토스를 미토스로 받아들이는 태도입니다.

누규는 어려서 조조와 인연을 맺었고 조조는 그를 대장이라 부르면서도 군대를 지휘하지 못하게 하고 단지 회의에 참여하도록 할 뿐이었습니다. 조조가 자식들을 데리고 놀러 나갈 때 누규도 항상 따라갔는데, 한번은 누규는 주위를 돌아보며 "이 집의 아버지와 아들은 오늘처럼 놀기만 한다"라고 했고 조조는 그가 비방하는 마음이 있다고 생각하여 체포했습니다.37 진수는 "조조는 기피하는 감정이 강한 성격이라 옛 관계에 의지하여 불손한 태도로 대했다는 이유로 처형했다"고 합니다.38 여기까지가 이른바 사실이며 로고스입니다.

나관중의 《삼국지》는 누규를 다르게 서술합니다. 조조가 서량의 마초와 싸울 때 연패를 거듭했습니다. 이때 순유의 제안대로 모래와 흙으로 토성을 쌓았지만 약해 곧 허물어졌습니다. 이때 학같이 단아한 용모에 소나무 같은 기상을 한 누자백婁子伯이라는 거사가 나타났습니다. 조조는 예를 갖추어 객으로 대접했고 은사라 칭하며 도움을 요청했습니다. 누규는, "승상은 군사를 귀신같이 부리면서 어찌 천시를 모르십니까? 연일 날씨가 음침하고 비가 내려 삭풍만 한번 불면 꽁꽁 얼어붙을 것이니, 바람이 불면 군사들에게 흙을 운반하여 쌓게 하고 물을 뿌리면 쉽게 쌓을 수 있을 것입니다"라는 훈수를 두고 후한 상도 마다하고 어디론지 사라졌습니다. 이에 조조는 얼음성을 쌓아 마초를 막을 수 있었고 마초는 조조가 신의 도움을 받은 것이 분명하다고 생각해 깜짝 놀랐습니다.

친한 친구를 죽이고 조조는 자주 그랬듯이 후회를 했을 것입니다. 누규의 비난이 전부가 아닐 수도 있고 왜곡되었을 수도 있습니다. 더구나 오랜 세월 친하게 지낸 친구를 죽인 것은 이해할 수 없는 일입니다. 《삼국지》는 이 황당한 이야기를 한 편의 아름다운 신화로 재구성합니다. 조조는 예의로 친구를 대했고 친구는 조조에게 가장 큰 도움을 주었습니다. 이 이야기를 통해 누규도 조조도 보상을 받았습니다. 누규가 친구에게 욕을 한 일과 조조가 친구를 죽인 일은 실수에 불과했고 어려울 때에 서로 돕는 그들의 우정은 이 이야기를 통해 회복되었습니다. 사람들은 이제 서로를 공격한 모습이 아니라 긴 세월 동안 함께한 우정으로 그들의 관계를 떠올릴 것입니다. 《삼국지》가 스스로를 정사라 칭했다면 이런 일을 할 수 없습니다. 하지만 《삼국지》는 스스로를 연의演義라고 했으니 허용될 만한 일입니다.

재구성은 형주의 실력자 채모의 이야기에서도 나타납니다. 채모는 일찍이 조조와 친했고 그의 누이는 형주의 지배자 유표의 후처가 되어 실력자가 됩니다. 그는 유표 사후 장남 유기와 유비를 쫓아내고 조조에게 항복해 높은 관직을 역임했습니다. 후에 그의 가문이 채주蔡洲라는 섬에 모여 살다가 도적 왕여王如의 침입으로 멸족했습니다.

나관중의 《삼국지》는 이와 다르게 그리고 있습니다. 유표가 죽자 장남 유기의 자리를 빼앗은 유종과 그의 모친은 조조에게 항복하지만 비참하게 살해당하고 말았습니다. 채모는 수군 도독의 자리에 임명되지만 주유의 이간계로 인해 동오의 첩자로 오인받아 목이 날아가고 말았습니다. 채모와 장윤, 두 장수의 머리를 바치자 조조는 바로 자기의 어리석음을 깨닫고 "내가 내 꾀에 넘어갔구나"라며 후회했습니다.

사실 채모는 죽을 만한 충분한 이유가 있었습니다. 채씨 가문은 유표의 유지를 이어 형주를 굳건히 지키지 못하고 조조에게 내주었습니다. 조조가 채모에게 형주의 군세를 묻자, "기병이 5만이요 보병이 15만, 수군이 8만으로 전부 28만입니다. 그리고 군량은 태반이 강릉에 있으며 기타 각처에 상당량의 군량미가 쌓여 있습니다"라고 대답했습니다. 이런 대단한 군세가 있음에도 그냥 성을 내주었던 것은 비겁한 일입니다. 그리고 간웅 조조는 채모를 등용하는 것에 대해 비판이 일자, "내가 거느리고 있는 우리 북쪽 사람들은 수전에는 약하다. 그래서 우선 두 사람에게 수군의 지휘를 맡기는 것이다. 일이 성사된 후에는 나대로 생각이 따로 있다"고 답했습니다. 조조 같은 자가 그러한 실력자를 살려둘 리 없다는 것이 《삼국지》의 생각이었습니다.

형주의 신하 이규李珪는, "네놈들 채씨 문중은 안팎으로 손발을 맞춰, 주공의 유서를 꾸며 장자 유기를 버리고 나이 어린 유종을 후계자로 세워 형주 9군을 채씨 손아귀로 넣으려 하니, 비록 돌아가신 주공이지만 만일 혼백이 계신다면 네놈들을 가만히 놔두지 아니할 것이다"라고 항의하다가 채모에게 죽는데《삼국지》는 이규의 합당한 평가를 그대로 실현시켰던 것입니다.

《삼국지》는 이해하기 힘든 누규와 채모의 일을 부연해 이해가능한 일로 바꾸어놓았습니다. 누규는 감사해할 것이고 채모는 억울하겠지만 그것은 그들의 일을 보는 《삼국지》의 시각입니다. 사람들은 그 신화를 사실보다 더 좋아했고 그래서 《삼국지》는 긴 세월 동안 사람들의 사랑을 받아왔습니다.

삶과 정치에서 신화는 언제나 있어왔고 앞으로도 계속될 것입니다. 사실을 왜곡하고 호도하는 거짓이 아니라 저열한 삶의 현실을 넘어서고 미래에 대한 용기와 소망을 주는 신화는 분명 의미 있는 것입니다.

물론 사실과 신화를 분명히 구분해야 할 때도 있습니다. 신화를 사실로 믿고 현실의 권력에 접근했을 때에 큰 화를 당할 수도 있습니다. 현실은 신화처럼 그렇게 아름답지 않은 법이고 분명한 한계가 있으니 말입니다.

주색을 잡는 자는
권력을 잡지 못한다

> 하夏나라는 말희末喜 때문에 패망했고, 은나라에는 달기妲己가 있었으며, 주나라의 유왕은 포사褒姒에게 빠져 나라를 망쳤다. **오자서**

전국시대에 순우곤淳于髡은 제나라의 왕명을 받고 조나라에 사신으로 가서 구원군 요청을 성사시켰습니다. 왕은 연회를 열어 축하했는데 순우곤에게 술을 얼마나 좋아하냐고 묻습니다. 순우곤은, "만일 마을에 모임이 있어 남녀가 섞여 앉아 술을 마시고 논다고 생각하면 여덟 말 정도고, 제 옆에 있는 엷은 속옷이 만져지고 여자의 향기로운 살냄새가 느껴지면 완전히 흥분하여 한 섬은 마십니다"라고 대답했습니다.

왕이 음담패설에 즐거워하자 순우곤은, "옛날부터 '술이 지나치면 흐트러지고, 즐기는 것이 극에 달하면 슬픔이 따른다'는 말이 있습니다. 옳은 말이라고 생각합니다. 그러므로 무슨 일이든 극에 달하면 좋지 않습니다. 나라까지 망치는 수가 있습니다"라고 말했습니다. 왕은 이 말을 듣고 깨달은 바가 있어서 "잘 말해주었소"라고 했습니다.[39]

주색의 유혹은 너무나 강한 것이어서 나라까지 망치는 경우가 많습니다. 월왕 구천은 오왕 부차가 망하도록 서시西施와 정단鄭旦 두 미녀를 바쳤습니다. 이때 충신 오자서는, "신이 듣기로는 하나라는 말희 때문에 패망했고, 은나라에는 달기가 있었으며, 주나라의 유왕은 포사에게 빠져 나라를 망쳤습니다. 미녀는 군주를 주색에 젖게 하니 이들을 월나라로 돌려보내심이 마땅한가 합니다"라고 간했지만 오왕 부차는 말을 듣지 않고 서시에게 빠져 나라를 망하게 했습니다.40 여인의 유혹은 이처럼 강한 것입니다.

경국지색傾國之色의 대명사는 양귀비楊貴妃입니다. 당나라의 6대 황제 현종玄宗은 29년간 좋은 정치를 했지만 말년에 간신 이임보李林甫 등을 가까이하고, 자신의 13남인 이모李瑁의 아내였던 양귀비와 사랑에 빠져 점차 쇠락의 길을 걸었습니다. 결국 총애하던 절도사 안녹산安祿山과 그의 부하 사사명史思明이 일으킨 안사의 난에 양귀비를 내주어야 했고 자신도 쓸쓸하게 생을 마감하게 되었습니다.

경국지색이라는 말은 이연년李延年이, "북쪽에 어여쁜 사람이 있어 세상에서 떨어져 홀로 서 있네. 한 번 돌아보면 성을 위태롭게 하고 두 번 돌아보면 나라를 위태롭게 한다. 어찌 경성이 위태로워지고 나라가 위태로워지는 것을 모르리오만 어여쁜 사람은 다시 얻기 어렵도다"라며 자신의 누이동생을 한무제漢武帝에게 소개할 때 등장한 말입니다. 그녀는 한무제의 총애를 받았지만 그 사랑도 오래가지 못했습니다. 병든 그녀는 초췌한 얼굴을 보이기 싫어 끝내 한무제에게 얼굴을 들지 않았다고 합니다.

여자의 힘은 너무나 강력해서 항우도 어쩔 수 없는 것이었습니다. 항우는 마지막 전투에서 사랑하는 여인 우희虞姬를 대동했고 결국 사면초가四面楚歌의 상황을 맞아 우희와 함께 죽음을 맞이하게 되었습니다. 살육이 난무하고 삶과 죽음이 교차하는 남자들의 무자비하고 치열한 전투현장에 사랑하는 여자를 대동했던 것은 참 이해하기 힘든 일입니다. 한신은 이런 항우를 "필부의 용기와 아녀자의 인仁을 가진 자"라 비웃었습니다.

주색에 지나치게 젖어 있으면 추잡한 결과를 낳습니다. 우리 고전의 춘향春香은 정절을 지킨 아름다운 여인이었지만, 《삼국지》에 나오는 춘향春香은 남편도, 정부情夫도, 자신도 패망하게 하고 결국 역사의 줄기를 바꾸어놓은 추잡한 여인입니다.

유비가 제갈량·방통 등의 모사를 두고 널리 군사를 모아 북벌길에 나설 것이라는 소문이 퍼지자 조조는 서량의 마등이 허창을 급습하지 않을까 걱정해, 마등에게 정남장군의 칭호를 주고 허창으로 유인해 죽이려 했습니다. 마등은 키가 8척이나 되었고 체모가 보통 사람과 달랐지만 천성이 온화해 많은 사람이 따랐습니다. 조조의 명으로 마등을 맞이하러 간 자는 문하시중 황규黃奎였는데, 그는 마등과 함께 조조를 죽일 모의를 했습니다.

그때 황규의 첩 춘향은 황규의 친처남 묘택苗澤과 남몰래 불의의 정을 통하고 있었습니다. 묘택은 황규의 이상한 낌새를 알아채고 춘향을 이용해 출세하고자 했습니다. 묘택은 정감 어린 눈을 굴리며 춘향에게, "매형을 만나거든 이렇게 구슬러보구려. '사람들이 모두 이야기하기를 유황숙은 어질고 덕이 있으며, 조조는 간사한 인물이라 하는데 그것이 사실입니까?' 하고 물어 그의 의중을 떠보구려"라고 했습니다.

그날 밤 춘향이 술상을 내고 갖은 교태를 다 부리며 묘택이 일러준 대로 황규를 꾀자 주색에 취한 황규는 자기도 모르게 속마음을 털어놓았습니다. "너는 일개 계집의 몸이면서도 정正과 사邪를 구별할 줄 아니 내

어찌 너에게 말하지 않겠느냐? 나는 한이 맺힌 사람이다. 그래서 조조를 죽여버리고자 한다"며 황규는 춘향에게 조조가 마등의 군사를 사열할 때 죽이기로 한 계획을 모두 다 털어놓았습니다. 묘택은 즉시 조조에게 달려가 이를 고했고 조조는 장수들에게 대비하게 하고 황규와 남녀노소 가릴 것 없이 온 가족을 잡아들이라는 영을 내렸습니다. 그리고 마등의 군사를 제압하고 마등과 황규 모두를 죽여버렸습니다.

일이 끝나자 묘택은 조조에게 "저는 상 같은 건 바라지 않습니다. 오직 이 춘향을 저의 처로 삼고자 할 뿐입니다"라고 은근히 말했습니다. 이 말을 들은 조조는 껄껄거리며, "너는 일개 계집 때문에 너의 매형의 일가를 망친 놈이다. 너같이 어질지 못한 인간은 살려두어도 쓸모가 없다"며 묘택과 춘향, 황규 일가를 모조리 시장 바닥에 끌어내 목을 쳤습니다.

묘택은 매형의 첩과 사통한 것도 모자라 자신의 출세를 위해 여자를 이용해 매형을 파멸시키려 했습니다. 거사를 눈앞에 두고 주색에 취한 황규도 참 어리석은 자였습니다. 황규가 비밀을 누설하지 않고 마등이 조조를 죽일 수 있었다면 《삼국지》의 역사는 반 이상이 바뀌었을 것입니다.

주색은 인간의 감정을 자극하고 기개를 드높이는 수단이 될 수 있습니다. 하지만 미묘한 위기의 순간에 더 필요한 것은 냉철한 이성입니다. 주색은 호기로운 자들에게 필수품처럼 따라다니는 것이지만 결국 정치적 위기상황을 돌파하도록 하는 것은 그러한 호기나 취기가 아닙니다. 위기를 돌파한 제갈량·사마의·육손 등은 모두 그러한 호기보다는 냉철한 자제를 주로 한 자들이었습니다. 그래서 그들은 큰 실수 없이 임무를 잘 수행할 수 있었습니다. 자제하지 않고 주색에 젖어 있을 때 추잡한 일에 얽혀 들어갈 수 있다는 《삼국지》의 경고를 잊지 말아야 합니다. 주색을 지나치게 즐기는 자라면 공적인 세계에는 나오지 않는 것이 더 현명한 일이 아닐까 합니다.

복수가 두렵거든
권력에 발을 들이지 말라

> 두 분 장군께서 밤을 도와 이 사실을 시아주버님께 알리는 한편 두 역적 놈을 잡아 남편의 원수를 갚아준다면 죽을 때까지 그 은혜를 잊지 않겠습니다.

역사상 가장 잔혹한 질투의 보복은 한고조 유방의 척부인戚夫人에 대한 여태후呂太后의 보복이 아닌가 합니다. 척부인은 유방이 전쟁하던 중에 만났는데 춤을 잘 추었고 유방의 총애를 받았습니다. 그녀는 유방의 아들 여의如意를 낳아 황태자 유영劉盈을 폐하고 자신의 아들을 세우려 했지만 장량을 비롯한 신하들의 반대로 포기했습니다. 유방이 죽자 끔찍한 보복이 시작됩니다.

> 이미 죽음을 각오하고 있었지만 척부인의 말로는 비참하기 비길 데 없었다. 여태후는 척부인의 지위를 깎아내린 다음, 머리를 깎이고, 입에 재갈을 물린 채 방아 찧는 일을 시켰다. 그리고 조왕으로 가 있는 여의를 불렀다. 혜제惠帝(유영)는 이복 아우를 보호하기 위해 여러모로 애썼다. 여의가 여태후를 만나지 않도록 하고 만날 때는 늘 자신이 함께했다. 그러나 결국 여태후는 혜제가

사냥을 간 틈을 타 여의를 독살하고 말았다.

여태후는 척부인에게 더욱 혹독한 짓을 자행했다. 척부인의 수족을 자르고, 눈을 도려내고 귀를 잘랐다. 그것으로는 모자라 마지막에는 몸뚱이만 남은 척부인을 인분을 먹고 사는 돼지처럼 변소 아래에 밀어 넣었다. 며칠 후 사람 돼지를 보여주겠다며 여태후는 혜제를 그곳으로 안내했다.[41]

여태후는 여기에 그치지 않고 유방이 사랑했던 애첩과 그 자식들을 모조리 주살했고 혜제는 충격을 받아 정사를 돌보지 않고 술과 여자에 탐닉하다 제위 7년 만에 숨을 거두었습니다.

원소의 부인 유씨劉氏도 원소가 죽자 평소에 사랑하던 첩 다섯 명을 모두 죽이고 구천에서 만날까 싶어 시체의 머리를 자르고 얼굴을 칼로 찔렀습니다. 원소의 아들 원상도 첩들의 가족이 자기를 해칠까 두려워 모두 붙잡아 죽여버렸습니다.

참으로 무섭고 끔찍한 일입니다. 그만큼 여자의 정절과 의리도 대단한데 조문숙曹文叔의 아내와 신헌영辛憲英의 사례가 그렇습니다. 위나라의 실력자 조상의 종제 조문숙의 아내는 남편이 죽자 귀와 코를 베어버리고 개가를 거부했습니다. 어떤 기록에는 "과부가 개가하면 음부淫婦로 인식되어 박해와 모욕으로 인해 결국은 살 수 없었다"라며 그 사례로 조문숙의 아내를 평했지만 《삼국지》는 달랐습니다.[42]

아버지 하후령夏候令은 딸에게 "사람이 세상을 살아간다는 것은 작은 먼지나 연약한 풀과 같은 것인데 너는 왜 스스로를 학대하느냐? 또한 너의 시댁 식구들은 사마씨에게 모두 죽었는데 수절해서 무엇하겠다는 것이냐?"라며 개가를 권했습니다. 하지만 조문숙의 아내는 "인자는 성쇠에 따라 절의를 바꾸지 않으며 의로운 사람은 상대방의 존망에 의해 마음을 고치지 않는다"며 "조씨 집안이 왕성했을 때도 죽을 때까지 받들려 했는데 하물며 멸망한 지금에야 어찌 버릴 수 있겠습니까?"라며 끝까지 개가를 거부했습니다. 이 소문을 들은 사마의는 어진 여인이라고 생각해 양자를 보내 자신이 멸문시킨 조씨 가문의 뒤를 잇게 했습니다. 의리를 지킨 여인도 훌륭했지만 원수의 대를 잇게 한 사마의도 대단한 사람이라 할 수 있습니다.

조문숙의 아내만큼 훌륭한 여자가 또 하나 있는데, 그녀는 조상의 부하였던 신창辛敞의 누이인 신헌영이었습니다. 신헌영은 신비의 딸이었습니다. 아버지 신비는 원래 원소를 도왔으나 조조에게 투항해 많은 공을 세웠고 조조의 아들 조비 때에는 왕의 강제 이주안에 반대하는 어려운 상소로 결국 이주민을 반으로 줄인 명신이었습니다. 부전자전으로, 아버지 못지않게 그 딸도 훌륭했습니다.

신창이 사마의가 난을 일으켰다고 하자 신헌영은 조상이 사마의를 이기지 못할 것이라 예측했지만 "직분을 지키는 것이 대의다"라며 위기에 빠진 조상을 도우라고 했습니다. 멸문지화의 위험을 무릅쓰고 이렇게 하는 것은 쉬운 일이 아닙니다. 이후 사마의는 권력투쟁에서 승리해 조상 3형제와 그 일당 1,000여 명을 시장바닥에서 참형에 처하고 삼족을 멸한 뒤 모든 재산을 몰수해 국고로 환수했습니다. 하지만 "그것은 모두 주인을 위해서 한 일이니 그들은 의로운 사람들이다"라며 사마의는 신창을 처벌하지 않았습니다. 신창은 "내가 누님과 상의하지 아니했다면 대의를 잃을 뻔했구나!"라며 신음했습니다.

또 한 명의 대단한 여인은 손권의 아우인 손익孫翊의 처 서씨徐氏입니다. 손익은 단양 태수로 있었는데, 성질이 괴팍하고 술을 좋아해 취하기만 하면 군사를 구타하기 일쑤였습니다. 이에 불만을 품은 손익의 부하

규람始覽과 대원戴員은 부하에게 손익을 죽이도록 하고, 죄를 뒤집어씌워 그 부하마저 죽인 뒤 손익의 모든 가산과 시첩을 차지했고, 특히 규람은 손익의 아름다운 처 서씨를 차지하려 했습니다.

서씨를 바라보는 규람의 눈동자는 뱀처럼 빛났고, 규람은 "나는 네 남편의 원수를 갚았으니 너는 응당 나를 따라야 한다. 듣지 않으면 죽일테다"라고 협박했습니다. 현명한 서씨는 먼저 욕정에 불타고 있는 규람의 마음을 진정시키고 남편의 장례를 치르고 나서 응하겠다고 달랬습니다. 그리고 남편의 심복이었던 손고孫高와 부영傅嬰을 불러 눈물로 호소하고 복수를 다짐했습니다.

그믐날이 되자 서씨는 은밀히 손고와 부영을 불러 밀실의 장막 뒤에 숨으라고 한 후, 제상을 차려 제사를 지내고 상복을 벗고 향물에 깨끗이 목욕하고 화장을 곱게 했습니다. 그녀의 얼굴에는 미소가 감돌고 한마디의 말에도 정감이 어려 있었습니다. 밀실로 들어온 술에 취한 규람은 어쩔 줄 몰라 입을 다물지 못했습니다. 서씨는 합환주라며 독한 술을 규람에게 권하고 요염한 자태로 취기와 정염에 세찬 불을 붙였습니다. 불길에 휩싸인 규람의 눈이 뱀처럼 번뜩일 때 손고와 부영이 그의 가슴속 깊이 칼을 꽂았습니다. 이어 서씨는 대원도 불러 죽였습니다.

서씨는 복수를 마치고 소복으로 갈아입은 뒤 두 역적의 머리를 남편 손익의 영전에 제물로 바쳤습니다. 달려온 손권은 손고·부영 두 장수에게 벼슬을 내려 단양을 지키게 하고 계수인 서씨를 강동으로 모셔와 편안히 여생을 보내게 했습니다.

"여자가 한을 품으면 5월에 서리가 내린다"는 말이 있습니다. 연약하고 부드러운 여자의 복수와 절개는 이처럼 대단할 수 있습니다. 비단 여자뿐 아니라 누구에게든 원한을 쌓았다면 보복을 두려워해야 합니다.

권력을 놓고 투쟁하는 일은 냉혹한 것이라 원한을 쌓게 되는 경우가 많습니다. 원한이 쌓이지 않도록 일을 처리하는 것은 참 어려운 일이며 어쩔 수 없는 경우에도 보상을 통해 원한이 쌓이지 않도록 노력해야 합니다. 사적인 이익을 추구해 사적인 원한을 쌓아두는 일로 일관하는 자들은 반드시 비참한 보복을 당하고 만다고 《삼국지》는 경고하고 있습니다. 권력을 둘러싼 싸움은 이처럼 무서운 일임을 명심해야겠습니다.

제6장

권력에서 내려오기

천하를 버려야 천하를 얻는다

먼저 자신에게 묻고,
마지막으로 하늘에 묻는다

> 장수 된 사람으로 천문에 통하지 못하고 지리에 어두우며, 기문奇門을 모르고 음양에 밝지 못하며, 진도陳圖를 볼 줄 모르고 병세兵勢에 밝지 못하면 어찌 장수라 할 수 있겠는가?

철학이 근본적으로 사유와 연관된 활동이라면 권력투쟁과 연관된 정치는 행위에 관련된 활동입니다. 좋은 생각을 현실에서 실현하려 할 때 권력이 필요하고 정치적인 것들이 시작됩니다. 사유는 단순하고 정직하지만 행위는 복잡하고 모호합니다.

행위하기 시작한 사람은 누구나 자신이 시작한 행위의 결과를 결코 예견할 수 없다는 점을 알아야 한다. 자신의 (행위) 실행이 이미 모든 것을 변화시켰고 심지어 그 결과를 훨씬 더 예측 불가능하게 만들었기 때문이다. 이것이 바로 칸트가 정치사의 기록에서 매우 뚜렷한 "우울하게 만드는 우연성"을 말할 때 내심 가지고 있던 생각이다. "행위, 우리는 그것의 기원도 모르고 결과도 알 수 없다. 그런데도 행위가 어떤 가치를 가지고 있는 것일까?" (행위에 대한 관조의 우위를 천명했던) 옛날의 철학자들이 옳지 않았는가. 그들이 인간사의 영역으로부터 어떤 의미의 발생을 기대했던 것은 정신 나간 짓이 아니고 무엇이었겠는가?[1]

행위의 우연성은 이처럼 우리를 우울하게 만들고 사유가 아닌 행위에서 어떤 의미를 찾는 것은 정신 나간 짓이라고 여겨질 정도입니다. 논리나 사유, 관조는 명료성과 의미로 가득한 세계이지만, 인간의 일과 연관된 권력과 정치의 세계는 불확실성과 우연성, 모호성이 지배하는 불투명한 세계입니다. 그래서인지 정치는 점복占卜 혹은 복서卜筮와 많은 연관이 있었습니다. 일찍부터 "나라의 대사는 제사 지내는 것과 싸우는 것이다"라고 생각했고, 무당의 말에 의해 나라의 정치·군사 활동을 지도하고 국왕의 행동을 결정하기도 했습니다.[2]

불확실한 미래를 앞두고 《삼국지》의 인물들은 복서에 의존했습니다. 전투에 나서기 전에 제사를 지내거나 도사에게 전쟁의 승패를 묻기도 하고 천문을 살펴 미래를 예측하기도 했습니다. 손권은 관우를 다 잡은 상황이었지만 관우가 항복하지 않자 여범呂範에게 점을 쳐보라고 했습니다. 제갈량은 "천문에 통하지 못하고 지리에 어두우며 기문을 모르고 음양에 밝지 못하면 장수가 아니다"라고 했습니다. 노숙도 "위로는 천문에 밝고 아래로는 지리와 모략에 밝다"고 방통을 소개했습니다. 조조도 천문에 밝아 동오와 싸울 때, "남쪽에 왕성한 기운이 뚜렷하니 일을 도모하기가 어렵겠다"라고 말하기도 했습니다. 제갈량은 장성將星이 떨어지는 것을 보고 주유와 관우, 방통의 죽음을 예견하기도 했습니다.

인사人事에 통달한 조조도 복서를 상당히 중하게 여기고 도움을 받았던 적이 있습니다. 조조는 기인 좌자左慈에게 당한 후 중병에 걸려 백약이 무효했습니다. 이에 주역과 수학, 관상까지 통달한 술사術士인 관로管

輅를 소개받았고, 그의 "그것은 환술幻術에 의한 병이니 걱정할 필요가 없습니다"라는 말 한마디에 병이 나았습니다. 이어 관로는 하후연의 죽음을 점쳤고 "지내보면 체험으로 알 텐데 운수는 알아서 무엇할 것이며, 지위가 모든 신하와 백성의 가장 위에 있는데 상은 더 보아 무엇하시겠습니까"라며 입을 닫고 화재와 반란만을 예견하고 떠나버렸습니다.

관로의 말은 하늘의 뜻도 중요하지만 인간적인 행위가 더 중요하다는 것으로 해석할 수 있습니다. 《삼국지》의 위인들은 천문이나 복서를 단지 참고로 했고 자신의 판단과 의지를 주로 믿었던 자들입니다. 유비가 서천을 칠 때 제갈량은 천문을 들어 반대했고 방통은 천문을 유리하다고 해석했습니다. 천문을 자주 참고한 제갈량이었지만 여섯 번째로 위의 기산을 공격할 때 태사 초주譙周가 천문을 들어 반대하자, "그대는 왜 허망하고 요사스러운 말을 지껄여 국가 대사를 그르치려고 하는가?"라고 꾸짖기도 했습니다.

유비는 관우의 원수를 갚기 위해 동오로 진격하며 도사 이의李意를 만나 길흉을 물었습니다. 그는 세수가 300여 세에 달하고 능히 사람의 생사와 길흉을 아는 당세의 신선이었습니다. 유비는 겸손하게 미래를 물었고 이의는 하늘의 운수는 알 수 없다고 거부했습니다. 그가 재촉하자 이의는 지필묵으로 군사·군마·병기 등을 40여 장이나 그리다가 구겨버렸습니다. 그리고 다시 붓을 들어 큰 사람이 땅바닥에 대자로 누워 있는 그림을 그리고 나서 그 옆에 다른 사람이 그 사람을 묻는 모습을 그리고 그림 위에다 흰백 자를 써 넣은 후 천자 유비에게 머리를 조아리고는 훌쩍 떠나버렸습니다.

유비는 "미친 늙은이의 짓이니 믿을 수 없다!"라고 외치고 즉시 그림들을 태워버리도록 영을 내린 뒤 군사를 독촉해 동오로 진군했습니다다. 믿을 수 없다고 말한 것으로 보아 유비는, 대자로 누울 사람은 자신이고, 묻는 사람은 동오의 장수 육손이며, 흰백 자는 자신이 천수를 다할 백제성白帝城임을 어렴풋이 눈치챘던 것 같습니다. 유비는 동오에 대한 공격이 패배할 것이라 예견되더라도 거부할 수 없음을 잘 알고 있었습니다. 동생에 대한 복수를 하지 않는다면 유비는 유비가 아니게 되기 때문입니다.

한비자는 고대의 복서가 사실과 어긋나는 예를 무수히 거론하며 "시일을 낭비하면서 귀신을 섬기고 점을 치고 제사를 지내기 좋아하면 망하고 만다"며 복서를 믿는 것을 망국의 근원으로 여겼습니다.3 인간적인 판단과 노력이 필요한 시점에서 복서에만 의존하는 것은 분명 문제입니다. 손권은 여범에게 관우가 항복할지 점을 쳐달라고 했지만 여몽에게 계책을 물었고 여몽은 관우가 도주할 만한 두 곳에 매복해 관우를 사로잡을 자세한 계책을 자세히 말했으며 그렇게 준비했습니다.

결과론적인 이야기일 수 있지만 방통이나 유비가 복서의 목소리에 조금만 더 귀를 기울이고 판단을 유보했더라면 어땠을까 하는 생각도 듭니다. 불확실하고 모호하며 예측하기 힘든 상황에서 인간적인 모든 노력을 다해야 하겠지만 때로는 점을 쳐보는 것도 도움이 될 수 있을 듯합니다. 제갈량은 만전의 계책을 마련했지만 천문을 자주 보았고, 모든 노력을 다한 이순신 장군도 자주 점을 쳤습니다. 인간적인 노력을 다했지만 결국 권력이 우리 마음대로 좌지우지되는 것은 아님을 알게 될 때 우리는 상황에 집착하지 않고 초연해질 수 있습니다. 이순신 장군에 대한 다음의 구절은 복서를 대하는 가장 적절한 태도를 나타내고 있는 듯합니다.

이순신의 점은 횡재나 불의, 출세를 바라는 점이 아니다. 장수의 점, 아버지의 점, 남편의 점이었다. 하늘을 감동시킨 순수한 선비의 점이었다. 힘들고 어려울 때 먼저 자신에게 묻고, 다음으로 다른 사람에게 묻고, 마지막으로 하늘에 물어야 한다.[4]

꿈의 전언을
무시하지 않는다

> 진영에 돌아온 조조는 혼자 곰곰이 생각했다.
> '손권은 함부로 다룰 인물이 아니다. 붉은 태양이 그에게 응하는 것을 보니 머지않아 제왕이 되겠구나.'

《삼국지》는 대미를 다음과 같은 문장으로 장식하고 있습니다.

> 망망한 천수天數를 벗어날 길 없구나!
> 솥발 같은 삼분천하 한낱 꿈이니
> 후세 사람들 공연히 소동만 피우네.

긴 세월의 그 치열한 삶과 전쟁은 모두 마무리되었고 이제 우리의 기억 속에는 한낱 꿈으로만 남아 있습니다. 인생과 역사는 어쩌면 일장춘몽일지도 모릅니다. 《삼국지》 속의 인물들 역시 많은 꿈을 꾸었습니다. 꿈은 무의식의 발현으로 무시할 수 없는 것임은 20세기에 밝혀진 일이지만 《삼국지》의 시대에도 꿈은 중요한 역할을 했습니다.

유비의 감부인은 북두칠성을 입으로 삼키는 꿈을 꾸고 아들의 이름을 아두라 지었고 동오의 오부인도 큰아들 손책과 작은아들 손권을 낳기 전에 달과 해가 품에 안기는 꿈을 각각 꾸었습니다. 조조가 구리로 만든 공작새를 발견했을 때 순유는, "옛날에 순임금의 모친께서는 꿈에 옥으로 만든 공작새가 품으로 날아오는 꿈을 꾸고 순임금을 낳으셨습니다"라며 길조로 해석했습니다. 그들은 꿈을 통해 정통성을 인정받고 싶었던 것입니다.

기대가 꿈으로 나타난 적도 있었습니다. 조조를 죽이려 했던 헌제의 장인 동승은 보검을 들고 조조를 내리치는 꿈을 꾸었지만 현실은 그 반대였습니다. 손책은 꿈에 광무제를 보고 사당을 찾아가는데, 왕망을 격파하고 한 왕조를 새롭게 재건한 광무제와 같은 존재가 되고 싶었던 열망이 꿈으로 나타난 것이 아니었나 합니다. 하지만 손책은 꿈을 이루지 못하고 요절했습니다. 동탁도 용이 몸을 감싸는 꿈을 꾸고 천자가 되는 기대로 마음이 부풀었지만 바로 황천길로 가고 말았습니다.

염려가 꿈으로 나타난 적도 많습니다. 유비의 감부인은 유비가 흙구덩이에 빠져 있는 꿈을 꾸고 통곡했지만 관우는 "꿈이란 믿을 것이 못 됩니다. 두 형수님이 항상 형님을 생각하는 까닭에 그러한 꿈을 꾼 것입니다"라며 위로했고 유비는 원소의 진영에서 죽을 뻔한 고비를 넘겼지만 무탈했습니다. 조조는 죽기 직전, 자신이 죽인 많은 사람들이 온몸에 피투성이가 되어 나타난 꿈에 시달렸습니다. 그 역시 가슴에 털이 난 사람은 아님을 보여주는 증거입니다.

미래를 보여주는 꿈도 있었습니다. 진류왕과 황제가 쫓겨 산비탈 농가 노적가리 위에서 잠이 들었을 때 그 농장주인 최의崔毅는 붉은 태양 두 개가 장원에 떨어지는 꿈을 꾸었습니다. 마초는 눈 위에 누웠더니 난데없이 호랑이 떼가 나타나는 꿈을 꾸었는데 아버지 마등이 조조에게 죽을 꿈이었습니다. 맥성을 지키던 왕보王甫도 관운장이 피투성이가 되어 나타나는 꿈을 꾸었는데 곧 동오의 군사들이 관우 부자의 수급을 들고 나타났고 왕보는 대성통곡한 뒤 성 아래로 뛰어내려 자결했습니다. 유비도 "부디 군사를 일으켜 이 아우의 한을 풀어주십시오!"라고 말하는 관우의 혼령을 꿈에서 보고 동생의 죽음을 예감했습니다.

오나라의 손휴孫休는 용을 타고 하늘로 오르는 꿈을 꾸었고 곧 황제로 옹립되어 3대 황제 경제景帝가 되었습니다. 유비는 신선이 철퇴로 오른쪽 어깨를 후려치는 꿈을 꾼 뒤 방통에게 오른쪽으로 가지 말라 했지만, 말을 듣지 않은 방통은 결국 낙봉파에서 화살을 맞아 요절하고 말았습니다. 관우 역시 황소만한 돼지에 발을 물려 그 돼지의 목을 치는 꿈을 꾸고 발이 저리고 통증이 왔지만, 아들 관평은 돼지는 용의 형상이라며 좋게 해석하다가 불귀의 객이 되고 말았습니다.

촉의 위연도 머리에 뿔이 두 개나 솟아나는 꿈을 꾸었는데 부하 조직은 길몽으로 해석했습니다. 그는 뿔각角 자는 용用 자 위에 칼(刀)이 놓여 있는 글자로 머리에 칼을 썼으니 흉몽이라는 사실을 말해주지 않았고 위연은 반란을 일으키다 목이 댕강 잘려 꿈이 현실이 되고 말았습니다. 위나라 장수 종회도 뱀 수천 마리에게 물어 뜯기는 꿈을 꾸었는데 강유는 "용이나 뱀 꿈을 꾸면 길하고 경사스러운 징조입니다"라고 아전인수격으로 해석했고 둘은 모두 죽고 말았습니다.

조조 역시 말 세 필이 한 구유에서 먹이를 먹는 꿈을 꾸었고 가후는 녹마祿馬가 길조라 해석했지만 조조의 위나라가 결국 사마의와 그의 아들 사마사, 사마사의 조카 사마염의 진나라를 위한 터전을 만들어주었다는 꿈이었습니다. 조상의 부하 하안何晏은 푸른 파리 수십 마리가 코 위에 모여드는 꿈을 꾸었는데, 주역에 밝은 관로가, 코는 높은 관직을 의미하니 높은 관직에서 예가 아니면 따르지 않아야 더러운 파리를 몰아낼 수 있다고 제대로 해석해주었지만 하안은 그 말을 배척했고 결국 비명횡사하고 말았습니다.

꿈은 우리 삶에서 중요하지 않은 것으로 억압되고 배제된 것을 보여줍니다. 우리는 최선의 선택을 하며 산다고 믿지만 이성이 그렇게 정교할 수는 없습니다. 그래서 꿈의 목소리는 배제되어야 할 것이 아니라 소중하게 간주되어야 하는 내면의 목소리입니다. 조조는 둥근 태양이 떠올라 화려한 빛에 눈이 부셨고 해가 산속으로 떨어져 뇌성벽력이 이는 꿈을 꾼 적이 있습니다. 조조는, "손권은 함부로 다룰 인물이 아니다. 붉은 태양이 그에게 응하는 것을 보니 머지않아 제왕이 되겠구나"라고 생각하고 군사를 돌려 허창으로 돌아갔습니다. 조조가 이때 꿈의 경고를 무시했다면 완전히 패했을지도 모릅니다.

꿈은 무시되고 억압된 무의식이 우리에게 말을 걸어오는 통로이며, 우리의 제한된 자아가 우주와 대화하는 열린 통로일 수 있습니다. 꿈은 통제할 수 없고 치열한 권력투쟁의 상황도 그렇습니다. 우리는 최선을 다해 의식적인 노력으로 투쟁하지만 마음대로 되지 않을 수 있다는 사실 또한 겸허히 받아들여야 한다는 것을 꿈은 가르칩니다.

반대자는 오히려
가까이 둔다

> 지금 대왕의 지위와 권력은 극에 달해 있으니 잠깐 뒤로 물러서 저와 함께 아미산에 들어가 공부하는 것이 어떻겠습니까?

영화 《대부》에는, "친구는 가까이에 두라, 하지만 적은 더 가까이에 두라"는 명대사가 나옵니다. 적을 멀리하면 적이 무엇을 하는지 알 수 없으므로 가까이에 두고 방비하라는 말입니다. 이 말은 반대자에 대해서도 그대로 적용될 수 있습니다. 반대자를 곁에 두는 것은 상당히 좋은 일일 수 있습니다. 특히 주변의 대부분의 사람이 찬양하고 허리를 굽실대는 권력의 정점에서는 더욱 그러합니다. 권력자 곁에는 늘 아부하는 간신이 가득하고 옳은 말을 하는 반대자는 드물기 때문입니다.

월왕 구천이 오왕 부차에게 치욕을 당하고 복수를 벼르고 있을 때 오자서는 부차에게 여러 차례 경고를 했습니다. 하지만 부차는 간신 백비伯嚭의 좋은 말만 듣고 오자서의 거스르는 말을 물리쳤고 결국은 자결하도록 명했습니다. 오자서는, "사자는 이 말을 왕께 전하라. 나는 이전에 그대의 아버지가 천하를 얻도록 했고, 또 그대를 옹립해 패자가 되게 했다. 애초에 그대가 오나라의 절반을 나에게 준다 했을 때도 받지 않았다. 그런 뒤 얼마 되지도 않았거늘 아첨꾼의 참소를 믿고 나를 죽이려 한다. 아아! 부차는 진정 혼자 서지 못할 것이다! 나의 무덤에 반드시 가래나무를 심어라. 이것으로 부차의 관을 짜게 하리라. 또 나의 두 눈을 도성 동문에 걸어두어라. 그 두 눈으로 반드시 월나라가 동으로부터 쳐들어와 오나라를 멸하는 것을 보고 말리라!"는 저주를 남겼습니다.5

결국 오왕 부차는 월왕 구천에게 패망해 비참하게 죽고 말았습니다. 권력의 정점에 있던 부차가 그때 오자서를 더 곁에 두고 거스르는 말에 귀를 기울였다면 그러한 비극은 없었을 것입니다.

정치적 패배자는 항상 이렇습니다. 동탁도 한때는 반대하는 자의 말을 잘 들은 적이 있었습니다. 그래서 그나마 그는 역사에 흔적을 남길 수 있었습니다. 하지만 결국 결정적인 시점에 동탁은 반대자의 의견을 무시했습니다. 동탁이 낙양을 버리고 장안으로 천도하려 하자 사도 순상苟爽이, "승상께서 만약 천도하신다면 백성들이 소동을 일으켜 편할 날이 없을 것입니다"라고 간곡히 간했습니다. 하지만 동탁은, "내가 천하를 위하여 계책을 세우는 것이니 백성들이야 어찌 되든 내 알 바 아니다"라며 반대를 무시하고 천도를 단행했습니다. 동탁에게 백성은 천하에 포함되지 않는 그저 소모품 같은 존재였습니다. 돼지 동탁은 그래서 탄생한 것입니다.

조조 역시 그러한 적이 있습니다. 앞서 보았듯이 조조는 중요한 사안을 놓고 남의 의견을 묻기를 좋아했고 자신에게 반대하는 의견을 잘 듣던 사람이지만 삶의 정점에서 반대자의 의견에 귀를 기울여 자신의 삶과 권력을 재정비할 기회를 놓친 적이 있습니다.

조조가 마초와 한수를 물리치고 위왕이 되어 권력의 정점에 도달했을 때 좌자가 갑자기 등장해 한바탕 소동을 벌이고 사라집니다. 《삼국지》는 왜 이 대목에서 좌자가 소동을 일으키고 사라지는지 친절하게 설명해주지는 않습니다. 이런 점에서 《삼국지》는 의도적으로 재구성한 '평역 삼국지'들과는 달리 인간의 명료한 의식이 만들어낸 작품이 아니라 무의식적이고 혼란스러운 삶과 정치 현장에 대한 단순한 기술이라고 할 수 있습니다. 이해되지 않고 맥락에서 벗어난 것 같은 일화들이 사실 가장 근본적인 문제를 제기하는 것일 수 있습니다. 조조에게 좌자가 그러한 역할을 하고 있습니다.

조조는 위왕에 올라 그날부터 열두 줄의 황금으로 만든 면류관을 쓰고 여섯 마리의 말이 끄는 황금 수레를 탔으며, 천자와 똑같은 의복을 입고 출입했습니다. 그리고 조비를 세자로 책봉했습니다. 조조는 왕궁을 세워 각처에 사람을 보내 갖가지 아름답고 귀한 나무와 정원석을 구해 뒤뜰에 심었습니다. 그 아름다움과 호화로움이란 이루 말할 수 없었습니다. 심지어 동오까지 사람을 보내 귤을 구해오도록 했고 손권은 조조의 체면을 생각해 가장 좋은 귤 40여 짝을 선별한 뒤 그날 밤으로 조조가 있는 업군으로 보냈습니다.

귤을 나르던 짐꾼들 앞에 갑자기 눈은 하나요, 절뚝발이인데다가 머리에는 등나무로 엮은 패랭이를 쓴 초라한 복장의 선비가 나타났습니다. 그는 다가와 짐을 들어주고는 "나는 위왕 조조와 같은 고향 사람이오. 내 이름은 좌자라 하며 자는 원방元放이고 도호는 오각烏角 선생이라 하오. 업군에 도착하거든 좌자를 만났다고 전해주시오"라고 말했습니다.

조조가 귤을 받아 먹어보니 속이 비어 있었습니다. 이때 좌자가 조조를 만나기를 청했습니다. 조조는 좌자를 "너는 어떤 요술을 부려 귀한 내 귤을 먹어버렸느냐?"라고 꾸짖었습니다. 좌자가, "그럴 까닭이 있겠습니까?"라고 하며 귤을 쪼개자 노랗게 잘 익은 속이 꽉 들어차 있었습니다. 다시 조조가 하나를 들자 또 속이 비어 있었습니다.

조조가 술상을 차리게 하자 좌자는 술 닷 말을 마시고 안주로 양 한 마리를 통째로 먹어버렸습니다. 조조가 왜 찾아왔냐고 묻자 좌자는 자신이 서천의 아미산에서 30년 동안 도학을 닦다가 천서 세 권을 얻어 하늘을 날 수 있고, 산과 들을 꿰뚫어볼 수 있고, 형상을 숨기고 몸을 바꿀 수 있고, 목숨까지 마음대로 취할 수 있는 도술을 익히게 되었다고 소개합니다. 그리고 이렇게 말합니다.

"지금 대왕의 지위와 권력은 극에 달해 있으니 잠깐 뒤로 물러서 저와 함께 아미산에 들어가 공부하는 것이 어떻겠습니까? 그렇게 하시겠다면 이 세 권의 천서를 드리겠습니다."

지위가 극에 달해 모든 권력을 틀어쥔 조조에게 좌자는 최고의 반대자로 나타났습니다. 좌자는 조조에게 권력에서 이제는 내려오라는, 그 누구도 할 수 없는 말을 던졌습니다. 이 말을 처음 들은 조조는 흥분하지 않았습니다. 그의 소탈한 성격대로, "나도 어지러운 세상일을 생각하면 빨리 물러서고 싶지만 조정에서 사람을 구할 수가 없구려"라고 답했습니다. 조조에게 문제가 된 것은 사람을 구할 수가 없다는 것, 즉 자신만이 권좌를 지킬 수 있다는 오만이었습니다.

이때 좌자는 "익주의 유현덕은 황실의 종친이며, 인덕도 두터운데 왜 그에게 나랏일을 넘겨주지 않소? 이를 이행하지 아니하면 내가 칼을 날려 그대의 목을 베겠소"라고 강하게 말했습니다. 조조는 크게 노해, "네 놈은 유비의 첩자로구나!"라고 소리치며 좌자를 체포해 옥에 가두어 고문하게 했습니다. 조조는 권력의 정점에서 최고의 반대자를 만났지만 그를 곁에 두고 싶어 하지 않습니다. 그는 초월적인 모습을 많이 보여준 대단한 정치가였지만 이때에는 권력을 지키기에 급급한 여느 정치인과 다를 바 없이 행동했습니다.

화난 조조는 좌자를 고문하기도 하고 가두기도 하지만 좌자는 귀신처럼 벗어났고, 용의 간을 꺼내는가 하면, 엄동설한에 모란을 피우고, 천리 밖 송강의 농어를 낚기도 하고, 붉은 싹이 돋는 생강을 얻기도 하고, 조조가 쓴 《맹덕신서孟德新書》를 생강 한 포기에 적기도 하고, 양으로 변해 도망가기도 하고, 죽은 양들을 멀쩡히 살리기도 하고, 수백 명이 되어 나타나기도 하고, 그들을 잡아 모두 목을 베어 죽였지만 다시 좌자로 살아나기도 하는 등 대단한 요술을 부렸습니다.

결국 좌자는 "쥐새끼가 금호金虎를 따라가니 간웅은 정월 초하룻날 죽는구나!"라는 예언을 남기고 사라졌습니다. 조조는 시체들이 일어나는 것을 보고 놀라 기절했다가 중병을 앓게 됩니다.

좌자의 일에 대해 《삼국지》는 "간사한 영웅의 권세가 하늘을 찔러 나라가 기우니 이때 도사가 나타나 간웅을 바로잡으려 한다"는 짧은 평을 실었습니다. 누구도 권좌에서 끌어내릴 수 없는 간웅을 신화적인 일화를 통해 끌어내리고 싶은 소망의 반영이라 할 수 있지만 이는 그보다 더 근본적인 문제를 제기하고 있습니다. 사실 좌자는 조조 자신의 내면의 목소리라 할 수 있습니다. 좌자는 조조에게 "대왕의 지위와 권력은 극에 달해 있으니 잠깐 뒤로 물러서야 한다"는 적절한 권유를 했습니다. 쥐새끼 같은 간웅이 천지를 얻었으니 이제 인덕이 두터운 유비에게 자리를 물려주어야 한다는 좌자의 말은 세간에 계속해서 떠돌았던 말이면서 조조가 내내 가지고 있던 깊은 콤플렉스였습니다.

조조는 이때 좌자를, 아니 자신의 내면 깊숙이 도사리고 있던 콤플렉스를 더 가까이에 두고 대화를 나누어야 했습니다. "함께 조정에서 사람을 찾아봅시다" 혹은 "유비와 같은 인의의 정치를 하도록 더 노력해 보겠소"라고 말하고 그러한 방향으로 실천했더라면 조조는 더 멋진 정치를 할 수 있었을 것입니다. 조조는 이제 정상에 올랐고 실족하지 않고 내려올 염려를 해야 할 처지였지만 그는 이런 점을 부정했고 반대자 좌자를 물리치기에만 급급했습니다.

좌자의 등장 직후 조조는 곧 경기와 위황 등의 반란으로 목숨을 잃을 뻔했습니다. 정당성이 결여된 조조의 권력과 삶은 서서히 내리막을 달리게 되고 10년을 채우지 못하고 조조는 삶을 마감했습니다. 그는 간신 혹은 역신이라는 비판을 오래도록 받아야 했고 그가 세운 나라도 길게 유지되지 못했습니다. 권불십년, 화무십일홍權不十年, 花無十一紅이라 했습니다. 달도 차면 기울 듯이 정상에 오른 권력은 내리막을 향해 달려갈 준비를 해야 합니다. 권력의 정점에서 조조는 자신의 전 생애를 부정하는 반대자를 만나 그와 길게 대화를 나누며 그간 정신없이 달려온 길을 되돌아보아야 했습니다.

철학자 밀은 "진리에 도달하려면 반대론을 알아야 한다"고 말했습니다. 밀은 한없이 복잡한 문제인 도덕·종교·정치·사회관계·일상생활에 직면할 때, 언제나 자기주장을 연구하는 것만큼은 아니었어도, 적어도 그 비슷한 정도의 열의로 상대방의 주장을 연구했던 고대 최고의 웅변가 키케로Marcus Cicero의 사례를 말했습니다. "적어도 진리에 도달하려고 무엇인가를 연구하는 사람들은 키케로가 변론을 성공으로 이끈 방법으로 실천한 것을 본받을 필요가 있는데, 만일 모든 중요한 진리에 반대자가 없다면, 일부러 그러한 반대자를 상상해서 그들에게 가장 노련한 악마의 변호인Devil's Advocate이 생각할 수 있는 강력한 논의를 반대론에 부여할 필요가 있다"고 밀은 주장했습니다.[6]

조조는 악마의 변호인 좌자를 만났고 그 기회를 잘 이용했다면 진리에 도달할 수 있었을 것입니다. 조조는 결국 술사인 관로의 "그것은 환술에 의한 병이니 걱정할 필요가 없습니다"라는 말에 안정을 찾았고 병도 점점 나아지는 듯했습니다. 그는 자신에 대한 반대를 그저 환술이라고 여기고 말았던 것입니다. 성인이 되기 위해 조조는 더 치열하게 반대자의 고발과 마주해야 했습니다. 그러한 기회를 놓친 것은 참 아쉬운 일입니다.

소명을 다한 권력은 떠난다

> 사마소는 종회의 등을 쓰다듬으며 말했다.
> "경은 참으로 둘도 없는 내 장자방이로다."

　권력을 한번 누려본 사람은 그 맛을 잊을 수 없습니다. 사람들의 중심이 되어 찬사와 갈채를 한 몸에 받고 말하는 모든 것이 실행되는 권력의 힘은 너무나 달콤한 것입니다. 그래서 권좌에서 스스로 내려오는 사람은 거의 없습니다.
　하지만 권력은 머물러 있지 않습니다. 권력은 잡게 된 이유가 있고 그것을 통해 이루어야 할 소명이 있습니다. 소명을 다한 권력은 이제 다른 소명을 향해 권력자를 떠나게 된다는 사실은 자주 망각되는 진리입니다. 영원한 권력자도 영원한 스타도 존재하지 않는다는 것은 모두 다 아는 진리이지만 권력자와 스타는 그것을 인정하지 않으려 합니다.
　그래서 위대한 인물들은 권력이 아닌 소명에 집착합니다. 역사적인 흐름 속에서 이루어져야 할 소명이 무엇인지를 묻고 그것을 이루고 나면 표표히 떠나는 것이 위대한 정치가입니다. 위나라의 종회도 한때 자신에게 주어진 소명에 충실했던 좋은 정치가였습니다. 그는 광기가 난무하는 참혹한 전쟁터에서 선량하고 합리적으로 행동해 많은 공을 세웠습니다.

종회는 위나라의 대신 종요鍾繇의 막내아들로 태어났고 자는 사계士季였습니다. 박학다식해 20세 즈음에 출사해 승진을 거듭했고 관내후에 이르렀습니다. 255년 관구검毌丘儉과 문흠文欽이 반란을 일으켰을 때 위나라의 실력자 사마사의 참모로 활동했고 그의 동생 사마소를 이어 섬겼습니다. 사마소는 그를 장자방이라 부르며 아꼈습니다. 종회는 한나라 건국의 일등공신이었던 장량처럼 많은 공을 세웠지만 소명을 다하고 표표히 떠난 장량을 배우지 못해 비극적인 최후를 맞은 자였습니다. 그는 등애와 갈등을 벌여 죽게 했고 자신도 사마소와 대립하다 죽게 되었습니다.

종회는 어려서부터 담력이 강하고 지략이 뛰어난 사람이며, 성장하면서 병서 읽기를 좋아해 《육도·삼략》에 아주 밝아 사마의와 장제 모두 그의 재주를 칭찬했습니다. 종회는 주군에게 두려움 없이 직언을 하는 사람이었습니다. 관구검이 반란을 일으켰을 때 위의 실력자 사마사는 왼쪽 눈 위의 혹을 제거하는 수술을 받아 몸이 좋지 않은 상황이어서 직접 나서지는 않겠다고 했는데 이때 종회는 "가볍게 생각하셨다가는 대사를 그르치게 됩니다"라고 직언을 했습니다. 사마사는 그 말을 받아들여 아픈 몸을 이끌고 직접 출정해 난을 진압했습니다.

사마사가 죽자 위주 조모는 사마소의 실권을 빼앗기 위해 조정에 들어오지 말고 허창에 머물며 동오를 막으라 지시했습니다. 하지만 종회는 "장군께서 여기에 머물러 계시다가 만일 조정에 어떤 변고가 일어나면 어찌하시렵니까?"라며 경고했고 사마소는 곧바로 군사를 이끌고 낙양으로 진군했습니다. 조모는 사마소를 대장군에 봉하고 상서사로 임명해 실력자로 인정할 수밖에 없었습니다. 이때부터 실권은 사마소의 손아귀로 들어갔습니다.

종회는 학문에 밝은 사람이었지만 현실적인 사람이었습니다. 제갈탄이 반란을 일으켜 동오와 연합해 공격해 들어오자 동오에 실리를 주자고 제안해 동맹을 약화시켰고, 삼면만 공격을 해 적군에게 퇴로를 열어주는 적절한 전략을 제시하기도 했습니다. 사마소가 종회의 등을 쓰다듬으며 자신의 장자방이라 감탄했던 이유입니다.

종회는 전쟁의 한가운데에서 비극을 막는 좋은 역할을 했습니다. 제갈탄이 부하 문흠을 의심해 죽이자 그의 두 아들 문앙文鴦과 문호文虎가 사마소에게 투항했습니다. 사마소는 문흠에게 패한 원한을 잊지 못해 그들을 죽이려 하지만 종회는, "그 죄는 문흠에게 있으며 이제 문흠이 죽고 그의 두 아들 형제가 궁핍하여 돌아왔는데 만일 투항해온 장수를 죽인다면 오히려 수춘성 안의 민심을 더 견고하게 하는 결과를 초래할 뿐입니다"라고 간했고 이에 수춘성의 민심은 사마소에게 돌아왔습니다. 종회는 민심이 무엇을 의미하는지 잘 아는 사람이었습니다.

종회는 수춘성의 민심이 제갈탄을 떠난 것을 확인하고 공격하도록 해 승리를 차지했습니다. 이때 사마소는 가족들이 동남에 있는 동오의 군사들이 언젠가 배신할 것이라 생각해 모두 죽이려 했습니다. 하지만 종회는, "그렇지 않소. 옛날부터 용병하는 자는 나라를 온전히 보전하는 것이 상책이니 그 원흉만 죽이라 했소. 만일 그들을 모두 땅에 묻어버린다면 어찌 그것을 어질다 할 수 있겠소. 그럴 바에야 차라리 그들을 강남으로 돌려보내 우리 중국의 관대함을 보이는 것이 좋겠습니다"라며 광기 어린 전쟁의 와중에 사려 깊은 관대함으로 학살을 막았습니다.

이후에도 종회는 전쟁의 비극을 막았습니다. 종회가 선봉장으로 촉으로 진군할 때 정군산에서 제갈량의 혼령이 나타났습니다. 종회는 제갈량의 부탁대로 보국안민輔國安民이라는 깃발을 점령지마다 세우고 무고한 양민을 죽이지 못하게 했습니다. 종회는 전쟁의 참상을 막고 주군을 도와 촉을 정벌하는 훌륭한 일을 해냈습니다. 사실 여기까지가 종회의 소명이었습니다. 하지만 종회는 욕심을 냈습니다. 종회는 항복한 촉의 강유에게, "나는 이미 결단을 내렸소. 일이 성사되면 천하를 얻을 것이오. 설사 실패하여 서촉으로 물러가더라도 유비 정도야 되지 않겠소. 백약伯約(강유)이 선봉에 서주시오. 성사되면 함께 부귀를 누립시다"라고 말하며 주군 사마소에게 반기를 들었습니다.

유비는 한실을 부흥시키려는 명분을 이루기 위해 평생을 바쳤지만 종회는 단순히 유비 정도의 세력을 차지해 부귀를 누리는 것 이상의 소명도 명분도 가지지 못했습니다. 결국 그는 장량을 배우지 못했습니다. 항우보다 먼저 함양을 접수했을 때 궁궐에 손을 대지 못하게 한 것도, 홍문연에서 기지를 발휘해 유방을 살려냈던 것도, 항우의 부하였던 영포英布와 팽월彭越 등의 무리와 연합해 항우에게 대항하도록 한 것도, 천하통일의 대업을 위해 큰일을 맡길 자는 한신밖에 없다고 유방에게 권한 것도, 끝까지 항우를 추격하도록 독려해 결국 승리를 차지하게 한 것도 장량이었습니다. 대단한 공을 세운 장량이었지만 그는 종회와 달랐습니다.

나라가 세워지고 모두가 공을 논할 때 장량은 자신의 소명을 다한 후 속세를 벗어나 도를 닦는 벽곡辟穀을 하고 신선술을 익히겠다며 단호하게 떠났습니다. 모두가 고기를 먹으며 좋아할 때 그는 솔잎·대추·밤 등만 먹으며 벽곡을 하려 했고 그래서 생명을 온전히 보존하고 후세에 깨끗하게 이름을 남길 수 있었습니다. 장량의 사당 안에는 지지知止라고 새겨진 바위가 있는데, 이는 "그칠 줄 아는 것"이라는 뜻입니다. 다른 바위에는 성공불거成功不居라는 말이 적혀 있습니다. "공을 이루면 그 자리에 머물지 않는다"는 뜻입니다.7

종회는 장량의 지지와 성공불거에 대해 알고 있어야 했습니다. 주군인 사마소가 왜 자신을 장자방이라고 불렀는지도 생각해보아야 했습니다. 사마소는 종회에게 의심을 품고 있었고 그래서 그가 소명을 다한 후 벽곡을 한 장량을 진정으로 닮기를 원했던 것입니다.

김우창 선생은, "정치의 매력은 사람을 큰 것으로 이어주며, 거룩한 동기와 함께 야심과 명예까지도, 보다 넓은 세계를 향한 소망을 그 나름으로 표현한다"고 했습니다. 그리고 "좋은 정치는 우리의 삶을 한 단계 높은 차원에 올려놓는다"는 이상적인 정치관을 피력했습니다.8

종회나 장량은 보다 넓은 세계를 향한 소망을 가지고 우리의 삶을 한 단계 높은 차원으로 올려놓은 훌륭한 자들이었습니다. 소명을 다한 자들은 이제 새로운 시대에 부합하는 새로운 소명을 가진 자들에게 자리를 양보해야만 합니다. 어디까지가 자신의 소명인지를 아는 것 자체가 힘든 일이라 이는 대단히 어려운 일이기도 합니다. 하지만 장량이 되는 것과 종회가 되는 것은 큰 차이가 나는 일이므로 치열하게 고민하지 않으면 안 될 일입니다.

시대의 사표,
제갈량과 이순신

> 가는 곳마다 반드시 승리하기 위해서는, 남을 양육하기를 사랑하는 아들을 양육하듯 해야 하고, 어려운 일은 스스로 앞서 행하고, 공은 뒤에 차지해야 한다. 《제갈량문집》

누란지세累卵之勢에서 나라를 구한 이순신 장군은 종종 제갈량과 비교되곤 했습니다. 제갈량과 이순신은 공교롭게도 같은 나이인 54세에 절명했습니다. 《수군제일위인 이순신전》을 쓴 신채호申采浩는 세계사에서 이순신과 피력할 만한 인물로 중국의 제갈량과 영국의 넬슨을 거론하면서, 여러 사정을 고려하면 이순신이 이 둘보다 더욱 뛰어난 명장이라고 단정했습니다. 그리고 1925년 최찬식崔瓚植이 쓴 《고대소설 충무공 이순신실기》도 이순신과 제갈량을 비교하면서, "이 세상에 인물이 생긴 후에는 천만고에 그 심지가 같고 기상이 같고 지략이 같고 충렬이 같고 말로가 같은 자는 다만 중국의 제갈무후와 조선의 리 충무공 두 사람뿐이라 할지라"고 언급했습니다.[9]

앞서 보았듯이 우리 선현들은 대체로 《삼국지》를 모략을 가르치는 나쁜 책으로 보고 부정했지만 이순신 장군은 《삼국지》를 읽고 많은 도움

을 받았습니다. 조선 후기의 학자인 성대중成大中이 쓴 《청성잡기靑城雜記》
에는 다음과 같은 이야기가 나옵니다.

> 충무공에게는 세상을 등지고 은거한 절친한 벗이 있었다. 사람들은 그를 알
> 아보지 못했지만 충무공만은 그를 인정하여 중요한 일이 있으면 그때마다 상
> 의하곤 하였다. 왜적이 침입하자 공은 인편으로 편지를 보내 국사를 함께 도
> 모하자고 불렀다. 그러나 그는 늙은 부모가 있어 갈 수 없었기에 다만 나관중
> 의 《삼국지연의》를 공에게 보내면서 "이 책을 잘 읽으면 국사를 충분히 처리
> 할 수 있을 것이다"라고 하였는데, 공이 이 책에서 도움받은 것이 많았다.10

이순신 장군은, "나라는 갈팡질팡 어지럽건만, 바로잡아 세울 이 아
무도 없네, 제갈량 중원 회복 어찌했던고"라며 제갈량을 그리워하는 시
를 남기기도 했습니다.11 한말의 의사義士 이남규李南珪의 시문집인 《수당
집修堂集》에는 이순신 장군의 묘소를 방문해, "임진 계사년을 차마 어찌
회상하랴, 산짐승도 지금까지 슬퍼하는구나, 제갈량처럼 아름다운 시
호를 받았다네"라며 망국의 슬픔을 달랜 시가 실려 있습니다.

1643년 인조는 이순신 장군에게 '충무공'이라는 시조를 내렸습니다.
제갈량의 시호 역시 '충무후'입니다. 충무라는 시호가 그리 드문 것은
아닙니다. 정몽주鄭夢周를 격살한 태종 이방원의 오른팔 조영무趙英茂, 역
모의 누명을 쓰고 죽은 남이南怡 장군, 진주성에서 왜적과 싸우다 전사한
김시민金時敏 장군, 인조 때 이괄의 난을 진압한 정충신鄭忠信, 후금과 싸
우다 전사한 김응하金應河 등도 모두 충무라는 시호를 받았습니다.

김육은 《신도비문神道碑文》에서 "이순신도 제갈량과 같이 나라를 위해
죽었다(與武侯同同死國事)"고 말했습니다. 두 인물은 죽음의 방식도 비슷했

습니다. 제갈량이 죽은 소식을 들은 사마의는 즉시 두 아들을 거느리고 촉군을 추격하는데, 이곳저곳에서 함성과 포의 소리가 들렸습니다. '한승상 무향후 제갈량漢丞相 武鄕候 諸葛亮'이라는 커다란 깃발이 보였고 사륜거 위에 공명이 단정히 앉아 있었습니다. 사마의는 "아직 공명이 살아 있구나! 내가 경솔하게 너무 깊숙이 들어와 그의 계책에 빠지고 말았구나!"라며 도주했고 서두르다 밟혀 죽은 위군도 헤아릴 수 없었습니다. 50여 리를 달아난 사마의는 "내 머리가 제대로 붙어 있느냐?"며 머리를 만지며 중얼거렸습니다.

이순신 장군은 노량해전露梁海戰에서 직접 북을 두들기며 군사를 독려하다가 왼편 겨드랑이 부근, 심장 언저리에 총탄을 맞았습니다. 그는 마지막으로 "지금 싸움이 한창 급하니 내가 죽었다는 말을 내지 마라"고 명을 내리고 숨을 다했습니다. 선조 31년 좌의정 이덕형李德馨이 이순신에 대한 글을 올렸는데 그의 마지막을 이렇게 묘사했습니다.

> 그래서 중국군과 노를 저어 밤새도록 나아가 날이 밝기 전에 노량에 도착하니 과연 많은 왜적이 이르렀다. 불의에 진격하여 한창 혈전을 하던 가운데 이순신이 몸소 왜적에게 활을 쏘다가 왜적의 탄환에 가슴을 맞아 선상船上에 쓰러지니 이순신의 아들이 울려 하고 군사들은 당황하였다. 이문욱李文彧이 곁에 있다가 울음을 멈추게 하고 옷으로 시체를 가려놓은 다음 북을 치며 진격하니 모든 군사들은 이순신이 죽지 않았다고 여겨 용기를 내어 공격하였다. 왜적이 마침내 대패하니 사람들은 모두 '죽은 순신이 산 왜적을 물리쳤다(死舜臣破生倭)'고 하였다. 부음이 전파되자 호남 일대 사람들이 모두 통곡하여 노파와 아이들까지도 슬피 울지 않는 자가 없었다.12

"죽은 순신이 산 왜적을 물리쳤다"는 말은 바로 "죽은 제갈량이 산 중달을 쫓았다(死諸葛走生仲達)"는 고사를 빗대어 한 말이었습니다.

이순신과 제갈량은 모두 자신의 죽음보다 죽음 이후 적을 어떻게 무찌를까를 걱정했던 위인들이었습니다. 제갈량은 죽음에 직면해 자신의 대의를 이루기 위해 죽음을 미루어달라고 하늘에 기도를 했습니다. 하지만 이순신은 그러한 기도를 하지 않았습니다. 중국 청산도에 세워진 진린陳璘 도독의 비문에 따르면 진린은 노량해전에 출전하기 전날 이순신 장군에게 이런 글을 보냈습니다.

> 내가 밤이면 천문을 보고 낮이면 인사를 살피는데, 동방에 대장별이 희미해져 가니 머지않아 공에게 화가 미치리다. 공이 어찌 이를 모르리오. 그렇다면 어찌하여 무후의 기도로 예방하는 법을 쓰지 않습니까?

이에 이순신은, "나는 충성이 무후만 못하고, 덕망이 무후만 못하고, 재주가 무후만 못합니다. 세 가지가 모두 무후에 미치지 못하매 비록 무후의 기도법을 쓴다 한들 하늘이 들어줄 리가 있겠습니까"라고 답을 했습니다.[13] 겸양의 뜻이 포함된 말이겠지만 이순신은 죽음을 예감하고 있었고 그것을 피하고 싶지도 않았던 듯합니다.

이순신은 자신이 제갈량보다 더 못한 존재라고 말했지만 조선 후기 문신인 홍석주洪奭周는 남해 관음포에 세운 유허비에서 이렇게 이순신 장군을 기리고 있습니다.

> 정성을 펴고 공정함을 펴서 몸이 다하도록 힘쓰고 애써서 덕과 위엄이 함께 빛나, 농민과 병졸까지 모두 감복시키고 마침내는 몸 바쳐 싸울 작정을 한 것

은 오직 제갈무후만이 그와 같다. 무후가 죽은 것은 병 때문이었는데, 공이 죽은 것은 전사戰死였다. 그러나 무후가 죽은 뒤엔 한나라의 종실宗室이 위태로워졌지만, 공의 경우엔 비록 죽었으나 남은 공렬功烈의 은덕을 입어, 오늘날에 이르기까지 사직社稷이 거기에 힘입고 있으니, 공은 여한이 없을 것이다.

제갈량과 이순신은 정성과 공정함, 덕과 위엄으로 백성과 부하들을 감복시켰고 주도면밀한 계책으로 난세를 헤쳐간 영웅들이었습니다. 하지만 제갈량 사후 촉한은 기울었고 이순신은 사직을 살렸습니다. 제갈량은 승상으로 영화를 누렸지만 이순신은 모함으로 두 번이나 백의종군을 했고 조정의 도움 없이 외롭게 싸워야 했습니다. 제갈량은 지극히 정치적이었지만 이순신은 비정치적이었습니다. 전쟁이 끝나고 그 복잡한 권력투쟁에 이순신 장군이 또다시 얽혀 들어갔더라면 강직하고 맑은 이름을 후세에 전할 수 없었을 것입니다. 이순신 장군이 "덕망이 무후만 못하고, 재주가 무후만 못합니다"라고 했던 것은 제갈량과 달리 비정치적인 성품을 두고 한 말이 아닐까 합니다.

제갈량과 이순신은 권력에 초연한 태도로 자신들에게 주어진 역사적 소명을 이루기 위해 충실한 노력을 다한 자들이었습니다. 몸이 다하도록 힘쓰고 애서서 나라를 지킨 그들은, 좋은 일에 사용하기 위해 오늘도 권력을 얻기에 진력하는 모든 이들의 사표가 아닐까 합니다.

열복과 청복을 구분한다

> 마음이 담박하지 않으면 뜻을 펼칠 수 없고 청정하지 않으면 원대한 이상을 펼칠 수 없다.

세상에는 두 가지 복이 있다고 다산 정약용 선생은 말했습니다. 열복熱福과 청복淸福이 그것입니다. 열복이란 관직에 나아가 세상의 영화를 누리는 복을 말하고, 청복이란 세상에서 물러나 아름다움을 관조하는 복을 말합니다.

> 세상에서 말하는 복이란 대저 두 종류가 있다. 외직에 나가서 대장군의 깃발을 세우고 관인을 허리에 두르며 노랫소리와 음악 소리를 벌여놓고 어여쁜 아가씨를 끼고 논다. 내직으로 들어와서는 높은 수레를 타고 비단옷을 입고서 대궐문으로 들어가 묘당에 앉아 사방을 다스릴 계책을 듣는다. 이런 것을 일러 열복이라고 한다.[14]

《삼국지》의 인물들은 이런 열복을 추구한 자들이었습니다. 하지만 정현·최주평·퇴계 선생 등은 청복을 추구했습니다.

> 깊은 산속에 살며 거친 옷에 짚신을 신고 맑은 못가에서 발을 씻으며 고송에 기대 휘파람을 분다. 집에는 좋은 거문고와 고경古磬(오래된 경쇠)을 놓아두고, 바둑판 하나와 책 한 다락을 갖추어둔다. 마당에는 백학 한 쌍을 기르고, 기이한 꽃과 나무 및 수명을 늘이고 기운을 북돋우는 약초를 심는다. 이따금 산승이나 우객羽客과 서로 왕래하며 소요하는 것을 즐거움으로 삼아 세월이 가고 오는 것도 알지 못한다. 조야가 잘 다스려지는지 어지러운지에 대해서도 듣지 않는다. 이런 것을 두고 청복이라 한다.[15]

　세상 사람들은 열복을 추구하는 자와 청복을 추구하는 자로 나뉠 수 있습니다. 열복을 추구하는 자에게 청복에 만족하라면 힘들어할 것이고 청복을 추구해야 할 자가 열복의 세계로 나아가면 적응하지 못할 것입니다.
　유비의 스승인 노식과 동탁을 죽인 왕윤은 후자의 인물이었습니다. 노식은 동탁이 소제少帝를 폐위해야 한다고 말하자 혼자 반대하며 칼을 쥔 동탁에게 "공은 밖을 지키는 자사의 몸으로 국정에 왈가왈부할 입장이 아니요, 이윤과 같은 뜻이 아니라면 이러한 일을 도모하는 것은 바로 역적이다"라고 소리를 쳤다가 동탁의 칼에 목이 날아갈 뻔했습니다. 주위에서 만류해 간신히 죽음을 면하고 이 일로 면직되어 귀향하게 되었고 이후에는 상곡에 은거했습니다. 목숨을 부지해 청복의 세계로 돌아갔던 것입니다.
　노식과 유사한 또 한 사람은 미인계로 여포를 꾀어 동탁을 죽인 왕윤이었습니다. 왕윤은 대단한 계책으로 동탁을 죽였지만 그것으로 끝이었습니다. 카이사르만 죽이면 모든 문제가 해결될 것이라 생각한 브루투스 일파처럼 왕윤도 정교한 대책 없이 동탁을 죽이기에만 급급했습니다. 왕윤은 여전히 세력을 가진 이각과 곽범을 고집스럽게 사면하지 않아 그들의 저항을 받고 결국 죽음에 이르러 혼란은 가중되었습니다. 강직한 왕윤은 주군이 죽은 세력을 끌어안고 열복을 누릴 만한 자가 되지 못했습니다.

왕윤의 극단적인 성격이 엿보이는 대목은 동탁을 위해 운 채옹을 죽였던 일입니다. 조조는 원소의 아들 원담袁譚이 죽었을 때 곡을 한 왕수王脩에게 상을 내리지만 왕윤은 채옹을 끝내 죽였습니다. 채옹은 시중 벼슬을 지낸 대단한 학자이자 문인이었습니다. 채옹은 "다만 동탁이 국가를 배반한 역적이기는 하지만, 한때는 저의 재주를 알아주던 지우였으므로 사사로운 정을 이기지 못하여 한 차례 곡을 한 것입니다"라고 변명했고 "만약 저를 평민이 되게 하고 월족을 하시어 저로 하여금 한나라의 역사를 완성하게 하시면 그것으로 속죄할 것"이라고 사죄했습니다. 하지만 왕윤은 채옹을 죽였고 사대부들은 모두 눈물을 흘렸습니다. 조조는 왕수를 의로운 선비라고 칭송했고 잔당을 물리칠 계책을 물었지만 왕수가 대답하지 않았습니다. 하지만 조조는 왕수를 칭찬하며 높은 벼슬까지 내렸습니다.

왕윤은 조조와 달리 청복에 만족해야 했을 사람입니다. 왕윤은 의리를 무시했고 분열과 부정을 주로 했던 사람입니다. 그는 과거에 얽매였고 사람들을 물리쳤습니다. 조조는 그 반대였습니다. 왕윤은 비정치적이었고 조조는 정치적이었습니다. 그래서 왕윤은 열복의 세계에서 패배했고 조조는 승리했습니다.

열복의 세계에서 역할을 충실히 잘한 제갈량은 "농사일로 난세에 구차하게 생명을 부지하면서 제후들에게 알려지기를 구하지 않았다"며 스스로 청복의 사람임을 주장했습니다.16 그는 자신을 와룡臥龍이라 칭했고 관중과 악의를 언급한 것으로 보았을 때 열복이 최종적인 목적이었습니다. 그의 열복은 '청복적인 열복'이라 할 수 있습니다. 그는 불굴의 의지와 충성심, 그리고 공명정대하며 검소한 자세와, 치밀하고 부지런히 실천하는 모습으로 일관했기 때문입니다.17 그는 열복의 세상에 살았지만 청복의 미덕을 잃지 않던 드문 인물이었습니다.

정치 세계의 영광과 패배를 모두 맛본 다산은 열복보다 청복이 더 얻기 힘든 것이라 말했습니다.

> 하늘이 몹시 아껴 잘 주려 들지 않는 것은 바로 청복이다. 그래서 열복을 얻은 자는 아주 많지만 청복을 얻은 자는 몇 되지 않는다.18

권력의 세계에 나오는 사람들은 대부분 열복을 추구하는 경우가 많고 열복을 다투다 파멸로 끝나버리는 경우가 많기 때문일 것입니다. 스스로 열복과 청복 가운데 어디에 적합한 사람인지를 따져보는 것이 중요하고 열복을 언제든 버리고 청복으로 내려올 수 있는 태도를 가지는 것도 중요한 일이라 할 수 있습니다.

천하를 버려야 천하를 얻는다

> 천하란 군주 한 사람만의 천하가 아니다. 천하란 모든 사람의 천하이지 그 누구의 것도 아니다. **《육도》**

《육도》에서 태공망은 주문왕에게 이렇게 말합니다.

"천하는 군주 한 사람의 천하가 아니며, 만백성의 천하입니다. 천하의 이익을 백성들과 더불어 나누는 군주는 천하를 얻고, 이와 반대로 천하의 이익을 혼자만 차지하려는 군주는 반드시 천하를 잃게 됩니다."[19]

천하를 얻으려면 천하를 버려야 한다는 말입니다. 즉 천하는 모든 사람의 소유라는 공천하公天下라는 개념이 있어야 천하를 얻을 수 있습니다. 그래서 요는 효성이 지극한 순에게, 순은 치수에 성공한 우에게 천하를 돌볼 자리를 내주었습니다.

《삼국지》에는 '하늘 아래 온 세상'을 의미하는 천하天下를 손아귀에 넣고 좌지우지할 수 있다고 생각하는 사람들이 많이 보입니다. 황건적을 일으킨 장각은, "천하의 민심을 얻기란 어려운 것이다. 나는 이제 천하의 민심을 얻었으니 이때를 이용하여 천하를 차지하도록 하자"라고 말했습니다. 동탁의 모사 이유는, "주공께서 천하를 손에 넣는데 그까짓 말 한 필이 아까울 게 뭐가 있습니까?"라고 말했습니다. 이각과 곽범이 헌제를 시해하려 할 때 장제와 번주樊稠는, "먼저 좌우의 제후들을 처치하고 난 후에 천자를 죽인다면, 천하를 얻는 것은 식은 죽 먹기나 다름이 없을 것이오"라고 말렸습니다. 진궁은, "지금 중원 천하는 붕괴되었고, 영웅은 곳곳에서 일어나 천하를 손아귀에 움켜쥐려 합니다"라며《삼국지》의 인물들이 얼마나 천하를 차지하려 애쓰고 있었는지를 말해주고 있습니다.

황제들은 천하를 소유했다고 생각했습니다. 헌제는 조비에게 한나라를 넘겨줄 때, "짐은 그대들의 소원대로 천하를 위왕에게 넘겨줄 것이니 남은 목숨이나마 보존하게 해주오"라며 애걸했습니다. 조비가 세운 위나라를 사마염이 무너뜨릴 때, "내가 오늘날 위로부터 천하를 받지 못할 게 뭐가 있느냐?"며 천하를 물건처럼 받으려 했습니다. 천하를 한갓 물건처럼 얻을 수도, 잃을 수도, 주고받을 수도 있다는 생각은 유비처럼 겸손한 지도자도 하고 있었습니다. 유비는 "천하의 주인이 없을 수 없습니다"라며 제위에 올랐습니다.

천하가 한 집안의 소유물로 변질된 것은 우왕禹王의 아들 계啓가 왕위를 계승해 중국 최초의 하왕조가 시작되면서였습니다. 요순시절의 아름다운 전통인 공천하의 개념이 사라지고 천하는 이제 한 집안의 소유물이 되어 가천하家天下로 변질되고 맙니다. 이는 큰 도(大道)가 숨어버린 심각한 일이었습니다.

> 대동세상의 특징은 "어질고 능력 있는 이를 선발하고, 사람이나 나라 간의 관계에서 믿음과 화목을 도모했으며", 최고 통치권을 아들이 아닌 현자에게 넘겨주었다. 이것이 천하위공이다. 그러나 선양이 폐지된 후에는 현자 대신 자

신의 자식에게 통치권을 넘겨주었다. 이렇듯 최고 권력을 한 가족이 세습하게 되니, 공천하가 가천하로 바뀌게 되었다. 이로써 대동세상은 소강세상으로 바뀌게 된다. 이것이 바로 "큰 도가 숨어버리니, 천하가 한 집안의 소유가 되었다(大道既隱, 天下爲家)"[20]는 뜻이다.[21]

공천하와 사천하私天下를 구분하고 군주 일가를 위한 법(一家之法)이 아니라 천하를 위한 법(天下之法)을 세워야 한다고 주장한 사람은 명말 청초를 살았던 풍운아 황종희黃宗羲였습니다. 그는 저서 《명이대방록明夷待訪錄》에서 천하를 사유물로 보는 가산국가家産國家적인 정치를 비판했습니다. 그래서 황종희는 삼대(하·은·주) 이전에는 법이 존재했지만 삼대 이후에는 무법천지였다고 비판합니다. 그는 "천하가 주인이고 군주는 손님일 뿐"이라는 정치적 원칙을 분명히 제시하며 백성을 주체로 군주와 신하, 군주와 백성의 관계를 재정립하려 했습니다.[22]

"군주는 손님일 뿐"이라는 말은 왕조국가에서 급진적이지만 공천하의 정치는 이렇게 아름답게 묘사될 수 있습니다.

> 천하란 군주 한 사람만의 천하가 아닙니다. 천하란 모든 사람의 천하이지 그 누구의 것도 아닙니다. 천하를 손에 넣으려면 마치 여러 사람이 들짐승을 사냥하는 것과 같아서, 천하의 모든 사람들이 사냥한 고기를 나누어 받을 수 있다는 마음이 들게 해야 합니다. 또한 한 배를 타고 함께 가는 것과 같아서, 일이 잘 이루어지면 함께 그 이익을 나누어 가질 수 있지만 어그러지면 모두가 손해를 입을 수 있다는 생각이 들게 해야 합니다. 이처럼 천하의 모든 사람들과 이로움과 해로움을 함께 나누면, 사람들은 모두 일이 이루어지도록 길을 열어줍니다. 단 한 사람이라도 길을 막는 자가 없을 것입니다.[23]

함께 사냥하고 둘러앉아서 나누어 먹는 자리에 너와 나가 있을 수 없습니다. 한고조 유방이 항우를 추격해 고릉에 이르렀지만 한신과 팽월은 나타나지 않았습니다. 이때 장량은 이렇게 말했습니다.

"초나라 군사를 격파하고도 두 사람이 아직 땅을 나누어 받지 못했으니 그들이 오지 않는 것은 실로 당연한 일입니다. 군왕이 능히 그들과 더불어 공천하할 수 있다면 가히 그들을 입치立致(즉시 다다름)하게 할 수 있습니다."24

유방은 장량의 말을 받아들여 공천하를 하겠다는 태도를 보였고 이에 한신과 팽월은 유방을 도와 항우를 무찔렀습니다.《육도》의 강태공은 "본래 사람이란 모두 죽기를 싫어하고 살기를 좋아하며, 덕을 좋아하고 이익을 쫓게 마련이다. 백성들에게 진정한 삶과 이익을 돌려주는 데 힘쓰는 것이 도리다. 이 도리가 있는 곳으로 천하가 돌아간다"라고 했습니다.25 이익을 얻으려는 자는 이익을 나누려 애써야 합니다.

"크게 버리는 사람만이 크게 얻을 수 있다는 말이 있다. 물건으로 인해 마음이 상하고 있는 사람들에게 한번쯤 생각해볼 말씀이다. 아무것도 갖지 않을 때 비로소 온 세상을 갖게 된다는 것은 무소유의 역리逆理다"라는 법정 스님의 기록은 단지 불자만의 진리가 아닙니다. 큰 권력을 통해 세상을 진정으로 얻으려 하는 자라면 누구나 명심해야 할 진리라 할 수 있습니다.

의연히 죽음을 수용한 영웅들

▎죽고 사는 일은 모두 명에 달린 일이니 빌어도 어이할 수 없다.▎

천하의 진시황도 죽음을 피할 수는 없었습니다. 진시황은 죽음을 언급하는 것을 꺼려 군신들은 감히 사후의 일을 말하지 못했다고 합니다. 죽음에 임박해서야 진시황은, "속히 와 상사喪事에 참여하고, 함양에서 회합해 안장安葬을 행하도록 하라"는 서신을 부소에게 보냈고 결국 나라가 어지러워지는 계기가 되고 말았습니다.26 그는 거대한 능을 조성해 사후세계까지 돌보려 했습니다. 그의 비극은 죽음을 받아들이지 못한 것이 원인이었습니다. 진시황에 비해 조조나 유비, 제갈량 등 《삼국지》의 인물들은 비교적 담담하게 죽음을 맞이했습니다.

건안 25년(220) 봄 정월, 조조는 낙양에 도착했습니다. 손권은 관우의 머리를 참수해 보내왔고 그달에 조조는 세상을 떠났습니다. 그의 나이 66세였습니다. 위대한 인물 조조도 필멸의 존재mortal being인 인간에 불과했습니다. 조조는 천하가 아직 안정되지 않았으므로 간단히 장례를 치르라는 명을 내렸습니다. 그리고 매장이 끝나는 대로 모두 상복을 벗고 지휘관은 수비지를 떠나지 말라고 명했습니다. 시신은 평상복으로 싸고 금은보화는 넣지 말라는 간단한 내용의 영을 내렸습니다. 조조가 원한을 많이 쌓았고 도굴을 염려해 일흔두 개의 가짜 무덤을 만들라고 했다고 전해지지만 죽음을 간소하게 맞이했습니다.

진시황과 다르게 조조는 후계 문제도 명확히 정리하고 죽었습니다. 비록 조식을 사랑했으나 됨됨이가 허세만 부리고 성실성이 없으며 술을 좋아하고 방종하므로, 성품이 돈후하고 공손하고 근엄한 조비에게 후사를 맡겼습니다. 그리고 조조는 시녀들을 불러 값진 향을 나누어주고 "열심히 기술을 배워 길쌈하고 신을 만들어 자급자족하도록 하라"고 마음을 썼고 첩들을 불러 자기가 죽으면 매일 제상을 차리고 기녀들을 불러 음악을 연주하라고 부탁했습니다. 조조는 길게 탄식하며 눈물을 비 오듯 흘리면서 기절해 죽었습니다. 조조는 죽음을 예감하고 담담히 받아들였습니다.

제갈량도 그랬습니다. 제갈량은 다섯 번째 북벌을 단행해 사마의와 일전을 벌이던 가운데 동오의 군대가 패했다는 소식을 듣고 길게 한숨을 쉬더니 그만 정신을 잃고 쓰러졌습니다. 제갈량은 "아무래도 오래 살지는 못할 것 같다"며 죽음을 예감했습니다. 제갈량은 "사람이 계략을 꾸미지만 일은 하늘이 이루니 강제로 할 수 없다(謀事在人 成事在天 不可强也)"라는 말을 남겼는데, 하늘의 뜻은 거역할 수 없다는 것을 스스로 잘 알고 있었습니다. 다만 강유의 충고로 기양법祈禳法을 사용해 명을 연장하려 시도해보았습니다. 하지만 그 이유도 옛 땅을 다시 찾아 한나라의 사직을 연장하도록 하기 위함이었습니다. 그가 그토록 북벌에 매달린 것도 자신이 죽은 후 촉이 위태롭게 된다는 것을 알고 있기 때문이었습니다. 결국 기도가 받아들여지지 않자, "죽고 사는 일은 모두 명에 달린 일이니 빌어도 어이할 수 없구나"라고 한탄하며 공명은 죽음을 받아들였습니다.

　명이 정해지자 공명은 자신의 삶과 그간 해온 대업을 하나씩 정리해 나갔습니다. 우선 강유를 불러 자신이 저술한 책 스물네 편을 전하고 일종의 연발 화살인 연노법을 전해주었습니다. 그리고 향후 위협이 될 위연을 처단할 계책을 알려주고, 지나치게 욕심을 부리지 말고 백성을 잘 돌보고, 현량한 선비를 가까이하며, 간사한 무리를 물리치라는 표를 후주 유선에게 올렸습니다. 그리고 "죽은 후에 따로 여유 있는 재산이 없으니 또한 폐하게 짐만 되는 것 같다"는 말로 후손에 대한 부탁을 에둘러 전했습니다. 자신이 죽더라도 발상發喪을 하지 말고 목상으로 사마의를 속이도록 했습니다. 그렇게 54세를 일기로 눈을 감았습니다.

　공명이 죽자 공명 자신이 귀양을 보냈던 요립廖立은 "다시는 나를 써 줄 사람이 없구나. 한평생 이대로 끝나게 되었구나!"라며 통곡했고, 공명이 삭탈관직한 이엄도 통곡하다가 그것이 병이 되어 죽었습니다. 공명의 영구를 모시고 성도로 향하자 후주 유선을 비롯한 모든 문무백관이 상복을 입고 성 밖 30여 리까지 나와 공명의 영구를 맞이했습니다. 후주 유선은 방성대곡을 했고, 위로는 공경대부부터 아래로는 산골짜기 땔나무꾼까지 남녀노소를 막론하고 목을 놓아 통곡하니 그 애도의 울음이 지축을 흔들었습니다. 심지어 동오의 손권도 상복을 입은 수만 군사를 거느리고 파구 경계로 와 공명을 조상했습니다.

　조조와 공명은 간소하게 죽음을 맞이했습니다. 그들은 죽음을 부정하려 하거나 구차하게 삶을 더 이어가려 하지 않았습니다. 그들은 죽는 것보다 대업이 죽음과 함께 끝나버리지 않을까를 더 염려했습니다. 그들의 죽음이 우리의 가슴을 울리는 것은 이런 이유 때문입니다.

철학자 하이데거는 "죽음을 향해 앞서 달려감Vorlaufen zum Tode을 통해 인간은 그 본래성에 도달하지 않을까"라고 《존재와 시간》에서 묻고 있습니다.[27] 죽음은 가장 극단적인 가능성이며 그 가능성을 향해 자신을 던질 수 있는 자만이 전체적인 관점에서 주어진 소명에 전념할 수 있다고 한다면 《삼국지》의 인물들은 대체로 그러한 삶을 살다 간 위인들이었습니다. 두보杜甫도 "군무에 노심초사 몸이 먼저 스러졌네"라며 죽음에 이르도록 소명을 위해 몸을 돌보지 않았던 제갈량의 삶을 애도했습니다.

위대한 정치인들은 공통적으로 죽음의식을 가지고 역사 앞에서 소명을 실천했습니다. 링컨Abraham Lincoln의 게티즈버그 연설이 가슴을 울리는 것은, "세상은 우리가 여기서 말하는 것을 주목하지도, 오래 기억하지도 않을 것입니다. 하지만 여기에서 그들이 한 일은 결코 잊지 않을 것입니다"라는 구절 때문이라고 생각합니다. 링컨은 긴 역사 속에서 상대적으로 유한한 인생을 잘 인식하고 있었고 그래서 '역사적인 존재'로서의 삶을 살 수 있었습니다.

플라톤은 "오직 육체만이 도시에 거주하고 있다"고 말하며 "철학자는 육체와 영혼의 분리를 의미하는 죽음을 환영한다"고 했습니다. 철학자는 죽음과 사랑에 빠져 있는데, 이는 그의 모든 욕망인 육체가 영혼이 추구하는 바를 항상 방해하기 때문입니다. 그래서 "진정한 철학자는 인간에게 부여된 생의 조건을 받아들이지 않는다"고 합니다.[28]

위대한 정치가들의 '죽음의식'은 철학자들의 그것과 사뭇 다릅니다. 철학자들은 영혼과 육체를 분리하려 했지만 정치가들은 육체를 부정하지 않았습니다. 철학자들은 욕망을 억압하지만 정치가들은 욕망이 자연스러운 흐름을 타도록 유도합니다. 철학자는 영혼이 추구하는 바를 욕망이 항상 방해한다고 여겼지만 정치가들은 영혼이 추구하는 바를 육체가 실현할 수 있도록 노력했습니다. 철학자들은 인간에게 부여된 생의 조건을 받아들이지 않았지만 정치가들은 주어진 생의 조건을 바탕으로 일을 이루어냈습니다. 그래서 철학자들의 죽음의식은 역사에서 분리된 초월적인 것이었지만 정치가들의 죽음의식은 역사에 남으려는 내재적인 것이었습니다. 철학자들은 육체들로 이루어진 도시를 무시했지만 정치가들은 더 나은 도시를 만들기 위해 노력했습니다. 그래서 위대한 정치가들의 죽음의식은 죽음을 향한 것이 아니라 삶을 향한 것이라 할 수 있습니다. 죽음을 잊지 말아야 삶이 다시 제 위치를 찾을 수 있음을 배워야 하겠습니다.

권력을 멋지게 사용하고
초연히 내려온다

> 제갈량은 승상이 되어 백성을 어루만지고 예의와 법도를 보여주었으며, 관직을 간략하게 하고 때에 알맞은 제도를 따랐으며 성실한 마음으로 공정한 정치를 폈다.

권력으로 투쟁하는 모습은 재미있지만 대체로 실망스럽습니다. 그것은 권력투쟁이 고상한 이상이 아니라 저열한 현실에서 이루어지기 때문입니다. 우리가 대체로 권력투쟁을 주로 하는 정치에 실망하는 것도 이 때문입니다. 세속적인 가치를 두고 이전투구하는 것은 참 한심하게 보입니다. 한 신부는 정치를 이렇게 보고 있습니다.

> 한국의 국회에서 의원들이 서로 명패를 집어던지고 멱살을 잡고 욕설을 퍼부으며 몸싸움을 하는 것을 텔레비전에서 본 적이 있다. 한마디로 무식한 정치다. 깡패 정치다. 뒤에서 유언비어나 퍼뜨리고, 공작 정치나 펴서 상대방을 올가미에 빠지게 하고, 겉 다르고 속 다르고, 여기서 한 말고 저기서 한 말이 다르고 ……수준 이하의 정치다.[29]

고귀한 이상의 신부가 아니더라도 우리는 대부분 정치에 대해 이런 느낌을 가지고 있습니다. 무식한 정치, 깡패 정치야말로 현실의 정치에 대해 우리가 떠올리는 이미지입니다. 이 신부는 더 수준 높은 정치가 있다고 이야기합니다.

> 이보다 수준이 높은 정치가 있다. 모든 것이 투명하고 남의 것을 얻기 위해 자기 것을 내주고, 서로 주거니 받거니 하며 상대방을 배려하고, 무엇보다도 사람을 존중하는 정치가 가능한 것이다. 이는 결국 정치도 사람이 하는 것이고 사람을 위해 하는 것임을 깨달은 사람들이 하는 정치다.
> 이보다 한수 더 높은 차원의 정치는 초월한 정치Beyond Politics다. ……서로 헐뜯고 상처 입히고 뒤에서 욕하면서 욕심껏, 분노가 이는 그대로 미움에 끌려 이전투구 하는 싸움터에서 한 발짝 비켜서 고결하고 숭고하게 살아가는 사람들의 정치다.[30]

하지만 이런 아름다운 모습은 현실에서 실현되기 힘들 것 같습니다. 신부는 심지어 "교회에도 보수와 진보가 있어서 한나라당과 열린우리당이 서로 잡아먹으려고 난리인 것과 같은 풍경이다"라고 증언하고 있으니 말입니다.[31]

이상적인 정치의 모습이 《삼국지》에 담겨 있는데, 진수는 제갈량의 정치를 이렇게 증언하고 있습니다.

> 제갈량은 승상이 되어 백성을 어루만지고 예의와 법도를 보여주었으며, 관직을 간략하게 하고 때에 알맞은 제도를 따랐으며 성실한 마음으로 공정한 정치를 폈다. 충의를 다하고 시대에 이로움을 준 사람에게는 비록 원수라도 반

드시 상을 주고, 법을 어기고 태만한 자에게는 비록 가까운 사람이라도 반드시 벌을 주었다. 죄를 인정하고 반성하는 마음을 가진 이에게는 무거운 죄를 지었다 하더라도 반드시 풀어주었으며, 진실을 말하지 않고 말을 교묘하게 꾸미는 자에게는 비록 가벼운 죄를 지었다 하더라도 반드시 사형에 처했다. 선을 행하면 작은 일이라도 상을 주지 않은 적이 없고, 사악한 행동을 하면 사소한 것이라도 처벌하지 않은 적이 없었다. 여러 사무에 정통하고 사물의 근원을 이해하였으며, 명분을 따르고 실질을 구하며 거짓으로 가득한 사람과는 함께하지 않았다. 그 결과 촉나라 안의 사람은 모두 그를 존경하고 아꼈으며, 형법과 정치가 비록 엄격해도 원망하는 이가 없었다. 이는 마음을 공평하게 쓰고 상주고 벌주는 일을 분명히 했기 때문이다. 제갈량은 세상을 다스리는 이치를 터득한 뛰어난 인재로서 관중・소하蕭何와 비교할 만하다. 그러나 해마다 군대를 움직이고도 성공하지 못한 것은 아마 임기응변의 지략이 그의 장점이 아니었기 때문인 듯하다.[32]

역사가가 현실의 정치인을 이처럼 이상적으로 평가한 사례는 아마 역사상 드물지 않을까 합니다. "촉나라 안의 사람은 모두 그를 존경하고 아꼈다"는 서술이 모든 것을 말해주고 있습니다. 진수는 제갈량이 죽자, "오늘 양주와 익주의 백성으로서 제갈량을 칭찬하는 자는 그 말이 마치 귀에 남아 있는 듯이 말합니다"라며 자신의 말이 거짓이 아님을 부연하고 있습니다.

제갈량이 좋은 정치를 할 수 있었던 것은 우선 대세관이 정확했기 때문입니다. 현장에서 일을 하는 사람은 빠르게 변화하는 상황에 대처하는 임기응변의 능력도 있어야 하지만 큰 흐름에 대한 정확한 감각도 있어야 합니다. 유비가 제갈량의 융중대책을 듣고 그렇게 기뻐했고 관우와 장비에게, "나에게 공명이 있는 것은 물고기가 물을 만난 것과 같소. 원컨대 그대들은 다시는 언급하지 마시오"라고 단호하게 말했던 것은 이 때문이었습니다.33 제갈량은 인화를 바탕으로 형주와 서촉을 취해야 하며 동오와 함께 조조에 대항해야 한다는 대세관에 내내 충실했기에 일을 이룰 수 있었습니다.

또한 그는 이상이나 이론에 기초하지 않고 현실에 기초해 이상을 하나씩 추구해나갔습니다. 제갈량은 영천의 석광원石廣元·서원직徐元直, 여남의 맹공위孟公威와 함께 유학했고, 이 세 사람은 학문의 정밀함을 추구하기 위해 정진하는 데 반해 제갈량은 유독 대략적인 요강만을 보았습니다.34 제갈량에게 학문은 현실을 살아가는 도구지 그 자체가 목적은 아니었습니다. 동오의 손권이 제위에 오르자 촉에서는 정벌해야 한다는 주장이 일었지만 제갈량은, "제위에 오르려는 손권의 야심은 오래되었다"고 말하며, "위나라에 대한 협공의 도움이 필요하고, 과거에 한나라 문제께서는 겸손한 언사를 써가며 흉노와 화친한 것과 같은 이치로 손권을 인정해야 한다"고 말합니다.35 그는 손권의 야심을 옳고 그름으로 판단하지 않고 그 자체로 인정했는데, 이는 지극히 현실적인 태도입니다.

제갈량의 현실주의적인 태도로 구체적인 문제들에 대해 세심하게 신경을 썼습니다. "법령을 세우고 제도를 폈으며, 군대를 정비하고 기계나 기술은 정묘한 수준까지 이르기를 추구했다"고 진수는 적고 있습니다.36 "제갈량은 선천적으로 기민하여 연발식 쇠뇌를 만들었고, 목우유마木牛流馬도 모두 그의 생각에서 나온 것이다. 병법을 응용하여 팔진도를 만들었는데 그 요령을 모두 터득했다고 한다"는 증언은 그가 얼마나 구체적인 문제들까지 파고들었는지를 잘 보여주고 있습니다.37

현실적이고 구체적인 바탕에서 제갈량은 정치를 했지만 이상주의적인 태도 역시 잃지 않았습니다. 제갈량은 위나라와 대치할 때 장기전이 될 것이라고 예견하고 농사와 병역을 교대하는 경전耕戰 제도를 일관되게 실시해 민심을 얻었습니다. 231년 재차 기산에 출병했을 때 위나라의 사마의는 30만 대군으로 대항을 했습니다. 당시 약세라고 판단한 부하들이 병역의 교대를 한 달간 연기하자고 건의했는데 제갈량은 규정을 준수해 만기가 된 병사들을 집으로 돌려보냈습니다. 제갈량은 다음과 같이 말했습니다.

"나는 군사를 이끌고 전쟁에 임함에 있어 신용을 근본으로 삼았노라. 진문공이 원原지방을 얻기보다는 신용을 잃지 않고자 하였듯이, 옛사람들은 신용을 아끼었노라. 돌아갈 병사들은 짐을 싸고 때를 기다리며 고향의 처자는 목을 학처럼 빼고 날짜를 세고 있을 터이니, 비록 싸움에 어려움이 있다 하여도 신의에 따라 교대 기일을 변경할 수 없도다."[38]

적을 향해 대단한 기만술을 행했던 현실주의자였지만 불리함을 무릅쓰고 병사들과 가족들을 따뜻하게 이해하는 이상주의적인 모습을 제갈량은 보여주었습니다.

그는 또한 사적인 이익을 추구하지 않았습니다. 둔전을 병사들이 경작하며, "농사를 짓는 이들은 위수 해안가에 거주하는 백성 사이에 섞여 지냈는데, 백성은 편안히 생업에 종사하였고 병사들은 사사로운 이익을 구하지 않았다"라고 합니다. 제갈량은 생활비용을 국가에 의존했고 척박한 땅 외에 별달리 재산을 증식하지 않았습니다. 이런 그의 태도가 병사들에게까지 전염되었던 것이 아닌가 합니다. 그는 산에 의지해 무덤을 만들되 무덤은 관을 넣을 수 있을 정도로만 하며, 염할 때는 평소 입던 옷으로 하고 제사 용품은 쓰지 못하게 했습니다.[39] 죽는 순간까지, 죽고 나서도 공인이 어떠해야 하는지 그는 몸소 모범을 보여주었습니다.

제갈량은 현명한 사람들을 늘 곁에 두고 조언을 구했고 자신의 잘못을 병사들에게 지적해달라는 영을 내리기도 했습니다. 그는 "가는 곳마다 반드시 승리하기 위해 장군은 남을 양육하기를 사랑하는 아들을 양육하듯이 해야 하고, 어려운 일은 스스로 앞서 행하고, 공은 뒤에 차지해야 한다"고 말했고 솔선수범했습니다.[40]

진수는, "제갈량의 재능은 군대를 통치하는 데는 뛰어났지만 기이한 계책이라는 점에서는 열등했으며, 그가 대적한 육손이나 사마의 등은 당대의 걸출한 인물이었고, 병력의 많고 적음도 서로 같지 않았으며, 나아가 치는 것과 지키는 것 두 가지 일을 동시에 수행해야 했기 때문에 뜻을 이룰 수 없었다"고 평합니다. 그리고 "천명이 돌아가는 바가 있어 지력을 갖고 다투기가 불가능했던 듯하다"라며 제갈량의 실패는 천명 때문이라고 적극 변호했습니다.[41] 진수의 평가대로 그에게 천명까지 함께했더라면 더할 나위 없이 좋았겠지만 그것 또한 인간의 욕심이 아닐까 합니다.

더러운 진흙탕에서 싸우지만 아름다운 연꽃을 피우고 초연히 권력의 정상에서 내려올 수 있다는 것을 온전히 보여준 제갈량의 삶과 정치는 혼탁한 권력투쟁의 현장에서 힘겨운 싸움을 해가고 있는 자와 답답한 마음으로 이를 지켜보고 있는 자 모두에게 희망을 잃지 말아야 할 충분한 근거가 될 수 있을 것입니다.

■ 미주 ■

들어가는 말
1) 앨런 블룸, 강성학 옮김, 《셰익스피어의 정치철학》, 집문당, 1996, 16쪽.
2) 김홍우, 《한국정치의 현상학적 이해》, 인간사랑, 2007, 19쪽.
3) 앨런 블룸, 강성학 옮김, 앞의 책, 16, 17쪽.

제1장. 권력 이해하기: 권력투쟁은 인정투쟁이다
1) 멍셴스, 김인지 옮김, 《정관의 치》, 에버리치홀딩스, 2008, 7쪽.
2) 진수, 김원중 옮김, 《정사 삼국지》 오서, 민음사, 2007, 94쪽.
3) 나관중, 황병국 옮김, 《삼국지》 4권, 범우사, 1984, 156쪽.
4) 황현, 김준 옮김, 《매천야록》, 교문사, 1996, 52, 53쪽.
5) 김영수, 《사마천, 인간의 길을 묻다》, 왕의서재, 2010, 288쪽.
6) 리펑 · 장위빈, 박미영 옮김, 《인기》, 고수, 2005, 387쪽.
7) 진수, 김원중 옮김, 《정사 삼국지》 1권, 민음사, 2007, 590쪽.
8) 사마천, 김영수 옮김, 《사기열전》 2권, 신원문화사, 2006, 175쪽.
9) 김용환, 《리바이어던》, 살림, 2005, 65쪽.
10) 같은 책, 213~215쪽.
11) 김태완, 《율곡문답》, 역사비평사, 2008, 94쪽.
12) 같은 책, 91쪽.
13) 김영수, 《사기의 리더십》, 원앤원북스, 2010, 283쪽.
14) 카를 슈미트, 김효전 옮김, 《유럽법학의 상태》, 교육과학사, 1990, 185~188쪽.
15) 퇴계 이황, 허경진 옮김, 《퇴계 이황 시선》, 평민사, 1996, 102쪽.
16) 정민, 《다산어록청상》, 푸르메, 2007, 273쪽.
17) 진수, 김원중 옮김, 앞의 책 1권, 48쪽.
18) 같은 책, 89쪽.
19) 한비자, 성동호 옮김, 《한비자》, 홍신문화사, 1995, 48쪽.
20) 김영수, 《사기의 경영학》, 원앤원북스, 2009, 87, 88쪽.
21) 이세민, 김윤진 옮김, 《왕도》, 국일미디어, 277~279쪽.
22) 서정욱, 《철학의 고전들》, 함께읽는책, 2009, 476, 477쪽.
23) 플라톤, 조우현 옮김, 《국가 · 시학》, 삼성출판사, 1990, 224쪽.

24) 박경남, 《묘비명》, 포럼, 2007, 188쪽.
25) 김영균, 《국가》, 살림, 2008, 192~194쪽.
26) 영남대 민족문화연구소 엮음, 《퇴계평전》, 경상북도, 1987, 282쪽.
27) 같은 책, 98쪽.
28) 같은 책, 97쪽.
29) 한나 아렌트, 김선욱 옮김, 《정치의 약속》, 푸른숲, 2007, 20, 21쪽.
30) 조수익·박승주·함현찬 옮김, 《논어·대학·중용》, 전통문화연구회, 2011, 158, 159쪽.
31) 영남대 민족문화연구소 엮음, 앞의 책, 317쪽.
32) 사마천, 김영수 옮김, 앞의 책 2권, 16쪽.
33) 같은 책, 14쪽.
34) 최명, 《소설이 아닌 삼국지》, 조선일보사, 1997, 29쪽.
35) 토마스 불핀치, 김선영 옮김, 《그리스 로마 신화》, 꿈과희망, 2004, 311쪽.
36) 카를 슈미트, 김효전·정태호 옮김, 《정치적인 것의 개념》, 살림, 2012, 39쪽.
37) 같은 책, 68쪽.
38) 엠마누엘 레비나스, 강영안 옮김, 《시간과 타자》, 문예출판사, 1996, 101~140쪽.
39) 변광배, 《존재와 무》, 살림, 2005, 214~218쪽.
40) 공학유, 이주영 옮김, 《삼국지 역사기행》, 이목, 1995, 33쪽.
41) 하이데거, 소광희 옮김, 《존재와 시간 Sein und Zeit》, 경문사, 1998, 187, 188쪽.
42) 마키아벨리, 이상두 옮김, 《군주론》, 범우사, 2005, 88, 89쪽.
43) 장윤철, 《조조의 진면목》, 스타북스, 2012, 231쪽.
44) 사마열인, 옹윤기 옮김, 《조조의 면경》, 넥서스, 2004, 357, 358쪽.
45) 박경남, 앞의 책, 56쪽.
46) 루소, 민희식 옮김, 《에밀》, 육문사, 1991, 27쪽.
47) 같은 책, 87쪽.
48) 같은 책, 88쪽.
49) 이중톈, 홍순도 옮김, 《삼국지 강의》 1권, 김영사, 2007, 79쪽.
50) 제갈량, 오수형 옮김, 《제갈량문집》, 문학과지성사, 1998, 100쪽.
51) 태조 3년 갑술.
52) 제갈량, 오수형 옮김, 앞의 책, 190쪽.
53) Amy Swiffen, Joshua Nichols, *The Ends of History: Questioning the Stakes of Historical Reason*, Routledge, 2013, p. 120.
54) 최명, 앞의 책, 309쪽 이하.
55) 같은 책, 305, 306쪽.
56) 조계종 포교원, 《불교입문》, 조계종출판사, 2006, 80, 81쪽.

57) 토마스 만, 원당희 옮김, 《쇼펜하우어 · 니체 · 프로이트》, 세창미디어, 2009, 222, 223쪽.

제2장. 권력에 오르기: 느리지만 안전한 안전지계

1) 진수, 김원중 옮김, 앞의 책 1권, 52쪽.
2) 공학유, 이주영 옮김, 앞의 책, 15, 16쪽.
3) 진수, 김원중 옮김, 같은 책, 1권, 84, 85쪽.
4) 율곡 이이, 최영갑 옮김, 《성학집요》, 풀빛, 2006, 170쪽.
5) 진수, 김원중 옮김, 같은 책 1권, 110쪽.
6) 제갈량, 오수형 옮김, 앞의 책, 22쪽.
7) 진수, 김원중 옮김, 앞의 책 1권, 89, 90쪽.
8) 같은 책, 103쪽.
9) 같은 책, 64, 65쪽.
10) 같은 책, 66쪽.
11) 윤재근, 《논어》 2권, 나들목, 2003, 117쪽.
12) 진수, 김원중 옮김, 앞의 책, 71쪽.
13) 존 스튜어트 밀, 박홍규 옮김, 《자유론》, 문예출판사, 2009, 65쪽.
14) 한비자, 성동호 옮김, 앞의 책, 18쪽.
15) 박현모, 《세종처럼》, 미다스북스, 2008, 216쪽.
16) 한비자, 성동호 옮김, 앞의 책, 19쪽.
17) 최명, 앞의 책, 80, 81쪽.
18) 제갈량, 오수형 옮김, 앞의 책, 49쪽.
19) 같은 책, 50, 51쪽.
20) 폴 존슨, 조윤정 옮김, 《모던 타임스》 1권, 살림, 2008, 543쪽.
21) 존 발도니, 성동규 옮김, 《세상을 움직인 위대한 리더들의 성공화법》, 좋은책만들기, 2006, 202, 203쪽.
22) 김수환, 《바보가 바보들에게》 2권, 산호와진주, 2009, 65, 66쪽.
23) 이중톈, 홍순도 옮김, 앞의 책 1권, 288쪽.
24) 태공망 · 황석공, 유동환 옮김, 《육도 · 삼략》, 홍익출판사, 1999, 54쪽.
25) 최명, 앞의 책, 132쪽.
26) 박경남, 앞의 책, 164쪽.
27) 제갈량, 오수형 옮김, 앞의 책, 131, 132쪽.
28) 차이위치우, 김영수 옮김, 《5000년 중국을 이끌어온 50인의 모략가》, 들녘, 2004.
29) 쉬캉, 민경삼 옮김, 《의리천하 유방》, 세종서적, 2008, 322~324쪽.
30) 클라우제비츠, 김만수 옮김, 《전쟁론》, 갈무리, 2006, 120쪽.

31) 진수, 김원중 옮김, 앞의 책 3권, 68쪽.
32) 한비자, 성동호 옮김, 앞의 책, 42쪽.
33) 노자, 이태영 옮김, 《노자》, 여래, 2008, 135쪽.
34) 진수, 김원중 옮김, 앞의 책 3권, 67쪽.
35) 조수익·박승주·함현찬 옮김, 《논어·대학·중용》, 전통문화연구회, 2011, 45쪽.
36) 김홍우, 《현상학과 정치철학》, 문학과지성사, 1999, 716쪽.
37) Hans Georg Gadamer, *Heidegger's Ways*, State University of New York Press, 1994, p. 115.
38) 김홍우, 앞의 책, 문학과지성사, 1,171쪽.
39) 제갈량, 오수형 옮김, 앞의 책, 28쪽.
40) 최명, 앞의 책, 179, 180쪽.
41) 한나 아렌트, 김선욱 옮김, 앞의 책, 18쪽.
42) 같은 책, 160쪽.
43) 고명섭, 《담론의 발견》, 한길사, 2006, 304, 305쪽.
44) 손무, 유동환 옮김, 《손자병법》, 홍익출판사, 1999, 157, 158쪽.
45) 클라우제비츠, 김만수 옮김, 앞의 책, 137, 138쪽.
46) 도현신, 《이순신의 조일전쟁》, 행복한미래, 2012, 25쪽.
47) 김종대, 《이순신, 신은 이미 준비를 마치었나이다》, 시루, 2012, 374쪽.
48) 에드워드 베넷, 김형섭 옮김, 《한 권으로 읽는 융》, 푸른숲, 1997, 65쪽.
49) 카를 융, 조성기 옮김, 《기억·꿈·사상》, 김영사, 2007, 270쪽.
50) 최명, 앞의 책, 120, 121쪽.
51) 같은 책, 121, 122쪽.
52) 제갈량, 오수형 옮김, 앞의 책, 78쪽.
53) 같은 책, 127~129쪽.
54) 같은 책, 196, 197쪽.
55) 장야신, 박한나 옮김, 《용인술의 대왕 조조》, 휘닉스드림, 2011, 633쪽.
56) 김종대, 앞의 책, 255, 256쪽.
57) 박운규, 《재상》 한국편, 이가서, 2005, 353, 354쪽.
58) 오기, 이영직 옮김, 《오자병법》, 스마트비즈니스, 2007, 139쪽.
59) 태공망·황석공, 유동환 옮김, 앞의 책, 86쪽.
60) 오기, 이영직 옮김, 앞의 책, 144~146쪽.
61) 손무, 유동환 옮김, 앞의 책, 60~64쪽.
62) 태공망·황석공, 유동환 옮김, 앞의 책, 76쪽.
63) 사마천, 김영수 옮김, 앞의 책 2권, 286~293쪽.

64) 강석균, 《30만원으로 삼국지 따라 떠나는 중국여행》, 교학사, 2005, 103쪽.
65) 심경호 외, 《일본을 강하게 만든 문화코드16》, 나무와숲, 2010, 354쪽.
66) 진수, 김원중 옮김, 앞의 책 1권, 115쪽.
67) 제임스 더니크, 고정아 옮김, 《사람의 마음을 움직여라》, 세종서적, 1999, 89, 90쪽.
68) 조순 외, 《대한민국 파워엘리트 101인이 들려주는 성공비결 101가지》, 새움, 2006, 60, 61쪽.
69) 로버트 그린, 안진환 옮김, 《전쟁의 기술》, 웅진지식하우스, 2007, 75, 76쪽.
70) Hannah Arendt, *The Human Condition*, the University of Chicago Press, 1998, pp. 26, 27.
71) 전성기, 《인문학의 수사학적 탐구》, 고려대학교출판부, 2007, 25쪽.
72) 이상수, 《한비자 권력의 기술》, 웅진지식하우스, 2007, 53쪽.
73) 김영수, 앞의 책, 2010, 355, 356쪽.
74) 서대원, 《주역강의》, 을유출판사, 2008, 197쪽.

제3장. 권력 지키기: 격의 없이 대화하며 역린마저 숨긴다
1) 한비자, 성동호 옮김, 앞의 책, 107쪽.
2) 아리스토텔레스, 최명관 옮김, 《니코마코스 윤리학》, 창, 2008, 318쪽.
3) 진수, 김원중 옮김, 앞의 책, 3권, 67쪽.
4) 노자, 이태영 옮김, 앞의 책, 174, 175쪽.
5) 콩젠, 최선임 옮김, 《한 권으로 읽는 중국인의 실체》, 지식여행, 2008, 242쪽.
6) 같은 책, 242쪽.
7) 제갈량, 오수형 옮김, 앞의 책, 53쪽.
8) 최명, 앞의 책, 114쪽.
9) 한비자, 성동호 옮김, 앞의 책, 16쪽.
10) 제갈량, 오수형 옮김, 앞의 책, 36, 37쪽.
11) 같은 책, 88쪽.
12) 같은 책, 92, 93쪽.
13) 같은 책, 102, 103쪽.
14) 한비자, 성동호 옮김, 앞의 책, 23쪽.
15) 제갈량, 오수형 옮김, 앞의 책, 182쪽.
16) 셰익스피어, 이태주 옮김, 《셰익스피어 4대 비극》, 범우사, 1996, 251~377쪽.
17) 박현모, 《세종의 수성 리더십》, 삼성경제연구소, 2006, 129쪽.
18) 마키아벨리, 이상두 옮김, 앞의 책, 116쪽.
19) 같은 곳.
20) 같은 책, 115쪽.

21) 파스칼, 김형길 옮김, 《팡세》, 서울대학교출판부, 1987, 46, 47쪽.
22) 진수, 김원중 옮김, 앞의 책, 1권, 82쪽.
23) 필립 프리먼, 이주혜 옮김, 《카이사르》, 21세기북스, 2009, 22쪽.
24) 같은 책, 14, 15쪽.
25) 같은 책, 463쪽.
26) 같은 책, 70쪽.
27) 시오노 나나미, 한성례 옮김, 《또 하나의 로마인 이야기》, 부엔리브로, 2007, 232, 233쪽.
28) 증선지, 소준섭 옮김, 《십팔사략》 1권, 미래사, 2004, 152쪽.
29) 같은 책, 150, 151쪽.
30) 곽존복, 김영수 옮김, 《권력장》, 푸른숲, 1998, 216쪽.
31) 같은 책, 264, 265쪽.
32) 진수, 김원중 옮김, 앞의 책 3권, 421쪽.
33) 같은 책, 420쪽.
34) 같은 책, 413쪽.
35) 곽존복, 김영수 옮김, 앞의 책, 85, 86쪽.
36) 한비자, 성동호 옮김, 앞의 책, 35, 36쪽.
37) 리쭝우, 신동준 옮김, 《난세를 평정하는 중국통치학》, 효형출판, 2003, 279, 280쪽.
38) 같은 책, 33, 34쪽.
39) 같은 책, 34쪽.
40) 같은 책, 38, 39쪽.
41) 같은 첵, 242쪽.
42) 같은 책, 247쪽.
43) 같은 책, 247, 248쪽.
44) 로버트 서비스, 윤길순 옮김, 《스탈린 강철 권력》, 교양인, 2007, 637쪽.
45) 같은 책, 638쪽.
46) 같은 책, 955쪽.
47) 박양신, 《정치인 이미지 메이킹》, 새빛에듀넷, 2008, 23쪽.
48) 같은 책, 210쪽.
49) 데이비드 거겐, 서율택 옮김, 《CEO 대통령의 7가지 리더십》, 스테디북, 2002, 279쪽.
50) 최명, 앞의 책, 148~150쪽.
51) 사마천, 김영수 옮김, 앞의 책 1권, 104쪽.
52) 마키아벨리, 이상두 옮김, 앞의 책, 96~102쪽.
53) 이규태, 《리더십의 한국학》, 신태양사, 1989, 15쪽.
54) 〈한국일보〉, 2010년 11월 24일.

55) 앙드레 보나르, 김희균 옮김, 《그리스인 이야기》 1권, 책과함께, 2011, 265쪽.
56) 임철규, 《눈의 역사 눈의 미학》, 한길사, 2004, 199쪽.
57) 로버트 그린, 안진환 옮김, 앞의 책, 184쪽.
58) 같은 책, 185쪽.
59) 김부식, 권순형 옮김, 《삼국사기》, 타임기획, 2005, 191, 192쪽.
60) 로버트 그린, 안진환 옮김, 앞의 책, 190쪽.
61) 한비자, 성동호 옮김, 앞의 책, 19쪽.
62) 같은 책, 21쪽.
63) 같은 책, 38쪽.
64) 같은 책, 48쪽.
65) 같은 책, 19쪽.
66) 이중톈, 박주은 옮김, 《품인록》, 에버리치홀딩스, 2007, 172쪽.
67) 김홍우, 앞의 책, 524~555쪽.
68) 한비자, 성동호 옮김, 앞의 책, 11, 13쪽.
69) 같은 책, 78쪽.
70) 같은 책, 84쪽.
71) 같은 책, 10쪽.
72) 진수, 김원중 옮김, 앞의 책 1권, 66, 67쪽.
73) 같은 책, 302, 303쪽.
74) 진수, 김원중 옮김, 앞의 책 3권, 32쪽.
75) 한비자, 성동호 옮김, 앞의 책, 268쪽.

제4장. 권력 사용하기: 싸움은 신중하게, 협상은 어느 때라도

1) Martin Heidegger, *Pathmarks*, Cambridge University Press, 1998, p. 260.
2) 같은 책, 239쪽.
3) 최명, 앞의 책, 201, 202쪽.
4) 같은 책, 204~207쪽.
5) 하이데거, 권순홍 옮김, 《사유란 무엇인가》, 고려원, 1996, 12쪽.
6) 루쉰, 조관희 옮김, 《중국소설사》, 소명출판, 2004, 322, 323쪽.
7) 홍성태, 《개발주의를 비판한다》, 당대, 2007, 280쪽.
8) 〈한국일보〉, 2013년 5월 2일.
9) 에드워드 베넷, 김형섭 옮김, 앞의 책, 118쪽.
10) 제갈량, 오수형 옮김, 앞의 책, 117쪽.

11) 같은 책, 139쪽.
12) 최명, 앞의 책, 140쪽.
13) 같은 책, 142, 143쪽.
14) 제갈량, 오수형 옮김, 앞의 책, 216쪽.
15) 손무, 유동환 옮김, 앞의 책, 16~18쪽.
16) 태공망·황석공, 유동환 옮김, 앞의 책, 3, 4쪽.
17) 조찬선, 《기독교 죄악사》 상권, 평단문화사, 2000, 193쪽.
18) 손무, 유동환 옮김, 앞의 책, 60쪽.
19) 앙드레 보나르, 김희균 옮김, 앞의 책, 265, 266쪽.
20) 오치규, 《오치규 선생의 성적역전 몸공부법》, 예담프렌드, 2011, 143쪽.
21) 반룬, 이혜정 옮김, 《관용》, 서해문집, 2005, 23, 24쪽.
22) 증선지, 소준섭 옮김, 앞의 책, 131쪽.
23) 황현, 김준 옮김, 앞의 책, 40, 41쪽.
24) 최희갑, 《불확실성을 경영하라》, 삼성경제연구소, 2006, 485, 486쪽.
25) 제갈량, 오수형 옮김, 앞의 책, 83쪽.
26) 강효석 엮음, 이민수 옮김, 《대동기문》 상권, 명문당, 2000, 12, 13쪽.
27) 진수, 김원중 옮김, 앞의 책 1권, 75쪽.
28) 최명, 앞의 책, 74쪽.
29) 진수, 김원중 옮김, 앞의 책 3권, 40쪽.
30) 태공망·황석공, 유동환 옮김, 앞의 책, 77쪽.
31) 같은 책, 45~49쪽.
32) 차이위치우, 김영수 옮김, 앞의 책.
33) 태공망·황석공, 유동환 옮김, 앞의 책, 107, 108쪽.
34) 이화여자대학교 한국여성연구원, 《지구화 시대의 현장 여성주의》, 이화여자대학교출판부, 2007, 357쪽.
35) 진수, 김원중 옮김, 앞의 책 4권, 172, 173쪽.
36) 손무, 유동환 옮김, 앞의 책, 19~30쪽.
37) 진수, 김원중 옮김, 앞의 책 4권, 171쪽.
38) 같은 책, 56, 57쪽.
39) Deborah Tannen, *You just don't understand*, HarperCollins, 1990, p. 25.
40) 증선지, 소준섭 옮김, 앞의 책, 69쪽.
41) 레인옌칭, 김문주 옮김, 《부자친구에게 배우는 45가지 인생공부》, 웅진윙스, 2007, 26쪽.
42) 여사면, 정병윤 옮김, 《삼국지를 읽다》, 유유, 2012, 35, 36쪽.
43) 노자, 이태영 옮김, 앞의 책, 220쪽.

44) 강효석 엮음, 이민수 옮김, 앞의 책, 38, 39쪽.
45) 이수광, 《조선의 마에스트로 대왕 세종》, 샘터사, 2008, 140, 141쪽.
46) 최명, 앞의 책, 48, 49쪽.

제5장. 권력으로부터 멀어지기: 오만한 자는 대업을 이루지 못한다

1) 같은 책, 172, 173쪽.
2) 진수, 김원중 옮김, 앞의 책 1권, 102쪽.
3) 최명, 앞의 책, 251쪽.
4) 바타이유, 조한경 옮김, 《에로티즘》, 민음사, 1997, 15쪽.
5) 같은 책, 25쪽.
6) 제갈량, 오수형 옮김, 앞의 책, 32, 33쪽.
7) 이수광, 《중국은 뒤흔든 27인의 지략가》, 미르북스, 2011, 212, 213쪽.
8) 박기현, 《조선참모실록》, 역사의아침, 2010, 187쪽.
9) 한비자, 성동호 옮김, 앞의 책, 28쪽.
10) 태공망·황석공, 유동환 옮김, 앞의 책, 62~65쪽.
11) 〈효종실록〉, 효종 9년 9월 5일.
12) 〈선조실록〉, 선조 2년 6월 20일.
13) 택당 선생 별집, 제15권 《잡저산록》.
14) 최명, 앞의 책, 175쪽.
15) 영남대 민족문화연구소 엮음, 앞의 책, 118쪽.
16) 최명, 앞의 책, 166, 167쪽.
17) 영남대 민족문화연구소 엮음, 앞의 책, 209쪽.
18) 같은 책, 205쪽.
19) 한나 아렌트, 김선욱 옮김, 앞의 책, 36, 37쪽.
20) 최명, 앞의 책, 38쪽.
21) 사마천, 《사기》 권97, 〈역생육고열전〉.
22) 같은 책, 권55, 〈유후세가〉.
23) 《철학사상》 제2권 제7호, 〈헤겔 법철학〉, 40쪽.
24) 김재천, 《CIA 블랙박스》, 플래닛미디어, 2011, 234, 235쪽.
25) 시오노 나나미, 김석희 옮김, 《로마인 이야기》 1권, 한길사, 2013, 90, 91쪽.
26) 신동준, 《제자백가 사상을 논하다》, 한길사, 2007, 145~150쪽.
27) 사마천, 신동준 옮김, 《한 권으로 읽는 실록초한지》, 살림, 2009, 188쪽.
28) 김부식, 권순형 옮김, 앞의 책, 161, 162, 231쪽.

29) 정혜신, 《그리스 문화 산책》, 민음사, 2003, 48~51쪽.
30) 서대원, 앞의 책, 215쪽.
31) 같은 책, 211, 212쪽.
32) 로버트 서비스, 윤길순 옮김, 앞의 책, 311쪽.
33) 김영수, 앞의 책, 2010, 284, 285쪽.
34) 같은 책, 292, 293쪽.
35) 토마스 불핀치, 김선영 옮김, 앞의 책, 498쪽.
36) 조나단 차테리스 블랙, 손장권 옮김, 《세상을 움직인 레토릭》, 해피스토리, 2009, 46, 47쪽.
37) 진수, 김원중 옮김, 앞의 책 1권, 629쪽.
38) 같은 책, 590쪽.
39) 증선지, 이언호 옮김, 《십팔사략》, 큰방, 2011, 158, 159쪽.
40) 박운규, 앞의 책 중국편, 124쪽.
41) 같은 책, 363쪽.
42) 루링, 이은미 옮김, 《중국여성》, 시그마북스, 2008, 110, 111쪽.

제6장. 권력에서 내려오기: 천하를 버려야 천하를 얻는다

1) 한나 아렌트, 서유경 옮김, 《과거와 미래 사이》, 푸른숲, 2005, 118쪽.
2) 조길혜, 《중국유학사》, 신원문화사, 1997, 60쪽.
3) 같은 곳.
4) 박종평, 《그는 어떻게 이순신이 되었나》, 스타북스, 2011, 112쪽.
5) 박운규, 앞의 책, 128쪽.
6) 존 스튜어트 밀, 박홍규 옮김, 앞의 책, 91~93쪽.
7) 김영수, 앞의 책, 2010, 308쪽.
8) 김우창, 《시대의 흐름에 서서》, 생각의나무, 2005, 210, 211쪽.
9) 정두희, 《임진왜란 동아시아 삼국전쟁》, 휴머니스트, 2007, 209쪽.
10) 성대중, 《청성잡기》 5권.
11) 김종대, 앞의 책, 228쪽.
12) 〈선조실록〉, 선조 31년 11월 27일.
13) 김종대, 앞의 책, 338쪽.
14) 정민, 앞의 책, 22쪽.
15) 같은 곳.
16) 제갈량, 오수형 옮김, 앞의 책, 7쪽.
17) 같은 책, 8쪽.

18) 같은 책, 22쪽.
19) 태공망·황석공, 유동환 옮김, 앞의 책, 42쪽.
20) 《예기》〈예운〉.
21) 이중톈, 심규호 옮김, 《이중톈 제국을 말하다》, 에버리치홀딩스, 2008, 323쪽.
22) 위안싱페이, 장연 옮김, 《중국문명대시야》 4권, 김영사, 2007, 161, 162쪽.
23) 태공망·황석공, 유동환 옮김, 앞의 책, 78쪽.
24) 사마천, 신동준 옮김, 앞의 책, 248쪽.
25) 태공망·황석공, 유동환 옮김, 앞의 책, 43쪽.
26) 사마천, 신동준 옮김, 앞의 책, 67쪽.
27) 하이데거, 소광희 옮김, 앞의 책, 435쪽.
28) 한나 아렌트, 김선욱 옮김, 《칸트 정치철학 강의》, 푸른숲, 2002, 59쪽.
29) 조민현, 《하늘을 나는 신부》, 성바오로출판사, 2009, 160쪽.
30) 같은 책, 160, 161쪽.
31) 같은 책, 159쪽.
32) 진수, 김원중 옮김, 앞의 책 3권, 135쪽.
33) 같은 책, 112쪽.
34) 같은 책, 136쪽.
35) 제갈량, 오수형 옮김, 앞의 책, 105쪽.
36) 진수, 김원중 옮김, 앞의 책 3권, 128쪽.
37) 같은 책, 125쪽.
38) 제갈량, 오수형 옮김, 앞의 책, 119, 120쪽.
39) 진수, 김원중 옮김, 앞의 책 3권, 124, 125쪽.
40) 제갈량, 오수형 옮김, 앞의 책, 216쪽.
41) 진수, 김원중 옮김, 앞의 책 3권, 129쪽.

■ 찾아보기 ■

ㄱ

가정전투 189
가후 17, 44, 45, 68, 98
감녕 214, 215
감택 231, 232, 272
강유 29, 30, 75, 87, 88, 148, 156, 219, 220, 241, 242, 333
강태공 23, 84, 291, 298, 341, 414
강희제 220
공융 131, 321, 322, 326, 343, 344
공자 46, 97, 102, 134, 215, 265, 314
곽가 68, 96, 101, 108, 115, 263, 264
곽회 162, 220
관도전투 102
관우 30, 58, 78, 86, 95, 99, 120~125, 135, 159~161, 271, 303, 304, 333, 336, 355, 361
권력 15~19, 22~24, 37, 43, 45, 47, 49, 58, 61, 70, 71, 82, 87, 89, 112, 151, 182, 192, 197, 206, 222, 232, 243, 247, 262, 269, 276, 284, 301, 304, 317, 323, 328, 378, 381, 382, 384, 397, 406, 420
　～의 대기실 37, 38, 40, 41
　～의지 16~18

～자 37, 39, 42, 247, 390, 397
～투쟁 15, 17, 26, 54, 55, 58, 86, 87, 151, 170, 269, 276, 277, 284, 301, 381, 420
김홍우 6, 8

ㄴ

노숙 144, 200, 229, 230, 246, 265~269
누규 55, 364~366
능통 214, 215

ㄷ

동탁 109, 121, 141, 142, 169, 298, 330, 332, 391
등애 147~149, 174, 190, 191, 241, 242, 333

ㄹ

레비나스, 에마뉘엘 54~56
루소, 장 자크 66

ㅁ

마속 140, 203, 204, 356
마초 104, 106, 115, 123, 166, 182, 183, 230, 286, 287, 335

찾아보기　**437**

마키아벨리 59, 60, 63, 207~210, 282, 283
맹달 162, 194, 195
묘택 371, 372
밀, 존 스튜어트 106, 395

ㅂ

방통 144, 225, 229, 230, 281~284, 316, 359, 360, 371, 382, 384
범려 21, 23, 231

ㅅ

사르트르, 장 폴 56
사마사 25, 190, 292, 398
사마소 149, 189~192, 398, 399
사마염 115, 317, 388, 412
사마의 56, 57, 115~117, 161, 162, 217, 251, 317, 376
사마천 23, 314, 362
  《사기》 21, 48
손견 69, 70, 137, 138, 301
손권 16, 18, 19, 93, 96, 102, 105, 128, 129, 132, 176~179, 196, 199, 230, 245, 246, 263, 423
손무 146, 159, 163, 204, 288, 301
  《손자병법》 146, 162
손책 50, 94, 138, 250, 302
순우곤 369
순욱 55, 95, 103, 108, 175, 210, 344
심배 253, 255

ㅇ

아렌트, 한나 46, 145, 176
안영 40, 126, 127
양수 252, 321, 323~325, 334
여백사 50, 61, 62, 64, 223, 348, 365
여태후 374, 375
여포 27, 164, 165, 273, 329, 330, 332, 355
역이기 128~130, 351
열복 407~410
예형 136, 321~323, 325, 326
오기 159, 161, 298, 299
오반 171~173
오부인 250, 301~303
오왕 부차 18, 21, 184, 370, 390, 391
《오자병법》 159, 296
오자서 370, 390, 391
오태부인 199, 301, 303, 304
원소 34, 69, 94, 97, 102, 103, 117, 253~256, 349~351, 355
원술 50, 62, 138, 236, 343
월왕 구천 18, 21, 184, 370, 390
유방 19, 22, 202, 225, 278, 329, 374, 375, 414
유비 16, 30, 44, 49, 50, 69, 77~84, 94, 117, 120, 124, 131, 132, 134, 177, 198~204, 209, 210, 222~225, 230, 237, 266, 271, 273, 281~284, 296, 297, 304, 307, 308, 310, 311, 346~349, 356, 383, 412
  시숙의 정치 79, 80, 84
유선 38, 79, 168

유영 374
《육도》 109, 117, 160, 276, 297, 396, 411
육손 157, 160, 271, 272, 273, 293, 326, 342, 372
이순신 149, 150, 156, 157, 384, 402~406
이엄 204, 277, 278
이윤 251
이이 34, 97
　《성학집요》 97
이황 38, 46
인상여 338
인정욕구 49

ㅈ

자산 216
장개 151, 315
장량 24, 26, 398, 400, 401
장비 78, 95, 120, 121, 124, 139, 171, 304
장송 229, 230, 323
장윤 57, 273, 366
적벽대전 60, 137, 143, 176, 177, 246, 259, 263, 269, 272, 273, 356
전풍 349~351
정치 42, 46, 75, 76, 79, 80, 84, 89, 97, 145, 146, 176, 182, 184, 190, 202, 216, 218, 220, 232, 244, 261, 278, 281~283, 309, 329, 341, 342, 346, 352, 353, 360, 364, 372, 382, 401, 410, 420~422
　~가 134, 219, 418, 419
　~의 목동 261, 263, 268

제갈각 290~294
제갈근 196, 290, 291
제갈량 28, 29, 44, 51, 76, 95, 109, 110, 118, 124, 125, 133, 137~139, 142, 143, 154, 155, 176~180, 202, 203, 217, 218, 239, 261, 277~281, 284, 301, 304, 312, 337, 357, 402, 404~406, 416, 421~425
조비 17, 18, 44, 45, 104, 176, 249
조숭 50, 151, 182, 315
조자룡 29, 44, 51, 95, 99, 167, 168, 318, 331, 332, 337
조조 16, 17, 23~25, 28, 32~34, 39, 47, 50~52, 55, 57, 60~63, 67~70, 75, 78, 93, 95~103, 108, 113~118, 123. 141, 144, 156, 167, 169, 176, 182~185, 208~211, 214, 223, 232, 248, 249, 260~263, 265, 296, 304, 308, 309, 315, 316, 323~325, 330, 334, 335, 338, 343, 344, 366, 382, 387, 391, 394, 396, 409
조홍 103, 104, 183
종회 149, 190, 191, 219, 398~401
좌자 382, 392~396
주유 50, 51, 94, 138, 143, 177, 179, 246, 267, 268, 355, 356, 361
진궁 61, 62, 348~351, 412
《진서》 116, 196

ㅊ

채모 82, 236, 239, 364, 366, 367
철학 43, 44, 46, 55, 341, 381

청복 407~410
초장왕 331, 332
최명 79, 80, 83, 143, 144, 154, 155, 202, 230, 265, 266, 281, 282, 296, 323, 324, 342, 343, 348

ㅋ

칸트, 임마누엘 65
클라우제비츠 147

ㅌ

탕왕 34, 251

ㅍ

플라톤 42~45, 333, 344, 418

ㅎ

하이데거, 마르틴 57, 139, 261, 262, 418
하진 38, 169, 314, 315
하후돈 333, 334
하후연 315, 383
하후패 88, 147, 148, 219
한비자 39, 108, 132, 181, 182, 191, 192, 202, 204, 244~246, 251, 256, 341
《한비자》 39, 132, 181, 202, 222
한신 21~26, 49, 87, 88, 225, 362, 371
항우 49, 201, 202, 225, 370, 371
허유 55, 75, 335
허저 175, 183, 334, 335
헤겔, 게오르크 49, 270, 352

헤르메스 348, 239, 288
홉스, 토머스 27
황개 137, 138, 231
황규 371, 372
《후한서》 67, 322
《후흑학》 223~227

고전에서 배우는 자기 경영의 철학 | WISDOM CLASSIC

귀곡자 | 귀신 같은 고수들의 승리비결

하나의 프로젝트를 완성하기 위해선 시기가 중요하고, 그 일을 이루어내는 사람이 중요하고 또한 순간의 결단이 중요하다. 이 책은 《귀곡자》라는 전국시대의 전략서를 바탕으로 주도적으로 일을 성취하는 방법을 설명하고 있다. 형세를 읽고 사람을 얻어, 결국 일을 성공적으로 마무리하는 매 순간의 과정을 치밀한 전략서의 형태로 일러주고 있다.

박찬철·공원국 지음 | 288쪽 | 값 15,000원

인물지 | 제왕들의 인사 교과서

제왕들이 베갯머리에 두고 읽던 인재 경영의 비서秘書 《인물지》는 위나라의 명신인 유소劉邵가 쓴 인사 교과서다. 지인知人과 용인用人에 대한 실용적이고 구체적인 내용이 담긴 이 책은, 조조의 능력주의를 포괄한 체계적인 인사 체제를 다루고 있다. 인재를 적재적소에 쓰는 일이 리더십의 핵심이 된 시대, 인사 이론을 거시적으로 검토하는 사람들에게 좋은 참고가 될 것이다.

박찬철·공원국 지음 | 520쪽 | 값 27,000원

후흑학 | 승자의 역사를 만드는 뻔뻔함과 음흉함의 미학

기업의 CEO와 임원급들이 성공적으로 글로벌 경쟁에서 살아남는 처세를 정리한 'CEO를 위한 제왕학'이다. '후흑厚黑'은 세계 최빈국이던 중국이 미국과 어깨를 나란히 하는 강대국으로 성장하기까지 가장 큰 원동력으로 작용한 '뻔뻔함과 음흉함의 미학'을 핵심적으로 보여준다. 세계 권력의 축이 서에서 동으로 이동하고 있는 대격변의 시대를 사는 생존이 담겨 있다.

신동준 지음 | 356쪽 | 값 18,000원

사마천의 부자경제학 | 사기 《화식열전》

관중·자공·사마천으로 이어지는 상가의 흐름을 21세기 경제경영 관점에서 해석한 최초의 해설서. 《사기》 《화식열전》의 전문을 정경문화·경제경영·경영윤리·산업경제 등 네 가지 관점으로 나누어 21세기의 경제경영 이론과 비교하고 있다. 부를 향해 줄달음질치는 인간의 본성을 꿴 사마천의 상가 이론에 초점을 맞춰 상가의 출현배경과 전개 과정 등을 정밀하게 추적했다.

신동준 지음 | 432쪽 | 값 20,000원

한비자의 관계술 | 허정과 무위로 속내를 위장하는 법

온정적인 인간관계보다는 객관적이면서도 냉정한 이해관계에 주목한 동양의 마키아벨리 한비韓非. 시공을 초월한 인간관계의 부조리, 권모술수의 허와 실을 꿰뚫고 있는 한비의 날카로운 통찰이 담긴 이 책을 통해 혼돈의 시대에 자신의 속내를 숨기고, 어둠 속에서 철저히 위장하면서 자기관리를 하는 생존의 법칙을 배울 수 있다.

김원중 지음 | 342쪽 | 값 18,000원

마음을 움직이는 승부사 제갈량 | 승부처는 사람에게서 나온다

파산 직전의 유비를 천하통일의 승장으로 만든 신의 책사 제갈량의 조직 관리 비법을 다룬 책. 별 볼 일 없던 지방 서생 제갈량이 어떻게 그의 나이 27세에 유비 집단의 핵심 간부로 발탁될 수 있었는지를 조명하고 중원의 강자들을 제압한 승리의 과정을 날카롭게 분석한다. 조직과 인간의 욕구를 간파해 자신의 목표와 조직의 비전을 달성했던 제갈량의 통찰력을 엿볼 수 있다.

자오위핑 지음 | 박찬철 옮김 | 372쪽 | 값 16,000원

지금 마흔이라면 군주론 | 시대를 뛰어넘는 '세상과 인간'에 대한 통찰

마키아벨리의 《군주론》을 통해 마흔이라는 수신(修身)의 시기에 개인의 역사를 바로 세우는 것은 물론, 조직의 리더로서 나아갈 길과 해법을 찾는 책. 역사 속 인물과 사건, 현대 기업의 성공과 실패담 등 130여 가지 사례를 통해 《군주론》의 사상을 어떻게 적용할지 이야기한다. 현대 개인과 조직의 생존을 위한 보편적 진리가 마키아벨리의 사상 속에 있음을 확인할 수 있다.

김경준 지음 | 280쪽 | 값 14,000원

채근담, 돈이 아닌 사람을 번다

《채근담》에 담긴 관계론·처세법·용인술을 '나눔'이라는 키워드로 재해석한 책. 《채근담》의 나눔 정신을 따른 중국 고전 인물을 살펴봄으로써 나눔과 성공적인 삶의 상관관계를 밝힌다. 이 책에는 공은 남에게 넘기고 지탄은 자신이 짊어져 결국 대공을 거둔 사례가 무수히 나온다. 본문 속 100여 가지 사례는 원전 《채근담》의 숨은 뜻을 구체적으로 이해할 수 있게 도와준다.

신동준 지음 | 304쪽 | 값 15,000원

자기 통제의 승부사 사마의 | 자신을 이기는 자가 최후의 승자가 된다

중국 10대 강사 자오위핑 박사가 〈백가강단〉에서 진행한 10회의 강의를 정리한 책이다. 실리 없이 군대를 움직이지 않고, 전장에서 승리를 거두고도 왕의 처벌을 바란다는 시를 지을 정도로 언행을 삼갔던 사마의의 처세학을 통해, 참고 감추는 자기 절제의 미학이야말로 냉혹한 업무 환경에서 살아남는 중간관리자의 생존술임을 강조한다.

자오위핑 지음 | 박찬철 옮김 | 370쪽 | 값 16,000원

정관정요, 부족함을 안다는 것 | 이세민을 당태종으로 만든 힘

제왕학의 정본 《정관정요》를 통해 중국 최고의 태평성대를 만든 당태종의 행보를 살펴봄으로써 난세를 헤쳐 나가는 리더의 바른 역할을 제시한다. 이 책은 자신의 부족함을 인정하고, 현명한 신하에게 일을 나누며, 일단 나누었으면 간섭을 자제하고 위임하는 리더의 자세를 말한다. 또한 자만을 경계하고, 겸양하는 자세로 간언을 받아들이며, 스스로 성찰할 것을 권한다.

신동준 지음 | 228쪽 | 값 15,000원

통쾌한 반격의 기술, 오자서병법

오나라 왕 합려와 오자서의 대화로 이뤄진 《오자서병법》에서 뽑은 반격의 기술을 살펴본 책. 《오자서병법》을 통해 강자를 이길 수 있는 약자의 반격 전략과 조건을 찾고, 반격의 오체를 실제 전술에 활용한 유비·주원장·마오쩌둥의 실천 사례를 서술하면서, 약육강식 사회에서 살아남기 위한 반격의 의미를 생각해볼 기회를 제공한다.
공원국 지음 | 252쪽 | 값 16,000원

 관계에서 밀리지 않는 힘, 삼국지 권력술

불분명해서 이해하기 어려운 권력의 속성을 나관중의 《삼국지연의》라는 프레임으로 들여다본다. 기존의 정사 《삼국지》는 무미건조하게 사실관계만을 나열하기에, 치열한 권력 투쟁의 현장을 제대로 전달하기에는 분명히 한계가 있다. 이 책은 나관중의 《삼국지연의》를 통해 정사 《삼국지》에 제대로 드러나지 않았던 권력에 대한 통찰을 효과적으로 발굴·복원해낸다.
오치규 지음 | 440쪽 | 값 18,000원